Preisbildung, Wettbewerb und Regulierung in Wirkstoffklassen

—

neue empirische Erkenntnisse zu „Analogpräparaten" im deutschen Arzneimittelmarkt

Inauguraldissertation

zur

Erlangung des Grades eines Doktors der Wirtschaftswissenschaft

der

Private Universität Witten/Herdecke gGmbH

im

Bereich der Wirtschaftswissenschaft

vorgelegt von:

Michael Thomas Müller

aus Hanau

2013

Erstgutachter: Prof. Dr. Dirk Sauerland

Zweitgutachter: Prof. Dr. André Schmidt

Tag der Disputation: 5. Mai 2014

Michael Thomas Müller

PREISBILDUNG, WETTBEWERB UND REGULIERUNG IN WIRKSTOFFKLASSEN

Neue empirische Erkenntnisse zu

„Analogpräparaten" im deutschen Arzneimittelmarkt

ibidem-Verlag
Stuttgart

Bibliografische Information der Deutschen Nationalbibliothek
Die Deutsche Nationalbibliothek verzeichnet diese Publikation in der Deutschen Nationalbibliografie; detaillierte bibliografische Daten sind im Internet über http://dnb.d-nb.de abrufbar.

Bibliographic information published by the Deutsche Nationalbibliothek
Die Deutsche Nationalbibliothek lists this publication in the Deutsche Nationalbibliografie; detailed bibliographic data are available in the Internet at http://dnb.d-nb.de.

Coverabbildung: Sasa Komlen / Shutterstock.com

∞

Gedruckt auf alterungsbeständigem, säurefreien Papier
Printed on acid-free paper

ISBN-13: 978-3-8382-0671-4

Printed in Germany

Danksagung

Die nachfolgende Arbeit entstand in den Jahren 2010 bis 2013 im Rahmen meiner externen Promotion am Lehrstuhl für Institutionenökonomik und Gesundheitssystemmanagement der Universität Witten/Herdecke.

Mein besonderer Dank gilt meinem Doktorvater Professor Dr. Dirk Sauerland für die Gewährung der wissenschaftlichen Freiheit zur Erarbeitung meines Themas sowie für das stets gute, konstruktive Feedback. Ebenso bedanken möchte ich mich bei Professor Dr. André Schmidt für die Erstellung des Zweitgutachtens und Dr. Ansgar Wübker für die Diskussionen und Hinweise zu methodischen Aspekten im empirischen Teil meiner Arbeit. Weiterhin danken möchte ich Fahd Hajji, ohne den meine Promotion in dieser Form sicherlich nicht zustande gekommen wäre.

Mein Promotionsvorhaben wurde von der Friedrich-Naumann-Stiftung für die Freiheit mit Mitteln des Bundesministeriums für Bildung und Forschung gefördert. Danken möchte ich daher dem Team der Begabtenförderung sowie meinen Mitstipendiaten für den interessanten Austausch während meiner Förderungszeit.

Marktdaten für die empirischen Analysen wurden von der IMS Health GmbH & Co. KG in Frankfurt am Main unentgeltlich zur Verfügung gestellt. Ich möchte mich daher bei Dr. Alexander Frenzel und Kollegen bedanken, da ich ohne deren Unterstützung die von mir beabsichtigten Untersuchungen nicht hätte durchführen können.

Mein allergrößter Dank gilt jedoch meinen Eltern und Großeltern, ohne deren Unterstützung ich dieses Promotionsvorhaben nicht hätte verwirklichen können. Besonders danken möchte ich ebenso meinem Bruder Dr. Marius Müller für die Klärung vieler medizinischer Details in meiner Arbeit.

Ein Interessenskonflikt im Rahmen dieser Arbeit bestand zu keiner Zeit.

München, im Dezember 2013

Michael Thomas Müller

Inhaltsverzeichnis

Abkürzungsverzeichnis

5-HT	5-Hydroxytryptamin
AABG	Arzneimittelausgaben-Begrenzungsgesetz
ABAG	Arzneimittelbudget-Ablösungsgesetz
ABDA	Bundesvereinigung Deutscher Apothekenverbände
Abs.	Absatz
ACE	Angiotensin Converting Enzyme
ADHS	Aufmerksamkeitsdefizit-/Hyperaktivitätsstörung
AMG	Arzneimittelgesetz
AMNOG	Arzneimittelmarktneuordnungsgesetz
AMPreisV	Arzneimittelpreisverordnung
AOK	Allgemeine Ortskrankenkasse
ApBetrO	Apothekenbetriebsordnung
ApoG	Apothekengesetz
ApU	Abgabepreis des pharmazeutischen Unternehmens
AT1	Angiotensin-II-Rezeptor Subtyp 1
ATC	Anatomical Therapeutic Chemical Classification
AVP	Apothekenverkaufspreis
AVR	Arzneiverordnungs-Report
AVWG	Arzneimittelversorgungs-Wirtschaftlichkeitsgesetz
BfArM	Bundesinstitut für Arzneimittel und Medizinprodukte
BIP	Bruttoinlandsprodukt
BL	Baseline-Periode
BPI	Bundesverband der Pharmazeutischen Industrie
BSG	Bundessozialgericht
BSSichG	Beitragssatzsicherungsgesetz
BVDVA	Bundesverband Deutscher Versandapotheken
CCB	Calciumkanalblocker
DDD	Defined Daily Dose
DiD/Diff-in-Diff	Difference-in-Differences

DIMDI	Deutsches Institut für Medizinische Dokumentation und Information
EMA	European Medicines Agency
EP	Ekelund und Persson (2003)
EphMRA	European Pharmaceutical Marketing Research Association
EU	Europäische Union
F&E	Forschung und Entwicklung
FB	Festbetrag
FDA	Food and Drug Administration
FU	Follow Up-Periode
GAmSi	GKV-Arzneimittel-Schnellinformation
G-BA	Gemeinsamer Bundesausschuss
GKV	Gesetzliche Krankenversicherung
GKV-ÄnderungsG	GKV-Änderungsgesetz
GKV-SpiV	GKV-Spitzenverband
GKV-WSG	GKV-Wettbewerbsstärkungsgesetz
GMG	GKV-Modernisierungsgesetz
GRP	Generisches Referenzpreissystem bzw. -systeme
H	Hypothese
H1	Histamin-H1
HTA	Health Technology Assessment
HWG	Heilmittelwerbegesetz
INN	International Nonproprietary Name
IQWiG	Institut für Qualität und Wirtschaftlichkeit im Gesundheitswesen
KBV	Kassenärztliche Bundesvereinigung
KV	Kassenärztliche Vereinigung
KVNO	Kassenärztliche Vereinigung Nordrhein
LA-MED	Arbeitsgemeinschaft Leseranalyse medizinischer Fachzeitschriften
LC	Lu und Comanor (1998)
LSG	Landessozialgericht
mg	Milligramm
Mio.	Millionen
Mrd.	Milliarden
NCE	New Chemical Entity
NHS	National Health Service

OECD	Organisation for Economic Co-operation and Development
OLS	Ordinary Least Squares
ophth.	ophthalmologisch
Orig.	Original(e)
OTC	Over The Counter
Pckg.	Packung
PDD	Prescribed Daily Dose
PDE	Phosphordiesterase
PPI	Protonenpumpeninhibitoren
QALY	Quality Adjusted Life Year
RI	Reimport(e)
RoI	Return on Investment
RP	Referenzpreis
SG	Sozialgericht
SGB V	Sozialgesetzbuch Fünftes Buch - Gesetzliche Krankenversicherung
system.	systemisch
Tabl.	Tablette
TRP	Therapeutisches Referenzpreissystem bzw. -systeme
tsd.	tausend
VAD	Verband der Arzneimittel-Importeure Deutschlands
vfa	Verband forschender Arzneimittelhersteller
WHO	World Health Organization
ZE	Zähleinheit
zit.	zitiert

Abbildungsverzeichnis

Tabellenverzeichnis

1 Einleitung

> Eine gute Idee erkennt man daran, dass sie geklaut wird.
> *Rudi Carrell (1934-2006)*

> Gerade das Gegenteil tun heißt auch nachahmen.
> *Georg Christoph Lichtenberg (1742-1799)*

Nur wenige Themen haben in internationalen Arzneimittelmärkten in den letzten Jahren und Jahrzehnten zu solch kontroversen Diskussion und polarisierten Sichtweisen geführt wie die Vermarktung nachfolgender, vom therapeutischen Stellenwert vergleichbarer Originalpräparate innerhalb bereits etablierter Wirkstoffklassen. Diese Medikamente, welche oftmals auch als Analogpräparate, „me too"-Präparate oder Scheininnovationen bezeichnet werden, bringen aus Sicht von Kritikern keinen oder nur einen marginalen therapeutischen Fortschritt mit sich und werden unter Voraussetzungen wie der freien Preissetzung bei (über lange Zeit) voller Erstattungsfähigkeit für neue Moleküle im deutschen GKV-Markt für eine Aufblähung von Ausgaben in Gesundheitssystemen verantwortlich gemacht. Befürworter argumentieren, dass diese Medikamente eine Ausweitung an Behandlungsmöglichkeiten mit sich bringen und oftmals das Resultat von Forschungswettläufen und nicht von imitativen Entwicklungsabsichten sind. Aus ökonomischer Sicht sollten solche Substitute daher zu einer Intensivierung des Wettbewerbs am Markt und damit niedrigeren Preisen und Ausgaben führen.

Mit dieser Arbeit wird der Versuch unternommen, einen ganzheitlichen Überblick über diese umstrittene Thematik zu geben. Die Arbeit verfolgt dabei drei Ziele:

- Zunächst soll mittels einer Einführung in den Innovationsprozess in Arzneimittelmärkten aufgezeigt werden, welche Faktoren zur Entwicklung solcher Präparate führen. In einer Diskussion der bestehenden Literatur zu diesem Thema soll identifiziert werden, welche Probleme bei der Klassifizierung und Bewertung vermeintlicher Analogpräparate auftreten und wie die oftmals pauschalisierte Darstellung dieser Medikamente als Imitationen oder Scheininnovationen die tatsächliche Komplexität des Entwicklungsprozesses neuer Moleküle nur unzureichend widerspiegelt.
- In einem zweiten Schritt erfolgt eine umfassende Aufarbeitung bisheriger Erkenntnisse zum Wettbewerb von Nachfolge- bzw. Analogpräparaten in Arzneimittelmärk-

ten sowie des Einflusses von Regulierungsmaßnahmen auf das Preis- und Mengengefüge mit Fokus auf den deutschen GKV-Markt. Dieser Überblick dient auch dazu, Forschungslücken zum Wettbewerb in Arzneimittelmärkten aufzuzeigen.

- Der Schwerpunkt dieser Arbeit liegt auf der Durchführung dreier originaler empirischer Studien, welche ausgewählte Forschungslücken zum Wettbewerb durch Nachfolge- bzw. Analogpräparate sowie der Auswirkungen von Regulierungsmaßnahmen schließen sollen. Diese beinhalten eine Untersuchung zu Preisbildung und Preisverlauf im weitgehend freien Wettbewerb sowie des Einflusses jeweils eines bedeutenden angebots- und nachfrageseitigen Steuerungsmechanismus im deutschen GKV-Markt.

Abbildung 1.1: Struktur der Arbeit

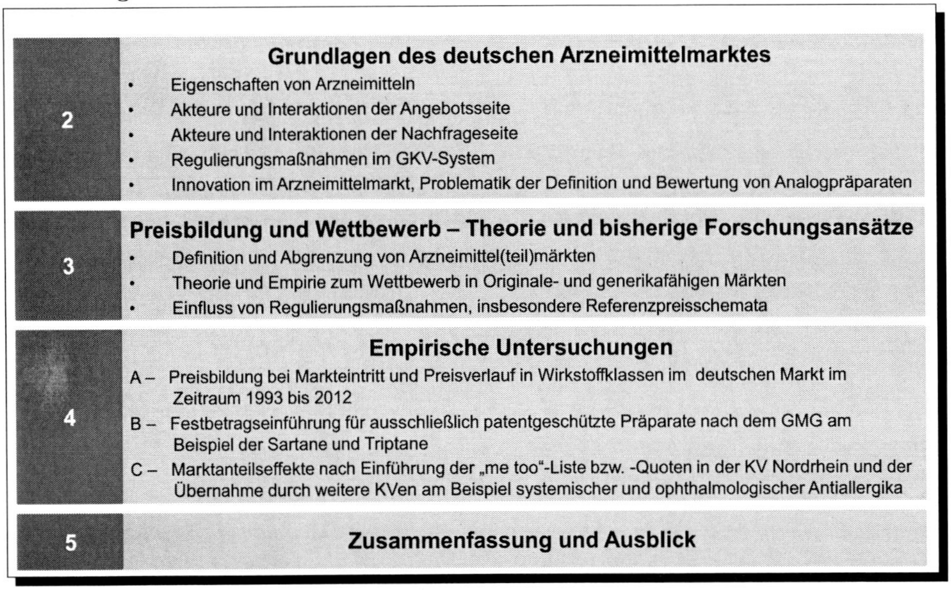

Kapitel 2 beginnt mit einer definitorischen Einordnung von Arzneimitteln und einer Darstellung der Angebotsseite des deutschen Arzneimittelmarktes. Anschließend werden Akteure sowie Beziehungen auf der Nachfrageseite des deutschen GKV-Systems dargestellt und Marktprobleme, denen diese ausgesetzt sind, erörtert. Hierauf folgt eine Diskussion der im deutschen Gesundheitssystem implementierten Steuerungsmechanismen zur Kontrolle solcher Marktfehler. Das Kapitel schließt mit einem Einblick in den Innovationsprozess und die Entwicklungsphasen neuer Medikamente. Dabei wird aufgezeigt, welche Herausforderungen die Bewertung von Arzneimittelinnovationen mit sich bringt und

warum das „Problem" der Analogpräparate unter derzeitigen Innovationsprozessen und patentrechtlichen Rahmenbedingungen möglicherweise nicht lösbar ist.

Eine Einführung in die Preis- und Wettbewerbstheorie von Arzneimittelmärkten auf dem aktuellen Stand der Forschung wird in *Kapitel 3* vorgenommen. Zunächst erfolgt eine angebots- wie nachfrageseitige Definition und Abgrenzung von Arzneimittelmärkten und eine Übersicht an Marktmodellen. Daraufhin werden theoretische Erwartungen und empirische Erkenntnisse zum Wettbewerb in Originale- und generikafähigen Märkten diskutiert. Es folgt eine sukzessive Fokussierung auf spezifische Marktergebnisse unter Einfluss angebots- und nachfrageseitiger Regulierungsmechanismen, insbesondere Referenzpreisschemata. Das Kapitel schließt mit einer Zusammenfassung bisheriger Ergebnisse für den deutschen Arzneimittelmarkt sowie einer Ableitung der Fragestellungen für den empirischen Teil dieser Arbeit.

Mittels dreier nachfolgender empirischer Untersuchungen in *Kapitel 4* sollen die ausgewählten Forschungslücken zu Preisbildung, Wettbewerb und Regulierung in Wirkstoffklassen mit besonderem Fokus auf Analogpräparate im deutschen Arzneimittelmarkt geschlossen werden:

Im Rahmen der ersten empirischen Untersuchung in *Abschnitt 4.1* wird eine Identifizierung und Quantifizierung von Determinanten der Preisbildung und des Preisverlaufs neuer Moleküle innerhalb bereits etablierter Wirkstoffklassen vorgenommen. Hiermit erfolgt zum einen eine Bestandsaufnahme der Preisbildung und des Wettbewerbs innerhalb des deutschen Marktes. Weitergehend dient diese Untersuchung dazu, bisherige Analysen zum Wettbewerb zwischen Arzneimitteln mittels des spezifischen Fokus auf bereits etablierte Wirkstoffklassen zu präzisieren und bisherige Erkenntnisse zu möglichen Einflussgrößen auf die Preisbildung zu detaillieren bzw. weiterzuentwickeln.

In *Abschnitt 4.2* folgt eine Analyse der Auswirkung der Festbetragseinführung nach dem GKV-Modernisierungsgesetz (GMG) aus dem Jahr 2004 auf die Preissetzung in den Festbetragsgruppen der Sartane und Triptane. Auch wenn Festbeträge eine bis 1989 zurückreichende Historie im GKV-System vorweisen können, wurden nach dem GMG erstmals „Jumbo-Gruppen" unter Einbeziehung patentgeschützter Moleküle gebildet. Die Gruppen der Sartane und Triptane stellen dahingehend eine Besonderheit dar, da in diesen ausschließlich patentgeschützte Präparate zusammengefasst wurden und ein solches Festbetragsszenario nachfolgend erstmals empirisch untersucht wird.

Die letzte empirische Untersuchung in *Abschnitt 4.3* befasst sich mit Marktanteilseffekten nach Einführung der „me too"-Quoten bzw. -Liste innerhalb der Kassenärztlichen Vereinigung (KV) Nordrhein in 2006 am Beispiel der Wirkstoffgruppen der systemischen Antihistaminika und ophthalmologischen Antiallergika. Ausgehend von einer Analyse der

Auswirkungen der Listeneinführung innerhalb der KV Nordrhein im bundesweiten Vergleich erfolgt hier eine Bewertung, inwiefern Effekte auch in Gebieten anderer Kassenärztlicher Vereinigungen, welche die Liste von der KV Nordrhein übernommen haben, auftreten.

Kapitel 5 schließt mit einer Zusammenfassung der Ergebnisse dieser Arbeit und wirft einen Ausblick auf die mögliche Rolle selektivvertragliche Versorgungs- und Steuerungskonzepte im Rahmen der zukünftigen Arzneimittelversorgung innerhalb der GKV.

Der Analysehorizont dieser Arbeit ist schwerpunktmäßig auf den ambulanten Arzneimittelmarkt im deutschen GKV-System im Zeitraum von 1989-2009 beschränkt und berücksichtigt die jeweiligen regulatorischen Ausgestaltungen durch das Sozialgesetzbuch (SGB) V. Eine Diskussion neuerer Marktinterventionen z.B. in Form der frühen Nutzenbewertung neuer Arzneimittel durch das Arzneimittelmarktneuordnungsgesetz (AMNOG) erfolgt daher nur peripher und wo nötig. Ebenso liegt kein expliziter Fokus auf dem Einfluss selektiver Vertrags- und Versorgungskonzepte insbesondere in Form der seit 2003 ermöglichten und seit 2007 scharfgeschalteten Rabattverträge für Arzneimittel.

2 Grundlagen des deutschen Arzneimittelmarktes

2.1 Eigenschaften von Arzneimitteln

2.1.1 Definition des Arzneimittelbegriffs

Aus rechtlicher Sicht sind Arzneimittel Stoffe, „die zur Anwendung im oder am menschlichen oder tierischen Körper bestimmt sind und als Mittel mit Eigenschaften zur Heilung oder Linderung oder zur Verhütung menschlicher oder tierischer Krankheiten oder krankhafter Beschwerden bestimmt sind".[1] Der Begriff der Stoffe erstreckt sich dabei auf Chemikalien, Pflanzen, Bestandteile oder Stoffwechselprodukte von Organismen sowie Mikroorganismen und deren Stoffwechselprodukte.[2]

Das AMG differenziert damit zwischen therapeutischen (heilenden) und diagnostischen Arzneimitteln (z.B. Röntgenkontrastmittel). Die Bezeichnung als Medikament bezieht sich ausschließlich auf Therapeutika, auch wenn die Begriffe Arzneimittel und Medikamente oftmals synonym gebraucht werden.[3] Der Fokus dieser Arbeit liegt vorrangig auf Therapeutika. Daher wird der Begriff des Arzneimittels im Folgenden ebenso wie die Bezeichnungen als Molekül, Präparat oder Substanz - wo zutreffend - im Wortsinn eines Medikaments verwendet.

2.1.2 Segmentierungsdimensionen

2.1.2.1 Herstellung

Ursprünglich wurden Arzneimittel ausschließlich individuell von Apothekern hergestellt; hieraus im 19. Jahrhundert entstandene Produktionsstätten bilden den Ursprung moderner Pharmaunternehmen.[4] Neben von in Apotheken hergestellten Arzneimitteln definiert § 4 Abs. 1 AMG Fertigarzneimittel daher als „Arzneimittel, die im Voraus hergestellt und in einer zur Abgabe an den Verbraucher bestimmten Packung in den Verkehr gebracht werden". Nachfolgend werden Arzneimittel ausschließlich in der Form der Fertigarzneimittel betrachtet.

---

[1] Vgl. § 2 Abs. 1 Arzneimittelgesetz (AMG).
[2] Vgl. § 3 AMG.
[3] Vgl. Raasch (2010).
[4] Vgl. Fricke und Schöffski (2008), Breitenbach und Fischer (2013).

2.1.2.2 Apothekenpflicht

Arzneimittel sind grundsätzlich apothekenpflichtig,[5] d.h. diese dürfen an Endverbraucher nur durch Offizin- oder aber Versandapotheken abgegeben werden.[6] Auch die Arzneimittelversorgung von Krankenhäusern muss durch eine Krankenhausapotheke oder krankenhausversorgende Offizinapotheke erfolgen.[7] Ausnahmen hierzu sind in § 44 AMG definiert, wonach Fertigarzneimittel „zu anderen Zwecken als zur Beseitigung oder Linderung von Krankheiten" auch außerhalb von Apotheken, so z.B. in Drogerien, verkauft werden dürfen. Neben solchen vorbeugenden Mitteln[8] werden zudem Produkte wie Heilwässer, Pflanzen und deren Zubereitungen, Pflaster und zum äußeren Gebrauch bestimmte Desinfektionsmittel von der Apothekenpflicht ausgenommen.[9] Von der Apothekenpflicht abzugrenzen ist die Apothekenbindung. Diese bezeichnet einen vom Hersteller z.B. als Qualitätssignal gewählten exklusiven Vertriebsweg über Apotheken für nicht apothekenpflichtige, freiverkäufliche Arzneimittel.[10]

Im Gegensatz zu einigen anderen Gesundheitssystemen ist für Deutschland ferner ein Dispensierverbot für Humanarzneimittel durch niedergelassene Ärzte festgeschrieben.[11] Die Abgabeerlaubnis beschränkt sich auf Ärztemuster in kleinen Mengen sowie die direkte Gabe von Arzneimitteln (z.B. Injektionen) im Rahmen von Behandlungen.[12]

2.1.2.3 Verschreibungspflicht

Aufgrund ihrer - möglichen positiven wie negativen - Wirkung auf den menschlichen Organismus ist für einen Großteil angebotener Medikamente die Verschreibung durch einen Arzt festgesetzt. Diese Medikamente werden auch als ethische Arzneimittel bezeichnet, apothekenpflichtige verschreibungsfreie Arzneimittel entsprechend als Over The Counter-(OTC-)Präparate.

Neben dem Gefahrenpotential in der Anwendung von Medikamenten an sich liegt ein spezielles Problem neuer Arzneimittel darin, dass im Rahmen des Entwicklungsprozesses in

[5] Vgl. § 43 Abs. 1 AMG.

[6] Der Begriff *Offizin* bezeichnet den Verkaufsraum einer Apotheke. Eine öffentliche, Offizin- oder Präsenzapotheke ist daher eine bevölkerungsversorgende Apotheke mit Publikumsverkehr; vgl. Ammon et al. (2004), Gebler et al. (2013). Nach § 11a Abs. 1 des Apothekengesetzes (ApoG) kann der Versandhandel inländischen öffentlichen Apotheken als Zusatzgeschäft erlaubt werden; im Rahmen der Warenfreiheit innerhalb der EU ist dieser Geschäftszweig jedoch auch ausländischen Versandapotheken zugänglich; vgl. Fuhrmann et al. (2010), Gebler et al. (2013).

[7] Vgl. Fuhrmann et al. (2010). Der Fokus dieser Arbeit liegt allerdings auf dem ambulanten Arzneimittel- bzw. Apothekenmarkt.

[8] Vgl. Fuhrmann et al. (2010).

[9] Vgl. § 44 Abs. 2 AMG.

[10] Vgl. Marschall (2007).

[11] Vgl. § 43 AMG.

[12] Vgl. Simon (2008).

klinischen Studien oftmals noch nicht alle, insbesondere langfristige, Neben- und Wechselwirkungsprofile vollständig identifiziert werden können. §§ 48 ff. AMG sahen daher bis 2005 auch eine pauschale Verschreibungspflicht für mindestens fünf Jahre für alle neu zugelassenen Moleküle zu. Seit der 14. AMG-Novelle aus dem Jahr 2005 wird jedoch im Prozess der Marktzulassung individuell über eine eventuelle Verschreibungspflicht neuer Präparate entschieden. Die Verschreibungspflicht für Arzneimittel ist an die Apothekenpflicht gekoppelt, für ethische Arzneimittel gilt zudem ein Werbeverbot außerhalb medizinischer Fachkreise.[13]

Von der reinen Verschreibung abzugrenzen ist die Verordnung, d.h. das Ausstellen eines Rezeptes durch den Arzt. Eine Verordnung kann sich daher auch auf ein OTC-Präparat[14] oder eine nichtmedikamentöse Therapie beziehen. Der Begriff der Verordnungsfähigkeit bezieht sich im allgemeinen Sprachgebrauch hingegen nicht darauf, ob ein Präparat aus medizinischen Gründen zur Therapie einer bestimmten Indikation eingesetzt werden darf, sondern wird meistens im Wortsinn der Erstattungsfähigkeit durch die GKV gebraucht.[15]

2.1.2.4 Erstattungsfähigkeit

Zugelassene Arzneimittel müssen zwar wirksam sein,[16] jedoch nicht immer zwingend einen nachvollziehbaren medizinischen Nutzen oder ein gerechtfertigtes Verhältnis aus Kosten und therapeutischem Nutzen aufweisen. Gesundheitssysteme bzw. private Versicherer nehmen daher in der Regel eine Auswahl erstattungsfähiger Medikamente vor, wobei hierfür die Ansätze einer Positivliste (Aufführung aller erstattbaren Medikamente) bzw. Negativliste (Auflistung nicht erstattbarer Medikamente) denkbar sind.

Das deutsche GKV-System verfolgt den Ansatz einer Negativliste.[17] Neben einigen verschreibungspflichtigen Medikamentenarten gilt der Erstattungsausschluss im GKV-System pauschal für alle rezeptfreien Präparate. Diese sind seit Inkrafttreten des GMG nur für Kinder bis 12 Jahre sowie in schwerwiegenden Indikationen, in denen diese als Therapiestandard gelten, erstattungsfähig.[18]

[13] Vgl. § 10 HWG.
[14] Sofern dieses erstattungsfähig ist, spricht man auch von einem semi-ethischen Arzneimittel; vgl. Padhi et al. (2003).
[15] Vgl. z.B. die Formulierung des § 92 Abs. 1 SGB V.
[16] Vgl. § 1 AMG.
[17] Vgl. Abschnitt 2.4.4.1.
[18] Vgl. § 34 SGB V.

2.1.3 Marktüberblick

Ein Überblick über den deutschen Apotheken-Arzneimittelmarkt unter Einbeziehung der bisher diskutierten Segmentierungsdimensionen ist in Abbildung 2.1 dargestellt. Der Marktwert betrug in 2012 rund 39 Mrd. € ohne Mehrwertsteuer. Hiervon entfielen jeweils 9/10 auf verschreibungspflichtige sowie erstattete Arzneimittel.[19]

Durch die Abbildung nicht erfasst sind Umsätze freiverkäuflicher Arzneimittel und Gesundheitsprodukte außerhalb von Apotheken z.B. in Drogerien, Supermärkten oder Reformhäusern; diese werden von Nielsen (2012) auf rund 1 Mrd. € (brutto) geschätzt. Ebenso sind keine Arzneimittelumsätze von Krankenhausapotheken ausgewiesen; auf diese wird kurz im folgenden Abschnitt eingegangen.

Abbildung 2.1: Segmente des Apotheken-Arzneimittelmarktes 2012 (Mrd. €)

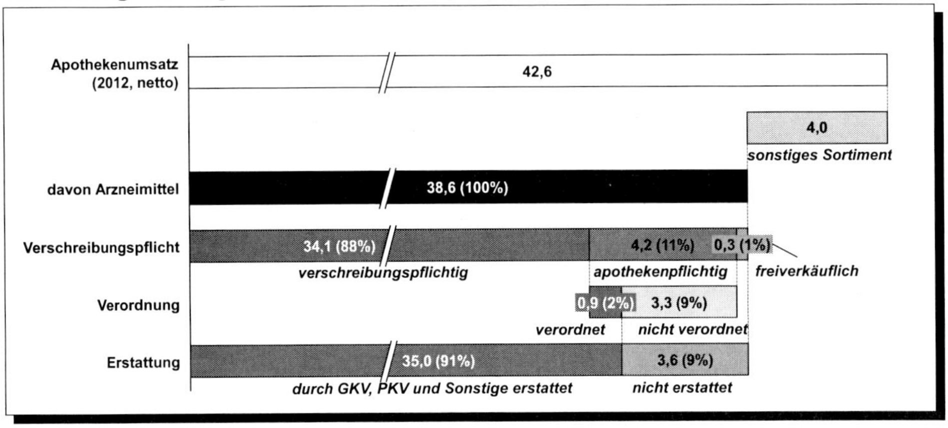

Quelle: ABDA (2013); eigene Darstellung.

2.2 Struktur der Angebotsseite

2.2.1 Überblick der Angebotsseite

Für apothekenpflichtige Arzneimittel existiert ein gesetzlich vordefinierter Vertriebsweg, der sich mit der Notwendigkeit der Gewährung der Arzneimittelsicherheit sowie des Schutzes von Patienten begründen lässt.[20] So können Hersteller Apotheken direkt mit Arzneimitteln beliefern;[21] zur Minimierung von Transaktionskosten wird hierfür in der Mehrzahl der Fälle jedoch ein Großhändler zwischengeschaltet.

[19] Vgl. ABDA (2013).
[20] Vgl. Oberender (1984), Fuhrmann et al. (2010).
[21] Vgl. § 47 AMG.

Die Vertriebsstruktur von apothekenpflichtigen Arzneimitteln im deutschen Markt ist in Abbildung 2.2 dargestellt. Von den über 90.000 in Deutschland zugelassenen Arzneimitteln[22] wurden in 2012 rund 7.400 Fertigarzneimittel mit etwa 9.000 Darreichungsformen in etwa 29.200 Dosis- bzw. Packungsvariationen von 460 Herstellern auf dem Markt angeboten.[23]

Rund 72 % des wertmäßigen Volumens wird von Herstellern an Großhändler abgegeben, die Arzneimittel wiederum an Offizin- und Krankenhausversorgungsapotheken vertreiben. Die Krankenhausdirektbelieferung durch Hersteller macht rund 15 % des Arzneimittelvolumens aus. Die restlichen 13 % entfallen auf die Direktbelieferung von Offizinapotheken durch Hersteller, was besonders bei margenträchtigen, hochpreisigen Innovationen und OTC-Präparaten aus Herstellersicht lukrativ sein kann.[24] Von 100 € für Arzneimittel, die in 2011 von der GKV erstattet wurden, verblieben rund 65 € beim Hersteller, 4 € beim Großhandel und 15 € bei öffentlichen Apotheken;[25] 16 € entfielen auf die Mehrwertsteuer.

Abbildung 2.2: Vertriebsstruktur von Arzneimitteln im deutschen Markt

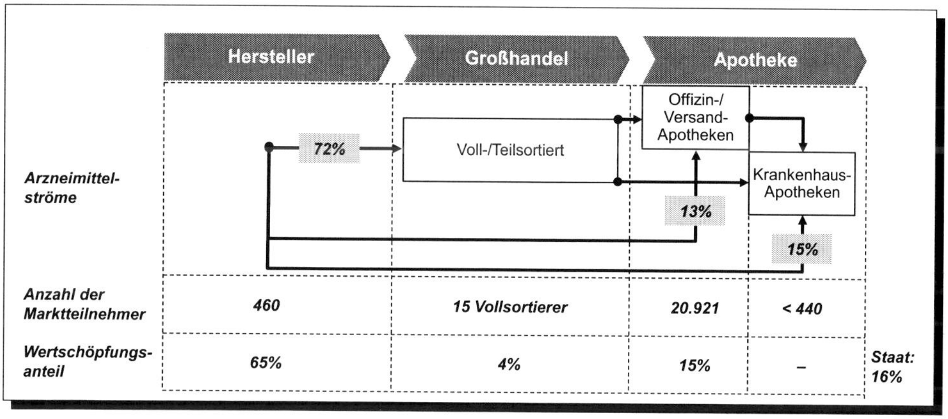

Quelle: Eigene Darstellung auf Basis von Daten von ABDA (2013), BPI (2013), PHAGRO (2013), Kietzmann (2009), Dambacher und Schöffski (2008). Wertschöpfungsanteile beziehen sich ausschließlich auf erstattungsfähige Arzneimittel im ambulanten GKV-Markt.

22 Vgl. BfArM (2013).

23 Vgl. Rote Liste (2012). PHAGRO (2013) verweist auf 1.500 Anbieter von in Apotheken angebotenen Produkten; diese Zahl schließt jedoch wohl auch Importhändler und Hersteller anderer Apothekenprodukte als Arzneimittel mit ein.

24 Vgl. Dambacher und Schöffski (2008).

25 Werte unter Berücksichtigung gesetzlicher Zwangsabschläge für pharmazeutische Unternehmen und Apotheken sowie Einsparungen durch freiwillige Rabattverträge der pharmazeutischen Unternehmen ohne Zuzahlungen von Patienten; vgl. Coca und Schröder (2012), ABDA (2013), BPI (2013).

2.2.2 Hersteller

2.2.2.1 Marktzugang

Fertigarzneimittel dürfen in Deutschland nur in den Verkehr gebracht werden, wenn für diese die pharmazeutische Qualität, Wirksamkeit und Unbedenklichkeit nachgewiesen wurden und diese durch eine staatliche Behörde zugelassen worden sind.[26] Für Fertigarzneimittel erfolgt die Zulassung durch das Bundesinstitut für Arzneimittel und Medizinprodukte, bei Impfstoffen, Sera und Blutprodukten durch das Paul-Ehrlich-Institut. Bei einer beabsichtigten EU-weiten Vermarktung kann zum einen eine zentrale Zulassung durch die European Medicines Agency angestrebt werden; zum anderen besteht die Möglichkeit der Anerkennung einer in einem Mitgliedsland erteilten Zulassung im Rahmen der mutual recognition procedure.[27]

Während zur Vermarktung innovativer Präparate ein langer Entwicklungs- und auch Zulassungsprozess nötig ist,[28] kann dieser bei Generika abgekürzt werden. Hier ist zwar auch eine Zulassung mittels eines Vollantrags, der die Durchführung pharmakologisch toxikologischer Untersuchungen und klinischer Studien verlangt, möglich.[29] Üblicherweise wird hierfür jedoch das seit 1986 geschaffene abgekürzte Verfahren in Anspruch genommen, das lediglich einen Nachweis der Bioäquivalenz des Generikums im Vergleich zum jeweiligen Originalpräparat erfordert.[30]

2.2.2.2 Originaleanbieter

Unter dem Begriff der Originaleanbieter wird nachfolgend die Gruppe forschender Arzneimittelhersteller zusammengefasst. Hierbei handelt es sich um meist international operierende Konzerne, die mit innovativen Präparaten am Markt vertreten sind. Mit einem Marktwert von 14,8 Mrd. € in 2011 machten patentgeschützte Originale rund die Hälfte des GKV-Arzneimittelumsatzes aus, hinzu kamen rund 6,5 Mrd. € an Umsätzen mit generikafähigen Altoriginalen.[31] Die 10 führenden Hersteller im ambulanten GKV-Markt sind in Abbildung 2.3 dargestellt, diese konnten in 2011 rund 42 % des Umsatzes innovativer Anbieter auf sich vereinen; im deutschen Markt sind etwa 45 bedeutende forschende Pharmaunternehmen aktiv.[32]

---
[26] Vgl. §§ 21 ff. AMG.
[27] Vgl. Wernitz und Pelz (2011).
[28] Vgl. Abschnitt 2.5.2.
[29] Vgl. Fuhrmann et al. (2010).
[30] Vgl. § 24b AMG, EMA (2000).
[31] Vgl. ProGenerika (2013); eigene Berechnung.
[32] Anzahl der Mitgliedsunternenhmen des vfa; vgl. www.vfa.de.

Abbildung 2.3: Führende Originaleanbieter im deutschen ambulanten GKV-Markt (2011)

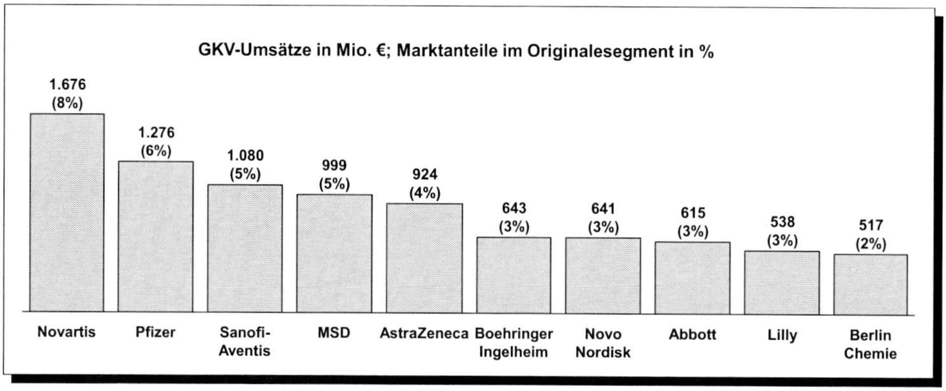

Quelle: Eigene Berechnung und Darstellung auf Basis von Daten von Coca und Schröder (2012), ProGenerika (2013). Enthält keine Umsätze, die von Importhändlern mit Originalpräparaten jeweiliger Hersteller im GKV-Markt erzielt wurden.

Ein seit 1980 neu entstandener Industriezweig innerhalb der forschenden Industrie ist die Herstellung von Biopharmazeutika, welche unter Verwendung gentechnisch modifizierter Mikroorganismen hergestellt werden.[33] Diese Präparate werden derzeit vor allem in immunologischen (z.B. Arthritis), stoffwechselbezogenen (z.B. Diabetes) und onkologischen Indikationen eingesetzt.[34] Der Umsatz von Biopharmazeutika innerhalb der GKV lag in 2011 bei 5 Mrd. € und machte damit 17 % der GKV-Arzneimittelausgaben aus.[35]

Die Anbieterlandschaft forschender Arzneimittelhersteller ist stark diversifiziert, neben breit aufgestellten Großkonzernen fokussieren sich vor allem kleinere Hersteller auf einzelne Organgruppen oder Indikationen. Die Ausrichtung eines Originaleherstellers muss jedoch nicht zwingend von dessen Forschungsexpertise vorbestimmt sein. So erwähnen Breitenbach und Fischer (2013), dass rund 3/4 des Umsatzes von führenden Unternehmen wie Pfizer oder Sanofi-Aventis in 2008 mit einlizenzierten Produkten erzielt wurde. Ebenso haben sich im Zeitverlauf ähnlich wie in anderen Industrien Spezialisten und Outsourcingdienstleister entlang der Wertschöpfungskette in Form von Contract Research, Contract Manufacturing und Contract Sales Organisations entwickelt.[36] Der Outsourcing-Anteil auf jeder dieser drei Stufen liegt auf globaler Ebene bereits bei 30 %.[37]

Im Verlauf der letzten Jahrzehnte wurde die forschende Arzneimittelindustrie immer wie-

[33] Vgl. Breitenbach und Fischer (2013).
[34] Vgl. Heinemann et al. (2013).
[35] Vgl. Coca und Schröder (2012).
[36] Vgl. Breitenbach und Fischer (2013).
[37] Vgl. Cepton (2009).

der von Konsolidierungswellen überrollt.[38] Aufgrund von Faktoren wie steigenden Risiken und Ausgaben im Entwicklungsprozess bzw. unausgeglichenen Produktportfolios, einem steigenden Wettbewerbsdruck durch Generika und zunehmenden Kostendämpfungsmaßnahmen von Gesundheitssystemen schätzen Fischer und Breitenbach (2013) daher, dass dieser Druck neben einer weiteren Marktkonsolidierung zusätzlich zur stärkeren Fokussierung von Originaleanbietern auf jeweilige Kernkompetenzen und damit zu einem Anstieg an outgesourceten Leistungen führen wird.

2.2.2.3 Generikaanbieter

Nach Patentablauf kann ein Molekül unter einer anderen Marke auch durch Zweitanbieter kommerzialisiert werden. Generika machten im GKV-Markt in 2012 mit 9,1 Mrd. € zwar nur 30 % des Umsatzes aus, deckten jedoch 73 % des Marktvolumens (in Defined Daily Doses (DDD)) ab; inzwischen werden zudem bereits 65 % aller generikafähigen Packungen im GKV-Markt auf Basis kassenindividueller Rabattverträge abgegeben.[39] Die Bedeutung von Biosimilars, d.h. generischen Biopharmazeutika, ist dagegen neben der deutlich höheren Komplexität der Entwicklung im Vergleich zu konventionellen Generika auch mangels Patentabläufen bislang noch gering. Der biosimilarfähige Markt machte in 2012 lediglich 6 % der GKV-Ausgaben für Biopharmazeutika aus.[40]

Aufgrund der im Vergleich zu forschenden Herstellern niedrigeren Einstiegshürde des Bioäquivalenznachweises fällt die Struktur des Generikasegments mit nahezu 150 Anbietern[41] im deutschen GKV-Markt nominell recht diversifiziert aus. Neben vielen Mittelständlern, die sich oftmals auf einzelne Therapiegebiete fokussieren,[42] wird der Generikamarkt jedoch von einigen Konzernen dominiert, deren jeweiliges Produktportfolio nahezu alle generikafähigen Substanzklassen abdeckt. Ein in Deutschland besonders stark ausgeprägtes Phänomen ist hier das der Branded Generics, d.h. großer Anbieter, die unter einer Dachmarke eine intensive Ärzte- und Öffentlichkeitswerbung betreiben (z.B. Hexal, Ratiopharm, Stada).[43] Im Generikamarkt konkurrieren ebenfalls Anbieter von Altoriginalen nach Patentablauf; der Anteil dieser patentfreien Erstanbieterprodukte wird auf 1/3 des GKV-Umsatzes in generikafähigen Marktsegmenten geschätzt.[44]

Seit einigen Jahren werden Generikaunternehmen bzw. -marken zudem verstärkt von Arz-

[38] In die letzte große Fusionswelle in 2009/2010 fallen beispielsweise die Übernahmen von Genentech durch Roche, Schering-Plough durch Merck & Co. sowie Wyeth durch Pfizer.
[39] Ohne patentfreie Erstanbieterprodukte; vgl. IMS zit. in ProGenerika (2013).
[40] Vgl. Insight Health zit. in ProGenerika (2013).
[41] Eigene Schätzung auf Basis der Daten von Herr und Suppliet (2012).
[42] Vgl. Raasch (2010).
[43] Vgl. Marschall (2007), Kanavos et al. (2008), Herr und Suppliet (2012).
[44] Vgl. IMS zit. in ProGenerika (2013).

neimittelkonzernen im Rahmen von Portfoliostrategien eingesetzt. Der forschende Hersteller Novartis bündelt seine Generikaaktivitäten beispielsweise unter dem Dach von Sandoz. Hierunter befindet sich mit Hexal ein Anbieter von Branded Generics, Sandoz bietet vor allem Spezialpräparate und Biosimilars an und 1A Pharma bedient das Niedrigpreissegment bzw. wird vor allem bei Rabattverträgen ins Rennen geschickt.[45]

Trotz der stärkeren mittelständischen Struktur weist der deutsche Generikamarkt eine wesentlich höhere Konzentration als der Originalemarkt auf. So vereinten die Top 10 Marken im GKV-Markt in 2011 rund 66 % des Generikaumsatzes auf sich.[46] Speziell die Einführung von Rabattverträgen, die in 2012 bereits 1/4 des GKV-Arzneimittelumsatzes abgedeckt haben, hat zu einem zunehmenden Konzentrationsprozess von Anteilen im deutschen Generikamarkt beigetragen. Bei einigen Molekülen wie Pantoprazol oder Ramipril entfallen inzwischen über 98 % des rabattierten GKV-Marktvolumens auf lediglich drei Anbieter.[47] Erste Studien weisen daher auf den möglichen wettbewerbshemmenden Effekt durch eine zunehmende Oligopolisierung des Generikamarktes hin.[48]

Abbildung 2.4: Führende Generikaanbieter im deutschen ambulanten GKV-Markt (2011)

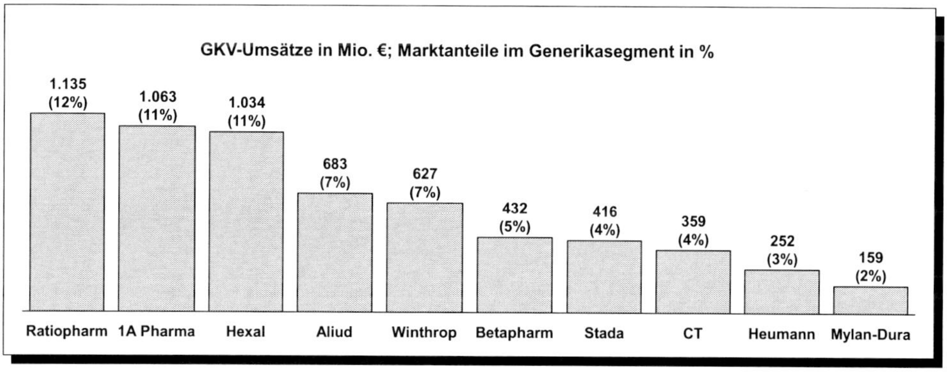

Quelle: Eigene Berechnung und Darstellung auf Basis von Daten von Coca und Schröder (2012), ProGenerika (2013). Marktanteile für Generikamarkt ohne generikafähige Erstanbieterprodukte.

[45] Vgl. Novartis (2013).
[46] Eigene Berechnung auf Basis von Daten von Coca und Schröder (2012), vgl. Abbildung 2.4. Unter Berücksichtigung von Konzernzugehörigkeiten würde die Marktkonzentration nochmals höher ausfallen.
[47] Vgl. IMS, Insight Health zit. in ProGenerika (2013).
[48] Vgl. z.B. Greß et al. (2009), Albrecht et al. (2011).

2.2.3 Großhandel

Großhändler sind an der Schnittstelle zwischen Herstellern und Apotheken aktiv und bilden eine Pufferfunktion zur jederzeit lückenlosen Versorgung von Apotheken und damit Patienten mit Medikamenten.[49] Die Zulassung als Großhändler ist im Rahmen des AMG geregelt. Zudem sieht die Arzneimittelpreisverordnung (AMPreisV) einen maximalen Großhandelszuschlag auf den Abgabepreis des pharmazeutischen Unternehmens vor, welcher sich als prozentual degressive Spanne mit linearisierten Zwischenintervallen charakterisieren lässt.[50] Zur Sicherstellung der Arzneimittelversorgung besteht ein Belieferungsanspruch zwischen Herstellern, Großhändlern und Apotheken.[51] Mit der 15. AMG-Novelle in 2009 wurde jedoch der Kontrahierungszwang in jedem Einzelfall aufgehoben, vielmehr muss nun eine lediglich bedarfsgerechte und kontinuierliche Versorgung der nachfolgenden Handelsstufe aufrechterhalten werden.[52]

Man unterscheidet zwischen vollsortierten Großhändlern, welche die Versorgung mit allen erhältlichen Arzneimitteln sicherstellen und teilsortierten Großhändlern, die sich auf den Vertrieb von Präparaten in bestimmten Indikationsgebieten oder von bestimmten Herstellern fokussieren.[53] Der deutsche Markt wird von den 15 Vollsortierern dominiert. Die fünf führenden Anbieter, welche sich teils im Besitz von Apothekergenossenschaften befinden bzw. zu vertikal integrierten Konzernen gehören, vereinen derzeit über 90 % des Marktes auf sich.[54] Restliche Marktanteile entfallen vor allem auf unter der Gesellschaft Pharma Privat vereinte unabhängige Mittelständler. Trotz des hohen Konzentrationsgrads haben Großhändler aufgrund des Belieferungsanspruchs, festgesetzten Höchstzuschlägen und des hohen erwarteten Servicelevels mit mehreren täglichen Belieferungen einer Apotheke eine nur geringe Marktmacht inne. Dambacher und Schöffski (2008) schätzen daher, dass bis zu 80 % des Großhandelshöchstzuschlags als Rabatt an Apotheken weitergegeben wird.

2.2.4 Apotheken

Die Sicherstellung der ambulanten Versorgung von Patienten mit Arzneimitteln erfolgt durch das Angebotsmonopol der rund 21.000 öffentlichen Apotheken (Offizin-apotheken). Für diese Wertschöpfungsstufe sieht § 3 AMPreisV einen vordefinierten Aufschlag von 3 % + 8,10 € auf den Apothekeneinkaufspreis eines verschreibungspflichtigen Medikaments

[49] Vgl. Wernitz und Pelz (2011).
[50] Vgl. Dambacher und Schöffski (2008).
[51] Vgl. § 52 AMG.
[52] Vgl. Fuhrmann et al. (2010).
[53] Vgl. Dambacher und Schöffski (2008).
[54] Vgl. Telgheder (2013) in Abbildung 2.5.

Abbildung 2.5: Marktanteile im deutschen Pharmagroßhandel (2013)

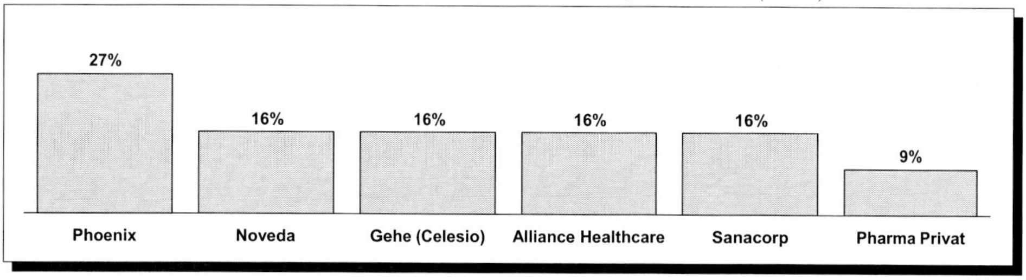

Quelle: Telgheder (2013); eigene Darstellung.

vor.[55] Die Preisbindung für nicht verschreibungspflichtige Arzneimittel (OTC) wurde dagegen im Rahmen des GMG in 2004 aufgehoben. Lediglich für zulasten der GKV verordnete freiverkäufliche Arzneimittel gilt die AMPreisV in der Version vor Aufhebung der Preisbindung.[56]

Apotheken unterliegen einem Kontrahierungszwang, d.h. sie müssen Arzneimittel auch dann an Patienten abgeben, wenn dies für sie nicht kostendeckend ist.[57] Neben der reinen Abgabe von Arzneimitteln sind Apotheker zusätzlich zur aktiven Beratung von Patienten verpflichtet. Diese darf aber nicht konfligierend zur ärztlichen Konsultation sein, sondern soll insbesondere auf die sachgerechte Anwendung von Medikamenten abzielen.[58]

Für Apotheken in Deutschland gilt nach wie vor ein Fremdbesitzverbot. Seit Inkrafttreten des GMG in 2004 dürfen lediglich Apotheker bis zu drei zusätzliche Filialapotheken besitzen, wobei auch diese jeweils von einem approbierten Apotheker geleitet werden müssen.[59] Apothekengruppen am Markt (z.B. Linda, vitanet) sind daher auch reine Einkaufs- bzw. Marketingkooperationen individuell unabhängiger Apotheken. Mit dem GMG wurde zudem die Möglichkeit des Versandhandels geschaffen. Aktuell besitzen rund 3.000 Apotheken eine Versandlizenz, darunter 40 industrielle Versandapotheken, die einen Anteil von 90 % im Versandmarkt halten. Dessen Marktvolumen wird von IMS[60] auf 1,4 Mio. € beziffert wird, wobei verschreibungspflichtige Arzneimittel hiervon rund 1/4 ausmachen.

Während Apotheker durch die Bereitstellung von Arzneimitteln formell der Angebotsseite des Marktes zuzuordnen sind, werden diese in der Versorgung gesetzlich versicherter Pa-

[55] Der Apothekeneinkaufspreis entspricht nach § 3 Abs. 2 der Arzneimittelpreisverordnung (AMPreisV) dem Abgabepreis des pharmazeutischen Unternehmens (ApU) + Großhandelshöchstzuschlag. Für den Direktbezug vom Hersteller ist eine degressiv prozentuale Spanne mit Fixbeträgen in Zwischenintervallen vorgesehen.
[56] Vgl. § 129 Abs. 5a SGB V.
[57] Vgl. Bauer (2008).
[58] Vgl. § 20 ApBetrO, Bauer (2008).
[59] Vgl. §§ 1 ff. ApoG, Simon (2008).
[60] Zit. in BVDVA (2013).

tienten von der GKV mit in die Nachfrageentscheidung eingebunden. So sind Apotheker dazu angehalten, bei generikafähigen Molekülen ein jeweils preiswertestes oder rabattiertes Präparat auszuwählen; ebenso müssen Apotheken Quoten in der Substitution von verordneten Originalpräparaten durch Importarzneimittel erfüllen.[61]

2.3 Akteure und Interaktionen der Nachfrageseite

2.3.1 Informationsökonomische Einordnung von Arzneimitteln

Arzneimittel sind komplexe Produkte, da diese eine Wirkung auf den Organismus eines Patienten ausüben und neben dem möglichen therapeutischen Nutzen auch ein Risiko für die Gesundheit des Patienten darstellen können.[62]

Eine klare Einordnung von Arzneimitteln entlang der zur informationsökonomischen Klassifizierung von Gütern angewandten Dimensionen der Such-, Erfahrungs- und Vertrauenseigenschaften[63] lässt sich damit nicht eindeutig vornehmen. Das Charakteristikum des Suchgutes kann weitgehend ausgeschlossen werden, da sich Arzneimittel vor der Anwendung durch einen Patienten nicht hinsichtlich ihrer Qualität und exakten Auswirkung auf dessen Organismus beurteilen lassen. In einer Vielzahl der Fälle lässt sich die Wirkung von Arzneimitteln aber wie bei Erfahrungsgütern nach der Anwendung bewerten; dies dürfte insbesondere auf dauerhaft, d.h. bei chronischen Indikationen angewandte Präparate zutreffen. Ebenso sind jedoch auch Szenarien denkbar, in denen sich Medikamente vorrangig als Vertrauensgüter klassifizieren lassen, d.h., dass deren Eigenschaften weder vor noch nach dem Kauf überprüfbar sind. So kann ein Patient beispielsweise nach einer akuten Infektion nicht bewerten, inwiefern ein Medikamenteneinsatz oder aber Selbstheilungskräfte eine Gesundung bewirkt haben.[64]

2.3.2 Dreiteilung der Nachfrage

Im Gegensatz zu klassischen Modellen, in denen ein Individuum ein Gut nachfragt, bezahlt und konsumiert, ist die Nachfrage nach Arzneimitteln im GKV-System dreigeteilt und setzt sich aus einer Auswahlentscheidung (Arzt), dem Konsum (Patient) und der Bezahlung bzw. Erstattung (Krankenversicherung) zusammen.[65] Zwischen diesen drei Akteuren

[61] Mehr hierzu in Abschnitt 2.4.5.
[62] Vgl. May und Bauer (2011).
[63] Vgl. z.B. Meffert et al. (2007).
[64] Katz (2007) schreibt Arzneimitteln dagegen pauschal die Eigenschaft eines Vertrauensguts zu, da Patienten selbst bei einer Folgeanwendung die tatsächliche (pharmazeutische) Qualität eines Medikaments nicht überprüfen können.
[65] Vgl. May und Bauer (2011).

bestehen jeweils gegenseitige vertragliche Beziehungen, welche Informationsassymetrien nach Vertragsabschluss aufweisen.[66] Dies bedeutet, dass ein jeweiliger Auftraggeber (Principal) die Tätigkeit eines beauftragten Agenten nicht unmittelbar beobachten kann (verstecktes Handeln) oder der Principal über einen Informationsvorsprung gegenüber dem Agenten verfügt (versteckte Information).[67] Diese Vertragsbeziehungen der dreigeteilten Nachfrage werden von Nebling (2012: 88) wie folgt zusammenfasst:

Abbildung 2.6: Principal-Agent-Beziehungen auf der Nachfrageseite

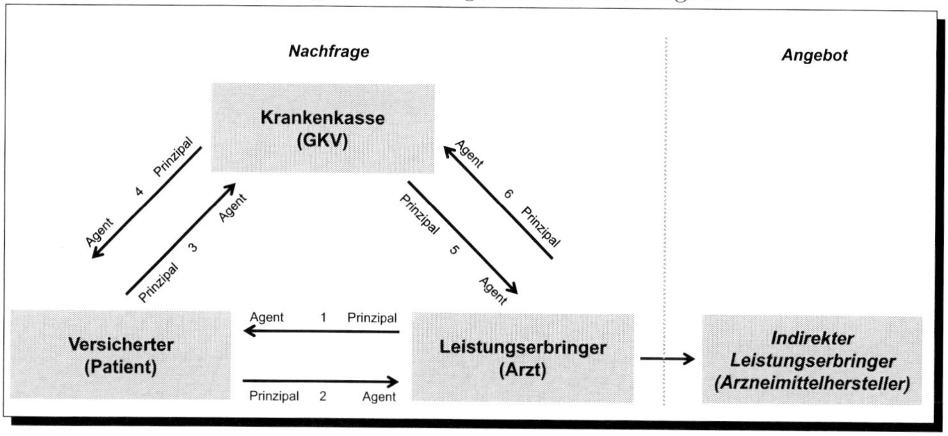

Quelle: Vgl. Nebling (2012: 88), Sauerland (1999); eigene Darstellung.

> „(1) Der Patient beauftragt den Leistungserbringer, ihn medizinisch zu beraten und zu behandeln.
>
> (2) Der Leistungserbringer beauftragt den Patienten sich an der Behandlung aktiv zu beteiligen, sich an die getroffenen Absprachen zu halten und den Leistungserbringer weiterzuempfehlen.
>
> (3) Der Versicherte beauftragt seine Krankenkasse damit, Versicherungsschutz und Versorgungsangebote bereitzustellen.
>
> (4) Die Krankenkasse beauftragt den Versicherten damit, die bereitgestellten Angebote effektiv und effizient zu nutzen.
>
> (5) Die Krankenkasse beauftragt den Leistungserbringer mit der bestmöglichen Versorgung der Versicherten.
>
> (6) Der Leistungserbringer beauftragt die Krankenkasse mit der Vermittlung von Patienten und Zahlung der vereinbarten Vergütung."

[66] Ebenso können bereits vor Vertragsschluss Informationsassymetrien in Form der adversen Selektion, d.h. der Wahl eines ungeeigneten Vertragspartners, existieren; vgl. Richter und Furubotn (1999).

[67] Vgl. Richter und Furubotn (1999).

Neben dem Arzt als direkten Leistungserbringer beschreibt Sauerland (1999) weitergehend z.B. Arzneimittel- und Medizintechnikhersteller als indirekte Leistungserbringer. Nachfolgend werden die Interessen sowie mögliche Probleme im Rahmen der Principal-Agent-Beziehungen dieser drei Nachfrager, hierunter auch das Zusammenspiel zwischen Arzt und Arzneimittelhersteller in der Funktion als Agenten für den Patienten, diskutiert.

2.3.2.1 Motive des Patienten

Dem Patienten wird als ökonomischem Akteur unterstellt, dass er seinen Nutzen maximieren möchte. Ein optimaler Gesundheitszustand ist für den Patienten hierbei insofern von Bedeutung, da er das Wohlbefinden oder aber die Einkommenserzielungs- oder Konsummöglichkeiten des Patienten steigert.[68]

Im Krankheitsfall stehen für den Patienten die Optionen der Selbstmedikation bzw. -therapie oder aber die Einbeziehung eines Experten in Form des Arztes zur Verfügung. Außer bei Bagetellerkrankungen stellt der Arztbesuch hier oftmals die einzige Alternative dar, da Patienten beim (unerwarteten) Auftreten von Erkrankungen weder die Erfahrung, diagnostischen Mittel oder Ausbildung haben, eine geeignete Therapie auszuwählen.[69] Hinzu kommt, dass für Arzneimittel als Erfahrungsgüter pauschal ein solch komplexes (Neben-)Wirkungsprofil angenommen wird, dass die Möglichkeit, diese nachzufragen, an die Verschreibungspflicht durch einen ausgebildeten Arzt gekoppelt ist.[70]

2.3.2.2 Motive des Arztes

Nachdem ein Patient einen Arzt aufgesucht hat, trifft dieser in einem zweistufigen Prozess die Entscheidung, ob der Bedarf für eine Arzneimittel- oder alternative, z.B. chirurgische Behandlung, besteht und mit welcher Medikation diese Therapie durchgeführt werden soll.[71]

Ebenso wie der Patient möchte auch der Arzt seinen individuellen Nutzen maximieren; verfolgte Interessen können jedoch vielfältig sein. Als selbstständiger Unternehmer innerhalb der GKV könnte ein niedergelassener Arzt bestrebt sein, sein Einkommen zu maximieren. In der Literatur wird der Arzt jedoch nicht als rein gewinnmaximierender Unternehmer dargestellt; stattdessen werden die Abwägung zwischen Freizeit und Arbeitsbelastung zur Erreichung eines Zieleinkommens sowie altruistische/ethische Gründe

[68] Vgl. Boom (1993).
[69] Vgl. Arrow (1963), Hajen et al. (2011).
[70] Vgl. die Ausführungen zur grundsätzlichen Verschreibungspflicht für neue Moleküle vor 2005.
[71] Vgl. May und Bauer (2011).

in Form des Willens bzw. der Verpflichtung, Menschen zu helfen, als weitere Nutzendimensionen eines Arztes beschrieben[72]. Diese Vielzahl an möglichen Nutzenaspekten wie auch die Tatsache, dass zur Therapie bestimmter Indikationen oftmals medikamentöse, chirurgische oder auch verhaltensändernde Behandlungsansätze geeignet sein können, eröffnen daher Spielräume für zahlreiche Handlungsoptionen.

2.3.2.3 Motive der GKV

Der Leistungserstatter ist der einzige Akteur, der nicht direkt mit in die Nachfrageentscheidung einbezogen wird. Innerhalb des selbstverwalteten Systems der Gesetzlichen Krankenversicherung lässt sich diese Rolle der Krankenkasse, in der ein Patient versichert ist, zuschreiben.[73] Diese steht - neben Konkurrenz durch private Kassen bei nicht gesetzlich versicherungspflichtigen Patienten - vorrangig im Wettbewerb mit anderen gesetzlichen Krankenkassen. Aufgrund der Gegebenheiten des GKV-Marktes - so z.B. des Aufnahmezwangs neuer Mitglieder ohne Möglichkeit der Risikoselektion - sehen May und Bauer (2011) das Hauptmotiv einer jeweiligen gesetzlichen Kasse in der Einhaltung des ihr durch den Gesundheitsfonds zugeteilten Budgets, um sich auch weiterhin im kurzfristigen Wettbewerb mit anderen Kassen behaupten zu können.

Übergeordnet tritt das Gesamtkonstrukt der GKV als Selbstverwalter der Beiträge der Versicherten auf. Das Ziel der GKV liegt folglich darin, diese Versicherungsprämien zu verwalten und effektiv wie auch effizient nach den Bedürfnissen der Versicherten für die Bereitstellung medizinischer Leistungen einzusetzen.

2.3.3 Der Arzt als Agent des Patienten

2.3.3.1 Probleme der Principal-Agent-Beziehung

Ein Arzt verfolgt wie dargestellt über verschiedene Nutzendimensionen, woraus verschiedene Handlungsoptionen dem Patienten gegenüber resultieren können. Bei ärztlichen Leistungen handelt es sich um Vertrauensgüter, was bedeutet, dass ein Patient das Handeln

[72] Vgl. Scott (2000), McGuire (2000).

[73] Das Geflecht verschiedener Instutitonen auf der Erstatterseite weist in der Realität jedoch deutlich komplexere Stukturen und Interaktionen auf. So zahlt ein Patient über seine Krankenkasse in den mit dem GKV-Wettbewerbsstärkungsgesetz (GKV-WSG) im Jahr 2007 eingeführten Gesundheitsfonds ein, aus dem die Krankenkassen wiederum Zuweisungen erhalten. Die Krankenkassen verhandeln anschließend im Kollektiv Ausgabenvolumina und Zielgrößen mit jeweiligen regionalen Kassenärztlichen Vereinigungen, aus denen Kassenärzte vergütet werden. Für Medikamente fällt die Erstattungsfunktion jedoch direkt der jeweiligen Krankenkasse zu, wobei auch hier bei Ausgleichszahlungen im Rahmen des Risikostrukturausgleichs über den Gesundheitsfonds Ausgaben faktisch indirekt durch andere Kassen miterstattet werden können.

des Arztes oftmals sowohl vor, während als auch nach der Behandlung nur schwer bewerten kann.[74] Diesen Informationsvorsprung könnte ein Arzt zur Verfolgung eigener Absichten nutzen.

Handelt ein Arzt rein altruistisch, so müssten seine Interessen mit denen des Patienten komplett übereinstimmen; in diesem Fall dürften Auswahl- und Konsumebene ineinander verschmelzen und es sollte kein Principal-Agent-Konflikt zwischen Arzt und Patient mehr vorliegen.[75]

Zum Zweck der Einkommensmaximierung kann das Interesse des Arztes jedoch auch darin liegen, substitutiv oder komplementär zur Medikamentenverschreibung Alternativtherapien anzubieten. Ein Szenario angebotsinduzierter Nachfrage liegt zudem dann vor, wenn eine solche Leistung additiv, d.h. opportunistisch angeboten wird.[76] Die Motivation zur Erbringung solcher Therapien dürfte zudem dann besonders stark ausgeprägt sein, wenn nur hierdurch deutliche Zusatzerlöse gegenüber einer möglicherweise gedeckelten Grundvergütung innerhalb eines Gesundheitssystems erzielt werden können.[77] Versteckte Absichten können ferner vorliegen, wenn ein Arzt aufgrund eines finanziellen Anreizes die Verordnung eines bestimmten Präparats[78] oder aber die Überweisung an ein bestimmtes Krankenhaus vornimmt.[79]

Solche versteckten Handlungen und Absichten sollten jedoch sorgfältig gegenüber der Aufrechterhaltung der Patientenbeziehung abgewogen werden, zumal der Austausch zwischen Arzt und Patient in der Regel als langfristiges Vertrauensverhältnis angelegt ist. Daher kann der Arzt neben wiederkehrenden Behandlungen eines Patienten auch von Weiterempfehlungen durch Patienten untereinander finanziell profitieren.[80]

2.3.3.2 Der Arzneimittelhersteller als Agent des Arztes

Auch wenn der Arzt als Agent des Patienten über Expertenwissen hinsichtlich medikamentöser Therapien besitzt, ist dieser wiederum Informationsdefiziten gegenüber dem Arzneimittelhersteller ausgesetzt. Das pharmazeutische Unternehmen verfügt als Ergebnis des Forschungs- und Entwicklungsprozesses über nahezu perfekte Kenntnisse der tatsäch-

[74] Vgl. Arrow (1963), Hajen et al. (2011). Scott (2000) charakterisiert jedoch speziell die Berufsethik und Zulassung zum Arztberuf als Qualitätsindikatoren im Markt.
[75] Vgl. Boom (1993).
[76] Vgl. Hajen et al. (2011).
[77] So z.B. durch Erbringung individueller Gesundheitsleistungen (IGeL) als Selbstzahlerleistungen im GKV-System.
[78] Vgl. Grill (2012).
[79] Vgl. Nebling (2012).
[80] Vgl. Scott (2000).

lichen Eigenschaften eines Moleküls.[81] Aus verkaufsförderlichen Gründen werden in der Regel jedoch nur positiv ausgefallene bzw. durch statistische Mittel vorteilhaft designte Studien durch den Hersteller veröffentlicht (publication bias).[82] Ärzte könnten ferner noch weitere Indikatoren im Markt, z.B. hohe Präparatepreise, zur Einschätzung der Produktqualität heranziehen; hier kann der Hersteller die Informationsassymetrie jedoch wiederum gezielt zulasten des Arztes missbrauchen.[83]

Um sich über herstellerunabhängige Bewertungen von Medikamenten zu informieren, greifen Ärzte daher auf zahlreiche alternative Informationsquellen zurück.[84] Problematisch ist hier jedoch, dass die Beschaffung wissenschaftlicher Informationen, soweit diese nicht vom Hersteller an den Arzt herangetragen werden, mit Suchkosten verbunden ist.[85] So weist auch Nebling (2012) darauf hin, dass ein niedergelassener Arzt aufgrund der Vielzahl an permanent neu veröffentlichten medizinischen Studien unmöglich einen Überblick über den Stand der Wissenschaft in den von ihm behandelten Fachgebieten behalten kann.

Abbildung 2.7: Informationsquellen niedergelassener Allgemeinmediziner und Internisten in Deutschland

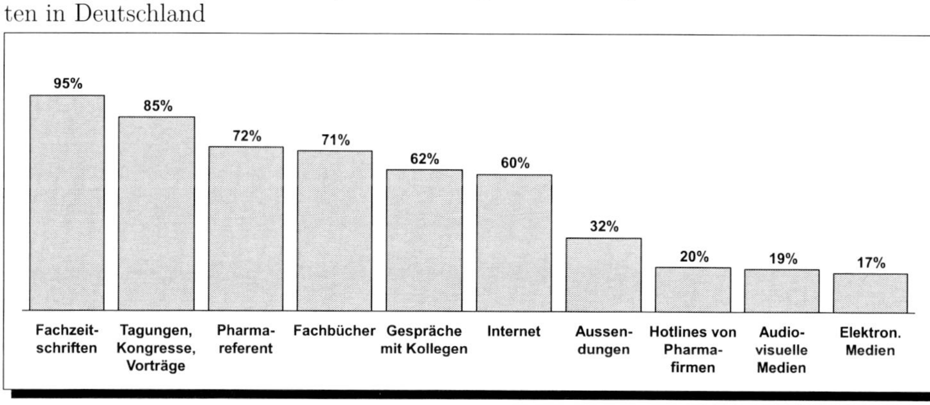

Quelle: LA-MED (2011); eigene Darstellung.

2.3.3.3 Einflüsse auf die Therapie- und Produktwahl

Während der Arzt eine Vielzahl von Informationsmöglichkeiten besitzt, ist fraglich, was sich hiervon letztendlich auf die Produktwahl auswirkt. Sofern keine verborgenen Anreize

[81] Aufgrund eines bestimmten zielgerichteten Studiendesigns werden bestimmte Eigenschaften jedoch oftmals erst nach Marktzulassung bei der Behandlung nicht idealtypischer Patienten identifiziert; vgl. Angell (2005), Olson (2004).
[82] Vgl. Angell (2005), Nebling (2012).
[83] Vgl. Hajen et al. (2011).
[84] Vgl. Abbildung 2.7.
[85] Vgl. Hellerstein (1998).

vorliegen,[86] sollte ein Arzt auf Basis der ihm jeweils vorliegenden Informationen eine optimale Präparatewahl treffen können.

Das ärztliche Verschreibungsverhalten wird in diesem Zusammenhang von Stern und Trajtenberg (1998) als Zuordnungsprozess beschrieben, dessen Effizienz von den diagnostischen Fähigkeiten des Arztes gepaart mit einem zeitlichen Investment in Form eines Lernaufwands hinsichtlich der Kenntnis von Medikamenten geprägt ist. Demnach gibt es Ärzte, die ein konzentrierteres Verschreibungsverhalten aufweisen, was mit einem geringeren Informationsaufwand korreliert. Im Gegensatz dazu investieren Ärzte mit einem stärker diversifizierten Verschreibungsportfolio mehr Zeit in die Informationsgewinnung im Hinblick auf die Kenntnis einzelner Medikamente, um ihr - ebenso heterogenes - Patientenportfolio mit spezifischeren Lösungen therapieren zu können. Stern und Trajtenberg (1998) belegen hierbei empirisch, dass investmentaversere Ärzte mit einer höheren Wahrscheinlichkeit solche Medikamente verschreiben, die jeweils in der Vergangenheit höhere Marktanteile hatten, stärker beworben werden, preiswerter sind[87] bzw. positiv in Fachbeiträgen erwähnt werden. Eine mögliche weitere Segmentierungsdimension steuern Velasco et al. (2009) bei, die nachweisen, dass jüngere Ärzte eher leitliniengerecht verschreiben, während sich ältere Ärzte eher auf Erfahrungswerte und ihr Bauchgefühl verlassen.

Speziell der Einfluss von Marketing auf die Produktwahl des Arztes wird durch verschiedene Studien untermauert. So können intensive Marketingmaßnahmen nicht nur in einer geringeren Verschreibungsqualität in Form einer höheren Verschreibungsfrequenz und höheren Verschreibungskosten führen.[88] Oftmals merken Ärzte zudem auch nicht, wie stark ihr Handeln von Marketing beeinflusst ist bzw. geben dies nicht zu,[89] sodass der Einfluss von Marketing auf die Produktwahl den Einfluss wissenschaftlicher Evidenz überlagern kann.[90]

Problematisch ist weiterhin, dass die Abweichung von bestehenden Verschreibungsmustern für den Arzt erneut mit Such- bzw. Wechselkosten in Form der Unerfahrenheit mit der Anwendung eines alternativen Produkts verbunden ist. Armstrong et al. (1996: 949) identifizieren hier drei grundlegende Modelle, die zu einer Änderung des Verschreibungsverhaltens führen können. So bewirkt das „accumulation model" eine Verschreibungsänderung aufgrund er Ansammlung bzw. Kenntnis einer bestimmten Menge an klinischer Evidenz, dem „challenge model" liegt ein dramatisches oder konfligierendes klinisches Ereignis zugrunde. Schließlich zeichnet sich das „continuity model" dadurch aus, dass externe Faktoren - z.B. die Kenntnis eines neuen Produkts oder eine Restriktion in Form

[86] So z.B. in Form illegaler Kickback-Zahlungen der Industrie; vgl. Grill (2012).
[87] Dies ist insofern überraschend, da ein hoher Preis einen Indikator für bessere Qualität darstellen sollte.
[88] Vgl. Spurling et al. (2010), Sauer (2007).
[89] Vgl. Avorn et al. (1982).
[90] Vgl. Azoulay (2002).

einer Budgetlimitierung - einen Arzt dazu veranlassen, sein Verschreibungsverhalten zu überdenken.

2.3.3.4 Interaktion zwischen Arzt und Patient

Bisher wurde unterstellt, dass der Arzt als Agent für den Patieten handelt, d.h. eine Therapieentscheidung alleinig trifft. An der Schnittstelle der Auwahl- und Konsumentscheidung von Therapien sind jedoch verschiedene Möglichkeiten der Ausgestaltung der Beziehung zwischen Arzt und Patient denkbar. Eine systematische Übersicht verschiedener Modelle,[91] welche entlang der Dimension der Patientenautonomie variieren, wird in Abbildung 2.8 präsentiert.

Abbildung 2.8: Modelle der Patienteninteraktion

	→ zunehmende Patientenautonomie → Paternalistic model	Professional as agent model	Shared decision making model	Information decision making model
Werte des Patienten	Objektiv und von Arzt und Patient geteilt	Definiert, festgelegt und nur dem Patienten bekannt	Definiert, festgelegt und nur dem Patienten bekannt	Definiert, festgelegt und nur dem Patienten bekannt
Aufgaben des Arztes	Förderung des Patientenwohles unabhängig von aktuellen Präferenzen des Patienten	Erfassung der wichtigsten Werte des Patienten und Implementierung der Therapie stellvertretend	Erfassung der wichtigsten Werte des Patienten und Implementierung der Therapie in Zusammenarbeit mit den Patienten	Versorgung mit relevanter Information und Implementierung der vom Patienten gewünschten Intervention
Konzept der Patientenautonomie	Zustimmung zu objektiven Werten	Versorgung des Arztes mit Darstellung eigener Werte und Präferenzen. Zustimmung zu der vom Arzt gewählten Therapie	Entscheidet Therapie mit. Voraussetzung: geteilte Information	Auswahl der und Kontrolle über die medizinische Behandlung
Konzept der Arztrolle	Wächter, Hüter, Schutzengel	Agent, Stellvertreter des Patienten	Partner	Kompetenter technischer Experte
Kontrolle über Information	Arzt	Arzt und Patient	Arzt und Patient	Arzt und Patient
Kontrolle über Entscheidung	Arzt	Arzt	Arzt und Patient	Patient

Quelle: Scheibler et al. (2003: 13); eigene Darstellung.

Nach Nebling (2012) wird das vorrangig gelebte Beziehungsmodell vom Menschenbild sowie den Rahmenbedingungen innerhalb eines Gesundheitssystems beeinflusst. In diesem Zusammenhang kommen Scheiber et al. (2003) auf Basis einer internationalen Literaturrecherche sowie Nebling (2012) anhand der Auswertung verschiedener Patientenbefragungen zu dem Schluss, dass das Modell des *shared decision making* am ehesten der Ausgestaltung der Arzt-/Patientenbeziehung innerhalb der GKV bzw. westlichen Gesundheitssystemen

[91] Vgl. Scheibler (2003).

entspricht. Dieses Konzept unterstellt, dass Arzt und Patient als gleichberechtigte Partner eine Wahl zugunsten einer Therapie treffen, was eine Informationsteilung voraussetzt.

Fraglich ist allerdings, ob der Informationsvorsprung des Arztes ausgeglichen werden kann bzw. muss. Ein Arzt hat keinen direkten Anreiz, seine zur Verfügung stehende Zeit in jeweilige Gespräche mit Patienten zu investieren, um Informationsdefizite vollständig zu begleichen. Allerdings funktioniert eine vom Arzt favorisierte medikamentöse Therapie nicht isoliert, sondern bedarf der Erfüllung durch den Patienten. Da es sich hierbei um strategische Komplemente handelt,[92] besteht für den Arzt ein Anreiz, den Patienten so stark in den Auswahlprozess mit einzubeziehen und sich mit diesem gegenseitig auszutauschen, dass der Arzt die Präferenzen des Patienten ausfindig machen und weiterhin dessen Compliance sicherstellen kann.[93]

Aufgrund der bedeutenden Rolle des Patienten als Erfüllungsgehilfe einer Therapie wird dieser daher auch als Co-Produzent charakterisiert,[94] wobei die Dimension der Einbindung des Patienten in den Entscheidungsprozess idealerweise von dessen individuellem Informationsbedarf abhängig sein sollte, sodass dieser aktiv zum Gelingen der Therapie beitragen kann.

2.3.3.5 Besonderheiten der Nachfrage nach Arzneimitteln

Die Behandlung mit Arzneimitteln nimmt in der ärztlichen Praxis eine besondere Rolle ein. So kann aufgrund der durch den Patienten schwer überprüfbaren Wirkung von Arzneimitteln in Verbindung mit der Informationsassymetrie zwischen Arzt und Patient eine medikamentöse Therapie bzw. der Einsatz eines Placebos als Teil einer verhaltensändernden bzw. Psychotherapie dienen.[95] Ebenso schreiben Patienten der Medikamentenbehandlung bzw. dem Qualitätskriterium eines verschreibungspflichtigen Medikaments eine hohe Bedeutung zu. So ist ein Arztbesuch in bis zu 2/3 aller Fälle mit der Erwartung einer Verschreibung verbunden[96] und der Einsatz von Medikamenten in der Mehrzahl der Fälle mit positiven Assoziationen belegt.[97]

Für den Arzt besteht die Kunst folglich darin, einen solchen Verschreibungswunsch richtig zu erkennen.[98] Nimmt er im Fall einer erwarteten Verordnung keine Verschreibung vor,

[92] Vgl. Schneider (2002). Im Gegensatz zu strategischen Substituten erhöht bei Komplementen die Aktivität eines Akteuers die Grenzproduktivität des anderen Akteurs.
[93] Vgl. Ulrich und Schneider (2004). Zur Diskussion der Patientencompliance vgl. Abschnitt 2.3.4.
[94] Vgl. Ulrich und Schneider (2004), Räbiger (2009), Nebling (2012).
[95] Vgl. Lüllmann et al. (2010).
[96] Vgl. Britten und Ukoumunne (1997), Greenhalgh und Gill (1997).
[97] Vgl. Himmel et al. (1997b).
[98] Der Grad der Übereinstimmung zwischen Patientenwunsch und Wahrnehmung des Patientenwunsches durch den Arzt variiert stark. So identifizieren in der Studie von Britten und Ukoumunne (1997) 66

so könnte ein Patient enttäuscht sein.[99] Als Konsequenz könnte sich dessen Compliance zur Erfüllung einer Alternativtherapie verschlechtern oder dieser könnte ganz zu einem verschreibungswilligen Arzt wechseln. Durch eine unerwünschte Verschreibung belastet ein Arzt hingegen unnötigerweise sein Budget sowie den Organismus des Patienten, was speziell bei der vorschnellen Wahl von Antibiotika ein Problem darstellen kann.

Als Resultat könnte dieses Dilemma zu einem übermäßigen Medikamenteneinsatz führen. So erhalten 75 bis 94 % aller Patienten mit einem Verschreibungswunsch ein Medikament; im Gegenzug bekommen jedoch auch bis zu 58 %, die keine Verschreibung erwartet hatten, ein Rezept ausgestellt.[100] Fraglich ist hierbei allerdings, inwiefern Patienten ihren Gesundheitszustand und Medikamentenbedarf von vorneherein richtig einschätzen können.

2.3.4 Der Patient als Agent des Arztes

Während ein Arzt einen Informationsvorsprung gegenüber dem Patienten hinsichtlich der Kenntnis und Anwendung von Arzneimitteln besitzt, ist dieser einem Informationsdefizit im Hinblick auf Merkmale und Präferenzen des Patienten ausgesetzt. Bereits beim Arztbesuch besteht die Gefahr eines Moral Hazard, wenn ein Patient den Arzt nicht zu einem tatsächlichen Beratungsgespräch, sondern beispielsweise zur Kompensation fehlender sozialer Kontakte aufsucht.[101] Ebenso könnte eine versteckte Absicht vorliegen, wenn der Patient bei einer Bagatellerkrankung den Arzt dazu missbraucht, zur Schonung seines Einkommens ein mit Mitteln der GKV subventioniertes verschreibungspflichtiges Medikament anstelle eines freiverkäuflichen Präparats auszuwählen.[102]

Um eine Entscheidung zugunsten einer medikamentösen Therapie treffen zu können, muss ein Arzt zunächst Kenntnisse über versteckte Informationen und Absichten des Patienten erlangen. Zu versteckten Merkmalen gehören hier beispielsweise vom Patienten verschwiegene Informationen zu Krankheitsgeschichte, Begleitmedikationen oder auch seiner Zahlungsbereitschaft,[103] welche ein Arzt jedoch in die Auswahlentscheidung zugunsten einer Therapie mit einbeziehen muss. Weiterhin muss ein Arzt versteckte Handlungen und Absichten erkennen, zumal der Patient nach dem Arztbesuch als Co-Produzent zur

bis 74 % der Ärzte die Patientenerwartung richtig, bei Himmel et al. (1997b) sind dies 41 bis 87 % der befragten Ärzte.

99 Empirische Erkenntnisse hierzu von Brody et al. (1989) sowie Himmel et al. (1997b) sind jedoch uneindeutig.

100 Querschnitt der Ergebnisse aus den Studien von Himmel et al. (1997b), Britten und Ukoumunne (1997) sowie Ferber (2000).

101 Vgl. Boom (1993). Die Autorin weist hier auch auf den sozialisierenden Aspekt von Wartezimmergesprächen hin.

102 Vgl. Boom (1993).

103 Vgl. Nebling (2012).

Erfüllung einer ausgewählten Therapie angehalten ist. Für diese Therapietreue hat sich der Begriff der *Compliance* bzw. *Adherence* eingebürgert.

Compliance bezeichnet die Fähigkeit und Zuverlässigkeit des Patienten, eine Therapie regelmäßig durchzuführen. Diese kann beispielsweise durch die Vermittlung der Gefahr des Krankheitsbildes und der Erklärung des Therapieansatzes durch den Arzt sowie der Abstimmung der Applikationsform, des Therapieschemas und verwendeter Hilfsmittel (z.B. Tablettenschachteln) in Kooperation mit dem Patienten aufrechterhalten werden.[104] Eine Non-Compliance kann dabei in zahlreichen Varianten auftreten[105] und aufgrund verschiedener Motive auf Patientenseite, so z.B. der Angst vor Nebenwirkungen, Übermut in Form der Fehleinschätzung des eigenen Gesundheitszustands oder geistigem Unvermögen, zustande kommen.[106]

Abbildung 2.9: Dimensionen der non-Compliance

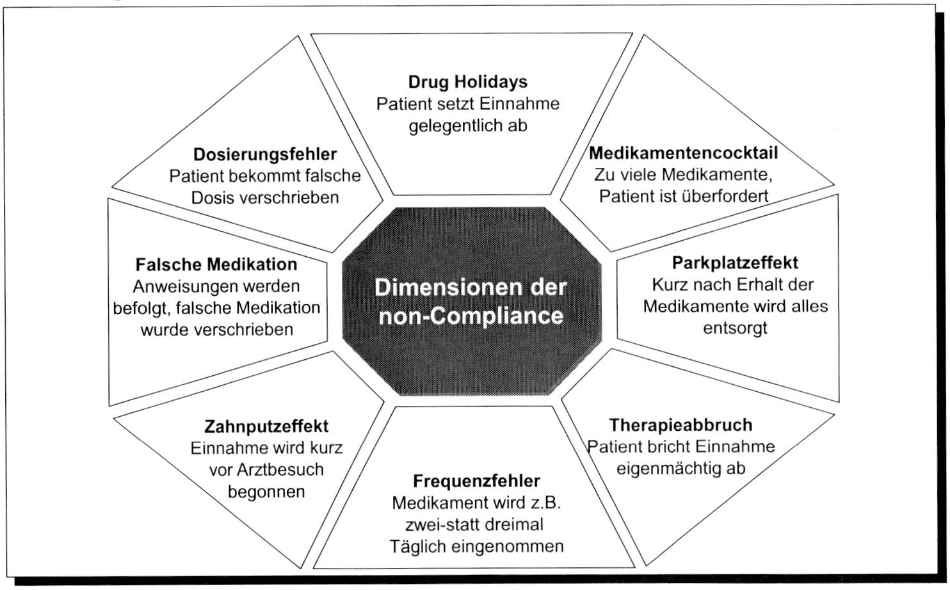

Quelle: Fischer und Breitenbach (2013: 340); eigene Darstellung

Neben der Auswirkung auf den Patienten selbst kann ein hohes Complianceniveau auch für den Arzt, die GKV und die Allgemeinheit von Bedeutung sein. So ist es wahrscheinlich, dass ein Patient mit einem niedrigen Complianceniveau und einem daraus resultierenden schlechteren Gesundheitszustand mehr Arztbesuche, Medikamente oder nachgelagerte Gesundheitsleistungen wie Krankenhausaufenthalte in Anspruch nimmt. Ebenso

[104] Vgl. Haefeli (2010).
[105] Vgl. Abbildung 2.9.
[106] Vgl. Lüllmann et al. (2010).

könnten Externalitäten beispielsweise dahingehend auftreten, dass ein mit Antibiotika behandelter, nicht therapietreuer Patient zu einem Anstieg von Resistenzen beiträgt.[107] In diesem Zusammenhang kommt Schneider (2002: 453) aus einer transaktionskostenorientierten Perspektive zu dem Schluss, dass ein Patient dann eine niedrige Compliance erbringen wird, „solange die Inanspruchnahme medizinischer Leistung für ihn billiger als eigenverantwortliches Verhalten ist".

2.3.5 Die GKV als Agent des Patienten

Die GKV wird vom Patienten dazu beauftragt, Versicherungs- und Versorgungsleistungen bereitzustellen. Da es für einen Versicherten unvorhersehbar ist, wie sein Gesundheitszustand zu welchem Zeitpunkt seines Lebens sein wird, welche Leistungen er hieraus resultierend in Anspruch nehmen muss und ob er eventuelle hohe Ausgaben im Rahmen seiner Sparmöglichkeiten überhaupt begleichen kann, beteiligt sich dieser an einer Risikostreuung auf einen breiten Versichertenpool.[108]

Neben der Bereitstellung der Versicherungsleitung erwartet der Patient von seiner Krankenkasse bzw. dem übergeordneten System der GKV eine präferenzgemäße, effiziente Versorgung mit medizinischen Leistungen.[109] Dies schließt zum einen den Aufbau eigener Versorgungssysteme bzw. die Kontrahierung mit externen Leistungserbringern ein, um die bestmögliche Versorgung des Patienten zu gewährleisten. Ebenso muss die GKV möglichst effizient mit den Beiträgen der Versicherten umgehen. Bei bestehendem Versicherungsschutz existiert stets die Gefahr des Moral Hazard eines Versicherten, d.h., der übermäßigen Inanspruchnahme von Leistungen, die zumindest teilweise von andere Versicherten mitbezahlt werden.[110] Weiterhin können aber auch andere Probleme im Gesundheitsmarkt, z.B. die Informationsassymetrie zwischen Arzt und Patient und eine daraus resultierende angebotsinduzierte Nachfrage oder monopolistische Anbieterstrukturen, zu einer ineffizienten Allokation von Ressourcen führen.[111] Die Aufgabe eines Gesundheitssystems besteht somit auch darin, Steuerungsmechanismen zu implementieren, um Fehlanreize und Marktversagen zu minimieren oder ganz auszuschalten.

Sauerland (2009) weist zudem auf den Aspekt einer Schutzfunktion bzw. eines Qualitätssiegels für Patienten durch Zugehörigkeit eines Leistungserbringers zum GKV-System hin. Aufgrund der Informationsassymetrie zwischen Arzt und Patient besteht die Gefahr, dass Patienten das Leistungsniveau eines Arztes nicht einschätzen können und dieser eine

[107] Vgl. Reinert (2007).
[108] Vgl. Cutler und Zeckhauser (2000).
[109] Vgl. Sauerland (1999, 2002).
[110] Vgl. Cutler und Zeckhauser (2000).
[111] Vgl. Sauerland (2002), Hajen et al. (2011).

ungenügende Leistung erbringt. Die Kassenzulassung eines Arztes kann dem Patienten hingegen signalisieren, dass dessen Leistungsniveau den von der GKV definierten Rahmenbedingungen entspricht.[112]

2.3.6 Der Patient als Agent der GKV

Als Versicherungsnehmer ist der Patient dazu angehalten, Leistungen der GKV zweckmäßig nachzufragen. Der Versicherungsschutz kann jedoch zu einem schädlichen Verhalten des Patienten in Form einer unnötigen, übermäßigem Inanspruchnahme von Leistungen führen. Zur Dämpfung dieses Moral Hazards bei Patienten sind daher verschiedene Kostenbeteiligungsmodelle denkbar, wobei der Zuzahlung hier neben der Steuerungskomponente der Nachfrage noch eine fiskalische Funktion in Form einer Entlastung des Versicherungsbudgets zukommt.[113]

Abbildung 2.10 stellt am Beispiel des Arzneimittelmarktes die Auswirkungen verschiedener Selbstbeteiligungsmodelle auf die Nachfrage nach Medikamenten dar.

Hier zeigt sich, dass die Nachfrage unter vollem Versicherungsschutz komplett inelastisch ist und kein Prohibitivpreis aus Sicht des Patienten existiert. Bei Einführung einer prozentualen Selbstbeteiligung flacht die Nachfragekurve deutlich ab. Muss der Patient sein Medikament vollständig selbst zahlen, fällt der Prohibitivpreis, d.h. das Preisniveau, zu der das Medikament überhaupt nicht nachgefragt wird, nochmals geringer aus. Zwei weitere Varianten stellen Zuzahlungen bei Rezeptgebühr und Festbeträge dar. Bei einer fixen Abgabegebühr je Medikament oder Rezept ist die Nachfrage unterhalb des Zuzahlungsbetrags elastisch (Kurve wie bei N(SM)), wird ab Erreichen der Rezeptgebühr jedoch inelastisch. Die nachgefragte Menge ist hier allerdings niedriger als bei einer Vollversicherung. Bei einem durch die Versicherung gezahlten Festbetrag wird hingegen die Sättigungsmenge auf Festbetragshöhe nachgefragt; Nachfrager reagieren hier nur auf Zuzahlungen oberhalb dieses Referenzpreises sensitiv.

Aus dieser Darstellung wird deutlich, dass verschiedene Selbstbeteiligungsmodelle den Anreiz zur übermäßigen Nachfrage im Vergleich zur Selbstzahlung nur dämpfen, aber nicht unterbinden.[114] Somit birgt das Versicherungsmodell mit Beteiligung auch die Gefahr, dass Leistungsanbieter z.B. im Szenario des Festbetrags eine Zuzahlungsbereitschaft von Patienten (beispielsweise aufgrund von Informationsassymetrien) dazu ausnutzen, höhere Gleichgewichtspreise als im Selbstzahlermodell durchzusetzen.

[112] Zu Ausführungen von Katz (2007) und Oberender (1984) über „lemon markets" nach Akerlof (1970) bei Arzneimitteln vgl. Abschnitt 3.2.2.

[113] Vgl. Hajen et al. (2011).

[114] Zu einer Übersicht empirischer Belege der Steuerungswirkung vgl. z.B. Donaldson und Gerard (2005), Hajen et al. (2011).

Abbildung 2.10: Nachfrage unter bestehendem Versicherungsschutz

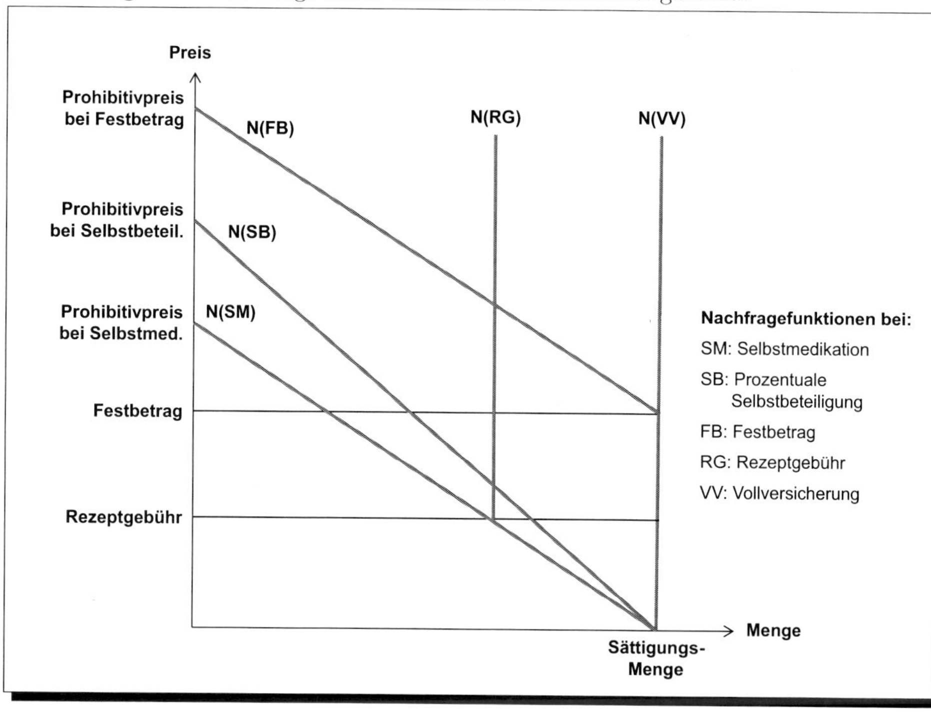

Quelle: Vgl. May und Bauer (2011: 76), Oberender (1984: 251); eigene Darstellung.

Neben der direkten Steuerung der Nachfrage kann die finanzielle Beteiligung von Patienten zudem noch das moralische Risiko eines ungesunden Verhaltens bzw. der non-Compliance eines Patienten zulasten anderer Versicherter beschränken. So sieht Schneider (2002) in der Selbstbeteiligung bei Arzneimitteln ein Instrument zur Compliancesteigerung. Allerdings besteht die Gefahr, dass Transaktionskosten im Markt von einzelnen Patienten deutlich unterschiedlich wahrgenommen werden. In diesem Zusammenhang weisen Simonsen et al. (2010) darauf hin, dass Patienten, die Medikamente nachfragen, wahrscheinlich eine größere Zahlungsbereitschaft haben als solche, die eine Zuzahlung bei einer Verschreibung ablehnen. Dies könnte dazu führen, dass solche zahlungsaversen Patienten persönliche, für sie als bedeutender wahrgenommene Einsparungen bei Medikamentenverschreibungen realisieren, andererseits aber nachgelagerte Leistungen z.B. in Form von Krankenhausaufhalten überproportional zulasten anderer Versicherter in Anspruch nehmen.

2.3.7 Der Arzt als Agent der GKV

Bei der Auswahl einer Therapie handelt ein Arzt als Doppelagent nicht nur für den Patienten, sondern trifft auch als Sachverwalter eine Entscheidung hinsichtlich einer faktischen Subvention von dessen Behandlung mit Mitteln der GKV.[115] Speziell dem Hausarzt kommt im deutschen GKV-System dabei eine besondere Rolle zu. Dieser fungiert zwar nicht als offiziell als Gatekeeper, wie dies beispielsweise im britischen NHS-System der Fall ist; von Hausärzten getätigte Ausgaben zu Lasten der GKV übersteigen deren Einnahmen aber dennoch um das mehr als Dreifache.[116]

Eine Krankenkasse kann nur indirekt auf den Gesundheitszustand und den daraus resultierenden Behandlungsbedarf eines Patienten schließen, indem sie die Abrechnungen von Leistungen und Verschreibungen auswertet. Auch wenn Krankenkassen Erfahrungswerte besitzen, existiert an dieser Stelle eine Informationsassymetrie, da nur der Arzt den Gesundheitszustand des Patienten exakt einschätzen kann und hierdurch einen gewissen Handlungsspielraum besitzt, den er zum eigenen finanziellen Vorteil gegenüber der Kasse ausschöpfen könnte.[117]

Die Bereitschaft eines Arztes, medizinische Leistungen überhaupt zu erbringen bzw. die Motivation, Informationsassymetrien durch angebotsinduzierte Nachfrage dazu auszunutzen, das eigene Einkommen durch die Erbringung nicht notwendiger Leistungen zu maximieren, sind daher vor allem vom Vergütungssystem abhängig.[118] Scott (2000) erwähnt drei grundlegend verschiedene Vergütungsmechanismen, die einen Einfluss auf das Verhalten eines Arztes haben können: Fixgehälter, Capitation und Fee For Service. Ein Fixgehalt incentiviert demnach am ehesten dazu, den Arbeitsaufwand durch Medikamentenverschreibungen und Überweisungen zu minimieren. Im Gegensatz dazu besteht bei einer Capitation, d.h. einem Festbetrag je Patient, ein Anreiz, möglichst viele Patienten zu gewinnen, wobei der Arbeitsaufwand durch die Gewinnung von wenig kostenintensiven „cream-skim"[119]-Patienten sowie durch Verschreibungen und Überweisungen beschränkt werden kann. Letztlich ist ein Arzt in einem Fee For Service-System dazu motiviert, seinen Umsatz durch ein hohes Behandlungsvolumen je Patient zu maximieren, was jedoch nicht zwangsweise im Einklang mit einer Optimierung von Behandlungsergebnissen stehen muss.

Die Auswirkungen der Anreizmechanismen solcher Vergütungssysteme werden beispielsweise von Hennig-Schmidt et al. (2011) auf experimenteller Ebene bestätigt: Während

[115] Vgl. Boom (1993), May und Bauer (2011).
[116] Vgl. Ulrich und Wille (1996).
[117] Vgl. Danzon und Ketcham (2004), Nebling (2012).
[118] Vgl. Sauerland (2001).
[119] Vgl. Scott (2000: 1188).

das Fee For Service-Modell nicht nur zur pauschalen Erbringung von mehr Leistungen, sondern auch einer Überbehandlung von relativ gesünderen Patienten führt, werden Patienten mit einem relativ schlechteren Gesundheitszustand unter bestehender Capitation unterversorgt. Die Herausforderung für die GKV liegt folglich darin, eine angemessene Vergütung ärztlicher Leistungen zu gewährleisten und gleichzeitig Fehlanreize, die zu einer ineffizienten Erbringung von Leistungen führen könnten, zu minimieren.

2.3.8 Die GKV als Agent des Arztes

Als Auftragnehmer der GKV ist der Arzt an einer angemessenen Vergütung für seine Leistungen interessiert. Dies ist insofern problematisch, da das (Teil-)Motiv der Einkommensmaximierung durch den Arzt mit der durch die Krankenkasse bzw. GKV beabsichtigten Kostenkontrolle in Konflikt steht. Weiterhin ist für diesen die Zuweisung eines ausreichenden Patientenbestandes bzw. die Gewährung eines entsprechenden Gebietsschutzes von Bedeutung, um Transaktionskosten in der Zusammenarbeit mit der GKV (z.B. in Form eines vordefinierten Abrechnungssystems und damit verbundenen Dokumentationsaufwands oder gedeckelten Budgetpools) zu kompensieren.

Möglichkeiten der Durchsetzung der Interessen eines individuellen Arztes auf die GKV als Agenten werden jedoch vor allem dadurch limitiert, dass in Deutschland ein faktisches Monopson der Nachfrage durch die GKV, die rund 90 % aller krankenversicherten Patienten vereint,[120] existiert.

2.4 Institutionen und Mechanismen der Marktregulierung

2.4.1 Stellenwert von Arzneimittelausgaben im GKV-System

Mit einem Volumen von rund 29 Mrd. € in 2011 stellen Arzneimittelausgaben eine wesentliche Kostenkomponente im GKV-System dar. Mit einem Anteil von 16 % am Gesamtbudget bilden diese nach Krankenhaus- und ärztlichen Leistungen den drittgrößten Ausgabenblock überhaupt und übertreffen Kosten sonstiger eingesetzter Waren (Hilfsmittel, Zahnersatz) um das Dreifache.[121]

Im Verlauf der letzten knapp zwei Dekaden haben sich diese Arzneimittelausgaben nominal verdoppelt.[122] Während die Anzahl an Verordnungen im selben Zeitraum um ein Drittel zurückgegangen ist, wurde dieser Anstieg durch eine Verdreifachung der Kosten je

[120] Vgl. Hajen et al. (2011).
[121] Vgl. BPI (2013).
[122] Vgl. Abbildung 2.11. Der Ausgabeneinbruch in 2004 ist auf die Auslistung von OTC-Präparaten aus dem Leistungskatalog nach dem GMG zurückzuführen.

Abbildung 2.11: Arzneimittelausgaben der GKV

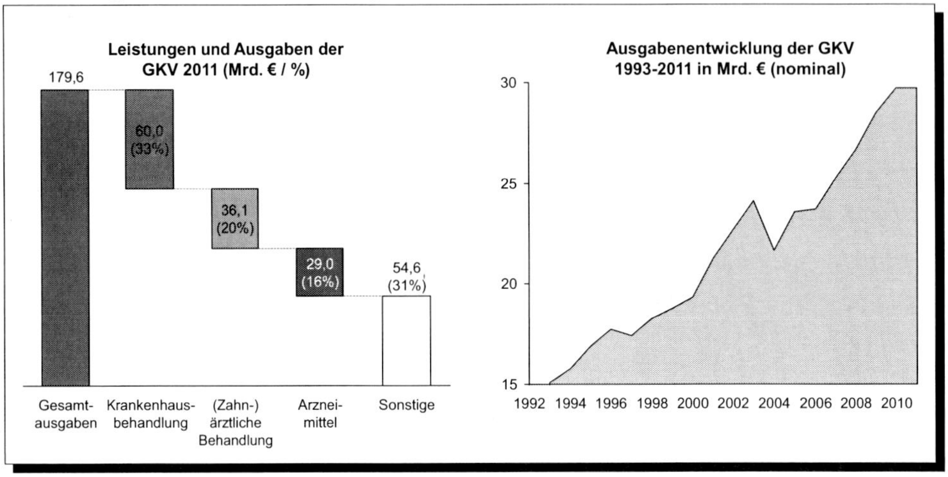

Quelle: Vgl. BPI (2013) Coca und Schröder (2012); eigene Darstellung. Linke Abbildung: Arzneimittelausgaben inklusive Mehrwertsteuer. Gesetzliche Zwangsabschläge für pharmazeutische Unternehmen und für Apotheken sowie Einsparungen durch freiwillige Rabattverträge der pharmazeutischen Unternehmen sind berücksichtigt.

Verordnung überkompensiert. Zum diesem Ausgabenanstieg beigetragen hat ein stetiges Wachstum der beiden Treiber der Strukturkomponente in Form des Intramedikations- (Wechsel zwischen Wirkstärken, Packungsgrößen und Darreichungsformen) und Intermedikationseffekts (Wechsel zwischen Medikamenten).[123] Aus diesen Wachstumstreibern, die in der letzten Dekade zudem noch einen überproportionalen Anstieg der Arzneimittelausgaben von 0,9 % bis auf 1,2 % des BIP herbeigeführt haben[124] resultiert der Bedarf nach Kosteneindämmung. Im GKV-System implementierte Maßnahmen zur Beseitigung von Marktproblemen und zur Kostendämpfung werden in den folgenden Abschnitten diskutiert.

2.4.2 Institutionen des deutschen GKV-Systems

Nachfolgend werden einige bedeutende Institutionen des selbstverwalteten Systems der Gesetzlichen Krankenversicherung kurz dargestellt. Der Überblick ist hierbei auf diejenigen Institutionen beschränkt, die einen wesentlichen und direkten Einfluss auf den ambulanten Arzneimittelmarkt ausüben. Eine ausführliche Diskussion erwähnter Steuerungsmaßnahmen folgt im nächsten Abschnitt.

[123] Vgl. Coca und Schröder (2012).
[124] Vgl. BPI (2013).

2.4.2.1 Gemeinsamer Bundesausschuss

Der 2004 gegründete Gemeinsame Bundesausschuss stellt das höchste Beschlussgremium des selbstverwalteten GKV-Systems dar.[125] Der G-BA setzt sich aus fünf Vertretern des GKV-Spitzenverbandes, fünf Vertretern der Leistungserbringer (davon jeweils zwei Vertreter der Deutschen Krankenhausgesellschaft und Kassenärztlichen Bundesvereinigung und ein Vertreter der Kassenzahnärztlichen Bundesvereinigung) und drei unparteiischen Mitgliedern, hiervon einem Vorsitzenden, zusammen. Hinzu kommen Vertreter von Patientenorganisationen, welche jedoch eine lediglich beratende Rolle einnehmen und kein Stimmrecht haben.

Die Zuständigkeiten des G-BA erstrecken sich auf Veränderungen des Leistungsrechts, Konkretisierungen des Leistungskatalogs, der Einführung sektorübergreifender Maßnahmen der Qualitätssicherung und der Implementierung von Steuerungsinstrumenten der Arznei- und Heilmittelversorgung.[126] Mit Fokus auf den Arzneimittelmarkt liegen die Aufgaben des G-BA konkret in der Festsetzung der Verordnungsfähigkeit bzw. Erstattungsausschlüssen in Form der Negativliste, der Bildung von Festbetragsgruppen sowie der Erstellung von Therapiehinweisen zur wirtschaftlichen Verordnungsweise. Zudem kann der G-BA das IQWiG mit der Erstellung von Kosten-/Nutzen-Bewertungen für Arzneimittel beauftragen.[127]

2.4.2.2 Institut für Qualität und Wirtschaftlichkeit im Gesundheitswesen

Das Institut für Qualität und Wirtschaftlichkeit im Gesundheitswesen wurde 2004 als unabhängige, eigenständige Stiftung des G-BA gegründet. Die Aufgaben des IQWiG sind in § 139a Abs. 3 SGB V definiert und erstrecken sich unter anderem auf die Erstellung wissenschaftlicher Ausarbeitungen zu Fragen der Qualität und Wirtschaftlichkeit des GKV-Leistungskatalogs, der Bewertung evidenzbasierter Leitlinien für epidemiologische wichtige Krankheiten und die Bewertung des Nutzens und der Kosten von Arzneimitteln.[128]

2.4.2.3 Krankenkassen

Für die aktuell rund 135 bestehenden gesetzlichen Krankenkassen gilt ein durch das SGB V vorgegebener Leistungskatalog; darauf aufbauend dürfen diese nur in einem be-

[125] Hess (2009: 237) charakterisiert den G-BA daher auch als „kleinen Gesetzgeber" des Gesundheitswesens.
[126] Vgl. Hess (2009).
[127] Vgl. § 35 Abs. 1 SGB V.
[128] Vgl. auch Hess (2009).

Abbildung 2.12: Ausgewählte Institutionen und Interaktionen im GKV-System

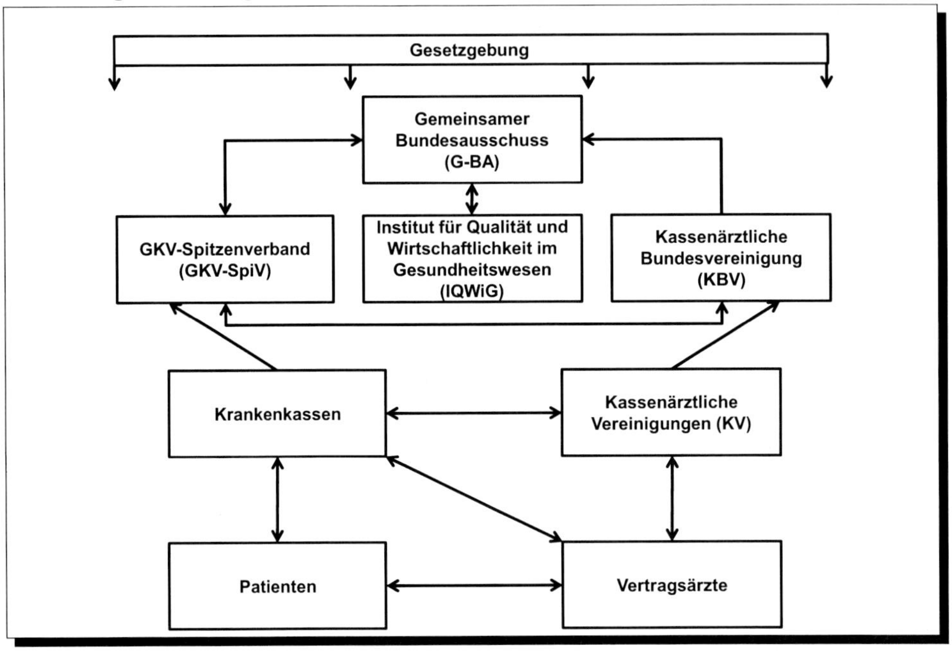

Quelle: eigene Darstellung.

grenzten Umfang zusätzliche sogenannte Satzungsleistungen (z.B. in Form bestimmter aus dem GKV-Katalog ausgeschlossener medikamentöser Therapien) anbieten.[129] Seit 1931 bestand für Kassen zudem der Grundsatz der kollektiven Kontrahierung, d.h. diese fragten im Kollektiv Leistungen bei Ärzten über jeweilige KVen nach und Ärzte wurden für die Behandlung eines Patienten unabhängig von dessen Kassenzugehörigkeit gleich vergütet.[130]

Möglichkeiten selektiver Kontrahierung wurden dagegen seit 2003 geschaffen. Mit Blick auf den Arzneimittelmarkt können Kassen nun durch Rabattverträge gezielt Präparate einzelner Hersteller nachfragen.[131] Ebenso können diese mittels Hausarztverträgen einen Einfluss auf das Verordnungsverhalten den Arztes nehmen.[132] Der grundsätzliche Leistungskatalog der GKV bleibt hiervon jedoch unangetastet.

[129] Vgl. Simon (2008).
[130] Vgl. Schiller (2008).
[131] Vgl.§ 130a Abs. 8 SGB V.
[132] Vgl. z.B. Blessing (2008); eine ausführliche Diskussion hierzu erfolgt in Abschnitt 2.5.5.6.

2.4.2.4 GKV-Spitzenverband

Der GKV-Spitzenverband vereint als Dachorganisation die Interessen der rund 135 gesetzlichen Krankenkassen und hat die fünf Stimmrechte der Leistungserstatterseite im G-BA inne. Im Rahmen der Arzneimittelversorgung liegt eine wesentliche Aufgabe des GKV-SpiV in der Berechnung von Festbeträgen nach erfolgter Gruppierung durch den G-BA.[133] Damit verbunden kann der GKV-SpiV ebenso Medikamente von der Rezeptgebühr bei Unterschreitung einer Zuzahlungsbefreiungsschwelle durch einen Anbieter freistellen.[134] Seit Inkrafttreten des AMNOG verhandelt der GKV-SpiV zudem Rabatte mit Herstellern auf die Listenpreise neuer Medikamente, sofern diese nicht durch den G-BA einer Festbetragsgruppe zugeordnet worden sind.[135]

2.4.2.5 Kassenärztliche Vereinigungen

Die 17 Kassenärztlichen Vereinigungen stellen als Selbstverwaltung der Kassenärzte die ärztliche Versorgung auf der Regionalebene sicher.[136] Regionale Arzneimittelbudgets werden von jeweiligen KVen mit den Landesverbänden der Krankenkassen verhandelt. Zur Einhaltung dieser Budgets wird eine unterstützende Steuerung des ärztlichen Verordnungsverhaltens vorgenommen. Dies beinhaltet zum einen arztspezifische Richtgrößen für die medikamentöse Therapie eines durchschnittlichen Patienten[137] wie auch Wirtschaftlichkeitsziele[138] beispielsweise in Form von Leitsubstanzquoten in bestimmten Therapiegebieten oder therapiegebietsübergreifenden Generika- oder „me too"-Quoten.

2.4.2.6 Kassenärztliche Bundesvereinigung

Die Kassenärztliche Bundesvereinigung vertritt die Interessen der Kassenärztlichen Vereinigungen sowie der angeschlossenen Vertragsärzte auf Bundesebene und verfügt über zwei Sitze im Gemeinsamen Bundesausschuss. Direkte Eingriffe in der Arzneimittelmarkt werden von der KBV nicht vorgenommen. Allerdings verhandelt die KBV Rahmenvorgaben zu Arzneimittelbudgets mit dem GKV-SpiV, auf denen Verhandlungen auf KV-spezifischer Ebene aufbauen.[139]

[133] Vgl. § 35 Abs. 1, 3 SGB V.
[134] Vgl. § 31 Abs. 3 SGB V.
[135] Vgl. § 130b Abs. 1 SGB V.
[136] Vgl. Hajen et al. (2011).
[137] Vgl. § 84 Abs. 6 SGB V.
[138] Vgl. § 84 Abs. 1 Nr. 2 SGB V.
[139] Vgl. § 84 Abs. 7 SGB V, GKV-SpiV (2011).

2.4.3 Regulierungsansätze im GKV-System

Innerhalb der dreigeteilten Nachfrage besteht die Gefahr, dass ein Akteur eine eigene, nutzenmaximierende Entscheidung zulasten der anderen beiden Nachfrager trifft. Die Herausforderung in Gesundheitsmärkten besteht folglich darin, solche externen Effekte, welche bei einem Handeln unter ausschließlicher Einbeziehung der jeweils eigenen Interessen auftreten können, durch Markteingriffe unschädlich zu machen, d.h. zu internalisieren. Dies geschieht durch die Schaffung von Anreizsystemen, welche einen Akteur dazu zwingen, die Interessen von Vertragspartnern in die eigene Entscheidung mit einzubeziehen.[140]

Von diesem Grundsatz ausgehend müsste nach Fricke (2008) das GKV-System so konzipiert sein, dass dieses der Internalisierung externer Effekte durch den Zugang zu Gesundheitsversorgung, der Behebung von Informationsdefiziten und der Steigerung der Konsumentensouveränität dient. § 12 SGB V weist jedoch lediglich auf eine ausreichende, zweckmäßige und wirtschaftliche Ausgestaltung des Gesundheitssystems hin. Der Fokus der Regulierung im GKV-System liegt folglich auch auf der Sicherstellung einer wirtschaftlichen Versorgung,[141] was aufgrund der weitgehenden Vollversicherung für Patienten[142] vor allem durch den Ansatz der Kostendämpfung, d.h. auf Arzneimittel bezogen einer Beschränkung von Preisen, Mengen und Ausgaben erreicht werden soll.

Implementierte Mechanismen setzen hier auf drei verschiedenen Ebenen an: so werden auf der Makroebene Aktionen von Kassen oder Hersteller ganzheitlich beeinflusst (z.B. durch Preisstopps), Regelungen auf der Mesoebene fokussieren sich auf Gruppen von Ärzten, Patienten oder Arzenimitteln (z.B. mittels Festbeträgen oder Richtgrößen) und Mechanismen der Mikroebene betreffen Handlungen einzelner Ärzte oder Patienten (z.B. durch aut idem-Substitution).[143] Regulierungsinstrumente üben dabei lediglich einen Einfluss auf den Erstattungsumfang bzw. Erstattungspreise und verordnete Mengen von Arzneimitteln innerhalb der GKV aus.[144] Eine direkte Regulierung von Listenpreisen und Mengen von Arzneimitteln, welche im Privatmarkt gezahlt bzw. verordnet werden, erfolgt damit nicht. Ebenso existiert keine Vierte Hürde, die nach der Prüfung der Sicherheit, Wirksamkeit und Qualität eine zwingende Kosten-/Nutzen-Bewertung bereits im Prozess der Marktzulassung vornimmt.

Auf den drei Regulierungsebenen identifiziert Cassel (2008b) 16 verschiedene Instrumente, welche Einfluss auf Preise, Mengen und Ausgaben nehmen. Der übergreifende Regulierungsansatz wird vom Autor als Substitution eines „gesundheitspolitisch nicht gewollten

[140] Vgl. Breyer et al. (2005), May und Bauer (2011).
[141] Vgl. Fricke (2008).
[142] Vgl. Cassel (2008b).
[143] Vgl. Cassel und Wille (2006).
[144] Vgl. Cassel (2008b).

Wettbewerbsmechanismus durch administrative Steuerung" charakterisiert. Das Dilemma liegt hierbei darin, dass unerwünschte Folgen einer vorangegangegen Regulierung durch zusätzliche Interventionen bekämpft werden, wodurch Inkonsistenzen der administrativen Steuerung zunehmen und das System „zwangsläufig in ein nicht mehr zu beherrschendes Steuerungschaos" treibt.[145] Auch May und Bauer (2011) unterstellen, dass Reformen des deutschen GKV-Systems keineswegs einem ordnungspolitischen Gesamtkonzept untergeordnet sind, sondern viel eher zur Behebung einzelner Marktprobleme ausgerichtet sind, was im Zeitverlauf zu einem breiten Regulierungsmix mit zahlreichen Ineffizienzen und Inkompatibilitäten geführt hat.[146]

Neben dem Einsatz von Regulierungsmaßnahmen hat der Gesetzgeber zur Hebung zusätzlicher Effizienzreserven unter Beibehaltung des Qualitätsstandards im Gesundheitssystem in den letzten Jahren zusätzlich neue Möglichkeiten selektivvertraglichen Wettbewerbs geschaffen.[147] Neben den bisher bestehenden Wettbewerbsbeziehungen zwischen Leistungserbringern (z.B. Krankenhäusern) um Patienten sowie Krankenkassen um Versicherte betrifft dies vor allem die Schnittstelle zwischen Leistungserbringern und Krankenkassen. Wettbewerbsbeziehungen treten hier beidseitig auf;[148] so konkurrieren beispielsweise im Rahmen Integrierter Versorgungsverträge Krankenkassen einerseits um Leistungserbringer, andererseits existiert am Beispiel von Generika ein Wettbewerb von Herstellern um Rabattverträge von Krankenkassen. Ein paralleler Trend einer umfassenden Deregulierung zentraler Steuerungsmaßnahmen ist jedoch nicht erkennbar.[149]

In den nachfolgenden Abschnitten erfolgt eine kurze Darstellung ausgewählter Steuerungsmechanismen, welche deutliche Auswirkungen auf das Preis-/Mengengefüge im Markt nehmen können und die insbesondere für die im dritten Kapitel diskutierten bzw. im vierten Kapitel durchgeführten empirischen Studien zu Arzneimittelmärkten von Relevanz sind. Diese stellen keine vollständige Übersicht aller im Rahmen des SGB V, des AMG, der AMPreisV und des Heilmittelwerbegesetzes (HWG) implementierten Steuerungsmaßnahmen des deutschen GKV-Arzneimittelmarktes dar.[150]

---

[145] Vgl. Cassel (2008b: 132). Diese sukzessive Einschränkung der Bewegungsfreiheit individueller Akteure im Markt wird von Cassel (2008a: 260) auch als "Gulliver-Effekt" bezeichnet.

[146] Diese Aussagen spiegeln sich auch im Koalitionsvertrag der CDU, CSU und FDP (2009) wider.

[147] Vgl. z.B. Busse (2009), Sauerland (2009).

[148] Vgl. Busse (2009).

[149] Ausnahmen bilden hier die mit dem GKV-WSG bzw. Arzneimittelversorgungs-Wirtschaftlichkeitsgesetz (AVWG) eingeführten und mit dem AMNOG abgeschafften Maßnahmen des Zweitmeinungsverfahrens und der Bonus-Malus-Regelung; vgl. Laschet (2010).

[150] Vgl. hierzu beispielsweise Bungenstock (2011), Fricke (2008) oder Cassel und Wille (2006) bzw. Cassel (2008a, b). Nachfolgend nicht erwähnte Mechanismen umfassen z.B. die bereits diskutierten Großhandels- und Apothekenzuschläge, das Verbot von Naturalrabatten nach § 7 HWG, die Auseinzelung nach § 1 AMPreisV, das Dispensierverbot des Arztes nach § 43 AMG oder die Angabe der Entlassungsmedikation durch das Krankenhaus nach § 115c SGB V. Weiterhin erfolgt keine explizite Berücksichtigung von temporär implementierten Maßnahmen wie dem Zweitmeinungsverfahren für

Abbildung 2.13: Ausgewählte Regulierungsinstrumente des SGB V im GKV-System

	Preise	Mengen	Ausgaben
Angebot	• Preismoratorien • Rabattverträge • Kosten-/Nutzen-Bewertung		• Apotheken- und Industrierabatte
	• Festbeträge • aut idem-Substitution • Importarzneimittel		
Nachfrage	• Zuzahlungen	• Negativliste • Leitsubstanz-, Generika- und „me too"-Quoten bzw. -Listen • Innovative Hausarztverträge	• Arzneimittel-volumina, Richtgrößen

Quelle: eigene Darstellung in Anlehnung an Schreyögg und Busse (2005: 337) sowie Bungenstock (2011: 51).

2.4.4 Angebotsseitige Marktregulierung

2.4.4.1 Negativliste

Mit der Marktzulassung in Deutschland ist ein neues Molekül grundsätzlich verschreibungsfähig und damit für Versicherte der GKV auch erstattungsfähig.[151] Eine explizite Positivliste innerhalb der GKV existiert folglich nicht. Eine Einschränkung der Erstattungspflicht in Form einer Negativliste wird jedoch im Rahmen des § 34 SGB V vorgenommen.

§ 34 Abs. 1 SGB V schließt seit Inkrafttreten des GMG in 2004 zum einen freiverkäufliche Präparate (OTC) von der Erstattung durch die GKV aus. Eine Erstattungsfähigkeit besteht hier nur für Kinder unter 12 Jahren bzw. 18 Jahren bei Entwicklungsstörungen. Eine Ausnahme vom Erstattungsausschluss kann weiterhin für solche Präparate gewährt werden, die als Therapiestandard bei der Behandlung schwerer Erkrankungen gelten. Weitergehend werden auch einige verschreibungspflichtige Präparategruppen von

Spezialpräparate nach § 73d SGB V, welches zwischen dem GKV-WSG und dem AMNOG in Kraft war. Die im Zeitraum zwischen dem AVWG und AMNOG aktive Bonus-/Malus-Regelung nach § 84a Abs. 7 SGB V wird aufgrund des Einflusses auf die Verordnungssteuerung auf Ebene Kassenärztlicher Vereinigungen jedoch diskutiert.

[151] Vgl. § 31 Abs. 1 SGB V.

der Erstattungspflicht ausgenommen. Dies umfasst umgangssprachlich als Bagatellarzneimittel bezeichnete Therapeutika beispielsweise zur Behandlung von Erkältungen oder Reisekrankheit und Lifestyle-Präparate z.B. zur Therapie der erektilen Dysfunktion, Raucherentwöhnung oder Gewichtsregulierung.[152]

§ 34 Abs. 3 SGB V sieht ebenfalls die Möglichkeit des Ausschlusses für unwirtschaftliche Arzneimittel vor. Dieser Begriff der Unwirtschaftlichkeit bezieht sich jedoch nicht auf eine vordefinierte Kosten-/Nutzen-Effektivität, sondern bezeichnet lediglich Arzneimittel, die „für das Therapieziel oder zur Minderung der Risiken nicht erforderliche Bestandteile enthalten oder deren Wirkungen wegen der Vielzahl der enthaltenen Wirkstoffe nicht mit ausreichender Sicherheit beurteilt werden können oder deren therapeutischer Nutzen nicht nachgewiesen ist".[153]

Während zur Erstattungsbeschränkung von Präparaten mit nicht erwiesenem Zusatznutzen üblicherweise eine Eingliederung in eine Festbetragsgruppe erfolgt, hat der G-BA in 2006 für lang wirkende Insulinanaloga von solch einem Erstattungsausschluss Gebrauch gemacht. Sofern Insulinanaloga teurer als Humaninsuline waren, wurden diese - von einzelnen Ausnahmeindikationen abgesehen - nicht erstattet.[154] Diese ungewöhnliche Entscheidung wurde jedoch Anfang 2013 zugunsten der Einordnung in mehrere Festbetragsgruppen revidiert.[155]

2.4.4.2 Festbeträge

Durch einen Festbetrag bzw. Referenzpreis wird der maximale Erstattungsbetrag der GKV für eine Gruppe therapeutisch gleichwertiger Präparate festgesetzt. Als therapeutisch gleichwertig gelten Präparate, wenn diese keine neuartige Wirkungsweise oder therapeutische Verbesserung, auch aufgrund geringerer Nebenwirkungen, mit sich bringen.[156]

Die Gruppenbildung kann nach chemischer (gleicher Wirkstoff), pharmakologischer (gleiche Wirkstoffgruppe) oder therapeutischer Äquivalenz (gleicher/ähnlicher Behandlungseffekt) erfolgen.[157] Die Steuerungsmaßnahme setzt sowohl auf der Angebots- wie auch auf der Nachfrageseite an: Durch die Erstattungsbegrenzung wird die Preisdifferenz oberhalb eines Festbetrags auf den Patienten umgelegt, was diesen zur Wahl eines Präparats ohne entsprechende Zuzahlung motivieren soll. Diese Schärfung der Preissensi-

[152] Vgl. Engelmann et al. (2008).
[153] Dieser Wortlaut wurde mit dem AMNOG mit Verweis auf den Verordnungsausschluss des G-BA nach § 92 Abs. 1 Satz 2 Nr. 6 gestrichen.
[154] Vgl. G-BA (2010), Wild (2009).
[155] Vgl. G-BA (2013).
[156] Vgl. § 35 Abs. 1 SGB V.
[157] Vgl. Galizzi et al. (2011).

tivität auf Nachfrageseite ist wiederum ein Anreiz für Hersteller, Präparatepreise auf das Festbetragsniveau zu senken.

Da Patienten möglicherweise erst beim Besuch der Apotheke vom Arzneimittelpreis und daraus resultierenden Zuzahlungen erfahren könnten, sieht § 73 Abs. 5 SGB V eine Aufklärungspflicht des Arztes über Zuzahlungen oberhalb des Festpreises vor. Diese Maßnahme beugt damit auch der versteckten Absicht vor, dass ein Arzt beispielsweise aufgrund einer vorhandenen Markentreue ein teureres Medikament eines bestimmten Herstellers ohne Wissen bzw. Zustimmung des Patienten auswählt.

Deutschland führte als internationaler Vorreiter im Jahr 1989 Festbeträge ein. § 35 SGB V sah von Anfang an drei Stufen von Festbetragsgruppen für verschreibungspflichtige Arzneimitteln mit „denselben Wirkstoffen" (Stufe 1), „pharmakologisch-therapeutisch vergleichbaren Wirkstoffen, insbesondere mit chemisch verwandten Stoffen" (Stufe 2) und „pharmakologisch-therapeutisch vergleichbarer Wirkung, insbesondere Arzneimittelkombinationen" (Stufe 3) vor. In 1989 wurden zunächst nur Gruppen der Stufe 1 gebildet, erste Gruppen der Stufen 2 und 3 wurden in den Jahren 1991 bzw. 1992 eingeführt.[158]

Die Festbetragseinführung beschränkte sich zunächst auf generikafähige Originale und Generika; patentgeschützte Wirkstoffe wurden bis zum Jahr 2005 nicht in Festbetragsgruppen eingeschlossen. Der Einschluss patentgeschützter Präparate war zwar theoretisch von Anfang an möglich, ab 1996 wurden solche Moleküle jedoch gesetzlich von der Festbetragsgruppenbildung ausgenommen.[159] Erst mit dem GMG wurde die Bildung sogenannter *Jumbo-Gruppen* unter Einschluss patentgeschützter Präparate ermöglicht, wobei hiernach auch erstmals eine Gruppierung ohne Einbeziehung von generikafähigen Molekülen bzw. Generika möglich war. Inzwischen decken Festbeträge den deutschen GKV-Markt umfassend ab; so entfielen 78 % der Verordnungen und 41 % des GKV-Arzneimittelmarktumsatzes in 2011 auf preisreferenzierte Medikamente.[160]

Ein Problem von Festbeträgen ist, dass diese zwar den Erstattungsbetrag begrenzen, jedoch keinen direkten Anreiz für eine Präparatewahl unterhalb des Festbetrags sowie einen möglicherweise daraus resultierenden Preiswettbewerb von Herstellern bieten. Der Fehlanreiz zulasten eines Preiswettbewerbs wird dadurch verstärkt, dass eine mindestens jährliche Überprüfung und ggf. Anpassung der Festbeträge vorgesehen ist.[161] Mit dem AVWG wurden in 2006 jedoch Zuzahlungsbefreiungsgrenzen implementiert. Unterschreitet ein Hersteller nun den Festbetrag um mindestens 30 %, so kann der GKV-SpiV dieses Präparat von der Zahlung der Rezeptgebühr freistellen.[162] Diese Klausel ist nicht auf

[158] Vgl. Zweifel und Crivelli (1996).
[159] Vgl. Nink und Schröder (2005).
[160] Vgl. Coca und Schröder (2012).
[161] Vgl. § 35 Abs. 5 SGB V.
[162] Vgl. § 31 Abs. 3 SGB V.

bestimmte Präparategruppen begrenzt; von dieser können Anbieter von Originalen und Generika sowie Importhändler Gebrauch machen.

Der Modus der Festbetragsberechnung im deutschen Markt basiert auf einem Regressionsverfahren und wird beispielsweise von Stargardt et al. (2005) detailliert dargestellt. Festbetragsgruppen werden zunächst vom G-BA gebildet. Anschließend setzt der GKV-SpiV für eine normierte Standardpackung unter Einbeziehung der von Herstellern am häufigsten angebotenen Wirk-/Packungsgrößenkombinationen zunächst den Festbetrag auf maximaler Höhe des unteren, mengengewichteten Preisdrittels fest.[163] Mittels des Regressionsverfahrens auf Basis einer Potenzfunktion wird im zweiten Schritt wiederum der spezifische Festbetrag für jede mögliche Kombination aus Packungsgrößen und Wirkstoffkonzentrationen im Markt berechnet.[164]

2.4.4.3 Rabatte und Preismoratorien

Zur Entlastung der Ausgaben der GKV sieht das SGB V verschiedene Zwangsrabatte vor. So ist zum einen in § 130 SGB V ein Apothekenrabatt verankert, welcher durch den Apotheker pro abgegebenem Medikament zu entrichten ist. § 130a Abs. 1 SGB V definiert weitergehend einen prozentualen Abschlag je Medikament, welcher vom Hersteller an Krankenkassen gezahlt werden muss. Mit dem AVWG wurde zudem ein Hersteller-Zwangsrabatt von 10 % bei der Abgabe von Generika implementiert.[165]

Neben diesen dauerhaften Abschlägen wurden nach einzelnen Gesundheitsreformen zusätzliche temporäre Herstellerrabatte bzw. Einmalzahlungen von Herstellern an Krankenkassen vereinbart, so z.B. nach dem Arzneimittelausgaben-Begrenzungsgesetz (AABG) in 2002, dem GMG in 2004 oder dem GKV-Änderungsgesetz in 2010.[166] Einen weiteren Mechanismus zur Ausgabenbegrenzung stellen die faktischen temporären Preisstopps in Form von Preismoratorien dar. Während dieser Phasen müssen Hersteller alle Erhöhungen des Listenpreises als Zusatzrabatt an Krankenkassen weitergeben. Diese Maßnahme war beispielsweise nach dem GMG im Zeitraum vom 1.1.2003 bis 31.12.2004, nach dem AVWG vom 1.4.2006 bis 31.3.2008 oder nach dem GKV-ÄnderungsG vom 1.8.2010 bis 31.12.2013 in Kraft.

[163] Die verpflichtende Setzung im unteren Preisdrittel für Stufen 2 und 3 nach § 35 Abs. 5 SGB 5 wurde erst mit dem AVWG im Jahr 2006 eingeführt, vorher war hierfür eine lediglich „ausreichende, zweckmäßige und wirtschaftliche" Preissetzung nötig.

[164] Vgl. Stargardt et al. (2005).

[165] Vgl. § 130a Abs. 3b SGB V.

[166] Vgl. Coca und Schröder (2012).

2.4.4.4 Kosten-/Nutzen-Bewertung

Mit dem Inkrafttreten den GMG in 2004 wurde die Möglichkeit einer reinen Nutzenbewertung verschreibungspflichtiger Arzneimittel durch das neu gegründete IQWiG im Rahmen des § 35b SGB V eingeführt. Diese sollte dazu dienen, den G-BA bei der Aktualisierung der Arzneimittelrichtlinien und der Definition eines wirtschaftlichen Leistungskatalogs innerhalb der GKV zu unterstützen.[167] Mit dem GKV-WSG wurde ab 2007 die Nutzenbewertung in eine Kosten-/Nutzen-Bewertung geändert, als deren Ergebnis der G-BA Höchstbeträge als Erstattungsgrenze für Nicht-Festbetragsarzneimittel festsetzen kann.[168] Mit Inkrafttreten des AMNOG wurde in 2011 schließlich der Prozess der frühen Nutzenbewertung innerhalb des GKV bei Markteintritt eingeführt. Diese Thematik soll in dieser Arbeit jedoch nachfolgend nicht weiter berücksichtigt werden.

2.4.4.5 Arzneimittel-Rabattverträge

Mit dem Beitragssatzsicherungsgesetz (BSSichG) wurde in 2003 die Möglichkeit der selektiven Kontrahierung zwischen Arzneimittelherstellern und einzelnen Kassen mittels Rabattverträgen ermöglicht. § 130a Abs. 8 SGB V sieht beispielsweise umsatzabhängige Rabatte vor; seit der Modifikation dieses Paragraphen durch das AMNOG im Jahr 2011 wird hier auch auf die Möglichkeit der Erstattung in Abhängigkeit von messbaren Therapieerfolgen hingewiesen. Während vor Einführung der Rabattverträge die Auswahl eines Generikums durch den Apotheker vorgenommen wurde (soweit die aut idem-Substitution nicht durch einen Arzt untersagt wurde), können Generikahersteller durch einen kassenspezifischen Rabattvertrag Volumina stabilisieren. Die Verlagerung auf eine selektive Vertragsebene zielt zudem darauf ab, den Preiswettbewerb unter Herstellern zu forcieren. Die zwingende Umsetzung der Rabattverträge wurde jedoch erst mit dem GKV-WSG in 2007 scharfgeschaltet, da erst nach dieser Reform eine Abgabeverpflichtung des rabattierten Präparats durch den Apotheker verankert wurde.[169]

Neben der Bedeutung für Generikahersteller kann es auch für Originaleanbieter Sinn machen, Rabattverträge abzuschließen. Motive hierfür können darin liegen, Umsätze bei bevorstehendem Patentablauf zu stabilisieren oder den Wettbewerb durch Importhändler auszuschalten.[170]

[167] Vgl. Rychlik (2005).
[168] Vgl. Coca und Schröder (2012).
[169] Vgl. § 129 Abs. 1 SGB V.
[170] Vgl. Sucker-Sket (2011).

2.4.5 Nachfrageseitige Marktregulierung

2.4.5.1 Patientenzuzahlung

Zuzahlungen von Patienten in Form der Rezeptgebühr[171] verfolgen einen doppelten Zweck. So dient einerseits die fiskalische Komponente dazu, Ausgaben der GKV zu entlasten; andererseits soll die Nachfrage nach Arzneimitteln durch diese Kostenbeteiligung gedämpft werden.[172] Während die Intention des dämpfenden Effekts auf den Moral Hazard der Nachfrage von Patienten nach Arzneimitteln unter bestehendem Versicherungsschutz selbsterklärend scheint, ist die Bedeutung der Fiskalkomponente nicht zu unterschätzen. So wurden im Verlauf der letzten 20 Jahre bis zu 15 % des jährlichen GKV-Fertigarzneimittelumsatzes auf private Haushalte umgewälzt.[173]

Zuzahlungen sind seit 1923 in der GKV verankert, die Ausgestaltung dieses Mechanismus variierte dabei im Lauf der Jahre von festen Zuzahlungsbeträgen je Rezept, Medikament oder Packungsgröße bis hin zu prozentualen Selbstbeteiligungen.[174] Seit Inkrafttreten des GMG im Jahr 2004 müssen Patienten eine Zuzahlung von 10 % des AVP, jedoch mindestens 5 € und höchstens 10 € für jedes verschriebene Medikament leisten.[175]

Um für einkommensschwache bzw. finanziell stark belastete Patienten keine Fehlanreize z.B. in Form einer steigenden Inanspruchnahme (als preiswerter wahrgenommener) Gesundheitsleistungen wie Krankenhausbesuchen zu bieten, sieht § 62 SGB V eine Kostendeckelung bei Erreichen einer individuellen Belastungsgrenze vor. Hierfür werden jedoch nur Zuzahlungen in Form der Rezeptgebühr berücksichtigt, eventuelle getätigte Zuzahlungen für Preisdifferenzen oberhalb von Festbeträgen können nicht angerechnet werden.

2.4.5.2 Aut idem-Substitution

Der Mechanismus aut idem-Substitution verpflichtet den Apotheker bei der Verschreibung eines Präparats mit seiner Wirkstoffbezeichnung oder bei Duldung einer Substitution durch den Arzt[176] zur Herausgabe eines preisgünstigsten Arzneimittels.[177] Als preisgünstig gilt ein Generikum hierbei, wenn es im unteren Preisdrittel positioniert ist.[178] Während

[171] Auch wenn die Zuzahlung inzwischen pro verschriebenem Medikament fällig ist, beugt dieser Begriff Verwechslungen mit Zuzahlungen oberhalb eines Festbetrags vor.
[172] Vgl. Hajen et al. (2011) bzw. die Darstellung zur Nachfragefunktion unter bestehendem Versicherungsschutz im Abschnitt 2.3.6.
[173] Vgl. Coca und Schröder (2012).
[174] Vgl. z.B. Schröder und Selke (1999).
[175] Vgl. § 61 SGB V.
[176] Die Duldung wird implizit angenommen, der Arzt kann eine Substitution durch Ankreuzen des aut idem-Feldes auf dem Rezept untersagen.
[177] Vgl. § 129 Abs. 1 Satz 1 SGB V.
[178] Vgl. Nink und Schröder (2005).

sich der Apotheker normalerweise als letzter Part der Angebotsseite an der Schnittstelle zum Patienten befindet, wird er hier als finales Glied in die Nachfragekette mit eingeschaltet und ist dazu angehalten, im Sinne der GKV ein möglichst preiswertes Produkt auszuwählen.

Die aut idem-Substitution wurde mit Inkrafttreten des AABG in 2002 grundlegend reformiert. Während der Arzt vorher der Substitution explizit durch Ankreuzen zustimmen musste, wird diese nun pauschal als gegeben unterstellt. Eine weitere Modifikation erfolgte mit dem GKV-WSG und der damit verbundenen Scharfschaltung von Rabattverträgen. § 129 Abs. 1 SGB V sieht nun eine Abgabeverpflichtung für das jeweilige rabattierte Präparat vor, wenn die Kasse eines Patienten für ein bestimmtes Molekül einen Rabattvertrag mit einem bzw. mehreren Herstellern abgeschlossen hat. Der Arzt kann hier jedoch nach wie vor von seinem aut idem-Verbot Gebrauch machen.

2.4.5.3 Importarzneimittel

Neben der aut idem-Substitution sieht § 129 Abs. 1 Satz 2 SGB V eine Förderklausel für Importarzneimittel zur Erzielung von Wirtschaftlichkeitsreserven vor. Die Möglichkeit des internationalen Handels und der Arbitrage mit Arzneimitteln durch Dritte, d.h. Importhändler, eröffnet sich aufgrund unterschiedlicher internationaler Preispunkte bzw. variierender Margen entlang der pharmazeutischen Wertschöpfungskette in verschiedenen Ländern in Verbindung mit der Warenfreiheit innerhalb der EU. Importierte Medikamente müssen dennoch vor Inverkehrbringen registriert bzw. zugelassen und nach landesspezifischen Vorschriften gekennzeichnet und ggf. umverpackt werden.[179]

Der angebotsseitige Wettbewerb durch Re- (Wiedereinfuhr eines Exports in das Ursprungsland) bzw. Parallelimporte (erstmaliger Import)[180] von Arzneimitteln durch rund 29 Importhändler[181] wird in Deutschland nicht nur geduldet, sondern auch aktiv als Instrument zur Kostendämpfung innerhalb der GKV eingesetzt. Eine Abgabepflicht von Importarzneimitteln seitens des Apothekers war erstmals von 1989 bis 1996 in Kraft; ab 2000 wurden Zielvereinbarungsquoten für Apotheker implementiert.[182] Eine deutliche Verschärfung dieses Mechanismus erfolgt seit Inkrafttreten des GMG in 2004, da Apothekern nun zur Erreichung einer Importquote[183] nur Präparate mit einem Preisabstand von mindestens 15 € oder 15 % zum inländischen Originalpräparat angerechnet werden.[184]

179 Vgl. Geller (2008).
180 Nach Geller (2008) machen Parallelimporte rund 90 % des Importvolumens in Deutschland aus.
181 Vgl. Pfannkuche et al. (2008).
182 Vgl. Pfannkuche et al. (2008).
183 Seit 2004 mindestens 5 % des Apotheken-Arzneimittelumsatzes; vgl. VAD (2004), Müller (2011).
184 Vgl. § 129 Abs. 1 Satz 2 SGB V.

Neben der Substitution durch den Apotheker ist jedoch auch eine spezifische Reimport-Verordnung durch den Arzt möglich, was der Entlastung des Verschreibungsbudgets dienen kann. Eine solche Direktverordnung trifft auf rund 45 % der zehn umsatzstärksten Importe zu.[185] Der gesamte wertmäßige Marktanteil von Importen übertrifft die 5 %-Mindestquote ebenfalls deutlich und wird vom vfa (2010) auf 10,7 % des wertmäßigen GKV-Marktvolumens in 2009 beziffert.

2.4.5.4 Arzneimittelbudgets, Richtgrößen und Verschreibungsquoten

Um eine wirtschaftliche Verordnungsweise des Arztes im Sinne der GKV sicherzustellen, wurden in Deutschland mit dem Gesundheitsstrukturgesetz zum Januar 1993 erstmals Arznei-, Heil- und Verbandmittelbudgets für Vertragsärzte eingeführt. Von 1993 bis 1997 wurde ein nationales und später regionales Gesamtbudget verhandelt, welches eine Kollektivverantwortung der Ärzteschaft bei einer Ausgabenüberschreitung vorsah. Mangels einer verursacherspezifischen Zurechenbarkeit konnten Ansprüche gegenüber Ärzten bei Budgetüberschreitungen jedoch nicht durchgesetzt werden.[186] Gleiches galt für die in 1998 zusätzlich eingeführten praxisspezifischen Richtgrößen; auch hier herrschte keine Rechtssicherheit hinsichtlich der Zurechenbarkeit von Budgetüberschreitungen auf einzelne Ärzte innerhalb einer KV.[187] Erst mit Inkrafttreten des ABAG zum Jahr 2002 wurden neben einem Arzneimittel-Ausgabenvolumen auf KV-spezifischer Ebene rechtlich verbindliche, individuelle facharztspezifische Richtgrößen nach § 84 SGB V festgelegt.[188]

Richtgrößen für die Medikamentierung eines durchschnittlichen Patienten werden facharztgruppenspezifisch auf Basis des verhandelten KV-spezifischen Arzneimittelausgabenvolumens festgesetzt.[189] Um Ärzte zu einer wirtschaftlicheren Verordnungsweise zu bewegen, wurden auf Ebene der KV Nordrhein in 2006 zudem die Regelungen einer allgemeinen facharztspezifischen Mindestquote an verordneten Generika sowie einer Höchstquote an verordneten „me too"-Präparaten eingeführt. Diese Mechanismen können als flankierende Maßnahmen der Richtgrößensteuerung charakterisiert werden, da in der KV Nordrhein das Verschreibungsverhalten eines Arztes beispielsweise dann als unbedenklich gilt, wenn dieser trotz einer Richtgrößenüberschreitung Generika- und „me too"-Quoten einhält.[190] Ausgehend von der KV Nordrhein wurden Generika- und „me too"-Quoten durch weitere Kassenärztliche Vereinigungen übernommen. Weitergehend bieten Krankenkassen und

[185] Vgl. vfa (2010).
[186] Vgl. Schreyögg und Busse (2005).
[187] Vgl. auch Busse et al. (2005).
[188] Vgl. Coca und Schröder (2012).
[189] Vgl. § 84 Abs. 6 SGB V, KVNO (2007).
[190] Vgl. KVNO (2007).

Kassenärztliche Vereinigungen beispielsweise Maßnahmen der Pharmakotherapieberatung an, um Ärzten Wirtschaftlichkeitspotentiale aufzuzeigen.[191]

Die Anreiz- und Steuerwirkung der Richtgrößen ist dadurch sichergestellt, dass § 106 SGB V die Überwachung der wirtschaftlichen Verordnungsweise von Ärzten durch Krankenkassen und Kassenärztliche Vereinigungen vorsieht. Absatz 2 schreibt hier nicht nur eine Auffälligkeitsprüfung bei Überschreitung von Richtgrößenvolumina, sondern auch eine quartalsweise Zufälligkeitsprüfung von 2 % aller Ärzte vor. Selbst wenn Regresse nicht vollstreckt werden, ist die Rechtfertigung von Überschreitungen aufwändig und bedarf teils anwaltlicher Unterstützung, sodass die Verunsicherung von Ärzten vor solchen Prüfungen weit verbreitet ist.[192]

2.4.5.5 Bonus-/Malus-Regelung und Leitsubstanzquoten

Zusätzlich zu Richtgrößen wurde mit dem AVWG in 2006 die Bonus-/Malus-Regelung nach § 84 Abs. 7a SGB V eingeführt. Diese sah für verordnungsstarke Therapiegebiete[193] Leitsubstanzquoten, d.h. Mindestquoten einer generischen Leitsubstanz, sowie Zielwerte an DDD-Verordnungskosten vor. Diese Vereinbarungen wurden durch die KBV und den GKV-SpiV verhandelt. Im Falle einer Unter- bzw. Überschreitung konnten Ärzte finanzielle Boni erzielen bzw. mussten Ausgleichszahlungen leisten. Individuelle KVen konnten nach § 84 Abs. 7a SGB V zur besseren Erreichung des Regelungszwecks allerdings von den bundesweiten Vorgaben abweichen; hiervon machten in 2007 neun KVen Gebrauch.[194] Aufgrund einer Kollision der Verordnungssteuerung nach Tagestherapiekosten mit den zeitgleich an Bedeutung gewinnenden Rabattverträgen wurde die Bonus-/Malus-Regelung zum Januar 2008 in eine reine Leitsubstanz-Quotenregelung in verordnungsstarken Therapiegebieten geändert.[195]

Die Bonus-/Malus-Regelung wurde mit Inkrafttreten des AMNOG in 2011 aus dem SGB V entfernt, Leitsubstanzquoten stellen seitdem jedoch weiterhin ein Steuerungsinstrument innerhalb regionaler Arzneimittelvereinbarungen dar.[196]

2.4.5.6 Selektive Kontrahierung mit Leistungserbringern

Im Rahmen des GMG, AVWG sowie GKV-WSG hat der Gesetzgeber die Möglichkeit der Selektivverträge zwischen Krankenkassen und einzelnen Leistungserbringern geschaffen,

[191] Vgl. Langner und Selke (2006), Kampmann et al. (2010).
[192] Vgl. z.B. Hermanns et al. (2009), Korzilius (2011), Dierks (2008).
[193] So z.B. für Statine, Bisphosphonate, PPI oder Triptane; vgl. Nitz (2008).
[194] Vgl. Schwabe (2007).
[195] Vgl. Nitz (2008).
[196] So z.B. in der KV Nordrhein; vgl. Ärztekammer Nordrhein und Kassenärztliche Vereinigung (2013).

wodurch die seit 1931 bestehende Norm der kollektiven Kontrahierung zwischen Kassen und Kassenärztlichen Vereinigungen ausgehebelt wurde.[197] Neben Rabattverträgen für Arzneimittel nach § 130 SGB V können hierbei die Formen der Hausarztvertäge nach § 73b SGB V sowie der Integrierten Versorgung nach §§ 140a ff. SGB V einen Einfluss auf den Arzneimittelmarkt ausüben.[198]

Ein Beispiel für solch eine Steuerungsmaßnahme lässt sich am Hausarztvertrag der AOK Baden-Württemberg aufzeigen, der ab Juli 2008 angeboten wurde. Der Vertrag soll eingeschriebenen Ärzten eine höhere Vergütung für AOK-Patienten sowie bürokratische Entlastung bringen. Im Gegenzug verpflichten sich die Ärzte unter anderem zu Maßnahmen wie der Einführung eines Qualitätsmanagementprogramms, der Erbringung besonderer, sonst einzeln vergüteter Leistungen innerhalb des Pauschalbetrags und insbesondere zur Einführung einer spezifischen Verordnungssoftware samt zugehöriger Medikamentendatei.[199] In dieser Datei sind von der AOK bevorzugte Präparate in grün und zu teure Originalpräparate[200] in rot vermerkt, wobei die Überschreitung einer Verordnungsquote der in rot hinterlegten Präparate zur Einbehaltung einer vertragsspezifischen Bonuszahlung führt. Binnen der ersten vier Monate nach Einführung waren bereits rund 1000 baden-württembergische Hausärzte in den Vertrag eingeschrieben.[201]

Zudem können im Rahmen der durch das AMNOG modifizierten §§ 140a ff. SGB V nach Medizinprodukteanbietern nun auch Arzneimittelhersteller als Vertragspartner in Integrierte Versorgungsverträge eingebunden werden, um ein verbessertes Versorgungsmanagement sicherzustellen.[202]

Ähnlich innovative Vertragskonzepte sind aber beispielsweise auch im Rahmen der bereits erwähnten Rabattverträge nach § 130a SGB V möglich. So berichtet Merten (2006) von einem Rabattvertrag zwischen der AOK und der KV Berlin über 48 Wirkstoffe mit acht Herstellern, wobei Ärzte bei Einsparungen, welche aus Direktverordnungen dieser Präparate resultieren, rückwirkend finanziell beteiligt werden.[203]

Eine Diskussion dazu, wie eine Weiterentwicklung selektivvertraglicher Versorgungskonzepte zukünftig einen stärkeren Einfluss auf die Erstattungsfähigkeit einzelner Präparate in Wirkstoffklassen haben könnte erfolgt im abschließenden Kapitel dieser Arbeit.

[197] Vgl. Schiller (2008).
[198] Vgl. Paquet (2011).
[199] Vgl. Scholz (2009).
[200] Hierunter auch Analogpräparate von der me too-Liste der KV Nordrhein; vgl. Medical Tribune (2009).
[201] Vgl. Blessing (2008).
[202] Vgl. Jaeckel (2011).
[203] Vgl. auch KV Berlin (2007).

2.5 Innovation im Arzneimittelmarkt

2.5.1 Produktlebenszyklus von Originalpräparaten

Der Lebenszyklus eines Produkts lässt sich nach Kotler et al. (2011) in die fünf Phasen der Entwicklung, der Markteinführung, des Wachstums, der Reifephase und der Degeneration einteilen. Auf den Arzneimittelmarkt bezogen werden diese Phasen insbesondere stark von regulativen und patentrechtlichen Maßnahmen beeinflusst.[204]

Abbildung 2.14: Produktlebenszyklus von Originalpräparaten (schematisch)

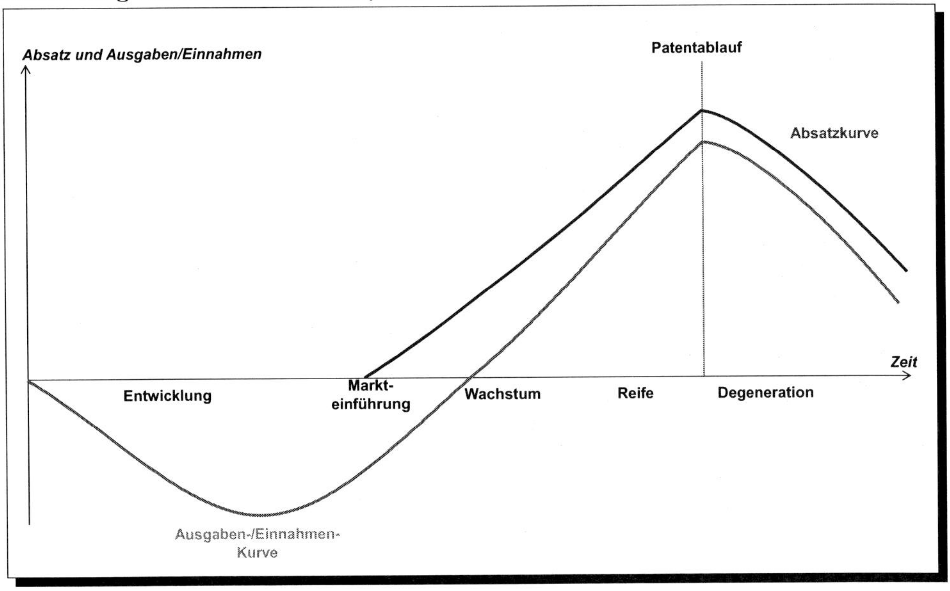

Quelle: Eigene Darstellung unter Einfluss von Kotler et al. (2011), Raasch (2010).

Um mit einem neuen Molekül in den Markt eintreten zu können, sind zunächst umfangreiche Forschungs- und Entwicklungsaktivitäten nötig. Diese basieren nicht nur auf der Produktkomplexität von Arzneimitteln als chemische Substanzen zur Therapie bestimmter Krankheiten an sich, sondern vor allem auf der damit verbundenen Notwendigkeit des Nachweises der Qualität, Wirksamkeit und Unbedenklichkeit, um diese beim Menschen einsetzen zu können.[205]

Mit der Marktzulassung wird einem forschenden pharmazeutischen Hersteller ermöglicht, die bis zu diesem Zeitpunkt angefallenen immensen und langjährigen Investitionen[206] in

[204] Vgl. Raasch (2010).
[205] Vgl. § 1 AMG.
[206] Vgl. dazu den folgenden Abschnitt 2.5.2.

ein neues Präparat am Markt zu refinanzieren. Das Patent eines neuen Medikaments dient daher als Schutz gegenüber Nachahmern und als Anreiz, die Entwicklung neuer Moleküle überhaupt in Angriff zu nehmen.[207] Dieses Patent erstreckt sich jedoch ausschließlich auf das Molekül selbst und nicht auf eine therapeutische Eigenschaft.[208] Insofern wird das Umsatz- und Gewinnerzielungspotential deutlich von weiteren Wettbewerbern wie auch möglichen regulativen Interventionen in Gesundheitssystemen zur Limitierung von Mengen oder Preisen beeinflusst.

Schließlich kann ein Molekül bei Patentablauf mit generischem Wettbewerb konfrontiert werden. Nachahmer dürfen nun unter vergleichsweise geringen Zulassungsvoraussetzungen das Molekül kopieren, lediglich die Marke verbleibt beim Originator. Umsätze des Originalpräparats können durch den Hersteller jedoch beispielsweise durch eine Reformulierung bzw. Modifikation in Form einer Line Extension[209] oder aber einer Erweiterung zugelassener Indikationen[210] stabilisiert werden.

2.5.2 Entwicklungsphasen neuer Moleküle

Der Prozess neuer Moleküle von der Entdeckung bis zur Marktreife lässt sich in die vier Stadien der Entdeckung, präklinischer und klinischer Tests sowie der Zulassung gliedern und ist schematisch in Abbildung 2.15 dargestellt.

Zunächst besteht die Herausforderung darin, ein geeignetes Molekül zur Behandlung einer Indikation zu finden. Hierzu werden z.B. Datenbanken mit Millionen von Verbindungen nach wechselwirkenden Substanzen (hits) durchforstet. Anschließend wird der chemische Strukturraum identifizierter Verbindungen ausgelotet, um u.a. pharmakologische Eigenschaften zu verbessern (leads bzw. Leitstrukturen). Schließlich erfolgt eine Optimierung der Leitstruktur durch biologische Versuche mit dem Ziel, Präparate in klinische Versuche zu überführen (drugs).[211] Dieses erste Stadium der Medikamentenentwicklung kann 2 bis 10 Jahre in Anspruch nehmen;[212] in diese Phase fällt auch die Patentierung eines neuen Moleküls.

Von 10.000 überprüften Substanzen werden in der Regel nur mehrere hundert in die präklinische Phase überführt. Hier werden in Labor- und Tierversuchen Erkenntnisse zu Aufnahme, Verstoffwechselung und Ausscheidung gewonnen; ebenso wird ein neues Molekül auf seine Toxizität wie auch auf weitere Gefahrenpotentiale, z.B. in Form einer Cance-

207 Vgl. Outterson (2005).
208 Vgl. Lu und Comanor (1998).
209 Vgl. Hong et al. (2005).
210 Vgl. Breitenbach und Lewis (2013).
211 Vgl. Klebe (2009), Aigner et al. (2013).
212 Vgl. Jones (1999).

rogenität, getestet.[213] Diese Phase kann bis zu drei Jahre in Anspruch nehmen, die bis zu diesem Zeitpunkt angefallenen Kosten werden auf durchschnittlich 330 Mio. US-$ pro letztendlich kommerzialisierter Substanz geschätzt.[214]

Von mehreren hundert präklinisch getesteten Präparaten werden im Schnitt nur 10 in die klinischen Phasen übernommen.[215] Im Zuge der ersten klinischen Phase wird das Medikament zunächst an 20 bis 80 gesunden Probanden getestet. Dies dient vor allem der Bestimmung der Sicherheit, Verträglichkeit, Verstoffwechselung sowie der Gewinnung erster Anhaltspunkte zu therapeutischen Wirkungen und Dosen. In der zweiten klinischen Phase werden an 100 bis 500 erkrankten Patienten erstmals placebokontrolliert und doppelverblindet Erkenntnisse zu Verträglichkeit, Wirksamkeit, Dosis und Nebenwirkungen gesammelt. In der dritten klinischen Studie erfolgt an bis zu 5.000 Patienten schließlich die Behandlung in der festgelegten Wirkstärke zur Verifizierung der Sicherheit und Identifizierung von Nebenwirkungsprofilen.[216] Der Zeitraum der klinischen Phasen kann 2,5 bis 6 Jahre betragen.[217] Kosten hierfür werden auf durchschnittlich 470 Mio. US-$ geschätzt, Ausgaben in der Entwicklung von Biopharmazeutika können nochmals um ein Drittel höher ausfallen.[218]

Auch nach der Zulassung werden oftmals noch klinische Studien der Phase IV durchgeführt. Diese dienen vor allem der Gewinnung von Langzeiterkenntnissen zu Wirkungen und Sicherheit, können aber auch zur Generierung gesundheitsökonomischer Daten eingesetzt werden.[219] Hiervon abzugrenzen sind reine Anwendungsbeobachtungen, welche nicht genehmigungspflichtig im Sinne einer klinischen Studie sind und beispielsweise als Marketinginstrument gegenüber Ärzten genutzt werden können.[220]

Von zehn am Menschen getesteten Präparaten werden im Durchschnitt weniger als zwei in den Zulassungsprozess überführt; dieser kann nochmals bis zu zwei Jahre in Anspruch nehmen.[221]

Als Konsequenz des langwierigen Entwicklungs- und Zulassungsprozesses wird die zwanzigjährige Patentlaufzeit eines neuen Moleküls am Markt auf einen Zeitraum von effektiv 8 bis 12 Jahren reduziert.[222] Durch ergänzende Schutzzertifikate kann diese aber um bis zu fünf Jahre ausgeweitet werden;[223] ebenso können Verwertungssperren in Einzelfällen

[213] Vgl. Jones (1999), de la Haye und Gebauer (2008).
[214] Unter Einberechnung von Kapitalkosten, vgl. DiMasi et al. (2003).
[215] Vgl. Jones (1999).
[216] Vgl. Jones (1999), de la Haye und Gebauer (2008).
[217] Vgl. Thierolf (2008).
[218] Unter Einberechnung von Kapitalkosten, vgl. DiMasi et al. (2003), DiMasi und Grabowski (2007).
[219] Vgl. de la Haye und Gebauer (2008).
[220] Vgl. Laven (2007).
[221] Vgl. Jones (1999), Thierolf (2008).
[222] Vgl. Grabowski und Vernon (2000).
[223] Vgl. Grabowski und Vernon (2000), vfa (2005).

Abbildung 2.15: Entwicklungsphasen neuer Medikamente

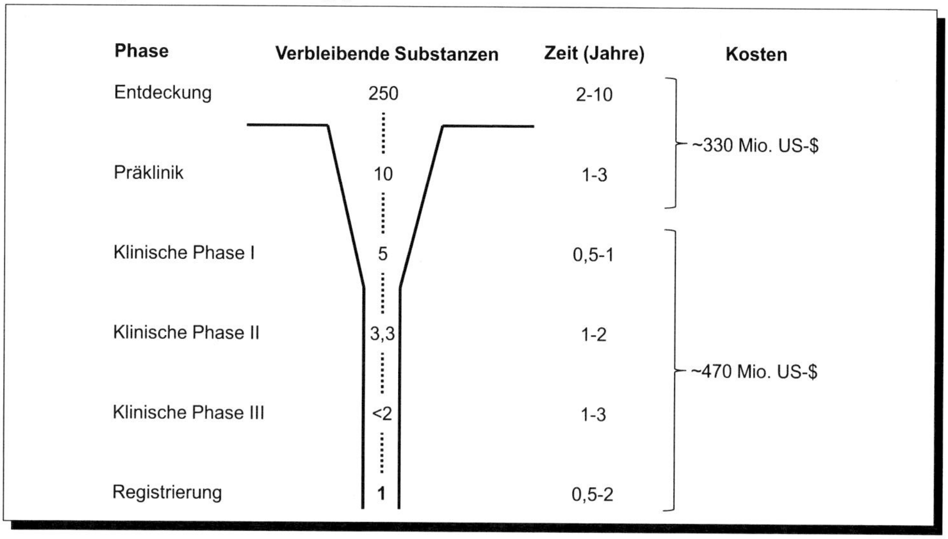

Quelle: Eigene Darstellung auf Basis von Daten von Jones (1999), DiMasi et al. (2003), de la Haye und Gebauer (2008), Thierolf (2008).

zu einer effektiven Verlängerung beitragen.[224] Im Verlauf der letzten Jahrzehnte haben vor allem zunehmende Anforderungen an klinische Studien zu einem Anstieg der Dauer von Entwicklungsphasen und damit auch höheren Kosten beigetragen.[225]

2.5.3 Klassifizierung, Vergleich und Bewertung neuer Arzneimittel

2.5.3.1 Klassifizierung von Wirkstoffen

In welche Gruppen Medikamente zusammengefasst werden können, ist stets vom Entwicklungsfortschritt indikationsspezifischer Therapien und der Differenzierung von Präparaten untereinander abhängig.[226] Nach McAlister et al. (1999: 1372) sollten Medikamente am Beispiel von Hypertonika in einer Klasse zusammengefasst werden, wenn diese mindestens eins der folgenden Kriterien erfüllen:

> „-[...] similar chemical structure: Dihydropyridine CCBs[227] have dihydropyridine rings.

[224] Vgl. Raasch (2010).
[225] Vgl. DiMasi (2008).
[226] Eine Diskussion hierzu aus markttheoretischer Sicht erfolgt in Abschnitt 3.2.
[227] Calcium Channel Blockers.

-[...] similar mechanism of action: CCBs block the voltage-dependent calcium channels on the surfaces of cell membranes.

-[...] similar pharmacologic effects:[228] Antihypertensives (e.g. CCBs, ACE inhibitors, beta blockers, thiazides, alpha blockers) lower blood pressure."

In der Mehrzahl der Fälle kann diese Definition in umgekehrter Reihenfolge als Zuspitzung einer jeweiligen Wirkstoffklasse aufgefasst werden. So illustrieren Lu und Comanor (1998), dass Verapamil als erster Calciumkanalblocker initial mit anderen Präparaten gegen Bluthochdruck und Angina Pectoris wie Betablockern konkurrierte (gleicher pharmakologischer Effekt). Mit Eintritt von Nifedipin als zweitem Calciumkanalblocker (gleicher Mechanismus) beschränkte sich der direkte Wettbewerb auf Verapamil (Phenylalkylamin-Derivat) und Nifedipin (Dihydropyridin-Derivat), die sich damit stärker von der Gruppe der Betablocker abgrenzten. Mit Eintritt weiterer Moleküle des Didydropyridin- bzw. Phenylalkylamintyps (jeweils gleiche chemische Struktur) bildete sich schließlich eine noch stärkere Differenzierung innerhalb der Klasse der Calciumkanalblocker heraus.

Diese Zuspitzung von Klassen spiegelt sich ebenfalls im Anatomical Therapeutic Chemical-(ATC)-Klassifikationssystem der WHO wider, das Medikamente in einem viergliedrigen Raster nach anatomischem Gebiet (kardiovaskuläres System), therapeutischer Anwendung (Calciumkanalblocker), pharmakologischer (vorwiegende Gefäßwirkung) und chemischer Subgruppe (Dihydropyridine) eine Substanznummer zuordnet. Die WHO (2010) weist jedoch darauf hin, dass es sich hierbei um eine pharmakologische Klassifikation handelt, Medikamente derselben chemischen Subgruppe nicht zwingend immer die naheliegendsten therapeutischen Substitute zur Behandlung einer jeweiligen Indikation sein müssen. Ebenso werden Präparate mit mehreren unterschiedlichen Indikationen in der Regel nur einer Subgruppe zugeordnet. Als Alternative hierzu hat sich das ATC-Schema der European Pharmaceutical Marketing Research Association (EphMRA) etabliert, in dem in einem drei- bis vierstufigen Schema Präparate nach gleichen therapeutischen Indikationen gruppiert werden.[229] Je nach Anwendungsgebiet kann dasselbe Molekül in derselben oder einer unterschiedlichen Formulierung hier mehreren Subgruppen zugeordnet werden.

Im Rahmen dieser Arbeit wird vorrangig das EphMRA-ATC-System verwendet, da dieses besser dazu geeignet ist, ein jeweiliges therapeutisches Wettbewerbsumfeld einzelner Medikamente zu definieren. So ist beispielsweise Sildenafil in der WHO-ATC nur als Therapeutikum bei erektiler Dysfunktion (ATC-Code: G04BE03) gelistet; dieses wird in der EphMRA-ATC aufgrund seiner zusätzlichen Indikation bei pulmonaler arterieller Hyper-

[228] Pharmakologie wird von Fischer et al. (2007: 3) als „Lehre der Wirkungen körpereigener und körperfremder Stoffe auf Organismen" definiert.

[229] Vgl. EphMRA (2011).

tonie doppelt geführt (ATC-Codes: G4E und C6).[230] Ein weiteres Beispiel stellt der Wirkstoff Ketorolac dar, der in der WHO-ATC aufgrund seiner chemischen Struktur als nichtsteroidales Antiphlogistikum in der Gruppe der Essigsäure-Derivate für das Muskel- und Skelettsystem (ATC-Code: M01AB15), in der EphMRA-ATC aufgrund seiner primären Indikation bei allgemeinen Schmerzen als Analgetikum für das Nervensystem (ATC-Code: N2B) eingeordnet wird.

Eine Zuspitzung der Definition von Wirkstoffklassen nach McAlister et al. (1999) kann somit zwar aus pharmakologischer, nicht aber immer zwingend aus therapeutischer Sicht in absteigender Reihenfolge (Wirkeffekt - Wirkmechanismus - chemische Struktur) aufrechterhalten werden.

Folglich sind auch verschieden zugespitzte Definitionen von Wirkstoffklassen als *pharmakologische Klassen* (gleicher Wirkmechanismus), *chemische Klassen* (gleiche Struktur) oder *therapeutische Klassen* (gleiche therapeutische Anwendung, jedoch nicht zwingend pharmakologische oder chemische Äquivalenz) denkbar. Im allgemeinen Sprachgebrauch dominiert hier jedoch der Begriff der therapeutischen Klasse (*therapeutic class*), welcher nachfolgend ebenso wie die allgemeine Bezeichnung der *Wirkstoffklasse* gebraucht wird, wobei sich diese Begriffe je nach dem Entwicklungsfortschritt einer jeweiligen Substanzklasse auf eine pharmakologische oder chemische Klasse beziehen können.

2.5.3.2 Definition und Abgrenzung von Analog- bzw. Nachfolgepräparaten

Schwabe (2012: 24) definiert Analogpräparate als „neue Wirkstoffmoleküle mit analogen pharmakologischen und klinischen Wirkungen wie bereits bekannte Arzneimittel. Sie sind damit chemische Innovationen mit pharmakologisch ähnlichen oder gleichartigen Wirkungen ohne therapeutische Vorteile". Hierfür haben sich im allgemeinen Sprachgebrauch ebenfalls die Bezeichnungen *„me too"*-Präparate[231] oder auch *Scheininnovationen* eingebürgert, welche oftmals undifferenziert synonym gebraucht werden.[232] Im Rahmen dieser Arbeit werden überwiegend die Begriffe *Analogpräparate* bzw. *Analoga, Nachfolgepräparate* sowie - weiter gefasst - *therapeutische Substitute* gebraucht.

Von einem *Analogpräparat* wird immer dann gesprochen, wenn speziell die chemische Ähnlichkeit sowie pharmakologische und therapeutische Gleichartig- bzw. -Wertigkeit ei-

[230] Das in Deutschland auf Basis des WHO-Schemas adaptierte DDD-System des Deutschen Instituts für Medizinische Dokumentation und Information (DIMDI) beseitigt die Schwäche des WHO-Schemas dahingehend, indem es beispielsweise Sildenafil ebenfalls doppelt führt (ATC-Codes: G04BE03 und C02KX04); vgl. DIMDI (2012), EphMRA (2011).

[231] Die Charakterisierung als *„me too"* ist in den USA seit den 1960er Jahren bekannt (vgl. DiMasi und Paquette (2004)), wird aber oftmals durch das wertneutralere *„follow on"* ersetzt.

[232] Vgl. z.B. Schwabe (2012), Simon (2008), Beckmann et al. (2010).

nes neuen Moleküls betont werden soll. Allerdings besitzt dieser Begriff im allgemeinen Sprachgebrauch eine deutlich negative Konnotation im Sinne einer Imitation.

Vorrangig wird daher die Bezeichnung *Nachfolgepräparat*[233] verwendet. Anhand dieses Begriffs erfolgt lediglich eine zeitliche Einordnung in Relation zu einem Molekül, welches zuvor in einer Wirkstoffklasse kommerzialisiert wurde, während insbesondere die Bezeichnung als *„me too"* eine Wertung vornimmt, indem sie - vom Wortsinn her - eine bewusste Imitation unterstellt. Die Kommerzialisierung solcher neuen Moleküle muss jedoch nicht zwangsläufig aus einem Imitationsgedanken resultieren, sondern kann sehr wohl das Ergebnis eines Entwicklungswettlaufs bzw. der Erwartung einer besseren Therapiequalität sein oder zu patientenspezifisch differenzierten (Neben-)Wirkungsprofilen führen.[234] Als Resultat beinhaltet die Betitelung als Nachfolgepräparat damit aber auch nicht immer zwingend eine Aussage zu dessen vollkommener therapeutischer Äquivalenz, sondern bezieht sich vorrangig auf dessen pharmakologische Ähnlichkeit innerhalb einer bereits etablierten Wirkstoffklasse.

Zuletzt bezeichnet die Umschreibung als *therapeutisches Substitut* eine aus Konsumentensicht wahrgenommene Substituierbarkeit von Präparaten zur Behandlung spezifischer Indikationen. Der Umfang dieses Begriffs kann in Anlehung an McAlister et al. (1999) sowie Lu und Comanor (1998) stets vom Entwicklungsfortschritt jeweiliger Therapien abhängig sein, kann sich aber situativ auch auf Analogpräparategruppen, verwandte Substanzklassen oder gar alternative Therapieansätze beziehen.

2.5.3.3 Das Äquivalenzkonzept der Defined Daily Doses

Die Zuordnung medikamentenspezifischer Wirkstärkenäquivalenzen therapeutischer Substitute wird üblicherweise durch die Messgröße der Defined Daily Doses (DDD) vorgenommen. Diese beschreibt die WHO (2010: 22) als „assumed average maintenance dose per day for a drug used for its main indication in adults". Diese Messgröße wurde durch die WHO in den 1970er Jahren eingeführt, um die Erstellung von Nutzungs- und Verschreibungsstatistiken für Medikamente zu vereinfachen. Hiervon zu unterscheiden ist die Prescribed Daily Dose (PDD), welche die tatsächlich verschriebene Tagesdosis darstellt und z.B. je nach Teilindikation, Geschlecht oder Alter deutlich schwanken kann.[235] Zuletzt weicht die vom Patienten tatsächlich eingenommene Tagesdosis je nach Compliancegrad möglicherweise hiervon nochmals ab.[236]

233 Diese Definition des nachfolgenden Eintritts eines weiteren Moleküls darf nicht mit dem Konzept der Nachfolge auf Produkt-/Molekülebene (z.B. durch Veränderung der Dosierstärke oder Darreichungsform) als Line Extension z.B. im Rahmen einer generischen Abwehrstrategie verwechselt werden.
234 Mehr hierzu in den folgenden Abschnitten.
235 Vgl. Wasem und Bramlage (2008).
236 Vgl. Abschnitt 2.3.4.

Für Deutschland existiert eine auf Basis des § 73 Abs. 8 SGB V durch das DIMDI angepasste DDD-Variante. Während die WHO (2010) davor warnt, die DDD-Klassifikation für Kostenvergleiche bzw. -senkungsmaßnahmen oder Preis- und Erstattungsentscheidungen zu missbrauchen, werden die DIMDI-DDD unter anderem zur Festlegung von Durchschnittskostenzielwerten für ärztliche Verordnungen ebenso wie für die Definition von Leitsubstanzquoten verwendet. Parallel hierzu existiert noch ein zweites Dosiskonzept im deutschen Markt, da Vergleichsgrößen für Arzneimittel-Festbeträge auf Basis tatsächlich verordneter Wirkstoffkonzentrationen berechnet werden.[237]

Die Verwendung von DDD als Steuerungsinstrument ist mit verschiedenen Problemen verbunden. So kann die Normierung auf eine DDD naturgemäß keine Abweichungen der Dosierstärken für verschiedene Indikationen abbilden. Wasem und Bramlage (2008) zeigen am Beispiel der Sartane, dass die Verfolgung des DDD-Konzepts unter zusätzlichem Kostendruck für Verschreiber in einzelnen Indikationen zu Untermedikamentierungen und damit nachgelagerten gesundheitlichen Auswirkungen führen können. Ebenso können Medikamentenumstellungen und damit verbundene Erhöhungen der PDD, welche im Zuge der patientenindividuellen Einstellung auf ein neues Präparat im Zuge einer (temporären) Übermedikation nochmals höher ausfallen können, theoretisch errechnete Einsparungen auf DDD-Basis schnell zunichte machen.[238]

Für den empirischen Teil dieser Arbeit wird dennoch das DDD-Konzept, vorrangig auf Basis der DIMDI-Empfehlungen, angewandt, da der Fokus auf der Identifizierung von Preis-/Mengeneffekten auf stark aggregierter Ebene im Markt statt auf tatsächlichen Verschreibungsänderungen auf Mikrodatenebene liegt.

2.5.3.4 Bewertung pharmazeutischer Innovationen

Die Bewertung der therapeutischen Qualität neuer Moleküle setzt ein komplexes Set an Kriterien voraus. So differenziert sich eine Arzneimittelinnovation nach Wardell et al. (1980) durch eine Verbesserung der klinischen Wirksamkeit, geringere Toxizität bzw. verbesserte Sicherheit, einen neuen Wirkmechanismus oder die Möglichkeit der Behandlung einer größeren Anzahl an Patienten. Rosen und Beermann (1999) fügen diesen Kriterien die Aspekte einer verbesserten Darreichungsform bzw. Darreichungsfrequenz hinzu und weisen darauf hin, dass der Grad an therapeutischer Innovation in Abhängigkeit von der Art der jeweiligen Krankheit, dem Nutzen des neuen Präparats sowie anderen verfügbaren Therapien unter Berücksichtigung sozioökonomischer und kultureller Faktoren bewertet werden sollte.

[237] Vgl. Wolff (2010), Stargardt et al. (2005).
[238] Vgl. z.B. Schöffski und Becker (2010), Stargardt (2010).

Eine erste Bewertung neuer Arzneimittel wurde 1950 von der amerikanischen Food and Drug Administration (FDA) zum Zweck der Zulassungsbeschleunigung innovativer Präparate eingeführt. Laut FDA (zit. in Lu und Comanor (1998)) wird dabei eine Einteilung in folgende drei Kategorien vorgenommen:

> „A: Important therapeutic gain. Drug may provide effective therapy (by virtue of greatly increased efficacy or safety) for a disease not adequately treated or diagnosed by any marketed drug, or provide markedly improved treatment of a disease through improved efficacy or safety (including decreased abuse potential).
>
> B: Modest therapeutic gain. Drug has a modest but real advantage over other available marketed drugs; for example, somewhat greater effectiveness, decreased adverse reactions, more convenient route of administration, etc.
>
> C: No therapeutic gain. Essentially duplicates in medical importance and therapy for one or more already existing drugs."

Diese Einteilung wurde ab 1992 durch die Kategorien *Priority* (subsumiert *A* und *B*) sowie *Standard Rating* (*C*) ersetzt.[239] Wardell et al. (1980) sowie Angell (2005) kritisieren die durch die FDA praktizierte Bewertung dahingehend, dass diese lediglich placebokontrollierte Studien voraussetzt, Vergleichsstudien gegenüber bestehenden Präparaten somit nicht notwendig sind. Weiterhin kann eine solche Klassifikation vor bzw. bei Marktzulassung naturgemäß keine Resultate aus Phase IV-Studien berücksichtigen.

Eine Weiterentwicklung des FDA-Schemas erfolgt durch Rosen und Beermann (1999), die neu eingeführte Medikamente in Schweden retrospektiv über einen Zeitraum von zehn Jahren sowohl mit dem klassischen FDA-Rating wie auch mittels detaillierterer Parameter bewerten.[240] Diese differenzieren und unterklassifizieren die Skala nach Medikamenten, welche bei bisher noch nicht adäquat therapierbaren Indikationen mehr oder minder effektiv wirken (*A1, A2*), eine Verbesserung zu bestehenden Präparaten im Hinblick auf Effektivität oder Sicherheit mit sich bringen (*B1, B2*), eine geeignetere Applikationsform oder Dosierung haben (*C1, C2*) oder das Qualitätsniveau einer bestehenden Therapie auf Basis eines neuen (*D*) bzw. bestehenden (*E*) Wirkmechanismus erreichen.[241]

Da in Deutschland Medikamente bei Marktzulassung frei bepreisbar sind und vor Einführung des AMNOG in 2011 automatisch voll erstattungsfähig waren,[242] existierte keine

[239] Vgl. Kaitin und DiMasi (2011).

[240] Auch wenn Erstattungspreise in Schweden durch das nationale Versicherungssystem bzw. seit 1993 durch die Medical Products Agency (MPA, Läkemedelsverket) festgesetzt werden, existiert keine offizielle Bewertungsskala. Das durch Rosen und Beermann (1999) adaptierte FDA-Schema wird erst von Ekelund und Persson (2003) zur Analyse von Preisen im schwedischen Markt verwendet.

[241] Vgl. die Gegenüberstellung in Abbildung 2.16.

[242] Ausnahmen bilden hier beispielsweise auf der Negativliste vermerkte OTC- oder Lifestyle-Präparate.

mandatorische Bewertung der therapeutischen Qualität neuer Präparate. Ein Innovationsbegriff war lediglich für die Bildung von Festbetragsgruppen der Stufen 2 und 3 nach § 35 Abs. 1 SGB V definiert, nach dem „Arzneimittel mit patentgeschützten Wirkstoffen, deren Wirkungsweise neuartig ist oder die eine therapeutische Verbesserung, auch wegen geringerer Nebenwirkungen, bedeuten" von der Einordnung ausgeschlossen sind, wobei ein Molekül als neuartig gilt, „solange derjenige Wirkstoff, der als erster dieser Gruppe in Verkehr gebracht worden ist, unter Patentschutz steht".[243]

Seit 1979 wird durch Fricke und Klaus eine Diskussion neuer Präparate in der Publikationsreihe *Neue Arzneimittel*[244] als industrieunabhängige Quelle für Ärzte vorgenommen. Daneben haben sich weitere Bewertungsverfahren für neue Moleküle in Deutschland etabliert, so z.B. das *arznei-telegramm*, in dem neue Medikamente qualitativ besprochen werden oder das in 2007 initiierte Projekt *EVITA*[245] des HTA-Zentrums Bremen, bei dem eine selektive Bewertung neuer Präparate entlang eines Ampelsystems erfolgt. Im Folgenden soll jedoch nur die Klassifizierung nach Fricke/Klaus weiter betrachtet werden, da diese neben einer langen Publikationshistorie, vollständigen Abdeckung neuer Präparate und großen Öffentlichkeitswirkung bzw. bedeutendem Einfluss[246] im Gegensatz zu den anderen Methoden vor allem eine inkrementelle Bewertung mit Ähnlichkeit zum FDA-Rating aufweist und sich daher für vergleichende Analysen eignet.

Fricke und Klaus (2008: 2-3) nehmen eine Einteilung neuer Arzneimittel in folgende vier Kategorien vor:[247]

> „A: Innovative Struktur oder neuartiges Wirkprinzip mit therapeutischer Relevanz
>
> B: Verbesserung pharmakodynamischer oder pharmakokinetischer Eigenschaften bereits bekannter Wirkprinzipien
>
> C: Analogpräparat mit keinen oder nur marginalen Unterschieden zu bereits eingeführten Präparaten
>
> D: Nicht ausreichend gesichertes Wirkprinzip oder unklarer therapeutischer Stellenwert"

Diese Bewertung wird nach Fricke (2000: 87) für neue Präparate bei bzw. kurz nach Markteintritt unter Berücksichtigung „der bei ihrer Markteinführung jeweils vorherrschenden Marktsituation" vorgenommen. Damit erfolgt eine Einordnung in Bezug zu den jeweiligen am Markt vorhandenen Substituten einer Wirkstoffklasse, wobei mit *A* bewertete

[243] Vgl. hierzu auch Münnich (2000), Schröder und Selke (2000).
[244] Ursprüngliche Veröffentlichung von Klaus (1979) innerhalb der Reihe *Offizinpharmazie*.
[245] EValuation Innovativer Therapeutischer Alternativen.
[246] So z.B. als Grundlage der „me too"-Liste der KV Nordrhein.
[247] Diese Klasseneinteilung hat sich seit 1979 zwar minimal vom Wortlaut, jedoch nicht inhaltlich geändert; vgl. Klaus (1979).

Präparate in der Regel immer eine neue Substanzklasse etablieren, da eine „Einordnung nach dem obigen Schema [in etablierte Stoffgruppen] praktisch ausgeschlossen" ist. Fricke (2000: 87) bemerkt weiterhin, dass es sich um eine Charakterisierung mit Hauptgewicht auf den angestrebten therapeutischen Effekt handelt, die Bewertung letztlich jedoch eine „aufgrund der jeweiligen Sachlage gewonnene [...] persönliche Meinung der Autoren" darstellt, welche zum Zeitpunkt unmittelbar nach der Markteinführung „grundsätzlich nur vorläufig" sein kann. Dennoch erfolgt keine „auf Basis späterer, zusätzlicher Erkenntnisse mögliche Änderung der Bewertung";[248] neue Erkenntnisse aus Phase IV-Studien oder Indikationserweiterungen finden somit keine Berücksichtigung.

Diese Klassifikation ist methodisch wie inhaltlich nicht unumstritten. So kritisieren Kaber und Twarock (2009), dass es sich um eine primär pharmakologische, nicht aber therapeutische Klassifikation handelt; eine Einstufung als *A*-Präparat also vorwiegend aufgrund eines neues pharmakologischen Wirkprinzips erfolgen kann, ohne dass ein klinischer Nutzengewinn bestehen muss. So wurde der Cholesterinsenker Inegy (Simvastatin und Ezetimib) als innovatives Präparat bewertet, ohne dass ein signifikanter Vorteil gegenüber einer Monotherapie mit Simvastatin belegt war.[249] Durch selektive Doppeleinstufungen (z.B. *A/C*, *A/D*, *C/D*) wird seit 1991 versucht, stärker zwischen pharmakologischem Innovationsgrad und klinischem Nutzen zu differenzieren; eine solche zweigeteilte Bewertung wird jedoch nur für eine niedrige einstellige Anzahl neuer Moleküle pro Jahr vergeben. Zudem weist Fricke (2000) darauf hin, dass bessere Nebenwirkungsprofile ein untergeordnetes Kriterium bei der Bewertung darstellen, da diesen eine unterschiedliche, patientenspezifische Bedeutung zukommen kann und hierzu in der Regel ausreichende Ergebnisse aus Phase IV-Studien fehlen. Nicht ganz unproblematisch ist weiterhin die Tatsache, dass eine vergleichende Bewertung neuer Präparate innerhalb einer Substanzgruppe stets chronologisch, unabhängig zum Zeitabstand der Einführung des Innovators einer Substanzklasse vorgenommen wird. So erhält ein therapeutisch gleichwertiges Medikament, das im Zuge eines Entwicklungsrennens nur kurze Zeit nach dem Originator zugelassen wird, ebenso den Status eines Analogpräparats wie ein Substitut, das erst nach einigen Jahren zur zusätzlichen Abschöpfung eines etablierten Marktsegments kommerzialisiert wird.

Der Versuch einer Gegenüberstellung der Ratingskalen der FDA sowie von Fricke/Klaus in jeweiliger Relation zur Modifikation von Rosen/Beermann wird in Abbildung 2.16 unternommen. Nicht eindeutig vornehmbare Zuordnungen sind gepunktet gekennzeichnet. Für das FDA-Rating wird der Fokus auf den tatsächlichen therapeutischen Nutzen eines neuen Präparats deutlich, da beispielsweise nur eine höchst effektive (*A1*), nicht aber mäßig effektive (*A2*) neue Therapie ebenso wie eine deutliche Verbesserung der Effekti-

[248] Vgl. Fricke (2000: 87).
[249] Vgl. Kaber und Twarock (2009).

Abbildung 2.16: Vergleich verschiedener Bewertungsskalen für neue Präparate

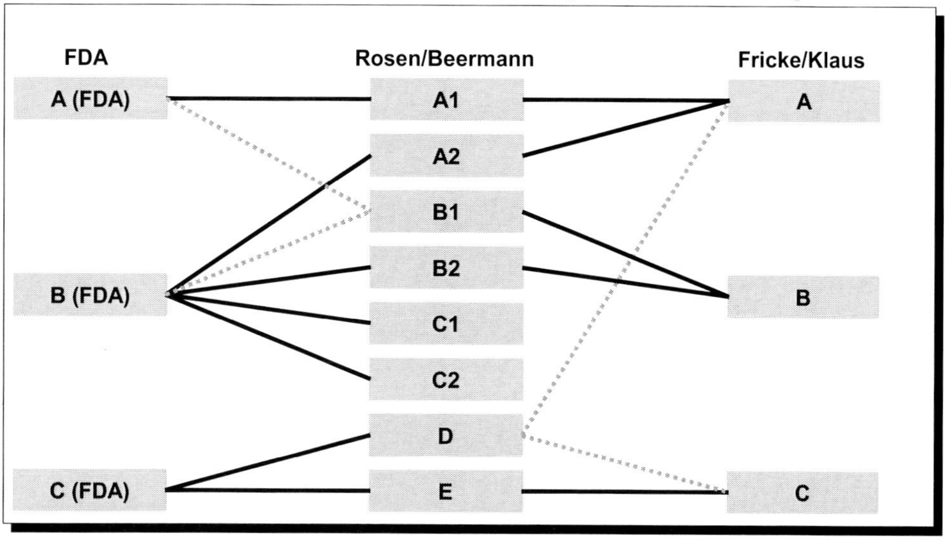

Quelle: Eigene Darstellung unter Einfluss von Beschreibungen durch Rosen und Beermann (1999), Fricke (2000), Kaber und Twarock (2009).

vität existenter Therapien (*B1*) mittels *A (FDA)* bewertet wird. Für Fricke/Klaus liegt der primäre Fokus dagegen auf dem pharmakologischen Innovationsgrad, da neue Wirkmechanismen (*A1, A2*) selbst bei zweifelhaftem therapeutischen Nutzen (*D*) mittels *A* bewertet werden können. Die Klassifizierungen *C1* und *C2* (geeignetere Applikationsform bzw. Dosierung) sind bei Fricke/Klaus nicht eindeutig zuordenbar, hier sind Tendenzen sowohl zu *B* als auch *C* erkennbar.[250]

2.5.3.5 Definition und Abgrenzung von Klasseneffekten

Von einem *Klasseneffekt* ist gemeinhin die Rede[251], wenn Substanzen mit gleichem pharmakologischen Effekt, gleicher Struktur oder gleichem Wirkmechanismus nahezu identische (Neben-)Wirkungsprofile aufweisen. Aus rein pharmakologischer Sicht müssten daher mehrere mit *C* bewertete Analogpräparate einer Substanzgruppe automatisch einen Klasseneffekt hervorrufen. Ausschlaggebend aus Patientensicht ist jedoch eher die thera-

[250] So erhält der zweite ACE-Hemmer Enalapril aufgrund der nur einmal täglich notwendigen Einnahme eine *B*-Bewertung, der Dopaminantagonisten Rotigotin als erste transdermale Parkinsontherapie (Pflaster) wird hingegen als Analogpräparat klassifiziert. Auf die Klassen C1 und C2 entfallen allerdings nur rund 6 % aller Moleküle im Sample von von Rosen und Beermann (1999).

[251] Es existiert zwar keine feste Definition des Klasseneffekts, vgl. hierzu aber Bewertungen in der Reihe von Fricke und Klaus sowie Ausführungen von Blöchl-Daum (2006) sowie Albrecht et al. (2010).

peutische Äquivalenz und damit die Homogenität des Nutzen-/ Risikoprofils verschiedener Präparate einer Substanzklasse.[252]

Eine nochmals zugespitzte Definition des Homogenitätskriteriums wird von Albrecht et al. (2010) vorgenommen, die in die Identifizierung von Substitutionspotentialen neben den Kriterien pharmakologischer und therapeutischer Gleichwertigkeit auch Wahrnehmungs- und Präferenzunterschiede von Ärzten und Patienten mit einfließen lassen. Der Einschluss der letztgenannten Kriterien ist jedoch insofern problematisch, da es sich hierbei um Charakteristika handelt, welche auf subjektiver Ebene deutlich unterschiedlich ausgeprägt sein können. Diese lassen sich aber potentiell durch einen Steuerungsmechanismus, der die Patientencompliance sicherstellt, unter Kontrolle bringen.[253]

Aus diesem Grund soll die Umschreibung des Klasseneffekts mittels der Kriterien pharmakologischer und therapeutischer Äquivalenz beibehalten werden. Selbst diese Definition des Klasseneffekts trifft nach Blöchl-Daum (2006) jedoch nur auf wenige Wirkstoffklassen zu, bei denen (wie im Fall von Protonenpumpenhemmern) ein hoher wissenschaftlicher Evidenzgrad für die uneingeschränkte therapeutische Gleichwertigkeit in zugelassenen Indikationen besteht.

2.5.4 Innovationsprozesse bei Arzneimitteln

2.5.4.1 Abgrenzung von Entwicklungswettläufen und imitativer Entwicklung

Nach Münnich (2000) ist eine Innovationsphase im traditionellen Sinn ein Teil des Produktlebenszyklus, welcher sich zwischen einer Erfindungsphase (Schaffung wissenschaftlicher Grundlagen) und einer Imitationsphase (Kopien durch Wettbewerber nach Patentablauf) einordnen lässt. In der forschenden pharmazeutischen Industrie verläuft dieser Prozess allerdings nicht linear innerhalb eines Unternehmens ab, sondern ist von vielen Interdependenzen und Rückkopplungen geprägt. So wird z.B. durch den Austausch mit universitären Forschern eine (zumindest indirekte) Vernetzung zwischen Herstellern in Gang gesetzt.[254] Es ist wahrscheinlich, dass Forscher in verschiedenen Unternehmen

[252] Vgl. Blöchl-Daum (2006).

[253] Albrecht et al. (2010) erwähnen Präferenzen im Hinblick auf Einnahmekomfort und Darreichungsformen, welche selbst bei therapeutischer Äquivalenz individuell unterschiedlich ausgeprägt und damit compliancerelevant sein können. Nach Ansicht der Autoren ließe sich bei therapeutischer Gleichwertigkeit von Darreichungsformen ein Steuerungsmechanismus in Form einer aut simile-Substitution z.B. im Rahmen eines selektivvertraglichen Versorgungskonzeptes aber dazu instrumentalisieren, das Verschreibungsverhalten des Arztes und die damit verbundene Sicherstellung der Compliance des Patienten zu steuern. Dies setzt allerdings einen Anreiz, z.B. in Form von Zuzahlungen für nicht gelistete Präparate, voraus.

[254] Grundlagenforschung findet zudem oftmals überwiegend an Universitäten bzw. staatlichen Einrichtungen statt, wodurch Innovationen erst zu einem bestimmten Zeitpunkt an Unternehmen auslizenziert werden; vgl. Goozner (2004), Angell (2005).

ähnlich auf neue wissenschaftliche Literatur und technologische Durchbrüche reagieren; ebenso können Erkenntnisse, welche in klinischen Studien im Rahmen des Zulassungsprozesses für ein Präparat gewonnen werden, wiederum Grundlagenforschung bei verwandten Molekülen mit einfließen.[255]

Daher spricht Münnich (2000: 122-123) auch von „gegenseitig vernetzte[r] Parallelforschung", wobei mangels individueller Zurechenbarkeit der Forschungsleistung alle Produkte aus diesem „simultan vernetzten Innovationsprozess" einen Innovationsstatus innehaben.[256] Cockburn (1999) weist zudem darauf hin, dass der Begriff des Entwicklungsrennens missverständlich sein kann, da ein einzelnes Unternehmen unter Umständen nur unter einem extrem hohen Ressourceneinsatz ein Rennen innerhalb einer Therapieklasse alleine bestreiten kann,[257] sondern auf komplementäre Forschung mitlaufender Wettbewerber und daraus resultierende Spillovers angewiesen ist.[258]

Auch angesichts der ungleich langen Entwicklungsphasen für neue Medikamente angefangen von der Patentierung bis zur Zulassung in einem Zeitrahmen von bis zu 15 Jahren[259] sind parallele und imitative Entwicklungsverläufe schwer voneinander abgrenzbar. Münnich (2000) schlägt daher vor, von einem „me too"-Präparat zu sprechen, wenn die Entwicklung des Präparats (gemessen am Zeitpunkt der Patentierung des Moleküls) erst zu dem Zeitpunkt initiiert wird, ab dem der kommerzielle Erfolg des Innovators einer Substanzklasse (gemessen am Zeitpunkt der Markteinführung des Originators) und damit auch potentieller weiterer Substitute absehbar ist. Unter Berücksichtigung des Patentschutzes von 20 Jahren und unter Annahme einer durchschnittlichen Marktexklusivität von 10 Jahren vor Patentablauf[260] würde dies einem mindestens zehnjährigen Zeitfenster entsprechen.[261]

2.5.4.2 Überwiegt parallele oder imitative Entwicklung?

Empirische Untersuchungen sprechen für eine zunehmende Diffusion wissenschaftlicher Informationen und eine daraus resultierende Intensivierung paralleler Entwicklungsverläufe über die letzten Jahrzehnte hinweg. So identifizieren DiMasi und Faden (2011)[262]

[255] Vgl. Münnich (2000), Henderson und Cockburn (1996), Wertheimer und Santella (2005).
[256] Eine Fallstudie über solch einen parallelen Entwicklungsprozess am Beispiel der ACE-Hemmer findet sich bei Häussler et al. (2002).
[257] Cockburn (1999: 87) charakterisiert dies als „exhaustion effect".
[258] Vgl. hierzu die empirischen Nachweise von Cockburn und Henderson (1994) sowie Henderson und Cockburn (1996).
[259] Vgl. DiMasi (2001).
[260] Vgl. Grabowski und Vernon (2000).
[261] Häussler et al. (2002) rechnen hierzu nochmals zwei zusätzliche Jahre zur Marktbeobachtung und zwei Jahre zur Synthese sowie Patentierung mit ein.
[262] Vgl. hierzu auch die Vorgängerstudie von DiMasi und Paquette (2004).

für den amerikanischen Markt im Zeitraum von 1960 bis 2007 einen Rückgang der Marktexklusivität eines Originators einer Substanzklasse von durchschnittlich 9,7 Jahren in den 1970er Jahren auf 1,7 Jahre Ende der 90er Jahre. Während sich zwischen 1995 und 1998 zum Zeitpunkt der Markteinführung eines Originators in 90 % aller Substanzklassen mit Folgepräparaten das erste Nachfolgepräparat bereits in einer Phase III-Studie befand, lag der Anteil in den 70er Jahren nach DiMasi und Paquette (2004) bei ledliglich 18 %. Das Charakteristikum eines Entwicklungswettlaufs wird zudem noch dadurch untermauert, dass für alle von 1990 bis 2003 zugelassenen Originatoren einer Substanzklasse rund 1/3 aller Nachfolgepräparate das Stadium erster klinischer Studien noch vor dem späteren Originator erreicht hatten.[263]

DiMasi und Paquette (2004) entwickeln hierzu verschiedene Hypothesen, die den Anstieg paralleler Forschungsprozesse zusätzlich unterstützt haben könnten. Diese umfassen technische Fortschritte und einen daraus resultierenden Anstieg computergestützten Drug Designs oder auch zusätzlichen Wettbewerbsdruck durch gelockerte Zulassungsbeschränkungen für Generika.

Tabelle 2.1 vergleicht die jeweiligen prozentualen Anteile nach Innovationsgrad bewerteter neuer Moleküle aus verschiedenen Studien mit Fokus auf die USA, Schweden und Deutschland. Der Anteil von als Analoga klassifizierten Nachfolgepräparaten liegt hier länderübergreifend bei rund 50 %. Bei einer explorativen Adaptierung der Definition von Münnich (2000)[264] auf mit C bewertete Präparate aus dem Datensatz der empirischen Untersuchung aus Kapitel 4.1 (n=89) ergäbe sich eine Quote von rund 60 % für imitative und 40 % aus Entwicklungsrennen resultierende Analogpräparate für den Zeitraum von 1993 bis 2008. Würde man dieses Verhältnis auf die Zahlen von Fricke (2000) projizieren, müsste der Anteil tatsächlich imitativer Analogpräparate auf den Gesamtmarkt bezogen bei rund 30 % liegen.[265]

Die Ergebnisse von DiMasi und Faden (2011) dürften nahelegen, dass aufgrund der zunehmenden Diffusion von Informationen und der damit verbundenen Senkung von Markteintrittsschranken der Anteil an Entwicklungsrennen und die daraus resultierende Kommerzialisierung von Analoga bzw. die bewusst imitative Entwicklung in Arzneimittelmärkten im Zeitverlauf relativ zunimmt. Für Deutschland zeigt sich in Abbildung 2.17 hingegen im Zeittrend eine Abnahme an C-Bewertungen von über 60 % Anfang der 80er Jahre bis

[263] Vgl. DiMasi und Faden (2011).

[264] Annahme eine Entwicklungsrennens bei einem Markteintritt innerhalb von maximal zehn Jahren zum Originator einer Substanzklasse. Korrekterweise müsste das Datum der Patentanmeldung eines jeden Nachfolgemoleküls in Relation zum Markteintritt des jeweiligen Originators gesetzt werden.

[265] Diese Zahlen sind jedoch nicht belastbar und dahingehend irreführend, da der nominelle Originator einer jeweiligen Substanzklasse nicht zwingend den Therapiestandard darstellen muss, auf dem deutlich später nachfolgende Präparate aufbauen; deren C-Bewertung kann sich beispielsweise in Relation zu einem zwischenzeitlich mit B bewerteten Molekül ergeben.

Tabelle 2.1: Quotenvergleich der Bewertungen neuer Medikamente in verschiedenen Ländern

Autor	Lu und Comanor (1998)	Angell (2005)	Rosen und Beermann (1999)	Fricke (2000)
Methodik	FDA	FDA	FDA	Fricke/Klaus
Fokus	USA 1978-1987	USA 1998-2002	Schweden 1987-1997	Deutschland 1978-1999
A	26 (10%)	58 (14%)	51 (15%)	137 (24%)
B	86 (35%)	37 (9%)	105 (31%)	155 (27%)
C	138 (55%)	320 (77%)	179 (54%)	285 (49%)

Anmerkungen: Lu und Comanor (1998): Die Anzahl an mit A bewerteten Arzneimitteln ist nicht repräsentativ, da die Autoren zahlreiche Moleküle mit hohem Innovationsgrad bzw. Alleinstellungsmerkmalen (u.a. Impfstoffe, Diagnostika, antineoplastische Präparate) aus ihrer Analyse ausklammern. Angell (2005): Beinhaltet neue Produktvarianten/Dosierstärken bereits zugelassener Moleküle. Fricke (2000): Enthält keine mit D oder Mischklassifikationen (z.B. A/C) bewerteten Präparate.

Quelle: Eigene Darstellung.

teilweise unter 30 % nach 2000.

Gründe hierfür - sollten diese Zahlen repräsentativ sein - können vielfältig sein. So ist es denkbar, dass in Wirkstoffklassen mit starkem Klasseneffekt zu einem bestimmten Zeitpunkt alle Moleküle kommerzialisiert sind. Ebenso sprechen Studien dafür, dass die Entwicklung von Medikamenten in relativ neueren Wirkstoffklassen mit höheren Entwicklungskosten oder komplexeren, heterogeneren Therapieprofilen verbunden ist; dies dürfte speziell bei Biopharmazeutika der Fall sein.[266] Der Anstieg von Entwicklungskosten wird zudem stark durch verschärfte Anforderungen an klinische Studien beeinflusst, was auch dazu beiträgt, dass Pharmaunternehmen Entwicklungsprojekte aus Investitionsgesichtspunkten zunehmend früher abbrechen.[267] Bei einer absehbaren Überflutung eines Teilmarktes durch mehrere Wettbewerber könnte dies einen zusätzlichen Impuls zur Einstellung eines Projektes geben.

2.5.4.3 Bedeutung von Nachfolgepräparaten aus medizinischer Sicht

Auch wenn der Originator einer Substanzklasse als *Breakthrough Drug* bezeichnet wird, verfügen nachfolgende Präparate oftmals über bessere Therapieprofile. So erwähnen DiMasi und Paquette (2004), dass rund 1/3 aller Nachfolgepräparate in den USA zwischen 1960 und 2003 ein Priority-Rating (FDA *A* oder *B*) im Zuge der Marktzulassung aufgrund besserer Studienergebnisse als der Begründer einer Substanzklasse erhalten haben. Eine Prioritätsbewertung wird in rund 20 % aller Fälle sogar noch dem vierten oder einem folgenden zusätzlichen Wettbewerber einer Klasse zuteil und beschränkt sich daher nicht ausschließlich auf das bzw. die ersten Nachfolgepräparat(e).

[266] Vgl. DiMasi et al. (2003), DiMasi und Grabowski (2007).
[267] Vgl. DiMasi (2001), Häussler et al. (2002), Fischer und Breitenbach (2013).

Abbildung 2.17: Bewertungen von Fricke/Klaus und Anzahl neuer Präparate im Zeitverlauf

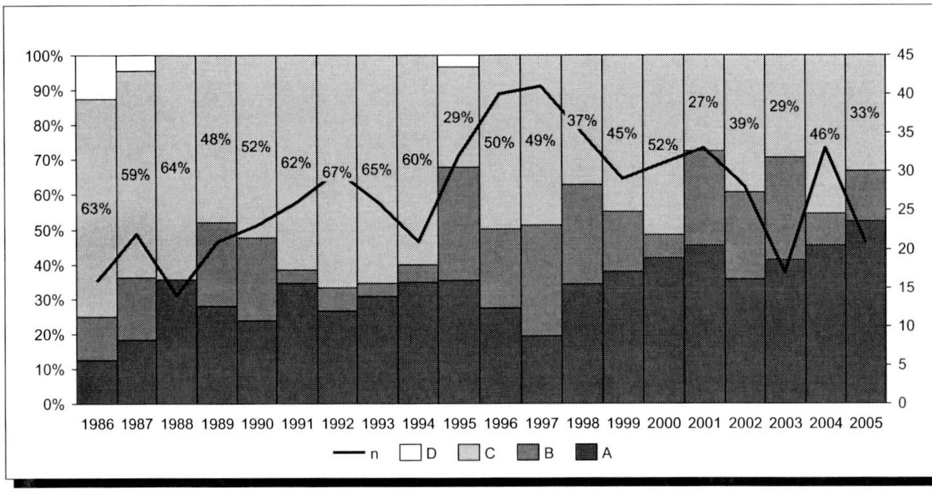

Balken (linke Skala): Prozentsatz nach Kategorien; Verlaufskurve (rechte Skala): Anzahl neuer Medikamente. Quelle: Schröder et al. (2007), AVR (2006); eigene Darstellung.

In diesem Zusammenhang kritisiert Angell (2005) jedoch, dass Nachfolgepräparate im Zuge klinischer Studien oftmals in modifizierten Dosen (und zudem noch gegenüber Placebos anstatt in Head to Head-Trials) getestet werden. Dies soll darauf abzielen, deutlich differenzierte Ergebnisse im Vergleich zum Originator einer Substanzklasse zu erhalten. Ebenso verweist die Autorin darauf, dass eine Bewertung im Rahmen des Zulassungsprozesses insofern problematisch sein kann, da klinische Studien oftmals an idealtypischen Probanden vorgenommen werden, welche vom Profil der späteren Zielgruppe eines Medikaments abweichen. Somit können in Phase IV-Studien nach Marktzulassung andere Nebenwirkungsprofile beispielsweise aufgrund anderer (Multi-)Morbiditäten der tatsächlich behandelten Zielgruppe auftreten.[268] Ein solcher Generalverdacht wird jedoch von Wastila et al. (1989) entkräftet, die nahezu 50 % an Nachfolgepräparaten und nicht jeweilige Originatoren einer Substanzklasse auf der Essential Drug List der WHO identifizieren.

Neben allgemein verbesserten pharmakologischen oder therapeutischen Eigenschaften können aber auch differenzierte Wirkprofile zum medizinischen Fortschritt beitragen. So können Nachfolgepräparate durch alternative Dosierungen oder Applikationsformen eine Ausweichoption für diejenigen Patienten bieten, bei denen ein Originator Toleranzprobleme (z.B. in Hinblick auf Nebenwirkungen oder Compliance) hervorruft.[269] Zudem erwähnen

[268] Vgl. auch Olson (2004).
[269] Vgl. Wertheimer und Santella (2005).

Wertheimer und Santella (2005), dass die Vermarktung nachfolgender Präparate oftmals mit einer Erweiterung an Zulassungsindikationen verbunden ist.[270] Ebenso können diese ein Backup als Therapie im Falle eines Marktrückrufs oder speziell in Klassen mit Wirkresistenzen (z.B. Antibiotika aus der Gruppe der Cephalosporine) darstellen.[271]

Im Fall von therapeutisch gleichwertigen Nachfolgepräparate kritisiert Hollis (2005a) jedoch, dass deren Anwendung basierend auf Ergebnissen aus klinischen Studien ein ungerechtfertigtes Nutzen-/Risikoverhältnis für Patienten verglichen mit etablierten Präparaten darstellt. Während durch Anwendungsbeobachtungen bestehender Präparate bereits umfangreichere Informationen zu Nebenwirkungen und langfristigen Toxizitäten vorliegen, müssen diese für ein neu kommerzialisiertes Substitut erst noch in Erfahrung gebracht werden. Im Gegenzug argumentiert Pekarsky (2010), dass das Evidenzniveau einer Wirkstoffklasse erst mit zusätzlichen Wettbewerbern kumulativ anwächst. Dies umfasst detailliertere Kenntnisse zu (Neben-) Wirkungsprofilen in einzelnen Patientenpopulationen, welche bereits durch eine größere Anzahl klinischer Studien gewonnen werden können und auch durch Ergebnisse aus Head to Head-Trials oder Beobachtungen aus dem Behandlungsalltag zunehmendes Detailwissen zu Vor- und Nachteilen einzelner Präparate liefern.

2.5.4.4 Implikationen auf Patentschutz, Innovationen und Gesellschaft

Patente dienen nach Hollis (2008) dazu, das Risiko des Entwicklungsprozesses neuer Medikamente vom Staat auf ein jeweiliges Unternehmen umzuwälzen, was den Hersteller als Konsequenz zu einer effizienten Allokation von Ressourcen zwingt. Eine Investition in die Entwicklung eines neuen Arzneimittels trifft ein Unternehmen folglich nur, wenn diese mit einem in Summe positiven Return on Investment verbunden ist.

Der Umsatz neuer Molekülen in Indikationen, die mit einem existenten Präparat bereits zufriedenstellend therapiert werden können, setzt sich in der Regel zu einem größeren Teil aus abgerungenen Marktanteilen denn einer Erweiterung des Gesamtmarktes zusammen. Damit wird der Patentschutz des Originators jedoch bereits vor dem eigentlichen Patentablauf und darauffolgenden Generikaeintritt unterminiert.[272] Dies könnte dazu führen, dass sich Unternehmen eher auf imitative Entwicklung erfolgsversprechender Nachfolgepräparate denn auf die möglicherweise riskantere und kostenintensivere exklusive Erschließung

[270] Eine solche Zulassungserweiterung könnte aber auch bewusst aus dem Kalkül einer Differenzierung gegenüber einem Originator gewählt sein; vgl. Kessler et al. (1994), Angell (2005).

[271] Vgl. Calfree (2000), Wertheimer et al. (2001).

[272] In diesem Zusammenhang weisen Lichtenberg und Philipson (2002) empirisch nach, dass der finanzielle Schaden für einen Originator durch Interpatent-Wettbewerb (therapeutische Substitute) so hoch wie durch Intrapatent-Wettbewerb (Generika) sein kann.

neuer Therapiegebiete fokussieren.[273] Ein solcher Alleingang könnte ebenso mit immensen Kosten verbunden sein;[274] angesichts der diskutierten Vernetzung von Grundlagenforschung und Entwicklungsprozessen lässt sich zudem wohl auch die Gefahr einer Imitation oftmals nicht kategorisch ausschließen.

Ein dezidierter (Teil-)Fokus eines Unternehmens auf vernetzte oder aber imitative Entwicklung kann jedoch auch als Element einer Portfoliostrategie Sinn machen. So erwähnen Wertheimer et al. (2011), dass inkrementelle Innovationsprojekte, welche eine höhere Erfolgswahrscheinlichkeit versprechen, dazu genutzt werden können, risikoreichere Forschungsprojekte zu finanzieren. Ebenso weisen Kessler et al. (1994) darauf hin, dass auch die Struktur vieler therapeutischer Märkte mit zahlreichen Wettbewerbern, die geringe Marktanteile halten, den Eintritt weiterer Moleküle ermöglicht.

Die verkürzte Marktexklusivität von Originatoren sowie die zunehmende Anzahl an Wettbewerbern pro Klasse wirft jedoch die Frage auf, inwiefern eine Verlagerung weg von der Entwicklung innovativer Medikamente hin zu Intraklassen-Wettbewerb stattfindet.[275] Zur Lösung dieses Problems ziehen Angell (2004) wie auch DiMasi und Paquette (2004) daher in Erwägung, Nachfolgepräparate nur zuzulassen, wenn diese einen therapeutischen Mehrwert zeigen. Ein solches Szenario könnte aber wiederum zu einer Investitionsspirale im Rahmen des Entwicklungsprozesses mit dem Ziel des Nachweises einer therapeutischen Verbesserung und daraus resultierenden höheren Kosten für Patienten führen.[276]

Autoren wie Outterson (2005) kritisieren zudem, dass das geltende Patentsystem nicht dazu geeignet ist, die Entwicklung innovativer Arzneimittel zu unterstützen. Die Investitionen in den Entwicklungsprozess zwingen ein Unternehmen dazu, diese während der Patentlaufzeit zu refinanzieren; folglich sind Indikationen mit negativem RoI faktisch ausgeschlossen. Problematisch ist hier, dass Möglichkeiten zur Erzielung von Erträgen nicht zwingend mit dem sozialen Wert eines neuen Moleküls korrelieren.[277] Dies kann beispielsweise die Entwicklung von Präparaten in Indikationen mit einer hohen Prävalenz bei geringer Kaufkraft (z.B. Malariamedikamente in Entwicklungsländern) wie auch in Therapiegebieten mit einer hohen Kaufkraft bei geringer Prävalenz (z.B. Orphan Diseases) unterbinden. Zum anderen besteht nach Hollis (2008) bei Gewährung eines Patents auch immer die Gefahr, dass ein Unternehmen aufgrund seiner Monopolstellung abnormale Gewinne zulasten der Gesellschaft realisiert.

Zur Lösung dieses Problems der Refinanzierung von Entwicklungskosten haben sich erste alternative theoretische Ansätze herausgebildet. Hollis (2008) erwähnt zum einen das

[273] Vgl. Hollis (2005a).
[274] Vgl. Cockburn (1999).
[275] Vgl. Pekarsky (2010).
[276] Vgl. auch DiMasi (2005).
[277] Vgl. Hollis (2008).

Modell des Advance Market Commitments (AMC) in Form eines Fonds, der einen von vorneherein definierten Zuschuss zu jedem verkauften Präparat zur Behandlung einer bestimmten therapeutischen Indikation leistet und somit einen Anreiz zu dessen Entwicklung bieten soll. Ein Health Impact Fund (HIF) würde dagegen auf jährlicher Basis Zuschüsse in Abhängigkeit der Auswirkungen eines neuen Präparats auf die Gesamtgesundheit (welche mit dem Maßstab des Quality Adjusted Life Year (QALY) gemessen werden könnte) ausschütten.[278] Pekarsky (2010) kritisiert hierzu jedoch vor allem, dass der F&E-Prozess von Unternehmen nicht durch den Alleingang einzelner Länder beeinflusst werden kann und dass Auswirkungen solcher Anreizstrukturen auf Entwicklungsentscheidungen angesichts komplexer, interdependenter Innovationsprozesse nur schwer abschätzbar sind.

2.5.4.5 Fazit

Die pauschalisierte Darstellung von Analogpräparaten als Scheininnovationen lässt sich nur schwer aufrechterhalten, da es der vernetzte Entwicklungsprozess neuer Arzneimittel oftmals unmöglich macht, echte Innovationen von vermeintlichen Imitationen abzugrenzen. Ebenso ist die Weiterentwicklung medikamentöser Therapien in der Regel von inkrementellen Entwicklungsfortschritten anstatt dem Ansatz einer schöpferischen Zerstörung geprägt.

Allerdings ist das derzeitige Patentsystem nur schwer mit der Realität vernetzter F&E-Prozesse zu vereinbaren und ist auch möglicherweise dazu ungeeignet, Medikamente mit hohem gesellschaftlichem Wert hervorzubringen. Die Notwendigkeit der Refinanzierung von Investitionen eines einzelnen Unternehmens am Markt führt nicht notwendigerweise zu einem gesellschaftlichen Optimum; zu exzessiven Patentrenten beugen hier aber bereits heute Maßnahmen wie therapeutische Referenzpreissysteme vor.[279]

Die Erkenntnisse dieses Abschnitts und speziell das Paradoxon der (un-)beabsichtigten Entwicklung von Nachfolge- bzw. Analogpräparaten lassen sich daher mit einem äußerst treffenden Kommentar von Scherer (1996: 270-271) wie folgt zusammenfassen:

> „Drug discovery and development are more like a marathon than a 400-meter dash. In a marathon, the runner mostly has to pace himself, or he will drop from exhaustion.[...]
>
> Moving from that analogy to a closer approximation, firms in the pharmaceutical industry are racing to horizontally differentiated niches in what economists call product characteristics space.[...] Each niche captured by a firm with its new products is likely to be blanketed by a cluster of patents

278 Vgl. Hollis (2008), Pekarsky (2010).
279 Vgl. Pekarsky (2010).

- sometimes many, sometimes few. This must be true, since pharmaceutical companies receive far more patents than new drug approvals. The number of patents covering any single niche has a substantial random component.[...]

If there is no future in me-too drugs, what companies do is to seek an unpopulated niche. Given the long lead times in drug discovery and testing, however, they may inadvertently end up with a me-too drug."

3 Preisbildung und Wettbewerb: Theorie und bisherige Forschungsansätze

3.1 Einleitung

Ausgehend von einer definitorischen Abgrenzung von Arzneimittelmärkten und einem Überblick über Wettbewerbsmodelle liegt der Schwerpunkt dieses Kapitels auf der Diskussion des Preis- und Mengenwettbewerbs in Arzneimittelmärkten. Alle nachfolgenden Ausführungen beziehen sich, soweit nicht anders gekennzeichnet, immer auf verschreibungspflichtige Arzneimittel im ambulanten Markt. Nicht berücksichtigt werden Krankenhaus- oder Selbstmedikationsmärkte. Für die diskutierten Markterwartungen und -ergebnisse wird stets unterstellt, dass ein Versicherungsschutz von Patienten existiert.[1] Als Konsequenz bedingt dies auch eine Dreiteilung der Nachfrageseite (Arzt, Patient und Leistungserstatter) im Markt.[2]

Wettbewerbseffekte werden zunächst für wenig regulierte Marktszenarien diskutiert. Erst im zweiten Schritt wird - wo nötig - der spezifische Einfluss angebots- und nachfrageseitiger Markteingriffe analysiert. Der Fokus liegt hierbei vor allem auf Steuerungsmechanismen, welche auch oder ausschließlich innerhalb der GKV angewandt werden. Diese Diskussion mit Schwerpunkt auf den deutschen Markt bezieht eingeführte Steuerungsinstrumente beispielsweise im Rahmen des GMG (Festbeträge für patentgeschützte Präparate) wie auch des AVWG (Zuzahlungsbefreiungsgrenzen) mit ein, klammert den möglichen Einfluss selektivvertraglicher Konzepte in Form von Arzneimittel-Rabattverträgen aber explizit aus.

[1] Auch wenn speziell am Beispiel der USA immer von einem freien, wenig regulierten Markt gesprochen wird, weisen Berndt et al. (2011) darauf hin, dass nur rund 20 % der Arzneimittelausgaben (Zuzahlungen/Kostenbeteiligungen eingeschlossen) in den USA von privaten Haushalten beglichen werden.

[2] Vgl. die Ausführungen in Abschnitt 2.3.2.

3.2 Definition und -abgrenzung von Arzneimittelmärkten

3.2.1 Einführung

Eine gängige Definition zur Abgrenzung von Branchen bzw. Märkten[3] stammt von Stigler (1955: 4). Dieser definiert einen Markt als:

> „...the maximum geographical area and the maximum variety of productive activities in which there is strong long-run substitution. If buyers can shift on a large scale from product or area B to A, then the two should be combined. If producers can shift on a large scale from B to A, again they should be combined. Economists usually state this in an alternative form: All products or enterprises with large long-run cross-elasticities of either supply or demand should be combined into a single industry."

Blum et al. (2006) fügen diesen sachlichen Kriterien der angebots- bzw. nachfrageseitigen Marktcharakterisierung noch die Dimensionen des räumlichen und zeitlichen Wettbewerbs hinzu. Demnach wird ein Markt zusätzlich durch einen geographischen, sprachlichen oder rechtlichen bzw. regulatorischen Rahmen eingegrenzt; ebenso kann der Zeitraum, d.h. der Wettbewerb zwischen Produkten vor oder nach einem exogenen Marktschock, zu einer Abgrenzung beitragen. Egan et al. (1982) sehen zusätzlich Barrieren aufgrund asymmetrischer Informationen und daraus resultierenden Informationsdefiziten als Charakteristikum zur Einschränkung von Märkten.

Nachfolgend wird diskutiert, inwiefern Substitutionsmöglichkeiten auf der Angebots- und Nachfrageseite bei Arzneimitteln gegeben sind und welche Konzepte von Arzneimittelmärkten bzw. -teilmärkten sich hiervon ableiten lassen.

3.2.2 Angebotsseitige Differenzierung von Arzneimitteln

Neben der Existenz von Markteintrittshürden auf der Kostenseite, welche die von Stigler (1955: 4) beschriebene Substitution „[at] large scale" erschweren, werden spezifische Teilmärkte und daraus resultierende Wettbewerbsumfelder für Hersteller durch patent- und arzneimittelrechtliche Rahmenbedingungen sowie pharmapolitische Marktregulierungen eingegrenzt.[4]

[3] Die Begriffe *industry* (=Branche) und *market* werden von Stigler (1955) synonym gebraucht; vgl. hierzu auch Grabowski und Vernon (1979) sowie Egan et al. (1982). Nach Blum et al. (2006) bezeichnet der wortwörtlich übernommene Begriff der Industrieökonomik folglich inhaltlich eine Branchenökonomik.

[4] Vgl. May und Bauer (2011).

Produktionskosten machen bei forschenden Arzneimittelherstellen zwar keinen unwesentlichen Anteil am Verkaufspreis eines Medikaments aus;[5] angesichts von Umsatzrenditen in nahezu gleicher Höhe[6] sollten absolute Kostenvorteile und Skaleneffekte in der Produktion dennoch keine bedeutenden Markteintrittshürden nach Bain (1956) darstellen. Zumal sich auch Produktionsprozesse relativ einfach verlagern oder outsourcen lassen,[7] könnte in dieser Hinsicht von einem einzigen angebotsseitigen pharmazeutischen Markt gesprochen werden. Unter Berücksichtigung der gesamten Wertschöpfungskette forschender Arzneimittelhersteller stellen die hohen Investitionen von durchschnittlich 800 Mio. US-$,[8] die bereits vor der Kommerzialisierung eines neuen Moleküls anfallen und entsprechende F&E-Kapazitäten und -Expertise voraussetzen, jedoch eine deutliche Markteintrittshürde dar. Arzneimittelhersteller sind daher gezwungen, zur Refinanzierung einen möglichst großen Kundenkreis bzw. möglichst viele internationale Märkte zu erschließen und damit verbundene Ressourcen für Zulassung, Marketing und Vertrieb vorzuhalten bzw. aufzubauen oder internationale Kooperationen einzugehen.[9] Ebenso stellt die damit verbundene ungleiche Verteilung von Cashflows während des Lebenszyklus eines Präparats besondere Anforderungen an das Management des Produktportfolios eines Unternehmens.

Die Möglichkeit der Refinanzierung einer solchen Investition wird erst dadurch sichergestellt, dass ein Anbieter durch die Patentanmeldung für 20 Jahre ein temporäres, staatlich induziertes[10] Monopol zur Vermarktung einer jeweiligen Substanz erhält. Diese theoretische Monopolstellung kann jedoch durch bestehende Substitute ebenso wie einen weiteren Markteintritt eines eng verwandten Moleküls derselben Substanzgruppe eingeschränkt werden. Dies ist darauf zurückzuführen, dass aufgrund der Rolle zufälliger Entdeckungen im Forschungs- und Entwicklungsprozess oftmals nicht alle klinisch bedeutsamen Varianten eines Moleküls initial erforscht und damit von vornerherein patentiert werden können, sondern möglicherweise erst zu einem späteren Zeitpunkt von einem Wettbewerber entdeckt werden.[11]

Ein weiteres besonderes Differenzierungsmerkmal kann der Markenname eines neuen Präparats darstellen, welcher über die Patentlaufzeit hinaus exklusiv beim Hersteller eines neuen Moleküls verbleibt. Der Markenname senkt ebenso wie bereits die generische Bezeichnung (International Nonproprietary Name - INN) eines Moleküls nach Feldman und Lobo (2013a, b) Suchkosten in Arzneimittelmärkten, da diese die detaillierte chemische

[5] Basu et al. (2008) beziffern die Costs of Goods Sold von Originaleanbietern auf durchschnittlich 26 %.
[6] Vgl. Basu et al. (2008).
[7] Die Unternehmensberatung Cepton (2009) beziffert den Marktanteil von outgesourcter Produktion in 2008 auf 30 % des globalen pharmazeutischen Produktionsvolumens.
[8] Vgl. DiMasi et al. (2003).
[9] Vgl. Grabowki und Vernon (1979), Boom (1993).
[10] Vgl. Craig und Malek (1995), Breyer et al. (2005).
[11] Vgl. Schellhaaß (1985), Scherer (1996) sowie die Ausführungen in Abschnitt 2.5.4.

Molekülbezeichnung vereinfachen.[12] Andererseits kann der Markenname aufgrund der Eigenschaft von Arzneimitteln als Erfahrungs- und Vertrauensgüter und den damit verbundenen Informationsasymmetrien zwischen Herstellern und Ärzten jedoch auch dazu genutzt werden, mittels Werbung eine substanzielle, möglicherweise künstliche Produktdifferenzierung gegenüber Wettbewerbern aufzubauen.[13]

Aus arzneimittelrechtlicher Sicht stellt das zugelassene Anwendungsgebiet eines neuen Moleküls eine bedeutende Abgrenzung des Marktumfelds dar. Die Zulassung und das damit verbundene Qualitätsversprechen von Arzneimitteln gilt jeweils nur für diejenigen klinischen Indikationen mit der Dosierung und der Darreichungsform, für die im Rahmen des Zulassungsprozesses die Wirksamkeit und Unbedenklichkeit nachgewiesen wurde.[14] Dementsprechend können Hersteller nach § 84 AMG auch nur für Gefährdungen bei bestimmungsgemäßem Gebrauch haftbar gemacht werden.[15]

In welchen unterschiedlichen Teilmärkten ein einzelner Wirkstoff aufgrund einer jeweiligen Zulassungsbestimmung konkurrieren kann, lässt sich am Beispiel des Moleküls Sildenafil illustrieren. So wurde einerseits Revatio für die - von Pfizer im Rahmen der Entwicklung ursprünglich anvisierte - Behandlung der pulmonalen arteriellen Hypertonie (DDD: 60 mg) in 2012 zu einem Apothekenverkaufspreis von 0,47 €/mg angeboten.[16] Viagra besitzt dagegen eine Zulassung für die Therapie der erektilen Dysfunktion (DDD: 50 mg); der Preis beträgt hier je nach Packungsgröße und Dosierstärke 0,13-0,44 €/mg.[17]

Katz (2007) weist darauf hin, dass die drei Hürden der Marktzulassung zudem noch ein Qualitätsmerkmal für Anbieter mit sich bringen und so die hohen Kosten z.B. von präklinischen und klinischen Studien im Rahmen des Zulassungsprozesses (zumindest teilweise) kompensieren können. Der Autor führt dies darauf zurück, dass unregulierte Arzneimittelmärkte aufgrund des Informationsgefälles im Markt und der Eigenschaft von Medikamenten als Vertrauens-/Erfahrungsgütern „lemon markets" nach Akerlof (1970)[18] gleichen.

[12] z.B. Sortis bzw. Atorvastatin gegenüber (R,5R)-7-[2-(4-Fluorphenyl)-5-isopropyl-3-phenyl-4-(phenylcarbamoyl)pyrrol-1-yl]-3,5-dihydroxyheptansäure.

[13] Vgl. Schmalensee (1982), Scherer und Ross (1990), Feldman und Lobo (2013b).

[14] Vgl. Fuhrmann et al. (2010).

[15] Vgl. BfArM (2010). In Einzelfällen kann ein Arzt Rahmen seiner Therapiefreiheit hiervon jedoch in den Szenarien des Off Label-Gebrauchs (Einsatz eines zugelassenen Medikaments außerhalb der bestimmungsgemäßen Indikation, Dosierung oder Darreichungsform) oder Compassionate Use (Einsatz eines nicht zugelassenen Präparats in äußerst schweren Indikationen) abweichen; vgl. Fuhrmann et al. (2010).

[16] Revatio hat zudem noch einen Orphan Drug-Status inne. Diese Sonderstellung kann als Anreiz zur Entwicklung von Präparaten zur Therapie seltener Krankheiten erteilt werden und bringt u.a. die Garantie einer zehnjährigen Marktexklusivität mit sich; vgl. z.B. Hagn und Schöffski (2008), Simoens (2011).

[17] Eigene Preisberechnung auf Basis Rote Liste (2012).

[18] Dieses Konzept von Akerlof (1970) besagt, dass Kunden in Märkten mit asymmetrischen Informationen, in denen diese die Qualität eines Gutes nur schlecht beurteilen können, die Gefahr eines Fehlkaufs

Der durchlaufene Prozess der Marktzulassung dient hierbei allerdings als Qualitätssiegel für Kunden.[19]

Zuletzt kann eine Vierte Hürde im Rahmen der Marktzulassung oder ein nachfolgender marktpolitischer Eingriff zu einer angebotsseitigen Produktdifferenzierung und damit verbundenen Marktabgrenzung beitragen.[20] Dies lässt sich am Beispiel des Ausschlusses von Substituten mit einem unverhältnismäßigen Kosten/Nutzen-Verhältnisses aus dem Leistungskatalog eines Gesundheitssystems[21] illustrieren.

3.2.3 Nachfrageseitige Differenzierung von Arzneimitteln

3.2.3.1 Nachfrageseitige Substituierbarkeit

Nach Hornbrook (1976) sollten Medikamente als Substitute betrachtet und folglich in den selben Teilmarkt zusammengefasst werden, wenn diese den gleichen therapeutischen Effekt bei der Mehrzahl der behandelten Patienten hervorrufen und zudem ähnliche Nebenwirkungsprofile aufweisen. Nach den Ausführungen von Lu und Comanor (1998) sowie McAlister et al. (1999) kann diese Definition dahingehend zugespitzt werden, dass direkteste Substitute zusätzlich identische Wirkmechanismen und Applikationsformen sowie ähnliche chemische Strukturen aufweisen sollten.[22]

Auch wenn diese Umschreibungen die naheliegendsten Substitutionsmöglichkeiten zwischen Medikamenten ausdrücken und in solchen engen Beziehungen stehende Präparate die höchsten Kreuzpreiselastizitäten zwischen verschiedenen Molekülen aufweisen sollten, so sind auch Szenarien vorstellbar, in denen ein Arzt auch entferntere Substitute in die Therapiewahl mit einbezieht. So ist es bei einer Behandlung mit Antiallergika denkbar, dass zur Linderung der Symptomaik eine medikamentöse Hyposensibilisierungstherapie als Behandlungsalternative in Erwägung gezogen wird.[23] Ebenso können bei einer medikamentösen Therapie mit Antidiaposita eine chirurgische Gewichtsreduktion oder aber

in die Kaufentscheidung mit einkalkulieren. Folglich wählen diese ein mittelmäßiges Produkt mit einem durchschnittlichen Preis, während Anbieter guter Produkte mangels Nachfrage aus dem Markt gedrängt werden.

[19] Schellhaaß (1985) bezieht diesen Qualitätsgedanken für Arzneimittel auf den Innovationsprozess per se, Oberender (1984) verweist weiterhin auf die Bedeutung der Verschreibungs- und Apothekepflicht als Instrumente der Qualitätssicherung in Arzneimittelmärkten.

[20] Vgl. Boom (1993).

[21] So z.B. der Erstattungsausschluss bei zu hohen Kosten per QALY im britischen oder australischen Gesundheitssystem; vgl. Hajen et al. (2011).

[22] Eine eng verwandte chemische Struktur muss jedoch nicht zwangsläufig zu einer direkten Substituierbarkeit führen; vgl. hierzu die Ausführungen zu den ATC-Schemata der WHO und EphMRA in Abschnitt 2.5.3.1.

[23] Ein solcher Trend wird im Rahmen der dritten empirischen Untersuchung in Abschnitt 4.3.8 beschrieben.

eine Verhaltensänderung z.B. in Form einer Ernährungsumstellung geeignete Substitute darstellen. Von Bedeutung ist hier jedoch die Einschränkung von Stigler (1955), wonach verallgemeinerbare Substitutionsbeziehungen im großen Umfang zu beobachten sein müssten, d.h. dass für die Mehrzahl der Patienten solche Maßnahmen gleichwertige Substitute darstellen sollten.

Aus diesem Grund wird der Substitutsbegriff nachfolgend auf die nächstverwandten Moleküle in- bzw. außerhalb einer Substanzklasse beschränkt, wobei Substitutionsmöglichkeiten und die damit verbundene Breite des Wettbewerbsumfelds stets vom Entwicklungsfortschritt einer therapeutischen (Unter-)Klasse abhängig sind.[24]

Auch Medikamente, die sich in einer Therapieklasse befinden, werden von Patienten nicht als vollkommen identisch betrachtet. Dies ist auf faktische wie auch auf wahrgenommene Differenzierungsmerkmale zurückzuführen und trifft auf therapeutische (gleicher Behandlungseffekt) wie auch auf generische Substitute (gleiches Molekül) zu. Therapeutische Substitute unterscheiden sich in ihren Wirkstoffen und können damit unterschiedliche Primär- und Nebenwirkungsprofile hervorrufen. Trotz der Wirkstoffäquivalenz können jedoch auch bei Generika, bedingt durch verschiedene Zusammensetzungen der Hilfsstoffe oder Produktionsverfahren, unterschiedliche pharmakokinetische bzw. dynamische Profile auftreten.[25] So schreibt die EMA (2000) für die Zulassung von Generika im Hinblick auf die Bioäquivalenz lediglich den Nachweis der Wirkung innerhalb eines Intervalls von 80 bis 125 % des jeweiligen Originalpräparats vor.[26]

Weiterhin kann eine aus Informationsasymmetrien im Markt resultierende Erfahrung und Vertrautheit von Ärzten mit der Anwendung bestimmter Präparate[27] oder eine Präferenz für bestimmte Marken[28] eine vorhandene faktische Differenzierung relativieren oder verstärken. Gleiches gilt für die Schnittstelle zwischen Arzt und Patient, wobei hier zusätzlich compliancerelevante Faktoren zu einer wahrgenommenen Differenzierung von Präparaten beitragen können.[29]

3.2.3.2 Horizontale und vertikale Produktdifferenzierung

Von Nachfragern wahrgenommene Präparateeigenschaften lassen sich durch die Modelle *horizontaler* sowie *vertikaler Produktdifferenzierung* beschreiben, welche unterschiedliche

[24] Vgl. hierzu insbesondere die Ausführungen von Lu und Comanor (1998) zur Evolution von Calciumkanalblockern in Abschnitt 2.5.3.1.

[25] Vgl. Lauterburg (2005).

[26] Auch Originalpräparate selbst sind nicht immer perfekt identisch. So ist bei Originalen nach Limberg (2007) innerhalb der EU eine produktionsbedingte Abweichung von +/-5 % vom deklarierten Wirkstoffgehalt zulässig.

[27] Vgl. Caves et al. (1991), Hellerstein (1998).

[28] Vgl. Scherer und Ross (1990), Coscelli (2000).

[29] Vgl. Schoberberger et al. (2007).

Präferenzkonzepte auf Kundenseite unterstellen. Das Modell der *horizontalen Differenzierung* geht in seinen Grundzügen auf Hotelling (1929) zurück. In seinem Beispiel konkurrieren zwei Anbieter mit einem homogenen Produkt entlang einer Straße. Für Kunden, die ebenfalls entlang dieser Straße wohnen, entstehen beim Kauf neben den Produktkosten noch Transportkosten, welche sich nach der Entfernung zum jeweiligen Anbieter richten. Losgelöst vom Straßenmodell lässt sich diese Entfernung als „Geschmacksstrecke"[30] bzw. Ausprägung einer Eigenschaft interpretieren.[31] Die Präferenzen der Kunden sind demnach heterogen, sodass die Wahl auf das Produkt mit den - aus individueller Kundensicht - besten Eigenschaften fällt.

Auf Arzneimittel übertragen wählt der Arzt zusammen mit dem Patienten somit - bei identischen Preisen - jenes Präparat, welches den Patientenpräferenzen beispielsweise in Hinblick auf das (Neben-)Wirkungsprofil, die Anwendungsfrequenz oder den Applikationsmechanismus am ehesten entspricht. Aufgrund der Unterschiede verschiedener Moleküle untereinander wird das Konzept der horizontalen Differenzierung daher vorrangig zur Modellierung therapeutischen Wettbewerbs herangezogen.

Das Konzept der *vertikalen Differenzierung* setzt dagegen homogene Präferenzwerte von Kunden voraus. Wie von Mussa und Rosen (1978) beschrieben,[32] legen Nachfrager demnach bei der Produktwahl dasselbe Kriterium bzw. Set an Kriterien zugrunde. Auf Kundenebene existieren jedoch unterschiedliche Qualitätsvorlieben.[33] Kunden wählen folglich das Produkt, welches bei gleichen Preisen die aus ihrer Sicht höchste Qualität bietet.[34]

Auf den Arzneimittelmarkt bezogen wird das Konzept insbesondere in Untersuchungen generischen Wettbewerbs angewandt. Original und Generikum sind prinzipiell wirkäquivalent, dennoch schreiben Ärzte möglicherweise aufgrund bisheriger positiver Verordnungserfahrung, wahrgenommener höherer Markenreputation oder Informationsmängeln hinsichtlich der Qualität des Generikums dem Original ein Qualitätspremium zu.[35] Der Verkäufer des Generikums müsste somit einen Preisabschlag akzeptieren, welcher die Qualitätsdifferenz in Form individueller Wechselkosten z.B. hinsichtlich der Unkenntnis über

[30] Vgl. Wied-Nebbeling (2004: 172).

[31] Eine Weiterentwicklung hiervon stellen beispielsweise die „Charakteristika-Modelle" (Boom 1993: 108) nach Lancaster (1966) dar. Hierbei lassen sich eine Vielzahl von Produkteigenschaften durch einzelne Vektoren abbilden.

[32] Weitere frühe Modelle vertikaler Differenzierung werden beispielsweise auch von Gabszewicz und Thisse (1979) oder Shaked und Sutton (1982) vorgestellt.

[33] Einkommensdifferenzen werden nach Wied-Nebelling (2004) im Modell nicht abgebildet, beeinflussen implizit aber die Qualitätserwartung.

[34] Boom (1993) und Ren (2011) werfen an dieser Stelle die Frage auf, ob es sich bei dieser Form der Präferenzausprägung nicht um ein ähnliches Modell wie bei Hotelling handelt. Ren (2011: 43) kommt hierbei zu dem Ergebnis, dass die Konzepte vertikaler und horizontaler Differenzierung sehr wohl „two sides of a coin" darstellen, die hier angebrachte Vereinfachung der Darstellung jedoch zugunsten der Analysierbarkeit oligopolistischen Verhaltens im Arzneimittelmarkt beibehalten werden sollte.

[35] Vgl. Brekke et al. (2011).

die tatsächliche Wirksamkeit des Generikums ausgleicht.[36] Da solche Kosten beispielsweise aufgrund positiver vergangener Erfahrungen mit der Verschreibung von Generika jedoch arztspezifisch variieren können, bezeichnet Merino-Castello (2003: 7) diese Unsicherheit von Ärzten gegenüber der tatsächlichen Produktqualität auf Basis bisheriger Verschreibungserfahrungen auch als „artificial vertical differentiation", welche zu einer Segmentierung der Nachfrageseite führt.

Tabelle 3.1: Überblick über Produktdifferenzierungskonzepte

	Original und Original	*Original und Generikum*
Horizontale Differenzierung	Wettbewerb	Adressierung spezifischer Nachfragerpräferenzen - Soft Innovation
Vertikale Differenzierung	Innovation	Wettbewerb

Quelle: Eigene Darstellung.

Weiterhin können Szenarien vertikaler Differenzierung auch im Wettbewerb zwischen Originaleherstellern und Ausprägungen horizontaler Differenzierung im Wettbewerb von Original und Generikum existieren.

Bei Originaleherstellern tritt vertikale Differenzierung dann auf, wenn eine Innovation ein neues Niveau an Therapiequalität aufweist, welche alle bisherigen - untereinander horizontal differenzierten - Originaleanbieter überragt.[37] Eine solche Innovation müsste folglich von allen Nachfragern unabhängig von persönlichen Präferenzen als qualitativ höherwertig wahrgenommen werden.

Eine horizontale Differenzierung im Wettbewerb zwischen Original und Generikum bzw. Generika untereinander ergibt sich dann, wenn Anbieter durch verschiedene Dosierstärken, Administrationsformen, Freisetzungsmechanismen, Hilfsstoffe, Primär- bzw. Sekundärverpackungen oder Packungsgrößen gezielt individuell variierende Nachfragerpräferenzen adressieren.[38] Im Gegensatz zu echten Innovationen werden solche Unterschiede bei Generika als Soft Innovation, die Stoneman (2010: 22) als „innovation [...] that primarily impacts upon aesthetic or intellectual appeal rather than functional performance" beschreibt, bezeichnet. Diese Definition greift jedoch dahingehend zu kurz, dass eine horizontale Differenzierung sehr wohl aufgrund individuell variierender Bedürfnisse[39] nicht nur aus ästhetischen, sondern auch medizinischen Gründen gerechtfertigt sein kann.

[36] Vgl. Merino-Castello (2003).
[37] Vgl. Bardey et al. (2010).
[38] Vgl. Kanavos et al. (2008).
[39] Ein Beispiel hierfür ist der Einsatz von selbstlösenden Tabletten oder Gels bei einer Tablettenunverträglichkeit z.B. in Form einer Magenschleimhautreizung.

3.2.4 Ableitung der Marktform

3.2.4.1 Marktklassen bzw. -phasen

Als Konsequenz des Wettbewerbs durch Originale wie auch Generika lassen sich Märkte verschreibungspflichtiger Arzneimittel in zwei verschiedene Marktphasen bzw. -klassen aufteilen. So ist ein neues Originalpräparat zunächst dem Wettbewerb durch andere patentgeschützte therapeutische Substitute ausgesetzt; hierbei handelt es sich um einen *Originale-Markt*. Ein Teilmarkt, der bis zum Patentablauf des Originators ein monopolistischer Markt bleibt[40], ist jedoch ebenso denkbar.

Tabelle 3.2: Marktklassen im Wettbewerb

	Originale-Markt („on patent")	*Generikafähiger Markt („off patent")*
Therapeutischer Wettbewerb	vorhanden	möglich
Generischer Wettbewerb	nicht möglich	vorhanden

Quelle: Eigene Darstellung.

Nach Patentablauf eines Moleküls ist eine Wirkstoffklasse auch für generische Substitute zugänglich. Hierfür hat sich der Begriff des *generikafähigen Marktes* eingebürgert, wenngleich sich in diesem auch patentgeschützte therapeutische Substitute befinden können. Die Generikafähigkeit tritt dabei mit dem ersten Patentablauf des Moleküls einer Wirkstoffklasse ein.[41]

Die Wettbewerbslandschaft in Arzneimittelmärkten wird von generikafähigen Märkten dominiert. So beziffern Kanavos et al. (2008) das Verhältnis des wertmäßigen Verschreibungsanteils zwischen generikafähigen und Originalemärkten in Europa und den USA auf rund 2/3 gegenüber 1/3.[42]

[40] So z.B. bei Orphan Drugs zur Behandlung seltener Krankheiten, für deren Entwicklung in der EU eine zehnjährige Marktexklusivität gewährt wird; vgl. Hagn und Schöffski (2008), Simoens (2011).

[41] Aufgrund der mit der Patentanmeldung beginnenden Patentlaufzeit muss dies nicht zwingend das zuerst kommerzialisierte Molekül einer Substanzklasse sein.

[42] Der Anteil generikafähiger Marktsegmente sollte nicht mit dem Marktanteil von Generika verwechselt werden. Dieser beträgt in Deutschland rund 1/3 des Wertanteils und über 2/3 des Volumenanteils im GKV-Gesamtmarkt; vgl. IMS zit. in ProGenerika (2013) bzw. die Ausführungen in Abschnitt 2.2.2. Marktanteile von Altoriginalen in generikafähigen Marktsegmenten sind hierbei jedoch noch nicht berücksichtigt.

3.2.4.2 Marktform

Eine Zuordnung der Marktform für Originale-Märkte lässt sich auf Basis der Kriterien der Anzahl und Größe der Marktteilnehmer, einer vorhandenen Produktdifferenzierung, der Existenz von Marktschranken sowie der Kostenstruktur von Herstellern vornehmen.[43]

Hinsichtlich der Anzahl an Anbietern wurde gezeigt, dass deutliche Zutrittsschranken wie auch die Eingrenzung des Wettbewerbsumfelds auf jeweilige naheliegendste Substitute dafür sorgen, dass nur wenige, meist multinationale Originaleanbieter in einer direkten Konkurrenzsituation innerhalb einer Wirkstoffklasse zueinander stehen. Der Eintritt neuer Wettbewerber wird durch das Kriterium der Marktzulassung und der damit verbundenen Voraussetzung der Erforschung und Entwicklung neuer Moleküle begrenzt. Da zudem die Wettbewerbssituation durch ein zeitlich begrenztes Monopol limitiert wird, sollten Hersteller in der Lage sein, Produkte zu Preisen oberhalb der Grenzkosten der Produktion anbieten zu können.

Die Nachfrageseite ist hingegen von einer Vielzahl unabhängiger Kunden geprägt. Zwar tritt mit einem Leistungserstatter in einem Gesundheitssystem nur ein kostenseitiger Nachfrager auf,[44] von einem Monopson kann aber nicht gesprochen werden, da die tatsächliche Therapiewahl immer individuell durch einen Arzt in Co-Produktion[45] mit einem Patienten erfolgt.

Als resultierende Marktform leiten Boom (1993) sowie Craig und Malek (1995) daher die Struktur eines heterogenen Oligpopols[46] bzw. eines Oligopols mit differenzierten Produkten[47] ab. Die Betonung der Heterogenität bzw. Produktdifferenzierung ist dabei von Bedeutung, da klassische Oligopolmodelle üblicherweise von einem Wettbewerb mit homogenen Gütern ausgehen.[48]

Für den Wettbewerb auf Molekülebene nach Patentablauf durch Generika ist es dagegen denkbar, dass aufgrund eher geringer Markteintrittsschranken in Form von Bioäquivalenznachweisen sowie einer nur marginalen Produktdifferenzierung (nahezu) perfekter Wettbewerb vorherrscht. Nachfolgend diskutierte empirische Studien zeigen, dass sich Anzeichen für ein solches Szenario im Wettbewerb von Generika untereinander in Einzelfällen - vor allem bei langfristiger Betrachtung[49] - nachweisen lassen.[50] Oftmals führt eine Differenzie-

[43] Vgl. u.a. Scherer und Ross (1990), Wied-Nebbeling (2004), Craig und Malek (1995).
[44] Vgl. May und Bauer (2011).
[45] Vgl. z.B. Ulrich und Schneider (2004).
[46] Vgl. Boom (1993).
[47] Vgl. Craig und Malek (1995).
[48] Vgl. die Ausführungen im nachfolgenden Abschnitt.
[49] Der zeitliche Horizont ist insofern von Bedeutung, da Wettbewerb oftmals erst nach dem Eintritt einer großen Anzahl generischer Anbieter sowie zunehmender Informationsdiffusion, d.h. einer Verringerung wahrgenommener Produktdifferenzierung im Markt im Zeitverlauf, einsetzt.
[50] Vgl. z.B. Grabowski und Vernon (1992, 1996), Wiggins und Manness (1994), Frank und Salkever

rung zwischen Original und Generikum bzw. Generika untereinander jedoch - zumindest kurz- bis mittelfristig - zu stabileren Marktergebnissen, welche eher Erwartungen von monopolitischem Wettbewerb bzw. heterogenen Oligopolen entsprechen.[51]

Tabelle 3.3: Ausgewählte Marktstrukturen im Überblick

	Perfekter Wettbewerb	*Monopolistischer Wettbewerb*	*Heterogenes Oligopol*	*Monopol*
Anzahl an Anbietern	viele	viele	wenige	einer
Produktart	homogen	enge Substitute existieren	reale/wahr-genommene Differenzierung	einzigartig
Einfluss auf Preise	keiner	niedrig	mittel	hoch
Profitabilitäts-niveau	auf Ebene der Grenzkosten	leicht über Grenzkosten	deutlich über Grenzkosten	hoch
Eintritts-beschränkungen	keine	keine	einige	kein Eintritt
Wohlfahrts-niveau	optimal	leicht unter dem Optimum	suboptimal	suboptimal
Beispiel	Landwirtschaft	Kiosk	Autos	de Beers-Diamanten

Quelle: Vgl. Craig und Malek (1995: 303).

3.2.5 Oligopolistische Marktmodelle

Zur Beschreibung des Wettbewerbs in Arzneimittelteilmärkten existiert kein umfassendes Marktmodell. Viel eher lässt sich das Marktverhalten in spezifischen Wettbewerbsszenarien durch verschiedene oligopolistische Marktmodelle nachbilden. Deren Ausgestaltung und die daraus resultierenden Marktergebnisse werden nach Wied-Nebbeling (2004: 126) durch die Parameter

- Produkt (homogen, heterogen)
- Aktionsparamenter (Menge/Kapazität, Preis, andere)
- Verhalten (nicht-kooperativ, kooperativ)
- Spiellänge (ein-, mehrperiodig)

beeinflusst.

(1997).

[51] Vgl. z.B. Statman (1981), Aronsson et al. (2001), Hollis (2002), Reiffen und Ward (2005), Saha et al. (2006).

Nachfolgend erfolgt eine kurze Darstellung klassischer Oligpolmodelle sowie ein Überblick über Szenarien in Arzneimittelmärkten, in denen diese üblicherweise angewandt werden.

3.2.5.1 Wettbewerb nach Cournot

Das zeitlich erste oligopolistische Marktmodell geht auf Cournot (1838) zurück. Im Cournot-Modell legen zwei Anbieter in einem zweistufigen Prozess zunächst simultan, voneinander unabhängig und damit auch unkooperativ Angebotsmengen eines homogenen Gutes fest. In einem zweiten Schritt setzen die Anbieter ihre Preise auf Basis der resultierenden Angebotsmenge und der tatsächlichen Nachfrage im Markt fest, sodass alle Güter abverkauft werden.[52] Die Höhe des Cournot-Nash-Gleichgewichts, d.h. der optimalen Strategie, zu der jeder der Anbieter identische Einkünfte erzielt, welche er durch eine alleinige Strategieänderung nicht steigern kann, korreliert hier invers mit der Anzahl der Anbieter im Markt und erreicht bei perfektem Wettbewerb die Höhe der Grenzkosten.[53]

Der Ansatz eines Cournot-Wettbewerbs wird in Arzneimittelmärkten vorrangig dann unterstellt bzw. modelliert, wenn die Produktqualität und nicht der Preis als zentraler Aktionsparameter von Anbietern im Markt hervorgehoben werden soll. Dies ist beispielsweise bei der Untersuchung des therapeutischen Wettbewerbs in der Gruppe der Statine durch Kanavos et al. (2007) der Fall.

3.2.5.2 Wettbewerb nach Stackelberg

Das Modell von Stackelberg (1934) geht ebenso wie das Cournot-Modell von einem Wettbewerb auf Basis von Angebotsmengen aus; hier legen Anbieter ihre Produktionsvolumina jedoch nacheinander fest. Dies setzt voraus, dass der Stackelberg-Folger die Angebotsentscheidung des führenden Unternehmens beobachten kann.[54] Der Stackelberg-Führer hat hierbei eine First Mover Advantage inne, da er autonom die Entscheidung hinsichtlich seiner Produktionsmenge trifft und der Nachfolger sich hiernach richten kann bzw. muss. Daraus resultieren eine höhere kumulative Menge und damit niedrigere Preise am Markt als im Cournot-Modell; Gewinne sind jedoch asymmetrisch zugunsten des Stackelberg-Führers verteilt.[55]

Aufgrund des sequentiellen Charakters lässt sich beispielsweise der Patentablauf eines Originals mit darauffolgendem Generikaeintritt als Stackelberg-Wettbewerb darstellen.[56]

[52] Vgl. Bester (2000), Dixon (2001).
[53] Vgl. Dixon (2001), Wied-Nebbeling (2004).
[54] Vgl. Blum et al. (2006).
[55] Vgl. Wied-Nebbeling (2004).
[56] Vgl. Merino-Castello (2003), Kanavos et al. (2008).

3.2.5.3 Wettbewerb nach Bertrand

Im Gegensatz zum Wettbewerb nach Cournot bilden bei Bertrand (1883) Preise den strategischen Aktionsparameter von Anbietern; abgesetzte Mengen ergeben sich im zweiten Schritt des Spiels auf Basis der festgelegten Preise. Da Kunden das homogene Gut beim jeweils günstigeren Anbieter nachfragen, besteht für Hersteller ein Anreiz, den Preis des Wettbewerbers zu unterbieten. Hieraus resultiert selbst bei lediglich zwei Anbietern in einem Einperioden-Spiel das Bertrand-Paradoxon, wonach sich das Bertrand-Nash-Gleichgewicht auf Ebene der Grenzkosten einstellt, sofern diese bei beiden Anbietern identisch sind..[57]

Aufgrund des Fokus auf den Preis als zentralen Aktionsparameter und der Annahme homogener Produkte wird das Bertrand-Modell vorrangig zur Beschreibung und Modellierung des Wettbewerbs von Generika verwendet, so z.B. bei Hollis (2005b) oder Greß et al. (2008).

3.2.5.4 Modelle mit Produktdifferenzierung

In allen drei dargestellten Modellen führt eine steigende Anzahl an Wettbewerbern oder aber ein Spiel über mehrere Perioden zu einem Preisverfall bis auf Ebene der Grenzkosten. Neben der Annahme eines kompetitiven Verhaltens ohne eine mögliche Absprache durch Wettbewerber untereinander gehen die dargestellten Modelle jedoch davon aus, dass Anbieter mit homogenen Produkten konkurrieren. Eine solche Homogenität dürfte aber, wenn überhaupt, nur auf den Wettbewerb von Generika zutreffen, während andere Präparatebeziehungen im Wettbewerb horizontale bzw. vertikale Differenzierungsmerkmale aufweisen sollten.

Speziell auf Basis der Modelle von Cournot und Bertrand haben sich daher Ansätze herausgebildet, die Ausprägungen von Produktdifferenzierungen mit einbeziehen und so höhere Preise und Gewinne der Marktteilnehmer als in homogenen Marktmodellen ermöglichen.[58]

[57] Vgl. Dixon (2001), Bühler und Jäger (2002).

[58] Vgl. z.B. Singh und Vives (1984), Shy (1995), Vives (1999), Bühler und Jäger (2002), Wied-Nebbeling (2004).

3.3 Wettbewerb in Originale-Märkten

3.3.1 Preisbildung und Preisverlauf

3.3.1.1 Preisbildung

Im Rahmen der diskutierten Differenzierungskonzepte zieht ein neues Produkt dann mehr Käufer an, wenn dieses im Vergleich zu bestehenden Wettbewerbsprodukten superiore Eigenschaften aus Kundensicht zeigt (vertikale Differenzierung) bzw. sich mit individuellen, von einer Mehrzahl von Nachfragern präferierten Produktattributen von bisherigen Wettbewerbern abgrenzt (horizontale Differenzierung).[59]

Lu und Comanor (1998) schlussfolgern daraus, dass ein - vertikal differenziertes - neues Medikament dann eine größere Nachfrage auf sich zieht, wenn dieses therapeutische Vorteile gegenüber Vergleichspräparaten aufweist. Im Gegensatz dazu muss ein Produkt ohne therapeutischen Mehrwert durch geringere Preise Nachfrager für sich gewinnen. Der Einführungspreis eines neuen Präparats sollte daher adäquat zu seinem therapeutischen Nutzen sein.

Der Zusammenhang zwischen therapeutischer Qualität und preislicher Positionierung im Wettbewerb wird erstmals von Reekie (1977) für den britischen sowie nachfolgend von Reekie (1978) und Weston (1979) für den amerikanischen Markt nachgewiesen. In einer umfassenden Untersuchung finden Lu und Comanor (1998) anhand einer Auswahl von 130 neu zugelassenen Präparaten im US-Markt im Zeitraum von 1978 bis 1987 ein Premium für hochinnovative Moleküle[60] von mehr als 200 % oberhalb des mengengewichteten Durchschnittspreises am Markt. Therapeutische Verbesserungen weisen einen Preisaufschlag von durchschnittlich 121 % auf, während imitative Produkte auf dem Preisniveau bisheriger Wettbewerber positioniert sind. Diese positive Korrelation zwischen therapeutischem Nutzen und Preispunkten im Markt wird nachfolgend von Ekelund und Persson (2003) für Schweden bestätigt.

Ein zusätzlicher Einfluss auf die Preissetzung neuer Präparate wird durch die Wettbewerbsintensität in jeweiligen Therapiegruppen ausgeübt. Lu und Comanor (1998) finden einen reduzierenden Effekt auf Eintrittspreise am Markt durch eine zunehmende Anzahl an Wettbewerbern. Solche Effekte werden beispielsweise auch von Danzon und Chao (2000b) für einzelne europäische Märkte sowie von Stargardt (2011) für Deutschland bestätigt. Ergebnisse von Kanavos et al. (2007) für Statine in verschiedenen europäischen Märkten

[59] Vgl. auch Eaton und Lipsey (1989).

[60] Lu und Comanor (1998) verwenden die Bewertung der FDA im Marktzulassungsprozess als Proxy für die therapeutische Qualität; vgl. Abschnitt 2.5.3.1.

sowie Lexchin (2006) für Kanada sprechen dagegen dafür, dass die ersten zwei bis drei Präparate einer Wirkstoffklasse zunächst in einem Qualitätswettbewerb konkurrieren, bevor ein Preiswettbewerb einsetzt.[61]

In einem Bertrand'schen Preiswettbewerb müsste bereits ein Wettbewerber ausreichen, um einen Preisverfall bis auf Ebene der Grenzkosten zu induzieren. Imperfekte Informationen auf Nachfragerseite können jedoch zu einer Marktmacht von Herstellern und daraus resultierenden höheren Preisen führen;[62] dies gilt insbesondere dann, wenn die Beschaffung von Informationen mit Suchkosten verbunden ist.[63] Kanavos (2007: 463) unterstellt zudem, dass die ersten Präparate einer jeweiligen Substanzklasse eine First Mover Advantage dahingehend innehaben, dass diese die „general class" an verschriebenen Medikamenten etablieren. Ärzte müssen demnach erst Erfahrung mit spezifischen Therapieprofilen der Präparate einer neuen Substanzklasse sammeln. Ebenso kann die Gewöhnung von Patienten an eine bestimmte Tablettenform und -farbe zu einem Aufbau von Wechselkosten führen.[64] Als Ergebnis müssen nachfolgende Wettbewerber daher versuchen, durch Preisabschläge solche Wechselkosten zu kompensieren, um Nachfrage auf sich zu ziehen.

Neben dem therapeutischen Wert und dem Wettbewerbsstadium scheint auch die Frequenz der Wiederholungskäufe, d.h. die Anwendung bei akuten bzw. chronischen Indikationen sowie in die in diesem Zusammenhang verfolgte Preisstrategie einen Einfluss auf die Preissetzung auszuüben. Dolan und Jeuland (1981) schlagen für Güter, deren Anwendung einer Erfahrungskurve unterliegt, die Verfolgung einer Penetrationsstrategie vor.[65] Lu und Comanor (1998) schlussfolgern daraus, dass relativ niedrigere Preispunkte bei chronischen Präparaten zu beobachten sein müssten und weisen dieses Phänomen auf empirischer Ebene nach. Dies spricht dafür, dass durch eine dauerhafte Therapie Wechselkosten auf Ebene des Arztes (Kenntnis des Therapieprofils) bzw. Patienten (Gewöhnung an Therapie) aufgebaut werden, was zu einer zunehmenden Preisinsensitivität führt und folglich Preiserhöhungen im Zeitverlauf ermöglicht. Einen weiteren Grund für initiale Preisabschläge bei chronischen Präparaten sehen Lu und Comanor (1998) darin, dass chronische Erkrankungen eher bei älteren Patienten verbreitet sind und diese aufgrund von Zuzahlungen für eine Vielzahl an Medikamenten tendenziell preissensitiver agieren.

[61] Auch bei einer genauen Betrachtung der Regressionsergebnisse von Lu und Comanor (1998) ist erkennbar, dass der der Marktpreis erst vom durchschnittlich dritten Molekül in einer Substanzklasse mit einer chronischen Indikation unterschritten wird. Eine mögliche Bedeutung dieses Phänomens wird von den Autoren jedoch nicht erwähnt bzw. diskutiert.

[62] Vgl. Stigler (1961).

[63] Vgl. Diamond (1971).

[64] Vgl. auch Hellerstein (1998).

[65] Vgl. auch Shapiro (1983) oder Schellhaaß (1985: 398), die bei von Kunden nur schwer einschätzbaren Produkteingeschaften einen Reputationsaufbau durch „informative pricing" vorschlagen.

3.3.1.2 Preisverlauf

Nach Dean (1969) sollten Produkte mit einem deutlichen therapeutischen Mehrwert mit einer Abschöpfungsstrategie an den Markt gebracht werden, während Anbieter imitativer Produkte durch eine Penetrationsstrategie versuchen sollten, möglichst viele Kunden zu akquirieren und diese langfristig an sich zu binden. Reekie (1978) beschreibt diese beiden Strategien als adaptiv hinsichtlich bestehender und antizipativ im Hinblick auf zukünftige Wettbewerbssituationen: So kann ein innovatives Produkt zum Zeitpunkt inelastischer Nachfrage seinen Gewinn maximieren und gegen Ende seines Lebenszyklus durch niedrige Preise noch mit nachfolgenden Innovationen konkurrieren. Eine Penetrationsstrategie von Produkten mit geringem Mehrwert kann aufgrund niedriger initialer Preispunkte im Rahmen der Limit Pricing Theory[66] zudem abschreckend auf beabsichtige Markteintritte weiterer Wettbewerber wirken.

Reekie (1977, 1978) weist sowohl für den britischen wie auch den amerikanischen Markt die Existenz von Skimming-Strategien speziell bei Produkten mit großem therapeutischen Mehrwert nach. Lu und Comanor (1998) finden für den amerikanischen Markt bereits vier Jahre nach Markteintritt einen Verfall der Realpreise von 13 % für hochinnovative Präparate. Dem gegenüber stehen Preisanstiege für therapeutisch verbesserte (+9 %) sowie imitative Präparate (+22 %). Ebenso identifizieren die Autoren einen Preisanstieg für Präparate in chronischen und einen Preisverfall für Präparate in akuten Indikationen.[67]

Durch nachfolgenden Wettbewerb wird zudem kein Preisverfall bis auf Ebene der Grenzkosten im Zeitverlauf ausgelöst, Auswirkungen auf den Preisverlauf neuer Präparate sind eher moderat. Aus den Regressionsergebnissen von Lu und Comanor (1998) ist erkennbar, dass ein nachfolgender Wettbewerber auf Therapiegebietsebene zu einem Preisverfall eines Moleküls von 7 % (vier Jahre nach Markteintritt) bis 18 % (acht Jahre nach Markteintritt) führt. Ein leichter Preisverfall aufgrund einer steigenden Wettbewerberanzahl wird für Märkte ohne direkte Regulierung der Marktpreise ebenso von Danzon und Chao (2000b) bestätigt. Neuere Studien weisen dagegen verstärkt auf einen vorherrschenden Qualitäts- statt Preiswettbewerb innerhalb therapeutischer Klassen und damit relativ stabil bleibenden Preisen während der jeweiligen Patentlaufzeit hin. Dieses Phänomen wird beispielsweise durch Ergebnisse von Kanavos et al. (2007) mit Fokus auf Statine in vier europäischen Ländern oder Hostenkamp (2013) mit Blick auf den dänischen Krankenhausmarkt untermauert.

[66] Vgl. Bain (1949), Bergman und Rudholm (2003).

[67] Für therapeutisch hoch innovative Präparate tritt dieser Effekt bei Lu und Comanor (1998) genau entgegengesetzt auf; dieses Untersample besteht jedoch lediglich aus drei akuten und zehn chronischen Präparaten.

3.3.2 Mengen- und Marktanteilseffekte

Die Existenz von Kreuzpreiselastizitäten zwischen gleichwertigen Substituten einer Klasse wird von Ellison et al. (1997) nachgewiesen; nachfolgenden Präparaten sollte es daher gelingen, mittels Preisabschlägen substanzielle Marktanteile auf sich zu ziehen. Ähnlich wie bei Preiseffekten kommt jedoch möglicherweise auch hier eine First Mover Advantage zum Tragen, welche sich mit der von Hellerstein (1998) diskutierten Erfahrungskurve in der Verschreibung von Arzneimitteln erklären lässt. So beschreiben Bond und Lean (1977), dass Nachfolgepräparate in den USA trotz eines relativ höheren Marketingaufwands oftmals den Originator einer Substanzklasse nicht als umsatzstärkstes Medikament ablösen können.

Kanavos et al. (2007) kommen in ihrer multinationalen Analyse des Wettbewerbs zwischen Statinen hingegen zu dem Ergebnis, dass Nachfolgepräparaten im Zeitverlauf mittels niedrigerer Preise trotz vermeintlicher Marktsättigung in Form eines General Class-Effekts dennoch in der Lage sind, paritätische Marktanteile zu erringen. Ein deutlicher, jedoch schwer kontrollierbarer Einflussfaktor auf Marktanteile geht aber möglicherweise von Marketingaktivitäten der Hersteller aus. So zeigen Jena et al. (2009) wie auch Vandoros (2013), dass es Substituten nach Patentablauf und dem darauf folgenden Preisverfall eines Originators noch gelingen kann, Marktanteile trotz eines steigenden Preispremiums gegenüber dem nun generikafähigen Molekül auszubauen. Als Grund hierfür vermuten die Autoren, dass der Originator seine Marketingbemühungen nach Patentablauf einschränkt, während therapeutische Substitute diese beibehalten oder noch verstärken.

Die Bedeutung einer First Mover Advantage wird jedoch speziell dann relativiert, wenn nachfolgende Präparate deutliche therapeutische Verbesserungen mit sich bringen. So identifizieren sowohl Shankar et al. (1998) für den amerikanischen wie auch Ekelund (2001) für den schwedischen Markt eine Late Mover Advantage dahingehend, dass nachfolgende innovativere Präparate zum einen vom bereits erfolgten Marktaufbau durch die Originatoren und der daraus resultierenden Bekanntheit einer Substanzklasse unter Ärzten profitieren und zum anderen - trotz eines Preispremiums - größere Marktanteile aufgrund eines therapeutischen Mehrwerts auf sich ziehen.

Eine Beantwortung der Frage, ob und inwiefern zunehmender Wettbewerb durch Originale auf Therapiegebietsebene zu einem größeren Marktvolumen führt, ist hingegen schwierig. Einerseits dürften nur vertikal differenzierte Innovationen zu einer Ausweitung der adressierbaren Patientenpopulation führen. Andererseits könnten aber auch ein höherer Marketingdruck der Hersteller, eine größere Informationsverfügbarkeit im Markt, therapierelevante Ausprägungen horizontaler Produktdifferenzierung oder aber auch niedrigere Preise als Resultat des Wettbewerbs zwischen Originalen zu einem Wechsel von anderen indirekten Substituten oder gar der Erschließung neuer Patientengruppen führen. So beschreiben beispielsweise Häussler et al. (2002) für Originale im deutschen Markt einen Volumenanstieg auf Therapiegebietsebene durch den Einstieg neuer Wettbewerber.

Dass ein initial nachfrageseitiger Bedarf oftmals nicht von angebotsseitigen Bestrebungen der Markterschaffung abgegrenzt werden kann, lässt sich an den Beispielen der umstrittenen Indikationen der Prähypertonie oder der als „German Disease" bekannten Hypotonie[68] illustrieren; Ähnliches gilt für den (ursprünglich nicht geplanten) Einsatz von PDE5-Hemmern bei erektiler Dysfunktion oder die Verschreibung von Psychostimulantien bei ADHS.

3.3.3 Fazit

Tabelle 3.4 fasst Marktergebnisse im freien Wettbewerb von Originalpräparaten zusammen. Der Preis eines Präparats korreliert mit seiner therapeutischen Wertigkeit, zusätzlich führt der Einsatz bei chronischen bzw. akuten Indikationen zu einem relativen Preisab- bzw. -aufschlag. Eine steigende Anzahl an Wettbewerbern ist mit zunehmenden Preisabschlägen bei Markteintritt verbunden. Ein solcher Preiswettbewerb setzt möglicherweise jedoch erst dann ein, nachdem Originatoren eine Klasse etabliert haben und deren Therapieprofile im Bewusstsein von Ärzten und Patienten verankert sind.

Tabelle 3.4: Marktergebnisse in Originalemärkten

Variable	*Effekt*	*Anmerkung*
Preis des Originators	stabil/nimmt leicht ab	Leichter Preisverfall, vorherrschender Qualitätswettbewerb. Preisanstiege (Penetration) vor allem bei imitativen Präparaten und in chronischen Indikationen.
Preis nachfolgender Originale	stabil/nimmt leicht ab	Deutliche Preisabschläge für Late Movers, leichter Preisverfall/Qualitätswettbewerb.
Menge/Marktanteil des Originators	nimmt ab	Mögliche First Mover Advantage für erste Präparate einer Substanzklasse.
Menge/Marktanteil nachfolgender Originale	nimmt zu	Erlangung paritätischer Marktanteile möglich.
Einsparungen für das Gesundheitssystem	nehmen ab	Marktwachstum überlagert in der Regel Einsparungen durch Wettbewerb.

Quelle: Struktur in Anlehnung an Kanavos et al. (2008: 507).

[68] Vgl. Glaeske (2009: 114)

Während im Preisverlauf neuer Präparate ebenfalls ein leichter Preisverfall bei steigender Wettbewerberanzahl zu beobachten sein sollte, könnte hier ein Qualitätswettbewerb und damit verbundene konstant bleibende Preispunkte dominieren. Penetrationsstrategien sollten dennoch bei imitativen Präparaten bzw. in chronischen Indikationen und Skimmingstrategien bei innovativen Präparaten bzw. in akuten Anwendungsgebieten auftreten.

Eine First Mover Advantage bei Marktanteilen von Originatoren lässt sich möglicherweise nur schwer aufrechterhalten. Hier könnten eine aggressive Preisstrategie sowie ein hoher Marketingaufwand zu (nahezu) gleichwertigen Marktanteilen führen.

3.4 Wettbewerb in generikafähigen Märkten

3.4.1 Preisbildung und Preisverlauf

3.4.1.1 Preisbildung und Preisverlauf von Generika

Unabhängig von der Strategie des Originators müsste eine zunehmende Anzahl generischer Wettbewerber sowohl im Wettbewerb nach Cournot, Bertrand sowie Stackelberg[69] im preiselastischen Marktsegment einen sukzessiven Preisverfall auslösen. Ein solcher senkender Effekt auf die Durchschnittspreise von Generika durch eine zunehmende Anzahl an Wettbewerbern, im Extrem bis zur Ebene der Grenzkosten der Hersteller, wird für den amerikanischen Markt durch Grabowski und Vernon (1992, 1996), Wiggins und Manness (1994) sowie Frank und Salkever (1997) aufgezeigt und auch von Stargardt (2011) für Deutschland bestätigt.

Reiffen und Ward (2005) sowie Hollis (2002) präzisieren diese ersten Ergebnisse dahingehend, indem sie eine non-lineare Preisreduktion im Wettbewerb nachweisen; durchschnittliche Marktpreise fallen demnach erst nach dem Eintritt einer bestimmten Anzahl von Anbietern und einer damit verbundenen Sättigung des Marktes deutlich.[70] Diese Ergebnisse lassen sich als Anzeichen für eine First Mover Advantage im Generikasegment interpretieren. Hollis (2002) begründet einen solchen Vorteil dahingehend, dass Apotheker zur Minimierung der Lager- und Bestellkosten sowie des Erklärungsaufwands Patienten gegenüber nur ein oder wenige Generika eines Moleküls bevorraten. Weiterhin werden mit der erstmaligen Einstellung eines Patienten auf ein Generikum Wechselkosten aufgebaut,

[69] Kanavos et al. (2008) verweisen darauf, dass der sukzessive Eintritt von Generikaherstellern aufgrund der sequentiellen Abfolge am ehesten dem Wettbewerb nach Stackelberg entspricht.

[70] Reiffen und Ward (2005) finden einen Preisverfall bis auf Ebene der Grenzkosten erst ab einer Zahl von acht generischen Wettbewerbern; Kanavos et al. (2008: 525) bezeichnen diese Marktphase als „congestion".

da sich Patienten an eine neue Tablettenform bzw. -farbe gewöhnen müssen und auch Ärzte die Therapietreue und den Therapieerfolg (z.B. aufgrund eines zum Original abweichenden Wirkprofils) überwachen müssen. Folglich können diese Erfahrungskosten die oftmals geringen Preisdifferenzen für Generika überwiegen. Für Originaleanbieter kann es nach Hollis (2002) damit Sinn machen, zum Zeitpunkt des Patentablaufs mittels der Vermarktung eines Pseudo Generics (s.u.) Umsätze des Originals absichtlich zu kannibalisieren, um nachhaltige Wettbewerbsvorteile im generischen Segment zu sichern.[71]

Zudem besteht ein Zusammenhang zwischen adressierbarem Marktpotential und Wettbewerbsintensität. So finden Saha et al. (2006) für generikafähige Blockbuster-Märkte[72] sowohl mehr Generika als auch einen stärkeren generischen Preisverfall als in umsatzschwächeren Marktsegmenten und bestätigen damit einen bereits von Hudson (2000) sowie Reiffen und Ward (2005) beschriebenen positiven Zusammenhang zwischen Marktgröße und Wettbewerberanzahl. Scott Morton (2000) findet weitergehend jeweils mehr generische Wettbewerber für Moleküle bei chronischen Indikationen sowie bei Präparaten in Tablettenform, was die Autorin mit höheren Preissensitivitäten bei Wiederholungskäufen sowie einfacheren Herstellungs- und Zulassungsbedingungen für feste Darreichungsformen begründet.

3.4.1.2 Preisreaktion der Originalpräparate

Fasst man Originale und Generika als homogene Substitute auf, so müsste bereits ein generischer Wettbewerber in einem Marktsegment mit einem Original ausreichen, um einen Preiskampf bis auf Ebene der Grenzkosten der Hersteller auszulösen. Empirische Ergebnisse zu Preisverläufen widersprechen jedoch diesen Erwartungen und bestätigen somit eine aus theoretischer Perspektive angenommene vertikale Differenzierung[73] zwischen Original und Generika. Die Einbeziehung eines aus Konsumentensicht wahrgenommenen Qualitätsunterschieds zwischen Original und Generikum führt folglich zu einem Preispremium für den Originator, welches dem Grad der Qualitätsdifferenz entspricht.

Kurioserweise folgt auf den Markteintritt von Generika oftmals noch ein Preisanstieg des Originals, welcher von Grabowski und Vernon (1992) erstmals in den USA für den Zeitraum nach 1984 identifiziert[74] und nachfolgend von verschiedenen Autoren mit Fokus auf

---

[71] Im amerikanischen Markt hat eine solche Strategie eine nochmals größere Bedeutung, da dem ersten Generikum nach Patentablauf eine sechsmonatige Marktexklusivität eingeräumt wird; vgl. Kanavos et al. (2008).

[72] Der Begriff *Blockbuster* ist nicht eindeutig definiert. Saha et al (2006) legen hierfür mindestens 500 Mio. US-$ Umsatz des Originals pro Jahr in den USA vor Patentablauf zugrunde. Eine weitere gängige Definition ist ein globaler jährlicher Umsatz von 1 Mrd. US-$.

[73] Vgl. z.B. Gabszewicz und Thisse (1986), Cabrales (2003), Reisinger (2004).

[74] Mit dem Inkrafttreten des Waxman-Hatch-Akts in 1984 wurde ein vereinfachter Zulassungsprozess

den US-Markt bestätigt wurde.[75] Caves et al. (1991: 46) beschreiben dieses Phänomen als „Goodwill Stock" des Innovators; Scherer (1993: 100) führt hierfür die noch heute gängige Bezeichnung des „Generic Competition Paradox" ein. Andere Studien hingegen widerlegen dieses Paradoxon für den US-Markt bzw. schränken dessen durchgängiges Auftreten ein. Wiggins und Manness (1994) identifizieren für Antiinfektiva einen senkenden Effekte auf den Preis des Originals durch eine zunehmende Anzahl generischer Wettbewerber. Caves et al. (1991) stellen fest, dass eine steigende Generikaanzahl den Preisanstieg von Originalen lediglich verlangsamt, während Saha et al. (2006) herausfinden, dass ein Preisrückgang des Originals erst ab einer Vielzahl von Wettbewerbern auf Molekülebene einsetzt.[76]

Zur Erklärung des Generic Competition Paradox haben sich verschiedene Ansätze herausgebildet, welche unterschiedliche Ausprägungen einer Marktsegmentierung bzw. Informationsmängel im Markt unterstellen. Frank und Salkever (1992) argumentieren, dass ein Preisanstieg von Originalen auf die Segmentierung der Nachfrageseite in ein preissensitives und -insensitives Segment zurückzuführen ist. Demnach gibt es Ärzte und Patienten, die das Qualitätspremium eines Originals so hoch einschätzen bzw. so markenloyal sind, dass diese überhaupt keine Wechselbereitschaft zu einem günstigeren Substitut zeigen. Nach Hellerstein (1998) dürfte diese Form der Preisinsensitivität jedoch nur auf Patientenebene zu beobachten sein, da nach ihren Erhebungen fast alle Ärzte sowohl Originale als auch Generika verschreiben und deshalb über die Qualitätsdifferenz des Generikums informiert sein müssten. Ebenso weisen Bond und Lean (1977) darauf hin, dass Ärzte in einem Markt ohne Restriktionen z.B. in Form von Verschreibungsbudgets keine direkten Anreize haben, preissensitiv zu agieren.

Kong (2009) manifestiert die Marktsegmentierung dagegen am Kriterium des Versicherungsschutzes. Demnach wird das kostengünstigere Generikum eher von denjenigen Patienten gewählt, die über einen geringen Versicherungsumfang verfügen und damit grundsätzlich höheren Zuzahlungen ausgesetzt sind. Bei Vollversicherten, die nur fixe oder geringe prozentuale Zuzahlungen zu Verschreibungen leisten müssen, ist der Selektionsanreiz zugunsten des Generikums dagegen deutlich schwächer ausgeprägt.

Granlund und Rudholm (2011) sehen die beschriebene Preisinsensitivität und damit verbundene Möglichkeit zu Preiserhöhungen als Resultat eines Informationsmangels. Patienten können folglich erst dann eine unvoreingenommene Entscheidung zwischen Original und Generikum treffen, wenn diese von Ärzten hinsichtlich der Existenz von Generika,

für Generika (ANDA - Abbreviated New Drug Application) geschaffen, der statt einer Replikation klinischer Studien lediglich einen Bioäquivalenznachweis erforderte. Dies senkte die Markteintrittsschranken für Generika und führte zu einer deutlich steigenden Anzahl an Markteintritten.

[75] Vgl. z.B. Frank und Salkever (1997), Regan (2008).

[76] Saha et al. (2006) beschreiben einen Preisverfall ab durchschnittlich 16 generischen Wettbewerbern, wobei der Wettbewerb und damit auch der Preisverfall unter Blockbustern deutlich stärker ausgeprägt ist.

jeweiligen Preispunkten im Markt und damit verbundenen Zuzahlungen aufgeklärt werden.

Ebenso ist es denkbar, dass auch Ärzte neben der Kenntnis neuer Generika erst Verschreibungserfahrung mit solchen Substituten gewinnen müssen. Ching (2010a, b) führt in die Diskussion generischen Eintritts die Idee kollektiven Lernverhaltens auf Nachfragerseite ein. Demnach stellen Verschreibungserfahrungen bzw. der Austausch von Ärzten untereinander „aggregate learning"[77] dar, was im Zeitverlauf die Ausprägung der vertikalen Differenzierung zwischen Original und Generikum verringern kann. Ein sukzessiver, aber lediglich verhaltener Preisanstieg eines Originals nach Patentablauf kann demnach aus Herstellersicht eine wirkungsvolle Strategie darstellen, einen Produktwechsel und damit Lernerfahrungen preissensitiver Nachfrager mit generischen Substituten hinauszuzögern. Dies könnte auch eine Erklärung für die Ergebnisse von Saha et al. (2006) in Form einer Preisreduktion bei Antiinfektiva liefern, da Wechselkosten in Form des Unsicherheitsfaktors bei der Anwendung eines neues Moleküls bei Akutpräparaten aufgrund einer geringeren Anwendungserfahrung von Ärzten bzw. des sporadischen Einsatzes bei Patienten möglicherweise niedriger als bei chronischen Präparaten ausfallen.[78]

3.4.1.3 Produktvarianten im generischen Wettbewerb

Der soeben diskutierte Prozess der Marktsegmentierung erfolgt nicht alleinig durch Patentablauf und Generikaeintritt; viel mehr tragen Originale- und Generikaanbieter durch die Platzierung verschiedener Produktvariationen aktiv zu einer weitergehenden Aufteilung des Marktes bei.

Hollis (2003) sowie Kong (2009) beschreiben die Rolle von „Pseudo Generics"[79] im Markt-

[77] Vgl. Ching (2010a: 620).

[78] Vgl. Schmalensee (1982), Hellerstein (1998). Bei dauerhaft angewandten, chronischen Präparaten bringt die Umstellung auf ein Generikum zudem möglicherweise Probleme z.B. im Hinblick auf Wirkprofil (Bioverfügbarkeit) und Sicherstellung der Compliance (Wechsel der Tablettenform/-farbe) mit sich. Vordergründig widerspricht diese Argumentation den Ausführungen von Scott Morton (2000). Die Autorin argumentiert, dass Preissensitivitäten zwischen Generika aufgrund der besseren Preiskenntnis bei Wiederholungskäufen, d.h. für Präparate in chronischen Indikationen, stärker ausgeprägt sein müssten; relativiert diese Aussage jedoch dahingehend, dass sie den nicht quantifizierbaren Einfluss von Wechselkosten (z.B. in Form einer Einstellung auf ein bestimmtes Präparat) aufzeigt.

[79] Autoren wie Kong (2009) oder Mestre-Ferrandiz (1999) verwenden hierzu synonym den Begriff *Branded Generics*, der in der Literatur nicht eindeutig belegt ist. So bezeichnet Kong (2009) preiswerte Produktvarianten von Originalanbietern in Konkurrenz zu generischen Wettbewerbern neben *Pseudo Generics* auch als *Branded Generics*, während beispielsweise Kanavos et al. (2008) sowie Herr und Suppliet (2012) Generikahersteller mit einem wahrnehmbaren Marketing (z.B. Ratiopharm, Hexal) als *Branded* charakterisieren. Um Missverständnissen vorzubeugen, wird nachfolgend die Definition von Kanavos et al. (2008) bzw. Herr und Suppliet (2012) für Branded Generics verwendet. Neben der definitorischen Trennung können jedoch weiterhin inhaltliche Überschneidungen existieren, da Branded Generics (z.B. Hexal) innerhalb eines Konzernverbunds (Novartis) auch im Sinne einer Pseudo Generics-Strategie eingesetzt werden können.

segmentierungsprozess. Vermarktet ein Originalehersteller nach Patentablauf ein eigenes Generikum,[80] so kann dieser damit selbst unter Beibehaltung einer Hochpreisstrategie des Originals durch zusätzliche Wettbewerbsaktivitäten im Generikasegment Umsätze und Volumina aufrechterhalten. Mestre-Ferrandiz (1999) bestätigt diese Aussage in einer modellhaften Untersuchung dahingehend, dass eine Pseudo Generics-Strategie aus Sicht eines Originaleanbieters das Optimum darstellt, da dieser so sowohl im preissensitiven wie auch -insensitiven Marktsegment strategisch interagieren kann.[81] Nach Kong (2009) führt eine Pseudo Generics-Strategie damit fast zwangsläufig zum Generic Competition Paradox. Zudem kann ein Pseudo Generic bei zügigem Markteintritt nach Patentablauf speziell in kleineren Märkten den Eintritt weiterer Wettbewerber im Generikasegment unattraktiver machen oder sogar ganz unterbinden.[82] Der Eintritt von Generika führt somit nur dann zu einem wirklichen Wettbewerb, wenn dieser durch einen unabhängigen Zweitanbieter erfolgt.

Eine Strategie zur Abwehr von Generika bzw. Sicherung von Marktanteilen nach Patentablauf (Generic Defense) stellt zudem das „Evergreening"[83] mittels einer „Line Extension"[84] dar. Dies erfolgt, indem ein Originalehersteller gegen Ende der Pa-tentlaufzeit eine neue Produktvariante an den Markt bringt und anstrebt, möglichst viele Ärzte/Patienten zu einem Produktwechsel zu bewegen.[85] Durch eine Variation der Formulierung (z.B. retardierende Tabletten) oder der Dosierstärke des Wirkstoffs verfügt ein Originator über ein horizontal differenziertes Produkt zum Original und eintretenden Generikaanbietern,[86] die wiederum auf vertikaler Ebene mit dem ursprünglichen Originalpräparat konkurrieren. Nach Hong et al. (2005) ergeben sich für einen Originalehersteller damit neue Marktsegmentierungsoptionen. Dies bestätigen die Autoren für den amerikanischen Markt empirisch, indem sie stärkere Preisanstiege nach Patentablauf für Line Extensions von Originalen als für Originalpräparate ohne Line Extension nachweisen. Ein Preisanstieg bei neu eingeführten Retard-Formulierungen und ein Preisverfall der ursprünglichen Formulierung eines Originals als generische Defensivmaßnahme wird ebenso von Hudson (2000) aufgezeigt.

Ebenso lassen sich auch beim Wettbewerb zwischen Generika Dimensionen der Produktdifferenzierung schaffen, welche durch strategische Vorteile im Wettbewerb, z.B. in Form einer First Mover Advantage, noch unterstützt werden können bzw. dahingehende Nach-

[80] Hollis (2003) weist darauf hin, dass dies üblicherweise unter einer anderen Entität beispielsweise über eine Lizenzvereinbarung geschieht.
[81] Vgl. auch Appelt (2011).
[82] Vgl. Hollis (2003), Bergman und Rudholm (2003).
[83] Vgl. Wertheimer und Santella (2005: 6).
[84] Vgl. Hong et al. (2005: 752).
[85] Vgl. Grabowski und Vernon (1992), Hudson (2000).
[86] Vgl. Kanavos et al. (2008).

teile kompensieren könnten. So lässt sich mittels eines herstellerspezifischen Marketings eine künstliche vertikale Differenzierung für Branded Generics erzeugen,[87] ebenso kann eine Soft Innovation,[88] z.B. in Form einer Sublingual- oder Brausetablette statt einer normalen Tablette, zu einer Differenzierung auf horizontaler Ebene beitragen. Kanavos et al. (2008) belegen einen schwächenden Effekt solcher Differenzierung auf den Preiswettbewerb unter Generika dahingehend, dass sie graduell höhere Preise und höhere generische Marktanteile in denjenigen Marktsegmenten nachweisen, in denen Generikaanbieter mit einer größeren Zahl an Produktvarianten agieren.

Tabelle 3.5: Produktvarianten im generischen Wettbewerb

	Produktdifferenzierung	
	vertikal	*horizontal*
Originator	Original, Pseudo Generic	Line Extension, Soft Innovation
Generikaanbieter	Generikum, Branded Generic	Generische Soft Innovation

Quelle: Eigene Darstellung.

3.4.2 Mengen- und Marktanteilseffekte

Da für den Wettbewerb zwischen Originalen und Generika Kreuzpreiselastizitäten nachgewiesen wurden,[89] d.h., Nachfrager diese Produkte als Substitute wahrnehmen, sollte der Eintritt niedrigpreisiger Generika zu einem Marktanteilsverfall des Originals führen. Solche Marktanteilsverschiebungen treten möglicherweise jedoch nur in preissensitiven Marktsegmenten auf.

Frühe Studien mit Fokus auf den amerikanischen Markt identifizieren Marktanteilsverluste des Originators von 1 %[90] bis hin zu 51 %[91] im Zeitraum von zwei Jahren nach Patentablauf. Am Beispiel des schwedischen Marktes vor Einführung eines Referenzpreissystems zeigen Aronsson et al. (2001) jedoch, dass bei bestehendem Versicherungsschutz und fehlendem nachfrageseitigem Anreiz zur Wahl eines preiswerteren Substituts Originatoren selbst bei Preisprämien von über 50 % mehr als 80 % Marktanteil auf sich vereinen können.

Die nachgewiesene First Mover Advantage bei der Preissetzung der ersten generischen Wettbewerber wird durch entsprechende Marktanteilsverläufe untermauert. Hollis (2002)

[87] Vgl. Königbauer (2007).
[88] Vgl. Stoneman (2010).
[89] Vgl. Ellison et al. (1997).
[90] Vgl. Statman (1981).
[91] Vgl. Grabowski und Vernon (1992).

bestätigt für den kanadischen Markt, dass das jeweils erste Generikum ein Marktanteilspremium von durchschnittlich 30 % über einen Zeitraum von vier Jahren gegenüber nachfolgenden Wettbewerbern halten kann. Während der Eintritt preiswerterer Generika in einem Markt mit einem hohen Selbstzahleranteil oder ärztlichen Budgetbeschränkungen zu einer Ausweitung des addressierbaren Marktpotentials führen kann, lassen sich durch aggressive Preisstrategien nachfolgender Hersteller jedoch nur schwer nachhaltig profitable Marktanteile erkaufen. So identifizieren Reiffen und Ward (2005) ein Preispremium des ersten generischen Wettbewerbers von 20 bis 30 % über den Grenzkosten. Während Erträge von Generikaanbietern durch ein Wachstum von Marktgröße und/oder Marktanteilen zudem in den ersten fünf bis zehn Monaten nach Patentablauf noch steigen, fallen diese anschließend sukzessive aufgrund intensivierten Wettbewerbs.[92]

Grabowski und Vernon (1996) beschreiben für die USA weiterhin eine schnellere generische Penetration in Märkten, die in späteren Jahren generikafähig werden, was auf eine zunehmende Vertrautheit mit der Substitution von Originalen durch Generika auf Nachfragerseite nach Inkrafttreten des Waxman Hatch-Aktes in 1984 hinweisen könnte. Zudem besteht ein Zusammenhang zwischen Marktattraktivität und Generikapenetration, da Saha et al. (2006) relativ höhere Marktanteile von Generika in Blockbuster-Märkten nachweisen.

Möglicherweise scheint das Marktpotential auf Molekülebene und das daraus resultierende Potential für Generika jedoch ausschließlich von den Marketingaktivitäten des zugehörigen Originals getrieben zu sein. Generikaanbieter betreiben üblicherweise kein Marketing im Wettbewerb mit therapeutischen Substituten zur Förderung der Verschreibung eines bestimmten Moleküls. Stattdessen versuchen Anbieter, im Windschatten des Originators Marktanteile von diesem zu gewinnen. So zeigen Jena et al. (2009) sowie Vandoros (2013), dass der Patentablauf eines Originals und eine damit verbundene Einschränkung von Marketingaktivitäten des Originators bzw. ein zunehmender Marketingaufwand therapeutischer Substitute zu Marktanteilsverlusten des generikafähigen Moleküls führen können, selbst wenn Generika deutlich preiswerter als jeweilige therapeutische Substitute sind.

3.4.3 Zwischenfazit

Der aktuelle Abschnitt spiegelt schwerpunktmäßig Beobachtungen im amerikanischen Markt wider, Ergebnisse sollten aber repräsentativ für generikafähige Märkte ohne Mechanismen der Preis- oder Mengenregulierung sein.

Wie in Originalemärkten kann es Generika gelingen, bei frühzeitigem Markteintritt und einem damit verbundenen Aufbau von Wechselkosten Preis- und Marktanteilspremien am

[92] Vgl. Reiffen und Ward (2005).

Markt durchzusetzen. Ebenso können sich Originaleanbieter dem Preisdruck am Markt entziehen, wenn diese sich auf preisinsensitive Marktsegmente fokussieren oder durch vertikale und horizontale Produktdifferenzierungskonzepte zu einer weitergehenden Marktaufteilung beitragen. Spezifische Marktergebnisse lassen sich folglich oftmals schwer vorhersagen.

Abbildung 3.6 fasst daher nochmals mögliche verstärkende und relativierende Faktoren für die schwer zu fassenden Wechselkosten in (generikafähigen) Märkten zusammen. Tabelle 3.7 subsumiert zu erwartende Marktergebnisse nach Patentablauf.

Tabelle 3.6: Wechselkosten zwischen Original und Generikum – verstärkende und relativierende Faktoren

erhöht Wechselbarrieren	*senkt Wechselbarrieren*
Anwendungserfahrung des Arztes (Produktkenntnis, Verschreibungserfahrung, Erfahrung mit (Neben-) Wirkungsprofilen	Zunehmende Preisdifferenz
Gewöhnungsgrad des Patienten (Regelmäßige Anwendung, wahrgenommene horizontale/vertikale Produktdifferenzierung), Markentreue	Kenntnis tatsächlicher Preise auf Seiten von Arzt und Patient
Produktpräferenz des Apothekers (Bestellung, Lagerung, Erklärungsaufwand Patienten gegenüber)	Aufklärungspflicht über Zuzahlungen von Patienten

Quelle: Eigene Darstellung.

3.4.4 Einfluss generischer Referenzpreissysteme

3.4.4.1 Unterscheidung von generischen und therapeutischen Referenzpreissystemen

Der Wettbewerb zwischen Originalen und Generika unter Einfluss von Referenzpreisschemata[93] ist eines der am intensivsten untersuchten Forschungsfelder in Arzneimittelmärkten. Grund dessen ist wohl die weite Verbreitung dieses relativ neuartigen Mechanismus[94]

[93] Als Nomenklatur wird nachfolgend RP für *Referenzpreis*, FB für *Festbetrag* (=Referenzpreis), GRP für *generisches Referenzpreissystem* bzw. *-schema* und TRP für *therapeutisches Referenzpreissystem* verwendet.

[94] Deutschland (seit 1989) bildet hier die Vorhut, gefolgt von den Niederlanden (1991), Dänemark und Schweden (jeweils 1993).

Tabelle 3.7: Marktergebnisse in generikafähigen Märkten I (unregulierte bzw. wenig regulierte Märkte)

Variable	*Effekt*	*Anmerkung*
Preis des Originals	nimmt (tendenziell) zu	Generic Competition Paradox, Fokussierung auf preisinsensitive Marktsegmente.
Preis des Generikums	nimmt ab	Mögliche First Mover Advantage; Verfall bis auf Ebene der Grenzkosten möglich. Leichtes Premium durch horizontale Differenzierung.
Menge/Marktanteil des Originals	nimmt ab	Kompletter Marktanteilsverlust (im preissensitiven Marktsegment) möglich.
Menge/Marktanteil des Generikums	nimmt zu	Mögliche First Mover Advantage, jedoch geringe vertikale Differenzierung zwischen Generika untereinander. Positiver Mengeneffekt durch horizontale Differenzierung.
Anzahl zusätzlicher Generika	nimmt zu	Tendenziell mehr Wettbewerb in volumenmäßig größeren Teilmärkten.
Einsparungen für das Gesundheitssystem	sollten deutlich zunehmen	In der Regel deutliche kurz-/mittelfristige Einsparungen nach Patentablauf.

Quelle: vgl. Kanavos et al 2008: 507.

auf molekularer und therapeutischer Ebene in zahlreichen westlichen Gesundheitssystemen.[95] So identifizieren Galizzi et al. (2011) in einer Meta-Studie 65 Originalartikel, die Referenzpreisschemata in zehn Ländern theoretisch und empirisch untersuchen. Der Fokus liegt hierbei in der Regel auf Einzelaspekten in Form spezifischer Marktreaktionen, während, wie Kanavos et al. (2008) kritisieren, langfristige dynamische Implikationen aus der Reallokation von Ressourcen in Gesundheitssystemen eher unbeachtet bleiben.

Referenzpreissysteme können unterschiedliche Umfänge und Ausgestaltungen haben, angefangen von Referenzpreisen auf Molekülebene[96] (Original und Generikum, GRP) über verschiedene Moleküle einer Substanzklasse[97] (TRP) bis hin zu Präparaten mit vergleichbaren therapeutischen Effekten in der Behandlung einer Krankheit[98] (ebenfalls TRP).

Bei der Preisbildung ist ein unterschiedlicher geografischer Fokus hinsichtlich einbezogener Preispunkte möglich: Während *exogene Referenzpreise* auf Vergleichspreisen von Medika-

[95] Dylst und Simoens (2011) zählen alleine in Europa 22 Länder mit einem Referenzpreissystem.
[96] Entspricht für Deutschland Festbetragsstufe 1 nach § 35 SGB V.
[97] Entspricht Festbetragsstufe 2.
[98] Entspricht Festbetragsstufe 3.

menten in internationalen Märkten basieren und die Preisentscheidung der Marktteilnehmer im Inland damit keinen Einfluss auf den Referenzpreis hat, resultieren *endogene Referenzpreise* direkt aus den inländischen Marktpreisen der Wettbewerber.[99] Weiterhin ist zur Preisbildung auf Produktebene neben dem Einschluss von Generika bzw. generikafähigen Molekülen auch die Einbeziehung patentgeschützter therapeutischer Substitute möglich. Die arithmetische Berechnung des Referenzpreises selbst kann auf observierten Minimalpreisen oder einem (gewichteten) Durchschnittspreis basieren.[100]

Tabelle 3.8: Parameter zur Ausgestaltung von Referenzpreissystemen

Umfang	Generisch	Therapeutisch
Preisbasis	exogen (international)	endogen (national)
Produktbasis	nur off patent-Präparate	on patent- und off patent-Präparate
Referenzpreisberechnung	Minimalpreis	Durchschnittspreis

Quelle: Eigene Darstellung. Parameter in einer Spalte sind jeweils untereinander unabhängig.

Schneeweiss (2007) weist darauf hin, dass der Begriff *reference price* zu dem verwirrenden Begriff *reference pricing* geführt hat, welcher suggeriert, dass es sich bei Referenzpreissystemen fälschlicherweise um eine Preisregulierung statt einer tatsächlichen Erstattungsregulierung durch einen Versicherer handelt. Ziel eines Referenzpreissystems ist jedoch die Intensivierung des Preiswettbewerbs am Markt durch Schaffung einer vermeidbaren Zuzahlung[101] in Höhe der jeweiligen Preisdifferenz über dem Referenzpreis, die von Ausgabenträgern nicht übernommen wird und an der Versicherte folglich voll beteiligt werden. Arzneimittelausgaben werden somit für einen Erstatter vorhersagbarer, werden aber möglicherweise prozentual stärker direkt auf Patienten umgelegt.

Die nachfolgenden Abschnitte sollen die aktuelle Forschungslage auf theoretischer und empirischer Ebene generischer wie auch therapeutischer Referenzpreisschemata aufarbeiten. Der Fokus liegt dabei auf dem Modell endogener Referenzpreise, wie sie auch in Deutschland Anwendung finden. Der Zeithorizont ist hierbei stets kurz- bis mittelfristig (ein bis mehrere Jahre). Inwiefern ein durch Referenzpreise induzierter Wettbewerb auch zu geringeren Arzneimittelausgaben führt, wird in der Literatur kontrovers diskutiert; Vorhaben langfristiger Beobachtungen scheitern meist an den zahlreichen, oftmals simultanen, schwer kontrollierbaren Anpassungen in Gesundheitssystemen.[102]

[99] Vgl. Brekke et al. (2011).
[100] Vgl. Galizzi et al. (2011).
[101] Vgl. Merino-Castello (2003).
[102] Vgl. Schneeweiss et al. (1998).

3.4.4.2 Theoretische Überlegungen zu endogenen generischen Referenzpreissystemen

Ein Referenzpreis wird im Modell eines Duopols zwischen den Preispunkten des Originals und Generikums festgesetzt. Dies führt nach der Modellierung von Mestre-Ferrandiz (2001) zu einer Annäherung entweder der Preise des Originals oder des Generikums an das Referenzpreisniveau unter Beibehaltung einer Differenz in Höhe des qualitativen Produktpremiums.

In einer umfassenderen Modellierung eines generischen Referenzpreisschemas kommt dagegen Merino-Castello (2003) zu dem Ergebnis, dass Originatoren ihre Preise senken, während der Preis generischer Wettbewerbsprodukte relativ unverändert bleibt. Originalehersteller kompensieren demnach die aus der stärkeren Kostenbeteiligung der Patienten resultierenden Gewinneinbußen durch den Absatz größerer Mengen statt dem Einschlagen einer selektiven hochpreisigen Abschöpfungsstrategie.

Das Konzept einer Abschöpfungsstrategie wird hingegen von Zweifel und Crivelli (1996) in Erwägung gezogen. Während der Referenzpreis ihren Modellierungen zufolge zwar den Marktpreis für das Original bei wenig qualitätsbewussten Ärzten vorgibt,[103] kann es demnach zur Adressierung des Segments weniger preissensitiver Ärzte, die die individuellen Charakteristika eines Originals stärker wertschätzen, für einen Hersteller Sinn machen, ein Produkt bzw. eine Produktvariante oberhalb des Referenzpreises anzubieten. Die Autoren relativieren ihre Aussage jedoch dahingehend, dass im Hinblick auf mögliche existente Rezeptgebühren für Arzneimittel[104] eine höhere Preissensitivität gegenüber weiteren Zuzahlungen besteht und Originatoren sich daher mit dem Referenzpreis als Marktpreis zufrieden geben müssten.

Danzon und Liu (1996) erwarten hingegen eine Preiskonvergenz zwischen Original und Generikum als Resultat der Einführung eines Referenzpreises. Während sich Originatoren zur Vermeidung von Zuzahlungen preissensitiver Nachfrager dem Referenzpreis von oben nähern, tun Generikahersteller dies ebenso, da die Nachfrage unterhalb des von einem Erstatter gezahlten Referenzpreises unelastisch bleibt und Generikaanbieter damit potentielle Gewinne verschenken würden. Danzon und Ketcham (2004) weisen in diesem Zusammenhang auf die Notwendigkeit der Schaffung von Anreizen für Patienten, Ärzte oder Apotheker zur Wahl von Produkten unterhalb des Referenzpreises hin, um auch nach Setzung des Festbetrags einen Preiswettbewerb unter Herstellern zu forcieren.

Den diskutierten Theorien eines beständigen Verhaltens generischer Wettbewerber bzw.

[103] Zweifel und Crivelli (1996) unterstellen, dass Ärzte als perfekte Agenten unter Berücksichtigung der Interessen behandelter Patienten agieren.

[104] Zweifel und Crivelli (1996) verweisen hier insbesondere auf die deutsche Gesundheitsreform von 1993.

einer Preiskonvergenz widersprechen jedoch Brekke et al. (2011) deutlich. Bei einem endogenen Referenzpreis muss das Bestreben generischer Wettbewerber demnach darin liegen, unter bestehender vertikaler Differenzierung eine möglichst hohe Preisdifferenz zum Original zu erreichen um damit Marktanteile zu maximieren. So wirkt sich eine Preissenkung eines Generikums nicht nur auf den direkten Preisunterschied zum Original aus, sondern führt durch eine darauf folgende Anpassung des Referenzpreises zu einer zusätzlichen effektiven Verteuerung des Originals in Form einer höheren Zuzahlung von Patienten.

Die Rolle und Effekte des Wettbewerbs zwischen einzelnen Generikaherstellern innerhalb eines endogenen Referenzpreissystems werden erstmals von Ghislandi (2011) untersucht. Ein kooperatives Verhalten der Generikahersteller findet demnach nur dann statt, wenn Referenzpreise in kurzen periodischen Abständen angepasst werden und das Referenzpreisniveau nur aus dem perfekt elastischen Marktsegment, d.h. den Preisen aller Generika, gebildet wird. Ohne diese strikte Regulierung ergibt die Möglichkeit, durch kurzfristige Preissenkungen Marktanteile auf Kosten anderer Hersteller zu gewinnen, ohne dass das Referenzpreisniveau und damit das absolute wertmäßige Marktpotential umgehend durch einen Regulator angepasst wird.

Bergman und Rudholm (2003: 456) sehen ebenfalls die Gefahr eines kooperativen, wettbewerbshemmenden Verhaltens in Form eines „ratchet effect". Lassen sich Preise nach einer einmaligen Senkung aufgrund schneller Anpassungsreaktionen seitens Regulierungsbehörden nicht mehr erhöhen, so kann dies den Preiswettbewerb von Anbietern im Markt gänzlich unterbinden.

Die Einführung eines generischen Referenzpreissystems ist nach Brekke et al. (2007) möglicherweise auch mit gesundheitlichen Risiken verbunden. Da ein horizontal differenziertes therapeutische Substitut eine geringere Preiselastizität zum Original als das zugehörige Generikum aufweist, kann der Hersteller dieses Substituts bei einer Preisreferenzierung des generikafähigen Originals potentiell ein noch höheres relatives Preispremium aufrechterhalten. Dies kann bei preissensitiven Nachfragern[105] jedoch dazu führen, dass diese das nun deutlich preiswertere, möglicherweise imperfekte, horizontal differenzierte Substitut aus dem Festbetragscluster wählen.

3.4.4.3 Preiseffekte

In einer ersten explorativen Untersuchung der in 1989 initial 15 durch Festbeträge betroffenen Originalpräparate auf dem deutschen Markt finden Litsch et al. (1990) zunächst uneinheitliche Anbieterreaktionen nach Einführung der Referenzpreise für die ersten zehn

[105] Brekke et al. (2007) beziehen sich hier auf eine höhere Zuzahlung, welche Patienten unter bestehendem Versicherungsschutz zu leisten haben.

Moleküle. Diesen experimentellen Preisreaktionen, die teilweise zu deutlichen Marktanteilsverlusten führten,[106] folgt eine durchgängige Preissenkung bis auf Referenzpreisebene bei den fünf zeitlich später preisreferenzierten Originalen. Parallel beobachten die Autoren ein Kompensationsverhalten auf Herstellerebene durch Preiserhöhungen nichtreferenzierter Präparate. Die Einführung der Referenzpreise löst zudem keinen Preiswettbewerb von Generika unterhalb des Referenzpreises aus, sondern führt zu einer Angleichung an das Festbetragsniveau unter Beibehaltung eines geringen Preisabschlags. Diese von Litsch et al. (1990) beschriebenen Phänomene[107] sind grundlegend indikativ für die Einführung generischer Referenzpreissysteme und werden in folgenden Untersuchungen meist detaillierter analysiert und quantifiziert.[108]

Die Einführung von Festbeträgen kann zu deutlichen Preisreduktionen von Originalen und Generika führen, wie Aronsson et al. (2001) für den schwedischen, Puig-Junoy (2007) für den spanischen und Brekke et al. (2009, 2011) für den norwegischen Markt belegen. Uneinheitliche Preisbewegungen bzw. Preisanstiege bei Generika werden in Studien dagegen dann identifiziert, wenn sich deren Preise bereits mehrheitlich unterhalb des Festbetrags befinden.[109]

Bergman und Rudholm (2003) belegen in diesem Zusammenhang empirisch die Existenz des Ratchet-Effekts im schwedischen Markt. Wie in anderen Märkten würde ein Preiswettbewerb von Generikaherstellern unterhalb des Festbetrags hier zwangsläufig zu einer Neubasierung des endogenen Referenzpreises führen. Anbieter verhalten sich daher kooperativ, statt das adressierbare wertmäßige Marktpotential zugunsten kurzfristiger Marktanteilsgewinne, welche angesichts des fehlenden Anreizes von Patienten zur Produktwahl unterhalb des Referenzpreises zudem auch noch schwer zu realisieren wären, zu opfern.

Ein senkender Effekt auf Durchschnittspreise in Festbetragsgruppen durch eine zunehmende Anzahl generischer Wettbewerber wird hingegen von Brekke et al. (2011) identifiziert. Die Autoren weisen hier aber auf das mögliche Endogenitätsproblem einer höheren Markttattraktivität für Generikaanbieter bei einem relativ höher bepreisten Originalpräparat hin. Jedoch findet auch Stargardt (2011) im deutschen Markt Anzeichen dafür, dass sich preissenkende Effekte aus Festbeträgen und Wettbewerb leicht verstärken können.[110]

[106] Litsch et al. (1990) sehen in der Aufklärungspflicht des Arztes zur Zuzahlung nach § 73 Abs. 5 SGB V einen wirksamen Katalysator zur schnellen Auswirkung von Festbeträgen auf die Produktwahl.

[107] Vgl. hierzu auch die Analysen der Festbetragseinführung im Jahr 1989 durch Reichelt und Selke (1991) oder Pavcnik (2002).

[108] Nachfolgend beschriebene Preis- und Mengeneffekte sollen einen allgemeinen Überblick über Phänomene und den Forschungsstand zum Wettbewerb in generischen Referenzpreissystemen geben. Die Vergleichbarkeit von Ergebnissen untereinander ist - insbesondere im Hinblick auf quantitative Effekte - jedoch stark eingeschränkt, da einzelne Gesundheitssysteme verschiedene unterstützende nachfrageseitige Steuerungsmechanismen (z.B. aut idem-Substitution) unterschiedlich stark einsetzen.

[109] Vgl. Puig-Junoy (2007, 2010), Podnar et al. (2007), Galizzi et al. (2011).

[110] Die Studie von Stargardt (2011) schließt jedoch therapeutische Referenzpreissysteme mit ein.

Generische Referenzpreisschemata sind folglich effektiv darin, Marktpreise durch die Festbetragssetzung auf jeweiliger Molekülebene zu steuern. So findet Puig-Junoy (2007) für Spanien direkte Preisreaktionen der Wettbewerber nach einer Neuanpassung von Referenzpreisen. Umfassende Nachweise für eine Umsatzkompensation auf Herstellerseite mittels Preiserhöhungen in nicht-referenzierten Gruppen als Reaktion auf die Einführung generischer Referenzpreisschemata liegen dagegen neben explorativen Erkenntnissen von Litsch et al. (1990) sowie Reichelt und Selke (1991) nicht vor; Analysen beschränken sich hier auf Effekte in therapeutischen Referenzpreissystemen.[111]

3.4.4.4 Mengen- und Marktanteilseffekte

Deutliche Marktanteilsverluste von Originaleherstellern zugunsten Generikaanbietern bei Einführung eines generischen Referenzpreissystems können in der Regel nur dann vermieden werden, wenn ein Originator den Festbetrag als neuen Marktpreis akzeptiert. Litsch et al. (1990) finden für die ersten zehn Festbetragsgruppen in Deutschland eine Kompensation kurzfristiger Marktanteilsverluste bzw. sogar noch Marktanteilsgewinne über das Ausgangsniveau hinaus bei denjenigen Originaleanbietern, die ihre Preise auf das Festbetragsniveau senken. Die Beibehaltung von Preispunkten oberhalb des Referenzpreises ist dagegen mit deutlichen Marktanteilsverlusten verbunden, da Patienten sehr sensitiv auf solche Zuzahlungen reagieren.[112]

In anderen Ländern identifizieren beispielsweise Aronsson et al. (2001) für Schweden und Dalen et al. (2006) sowie Brekke et al. (2009, 2011) für Norwegen Marktanteilsgewinne der Generika. Diese Marktanteilsverschiebungen werden oftmals dadurch begünstigt, dass Originale ein geringes Preispremium gegenüber Generika bzw. dem Festbetrag beibehalten. Brekke et al. (2011) beschreiben zudem, dass Marktanteilsgewinne durch Generikaanbieter positiv mit der Anzahl generischer Wettbewerber auf Molekülebene korrelieren.

Die Einführung von Festbeträgen und damit verbundene Preissicherheit bietet Generikaanbietern möglicherweise ein stabileres Wettbewerbsumfeld als dies in unregulierten Märkten der Fall ist. So finden Kanavos et al. (2008) in einer multinationalen Untersuchung einen geringen positiven Zusammenhang zwischen der Existenz von Referenzpreisen auf Molekülebene und der Anzahl generischer Wettbewerber. Kanavos et al. (2008) identifizieren in Festbetragsgruppen außerdem eine im Zeitverlauf zunehmende horizontale Differenzierung durch die Kommerzialisierung neuer Formulierungen.[113] Eine solche Strategie einer horizontalen Differenzierung macht speziell aus Sicht von Originaleanbietern

[111] Vgl. Augurzky et al. (2009).

[112] Litsch et al. (1990) erwähnen einen Marktanteilsrückgang von 25 % auf 10 % für Adalat retard (Nifedipin), bei dessen Verordnung Patienten einer Zuzahlung von maximal 8,80 DM je Packung ausgesetzt waren.

[113] Vgl. auch Simoens et al. (2005).

Sinn, da durch die Umstellung von Patienten auf Dosierstärken bzw. Applikationsformen ohne bisherigen generischen Wettbewerb Marktanteile stabilisiert oder auch Preispremien oberhalb eines Referenzpreises durchgesetzt werden können.[114]

3.4.4.5 Auswirkungen auf Patienten und das Gesundheitssystem

Die Einführung generischer Referenzpreise senkt den mengengewichteten Durchschnittspreis in jeweiligen Medikamentenklassen, was zumindest kurz- bis mittelfristig zu deutlichen Einsparungen in Gesundheitssystemen führt. So findet Puig-Junoy (2007) für Spanien eine unmittelbare Umsatzreduktion in zwei Statinklassen von 14 %. Brekke et al (2011) weisen nach Einführung des norwegischen Referenzpreisschemas für 40 Präparate eine Ausgabenreduktion von durchschnittlich 30 % auf jeweiliger Molekülebene nach. Dies geht einher mit einer Senkung der Ausgaben von Patienten, deren Kosten durch das Referenzpreissystem und damit eventuellen Zuzahlungen oberhalb des Festbetrags nicht etwa steigen, sondern anhand des Preisverfalls und der daraus resultierenden Verringerung von Zuzahlungen für einzelne Arzneimittelpackungen sogar noch um rund 12 % fallen.

Während Einsparungen auf Molekülebene als Resultat der Einführung von Festbeträgen bis zu 50 % des Ausgabenniveaus erreichen können,[115] handelt es sich jedoch meist um Einmaleffekte, zumal Referenzpreise ungeeignet sind, einen nachhaltigen Preiswettbewerb in jeweiligen Wirkstoffklassen zu induzieren. So zeigen Ulrich und Wille (1996) am Beispiel der Referenzpreiseinführung in Deutschland in 1989, dass die Festbetragseinführung nur zu einem einmaligen Ausgabenschnitt für die GKV führte; diese Einsparungen aber in den Folgejahren von einem Mengenwachstum überlagert wurden. Stargardt (2011) kommt bei einer stark aggregierten Analyse von Preisbewegungen im deutschen Markt zu dem Ergebnis, dass freier Wettbewerb bei generikafähigen Molekülen zu durchschnittlich etwas stärkeren Preissenkungen als der Einschluss in eine Festbetragsgruppe führt. Jedoch findet der Autor mit Blick auf den deutschen Markt im Zeitraum von 2004 bis 2006 heraus, dass sich preissenkende Effekte aus Festbetragsbildung und Herstellerwettbewerb sehr wohl verstärken können.

Umsatzeinsparungen entgegenwirken könnte weiterhin ein möglicher positiver Mengeneffekt durch das Wachstum des Absatzes auf Molekülebene.[116] Hier findet Puig-Junoy (2007) mit Fokus auf Statine im spanischen Markt jedoch überraschenderweise einen Volumenrückgang nach Einführung eines Festbetrags. Ubeda et al. (2007) weisen bei ei-

[114] Vgl. auch Puig-Junoy (2007), Galizzi et al. (2011).
[115] Vgl. Galizzi et al. (2011).
[116] Vgl. Galizzi et al. (2011). Unter bestehendem Versicherungsschutz dürfte keine bzw. nur eine geringe Elastizität der Nachfrage existieren. Eine durch Festbeträge ausgelöste Senkung des Gleichgewichtspreises bzw. damit verbundene Erstattungsbeschränkung entlastet jedoch Budgets von Ärzten und könnte auf diesem Weg zu weniger restriktiven Verschreibungen führen.

ner regionalen Analyse für Antidepressive in Valencia eine Substitutionsbewegung hin zu nicht-referenzierten Präparaten nach. Gründe für diese Verschreibungsumstellungen, bzw. ob diese durch Verringerung von Marketingakvititäten eines Originals nach Festbetragseingliederung noch verstärkt worden sein könnten,[117] sind jedoch nicht erkennbar.

Die Einführung eines generischen Referenzpreisschemas sollte vorrangig zu einer Substitution zwischen vertikal differenzierten Präparaten führen. Empirische Nachweise dazu, ob dieser Präparatewechsel auf Molekülebene (und damit verbundene Faktoren wie die Überwachung des Therapieprofils oder Sicherung der Patientencompliance) zu mehr Arztbesuchen, einem abweichenden Verschreibungsverhalten, mehr Überweisungen oder gar nachgelagerten gesundheitlichen Auswirkungen führen, existieren jedoch nicht.[118]

Puig-Junoy (2010) erwähnt in diesem Zusammenhang, dass es einen möglichen Trade In zwischen Arzneimittelausgaben und der Gesundheit von Patienten geben könnte, wenn diese zur Vermeidung von Zuzahlungen oberhalb des Referenzpreises ein imperfektes therapeutisches Substitut, welches keinen Zuzahlungen unterliegt, wählen. Erste Studien weisen auf eine solche Auswirkung von sozioökonomischen Determinanten auf die Produktwahl von Patienten hin. So finden Farfan-Portet et al. (2012) innerhalb des belgischen Referenzpreissystems eine leicht höhere Präferenz für preiswertere Substitute auf Seiten einkommensschwacher Nachfrager. Ebenso weisen Simonsen et al. (2010) für den dänischen Markt eine höhere Preiselastizität bei Nachfragern mit geringer Bildung und geringerem Einkommen nach.

Gesundheitssysteme stehen folglich vor der Aufgabe, solche Anreize zur Fehlselektion als Resultat von Steuerungsmaßnahmen zu unterbinden. Dieses Problem tritt auch im deutschen GKV-Markt auf, da Zuzahlungen oberhalb des Festbetrags nicht für die persönliche finanzielle Belastungsgrenze angerechnet werden können.

3.4.4.6 Implikationen für Unternehmen

In Summe führt eine stärkere nationale Implementierung von Festbetragsgruppen nicht zwingend zu einer stärkeren generischen Penetration, sondern könnte eine „market distortion"[119] bewirken. Zwar kann ein Festbetragssystem ein stabiles Wettbewerbsumfeld für Generika bieten,[120] andererseits überwiegt das Qualitätspremium des Originals bei Angleichung an den Festbetrag die geringe Preisdifferenz zu Generika in zunehmendem Maße.[121]

[117] Vgl. die Ausführungen zu Substitutionsbewegungen nach Patentablauf von Klok et al. (2006), Jena et al. (2009) und Vandoros (2013).

[118] Vgl. Galizzi et al. (2011).

[119] Vgl. Merino-Castello (2003: 12).

[120] Vgl. die Ausführungen zu Kanavos et al. (2008).

[121] Vgl. Cabrales (2003).

So finden beispielsweise Grabowski und Vernon (1992) sowie Kanavos et al. (2008) eine höhere Wettbewerbsintensität und geringere Preise auf Molekülebene in Ländern, die über kein Referenzpreissystem verfügen. Weiterhin könnte die geringere generische Penetration in Ländern mit rigiden Referenzpreissystemen[122] diese Theorie belegen.

Auswirkungen auf Originaleanbieter dürften sich hingegen lediglich auf eine Reduktion des Umsatzes beschränken, zumal diese ohnehin nach Patentablauf bereits im Wettbewerb mit Generika stehen.

3.4.4.7 Zwischenfazit

Tabelle 3.9: Marktergebnisse in generikafähigen Märkten II (generische Referenzpreissysteme)

Variable	*Effekt*	*Anmerkung*
Preis des Originals	nimmt ab	Angleichung an Festbetrag, geringes Premium möglich.
Preis des Generikums	nimmt zu	Üblicherweise Angleichung von unten an Festbetrag.
Menge/Marktanteil des Originals	uneinheitlich	Stabilisierung/Ausbau bei Angleichung an Festbetrag möglich.
Menge/Marktanteil des Generikums	uneinheitlich	Tendenziell höhere Marktanteile in relativ größeren Marktsegmenten.
Anzahl zusätzlicher Generika	nimmt zu	Preisstabilität durch Festbetrag führt zu mehr Wettbewerbern.
Einsparungen für das Gesundheitssystem	nehmen zu	Einmaleffekte bei Festbetragsanpassung.

Quelle: Struktur in Anlehnung an Kanavos et al. (2008: 507).

Generische Referenzpreissysteme sind effektiv darin, den Marktpreis auf Ebene eines generikafähigen Moleküls zu steuern. Im Gegenzug verhindert diese Regulierung und der damit verbundene „Ratchet-Effekt" jedoch zukünftigen Preiswettbewerb von Anbietern auf Molekülebene.

Aufgrund der Preissensitivität von Patienten gegenüber Zuzahlungen oberhalb des Referenzpreises gelingt es vertikal differenzierten Originalen in der Regel nicht, ein deutliches Preispremium oberhalb des Festbetrags aufrechtzuerhalten, ohne gravierende Marktanteilseinbußen gegenüber Generika in Kauf zu nehmen. Somit findet auch keine Kostenverlagerung von Ausgabenträgern hin zur Patientenseite statt.

Ebenso können adverse Gesundheitseffekte bei einer Substitution zwischen Original und Generikum weitestgehend ausgeschlossen werden. Fehlsteuerungen könnten jedoch dann

[122] Vgl. Simoens und Coster (2006).

entstehen, wenn Patienten zur Vermeidung von Zuzahlungen auf ein nicht preisreferenziertes therapeutisches Substitut ausweichen.

3.4.5 Einfluss therapeutischer Referenzpreissysteme

3.4.5.1 Ausprägungen therapeutischer Referenzpreissysteme

Innerhalb therapeutischer Referenzpreisschemata wird der Erstattungspreis stets endogen aus den Preispunkten der einbezogenen, horizontal differenzierten Substitute gebildet. Eine exogene Preisreferenzierung kann zwar bei Preis- und Erstattungsentscheidungen im Rahmen der Marktzulassung neuer Präparate angewandt werden,[123] nicht aber bei der Einrichtung von Referenzpreisklassen. Dies würde zum einen den durch ein TRP beabsichtigten Preiswettbewerb zwischen therapeutischen Substituten verhindern, zum anderen die Möglichkeit der Preisdiskriminierung von Herstellern über mehrere Länder hinweg hemmen bzw. ganz unterbinden.[124]

TRP unterscheiden sich im Hinblick auf ihre Wettbewerbseffekte von GRP primär dahingehend, dass durch den Einschluss therapeutischer Substitute gleich mehrere Moleküle im direkten Preiswettbewerb innerhalb einer gemeinsamen Festbetragsgruppe stehen. Dagegen bietet ein höherer Grad an horizontaler Differenzierung der Produkte untereinander jedoch auch die Möglichkeit, bei entsprechenden Nachfragerpräferenzen eher ein Preispremium oberhalb des Referenzpreises durchzusetzen als dies bei generischen Substituten der Fall ist.

Therapeutische Referenzpreisschemata sind jedoch nicht zwingend auf Originalpräparate beschränkt, sondern können - wie in der Praxis vorwiegend auffindbar - auch generische Wettbewerber eines Originals mit abgelaufenem Patentschutz mit einschließen. Hier steht das generikafähige Original neben dem horizontal differenzierten Wettbewerb innerhalb der Festbetragsgruppe zusätzlich vertikal differenzierter Konkurrenz durch Generika gegenüber. Zur Verdeutlichung bzw. Unterscheidung wird solch ein Szenario nachfolgend als allgemeine Form eines TRP aufgefasst; ein Szenario mit ausschließlich patentgeschützten Originalen wird (wo nötig) explizit als O-TRP gekennzeichnet.

3.4.5.2 Theoretische Überlegungen zu endogenen therapeutischen Referenzpreissystemen

Nach einer Modellierung von Miraldo (2009) ergibt sich innerhalb eines O-TRP eine größere mögliche Preisspanne der einzelnen Wettbewerber am Markt als in einem generischen

[123] Dies ist beispielsweise in Belgien oder Frankreich der Fall; zu einer Übersicht vgl. OECD (2008).
[124] Vgl. Danzon und Ketcham (2004).

Referenzpreissystem, welche positiv mit der Heterogenität der Substitute korreliert. Im therapeutischen Referenzpreissystem entstehen - analog zum GRP - zudem dann die größten Einsparungen für einen Erstatter, wenn der Mindestpreis und nicht der Durchschnittspreis am Markt als Referenzpreis gewählt wird.

Miraldo (2009) gibt hierbei jedoch zu bedenken, dass diese Einsparungen relativiert werden, wenn Nachfrager bereit sind, aufgrund individueller Präferenzen ein hohes Preispremium oberhalb des Referenzpreises zu zahlen und sich Gesamtausgaben somit prozentual stärker auf die Patientenebene verschieben. Auch bei einem TRP ergibt sich zudem kein direkter Anreiz für Patienten, preissensitiv auf Angebote unterhalb des Referenzpreises zu reagieren. Danzon und Ketcham (2004) verweisen daher auf notwendige zusätzliche Steuerungsinstrumente wie Ärztebudgets, die durch ihre limitierende Wirkung Preiswettbewerb auch unterhalb eines Referenzpreises fördern könnten.

Brekke et al. (2007) kommen bei der Modellierung eines Szenarios mit einem generikafähigen Original und patentgeschützten Substitut zu dem Ergebnis, dass ein TRP grundsätzlich zu niedrigeren Marktpreisen der einzelnen Teilnehmer als in einem GRP bzw. einem Markt ohne Referenzpreis führt. Grund hierfür ist, dass der Preisdruck mit der Anzahl der im direkten Wettbewerb stehenden Konkurrenten steigt. Damit treten in einem TRP im Vergleich zu einem unregulierten Markt niedrigere Gleichgewichtspreise für eingeschlossene therapeutische wie auch generische Wettbewerber auf. Höhere Gleichgewichtspreise innerhalb eines TRP ergeben sich jedoch, wenn die Breite eines therapeutischen Clusters größer gefasst wird und Präparate damit eine geringere Substituierbarkeit untereinander aufweisen.

Die Wettbewerbsintensität innerhalb therapeutischer Referenzpreissysteme wird nach Brekke et al. (2007) jedoch dann maximiert, wenn nach Einführung des Referenzpreises möglichst viele neue therapeutische Wettbewerber in ein jeweiliges Festbetragssegment einsteigen. Auch nach den Modellierungen von Merino-Castello (2003) ist ein TRP ebenfalls nur dann effektiver als ein GRP, wenn ein imitativer Wettbewerb unter Folgepräparaten stattfindet. Die Existenz eines Festbetrags verringert aber auf Seiten der Industrie genau den Anreiz, in ein preisreferenziertes Marktsegment einzutreten, da dies die angestrebte Patentrente eines therapeutischen Substituts umgehend limitieren würde.

Während eine durch die Einführung eines therapeutischen Referenzpreisschemas induzierte Marktsegmentierung ein Preispremium einzelner Wettbewerber oberhalb des Referenzpreis ermöglicht und den Preiswettbewerb zwischen therapeutischen Wettbewerbern hemmt, setzt dies jedoch heterogene Präferenzen unter Nachfragern voraus.[125] Angesichts möglicher Zuzahlungen oberhalb eines Festbetrags ist es aber denkbar, dass preissensitive

[125] Vgl. Miraldo (2007).

Patienten einen Arzt dazu drängen, ein Substitut auf Höhe des Referenzpreises auszuwählen.[126] Danzon und Ketcham (2004) weisen zudem auf den fehlenden Anreiz für Ärzte zur Produktwahl oberhalb des Referenzpreises hin, da der Zeitaufwand zur Aufklärung von Patienten im Hinblick auf Zuzahlungen nicht vergütet wird. Aus Sicht des Arztes könnten mögliche Folgekosten in Hinblick auf die Einstellung auf eine neue Therapie und Sicherstellung der Compliance diesen Erklärungsaufwand jedoch relativieren.

Da in einem TRP horizontal differenzierte Präparate einem intensivierten direkten Preiswettbewerb unterworfen werden, besteht zudem die Gefahr adverser Gesundheitseffekte, wenn Patienten zur Vermeidung von Zuzahlungen auf ein imperfektes Substitut wechseln.[127] Brekke et al. (2007: 627) sehen zudem „mismatch costs" auf Nachfrageseite, wenn einzelne therapeutische Substitute aus einem TRP ausgeschlossen sind. Therapeutische Referenzpreisklassen sollten daher entweder möglichst schmal (ausreichende Anzahl nicht preisreferenzierter Wettbewerber) oder möglichst breit (Einschluss aller therapeutischen Wettbewerber) gestaltet werden, um eine Störung der Produktwahl zu vermeiden.

3.4.5.3 Preiseffekte

Wie auch bei GRP kann die Einführung von TRP zu deutlichen Preissenkungen der jeweils eingeschlossenen Originalpräparate und deren therapeutischer Substitute samt Generika führen. So identifiziert Pavcnik (2002) für Orale Diabetika und H_2-Antagonisten nach Einführung therapeutischer Festbeträge in Deutschland stärkere Preisreduktionen für Originale[128] als für Generika.

Weitere Studien mit Fokus auf den kanadischen Markt[129] bestätigen, dass es preisreferenzierten Substituten trotz horizontaler Differenzierung in der Regel nicht gelingt, sich einem durch einen Festbetrag ausgelösten Preisdruck zu entziehen.[130]

Zu den Ergebnissen für Deutschland (vor 2005) sowie Kanada ist jedoch anzumerken, dass sich diese auf therapeutische Festbetragsgruppen beziehen, welche ausschließlich Substitute mit abgelaufenen Patenten mit einschließen. Referenzpreissysteme mit (zumindest teilweiser) Einbeziehung patentgeschützter Moleküle existieren hingegen in Neuseeland,

[126] Vgl. Brekke (2007), Puig-Junoy (2010), Ulrich und Wille (1996).

[127] Vgl. Lopez-Casanovas und Puig-Junoy (2000).

[128] Der Begriff Originale in der folgenden Diskussion über TRP schließt immer sowohl den (zuerst generikafähigen) Originator einer Substanzklasse wie auch sämtliche in den Festbetrag inkludierten originalen therapeutischen Substitute (mit/ohne Patentschutz) mit ein.

[129] Vgl. Grootendorst und Stewart (2006), Marshall et al. (2002).

[130] Eine Ausnahme stellt die Studie von Schneeweiss et al. (2004) zum TRP in British Columbia dar: Da die Gesundheitssysteme einiger Provinzen die niedrigsten Preispunkte innerhalb Kanadas für die Festlegung des Erstattungspreises mit einbeziehen, halten Hersteller Preise innerhalb British Columbias stabil, um Gewinne aus umsatzstärkeren Regionen nicht zu gefährden; vgl. auch Augurzsky et al. (2009).

den Niederlanden, Ungarn (seit 2003) und seit 2005 auch in Deutschland. Im Gegensatz zu generikafähigen Molekülen verfügen diese Präparate über keine vertikal differenzierten Substitute in Form von Generika und sind damit geringeren Preiselastizitäten auf der Nachfrageseite ausgesetzt.[131] Die nachfolgend beschriebenen Studien beziehen sich auf Wirkstoffgruppen, in denen stets mindestens ein generikafähiges Molekül in die Referenzpreisbildung mit einbezogen ist. Eine erste empirische Analyse von Festbetragsgruppen mit *ausschließlich* patentgeschützten Präparaten (O-TRP) erfolgt im empirischen Teil dieser Arbeit.

Kalo et al. (2007) stellen in einer Studie über die Festbetragseinführung bei Statinen im ungarischen Markt keine Preisreduktion für in die Festbetragsgruppe eingegliederte patentgeschützte Originale fest und identifizieren überraschenderweise nur eine marginale Reduktion des mengengewichteten Durchschnittspreises der analysierten Therapieklasse.[132] Haustein (2008) bestätigt für die Einführung von Festbetragsgruppen bei Statinen und Protonenpumpen-Inhibitoren in Deutschland in 2005 ebenso einen stärkeren Preisverfall für generikafähige als für patentgeschütze Originale. Wenngleich ein Preispremium oberhalb des Festbetrags ein Anzeichen für eine ausgeprägte horizontale Produktdifferenzierung sein kann, überwiegt im vorliegenden Fall wohl der Einfluss strategischer Preispunkte bzw. internationaler Preiskorridore. Dies soll nachfolgend am Beispiel des Statins Sortis (Atorvastatin) von Pfizer verdeutlicht werden, für das nach Festbetragseinführung in 2005 Zuzahlungen von bis zu 56 € oberhalb des Referenzpreises fällig waren.[133]

Zahlreiche Gesundheitssysteme greifen für Preis- und Erstattungsentscheidungen auf exogene Preispunkte in internationalen Märkten zurück.[134] Somit kann es für einen Hersteller Sinn machen, im Zuge einer globalen Preisstrategie Umsätze auf Produktebene innerhalb eines Landes zugunsten Gewinnen in anderen Länder zu opfern, anstatt diese durch eine Reaktion auf Referenzpreise zu gefährden. Dem deutschen Markt kommt dabei eine besondere Bedeutung zu: So listet eine Metastudie[135] 16 OECD-Länder auf, die Preispunkte in Deutschland in ihre jeweiligen Warenkörbe zur Setzung des Markt- bzw. Erstattungspreises mit einschließen. Nach Studien von Verniers et al. (2011) sowie Frenzel (2011) werden neue Moleküle innerhalb Europas zudem oftmals zuerst in Deutschland kommerzialisiert, was dazu dienen kann, einen Preisanker für andere Märkte zu setzen.[136] Hinzu kommt,

[131] Vgl. Ellison et al. (1997), Haustein (2008).

[132] Dieser Effekt ist zumindest teilweise auf Umstellungen auf andere Präparate zurückzuführen - mehr hierzu im nachfolgenden Abschnitt über Mengeneffekte.

[133] Vgl. Rote Liste (2005).

[134] Vgl. Augurzky et al. (2009).

[135] Vgl. OECD (2008).

[136] Seit Inkrafttreten des AMNOG in 2011 verzichten Hersteller sogar auf Launches einzelner Präparate im deutschen Markt bzw. nehmen Produkte wieder zurück, sofern eine Einordnung in eine Festbetragsgruppe aufgrund eines nicht erwiesenen therapeutischen Mehrwerts im Rahmen der Nutzenbewertung abzusehen ist und Preiskorridore hieraus resultierend zusammenbrechen könnten; vgl. Winkelhage

dass das Ausscheren aus einem Preiskorridor Möglichkeiten der Arbitrage durch Re- und Parallelimporteure eröffnen kann, deren Tätigkeit in zahlreichen Gesundheitssystemen teils noch gefördert wird.[137] So hätte Deutschland nach Einschätzung von Drabinski et al. (2008) bei einer Preissenkung von Sortis zu einem Ursprungsland von Reimporten werden können.

Eine zusätzliche Erklärung für eine fehlende Preisreaktion könnte zudem der jeweilige Produktlebenszyklus liefern, zumal Danzon und Ketcham (2004) für den deutschen Markt selbst vor 2005 ein Premium oberhalb des Referenzpreises für jeweils relativ neuere Präparate identifizieren. Ein hieraus resultierender deutlicher Preisaufschlag ist aufgrund der relativ hohen Substituierbarkeit von Statinen und des fortgeschrittenen Lebenszyklus der Substanzklasse[138] aber unwahrscheinlich. So wurden einzelne Formulierungen von Sortis selbst am Ende der Patentlaufzeit in 2011 noch bis zum Siebenfachen des Referenzpreises angeboten.[139]

Nach Setzung therapeutischer Festbeträge scheint zudem kein intensiver Preiswettbewerb unter bestehenden bzw. neu eingegliederten Substituten zu erfolgen. Zwar identifiziert Stargardt (2011) für Medikamente im deutschen Markt innerhalb TRP im Vergleich zu GRP im Zeitraum von 2004 bis 2006 über elfmal so hohe quartalsweise Preisreduktionen durch ein TRP (-1,59 % gegenüber -0,14 %), führt dies jedoch vor allem darauf zurück, dass Moleküle in einem GRP schon vor Einführung des Festbetrags generischem Wettbewerb ausgesetzt sind, während ein Patentablauf von Molekülen in einem TRP auch erst nach Eingliederung in die Festbetragsgruppe erfolgen kann. Danzon und Ketcham (2004) finden hingegen weder für Deutschland, die Niederlande noch Neuseeland Anzeichen für einen solchen Preiswettbewerb. Ein Preisverfall tritt folglich nur nach regulativen Interventionen wie einer erneuten Anpassung des Referenzpreises oder bei Patentablauf ein.

Auch wenn innerhalb TRP aufgrund horizontaler Produktdifferenzierung größere Unterschiede bei Preispunkten auftreten können, so hat auch hier wie in GRP der Festbetrag einen unmittelbaren Steuerungseffekt auf den Marktpreis im generikafähigen Segment. Augurzky et al (2009) finden für den deutschen Markt im Zeitraum von 1994 bis 2005 neben einem sukzessiven Preisverfall aufgrund von Festbetragsanpassungen heraus, dass eine Änderung des Referenzpreises von 1 % zu einer durchschnittlichen Anpassung von Marktpreisen von 0,3 % führt, wobei die Reaktion in der Regel innerhalb des ersten Monats nach Festpreisanpassung erfolgt. Weiterhin tritt eine Umsatzkompensation der Industrie

(2011).

137 Vgl. Abschnitt 2.4.5.3.

138 In 2005 waren mit Simvastatin, Pravastatin und Lovastatin gleich drei Moleküle generikafähig.

139 Als Beispiel sei die Packung zu 100*20 mg genannt (Festbetrag 23,90 €), bei der laut Roter Liste 2011 eine Zuzahlung von 135,69 € oberhalb des Referenzpreises zu leisten war.

in Form von Preiserhöhungen nicht-referenzierter Präparate, wenn auch mit geringem Effekt, auf.[140] Bei Betrachtung der Auswirkung von Festbeträgen in Norwegen[141] finden Brekke et al. (2009) dagegen einen negativen Kreuzpreiseffekt auf nicht-preisreferenzierte therapeutische Substitute. Die Einführung eines Referenzpreisschemas kann somit nicht nur die Patentrente der preisreferenzierten, sondern möglicherweise aller Substitute innerhalb eines Therapiegebiets reduzieren.

Neben der Positionierung des jeweiligen Moleküls lassen sich zudem weitere Einflussgrößen auf die Preissetzung identifizieren. Danzon und Ketcham (2004) finden in einer multinationalen Untersuchung mit Fokus auf Deutschland, die Niederlande und Neuseeland leicht höhere Preise für Retardformen sowie Tabletten in kleineren Packungen, was als Indikator für eine zusätzliche horizontale Produktdifferenzierung gedeutet werden kann.

Wie von Brekke et al. (2007) modelliert, führt eine möglichst weite Fassung therapeutischer Referenzpreiscluster zudem zu den stärksten preissenkenden Effekten. So finden Danzon und Ketcham (2004) in einer multinationalen Studie die niedrigsten Median- und Durchschnittspreise auf Molekülebene in Neuseeland im Vergleich zu Deutschland und den Niederlanden, was die Autoren auf den weiten Umfang therapeutischer Referenzpreisklassen innerhalb des neuseeländischen Gesundheitssystems zurückführen.

3.4.5.4 Mengen- und Marktanteilseffekte

Wie in GRP gelingt es Wettbewerbern innerhalb TRP in der Regel nicht, ein hohes Preispremium oberhalb des Referenzpreises aufrechtzuerhalten ohne deutliche Marktanteilsverluste in Kauf zu nehmen. Daraus resultieren unmittelbare Einsparungen für Ausgabenträger durch eine Senkung mengengewichteter Durchschnittspreise. So beschreiben Grootendorst et al. (2005) für den kanadischen Markt, in dem ein therapeutisches Referenzpreissystem auf ein GRP folgte, dass signifikante Kosteneinsparungen erst nach Einführung des TRP auftraten.

Solche direkten Einsparungen für Ausgabenträger durch die Festbetragssetzung scheinen aber oftmals durch einen Anstieg von Verschreibungsvolumina relativiert zu werden. Giuliani et al (1998) finden für den deutschen Markt direkte Einsparungen durch Ausgabensenkungen auf DDD-Basis innerhalb Festbetragsgruppen; diese werden jedoch von einem Mengenwachstum in den Folgejahren überlagert. Stargardt (2010) errechnet nach Einführung des Festbetrags für Statine Anfang 2005 Einsparungen von 108,7 Mio. € auf Ebene der GKV im selben Jahr, erwähnt aber, wie von Kalo et al. (2007) ähnlich für

[140] Augurzky et al. (2009) betrachten hierbei den Gesamtmarkt und nicht nur therapeutische Substitute außerhalb eines Referenzpreisclusters.

[141] Der Untersuchungsfokus liegt hierbei auf der Einführung eines generischen Referenzpreissystems, die Auswirkungen betreffen jedoch therapeutische Substitute.

Ungarn beschrieben, ein darauffolgendes Mengenwachstum sowohl durch einen Anstieg der Verschreibungen wie auch durch eine Erhöhung der durchschnittlichen DDD je Verschreibung.

Während der Volumenanstieg durch die Einrichtung des Festbetrags, einer damit verbundenen Senkung relativer Zuzahlungen für Patienten sowie Entlastung von Budgets verschreibender Ärzte induziert werden könnte, sind die Auslöser für den DDD-Anstieg möglicherweise vielschichtiger. Zum einen kann eine Erhöhung der DDD aus medizinischen Gründen - z.B. in Form einer zumindest temporären Übermedikation bei Wechsel zu einem horizontalen Substitut - ausgelöst werden.[142] Kalo et al. (2007) führen den von ihnen beobachteten Anstieg dagegen auf Intramedikationseffekte zurück, da durch den Mechanismus der Referenzpreisberechnung höhere Dosierungen aus Nachfragersicht relativ preiswerter werden, wobei die Autoren nicht identifizieren können, ob Patienten größere Tabletten möglicherweise in kleinere Einzeldosen teilen.

Neben Mengeneffekten treten Marktanteilseinbußen speziell bei patentgeschützten Präparaten zudem nicht in dem Maße auf, wie dies bei einer elastischen Nachfrage zu erwarten wäre. Stargardt (2010) beschreibt für Sortis eine Stabilisierung des Marktanteils innerhalb der Techniker Krankenkasse bei 4,8 % in 2006 (33,2 % vor Einführung des Festbetrags in 2005). Haustein (2008) sieht darin eine Bestätigung der Markenloyalität und Preisinsensitivität einzelner Patientengruppen. Allerdings ist es auch denkbar, dass verschiedene Statine innerhalb der Festbetragsgruppe aus Sicht einzelner Ärzte bzw. auf Basis der Erfahrungen einzelner Patienten so stark differenziert sind, dass diese nur äußerst schwache Substitute darstellen. Eine Diskussion dazu erfolgt im nachfolgenden Abschnitt.

3.4.5.5 Auswirkungen auf Patienten und das Gesundheitssystem

Neben der direkten Auswirkung auf Preise und Mengen im Markt ist die Einführung von TRP potentiell mit nachgelagerten Effekten verbunden. Während durch Beibehaltung der Therapie mit einem hochpreisigen Original Ausgaben prozentual stärker auf private Haushalte umgelegt werden, kann eine aus Gründen der Zuzahlungsvermeidung motivierte Auswahl eines (aus individueller Patientensicht imperfekten) horizontal differenzierten Substituts zu Verlagerungseffekten innerhalb des Gesundheitssystems bzw. negativen gesundheitlichen Auswirkungen führen.

Diese Annahmen werden durch empirische Studien bestätigt. Marshall et al. (2002) identifiziert steigende Ausgaben auf Seiten privater Haushalte nach Einführung einer therapeutischen Festbetragsgruppe für Histamin$_2$-Rezeptoren in Kanada. Die von Simonsen et al. (2010) sowie Farfan-Portet et al. (2012) beschriebenen höheren Preissensitivitäten

[142] Vgl. hierzu die Analysen von Stargardt (2010) zur Einführung des Festbetrags bei Statinen.

unter Geringverdienern werden von Schneeweis et al. (2002) untermauert, indem die Autoren nach Einführung von Referenzpreisen für ACE-Hemmer im kanadischen Markt die meisten Präparatewechsel unter Geringverdiedern nachweisen.

Als Resultat des Wechsels von Patienten hin zu therapeutischen Substituten und der damit verbundenen Einstellung auf eine neue Therapie beschreiben Schneeweis et al. (2003) einen kurzfristigen Anstieg an Arztbesuchen sowie der Verschreibungsdauer von Medikamenten. Ebenso treten bei den von Stargardt (2010) und Kalo et al. (2007) untersuchten Therabiegebieten Anstiege der Verschreibungen sowie Tagesdosen auf, wobei hier nicht isoliert werden kann, ob es sich um eine temporäre Übermedikamentierung (im Zuge der Einstellung auf ein neues Substitut) handelt. Thomas et al. (1998) identifizieren für Neuseeland sogar einen Anstieg von Cholesterol- und Triglicerid-Werten nach Einführung eines TRP und daraus resultierenden Subtitutionsbewegungen bei Statinen.

Stargardt (2010) berichtet für die Zeit nach der Festbetragseinführung für Statine im deutschen Markt von einer größeren Anzahl an Therapieabbrüchen sowie Krankenhauseinweisungen bei Patienten, deren Medikation von Atorvastatin (Sortis) auf ein Substitut umgestellt wurde, wobei dieser Effekt bei einem mehrfachen Wechsel des Statins noch stärker ausgeprägt war.[143] Während die Einflüsse der Non-Compliance und tatsächlicher adverser Wirkeffekte der Substitute auf resultierende gesundheitliche Folgen in der Studie von Stargardt (2010) nicht voneinander abgegrenzt werden können, hat das Bundessozialgericht in 2012 in einem Urteil[144] die Existenz solcher negativer Gesundheitseffekte bestätigt. Im vorliegenden Fall wurde eine mit Sortis behandelte AOK-Patientin von den Zuzahlungen oberhalb des Festbetrags befreit, da therapeutische Substitute deutliche Nebenwirkungen mit Krankheitswert gezeigt hatten.[145]

Indikationen zu langfristigen Effekten als Resultat der Einführung therapeutischer Referenzpreisschemata z.B. in Form gestiegener Mortalitätsraten lassen sich dagegen (noch) nicht erkennen.

3.4.5.6 Implikationen für Unternehmen

Die Einführung therapeutischer Referenzpreisschemata hemmt nicht nur den Wettbewerb innerhalb preisreferenzierter Wirkstoffklassen, sondern limitiert auch die Möglichkeit der Refinanzierung von Forschungs- und Entwicklungsaufwendungen eines in ein Referenzpreiscluster eingeschlossenen patentgeschützten Originals. Dadurch wiederum wird

[143] Überraschenderweise tritt bei Stargardt (2010) ein signifikanter Anstieg an Krankenhauseinweisungen aufgrund von Koronarerkrankungen erst bei einem mehrfachen Wechsel des Statins auf, bei Notaufnahmen sind hingegen keine signifikanten Unterschiede feststellbar.

[144] Urteil des BSG vom 3.7.2012: B 1 KR 22/11 R, BSGE 111, 146-155; Quelle: juris.de.

[145] Vgl. Ärztezeitung (2012).

der Anreiz zu zukünftigen Markteintritten auf Therapiegebietsebene gesenkt, was zu einem reduzierten horizontal differenzierten Wettbewerbsumfeld führt. Ein solches kleineres Wettbewerbsumfeld kann wiederum den Annreiz zum Preiswettbewerb unter Marktteilnehmern verringern.

Nach der Modellierung von Brekke et al. (2009) wirkt sich solch ein Referenzpreissystem zudem auch noch negativ auf die Preise nicht-referenzierter therapeutischer Substitute aus. Somit würde selbst für Präparate mit einem höheren Innovationsgrad die Patentrente limitiert. Augurzky et al. (2009) weisen für Deutschland zwar Kompensationsbestrebungen der Industrie durch Preiserhöhungen von nicht-referenzierten Präparaten nach; diese Analyse ist jedoch nicht nur auf therapeutische Substitute beschränkt, sondern bezieht den Gesamtmarkt mit ein.

Weiterhin kann die Einführung bzw. Existenz von Referenzpreissystemen deutliche Auswirkungen auf Markteintrittsstrategien von Herstellern und damit die Verfügbarkeit von Präparaten in einzelnen Ländern haben. Hersteller dürften bestrebt sein, Umsätze auf globaler Ebene zu maximieren und müssen angesichts der Einbeziehung exogener Preispunkte bei Preis- und Erstattungsentscheidungen neuer Medikamente in zahlreichen Gesundheitssystemen mögliche Interdependenzen bedenken.[146] Dies kann dazu führen, dass Medikamente in einem Land nicht kommerzialisiert werden, dessen Existenz eines TRP sich möglicherweise deutlich negativ auf Preise in anderen Systemen auswirkt. In einer empirischen Untersuchung identifizieren Danzon und Ketcham (2004) für den deutschen Markt im Vergleich zu den strikter regulierten neuseeländischen und niederländischen Systemen mehr therapeutische Substitute in einzelnen untersuchten Klassen, was die Autoren auf die höhere Marktattraktivität durch relativ enger gesetzte Festbetragsgruppen zurückführen. Allerdings ist im vorliegenden Fall fraglich, inwiefern hierbei die wirtschaftliche Attraktivität des adressierbaren Gesamtmarkts nicht einen größeren Einfluss ausübt.[147]

Hat das Ausbleiben der Patentrente für therapeutische Substitute zudem deutliche Auswirkungen auf die Profitabilität forschender Hersteller, so kann eine zunehmende Penetration von TRP speziell in umsatzstarken Gesundheitssystemen auch zukünftige Innovationen außerhalb bestehender Klassen unterbinden.[148] Morgan und Cunningham (2008) können in diesem Zusammenhang beispielhaft jedoch keinen empirischen Effekt der kanadischen Erstattungsregulierung auf F&E-Aufwendungen in Kanada nachweisen. Weitere Studien zu diesem Thema beschränken sich dagegen auf Auswirkungen allgemeiner Markt-

[146] Vgl. OECD (2008).

[147] In einer anderen Studie (ohne Fokus auf Referenzpreissysteme) kommen Danzon et al. (2005) zu dem Ergebnis, dass in einzelnen Ländern nur 55 % aller potentiell möglichen Markteintritte erfolgen, wobei Länder mit niedrigeren Marktpreisen und geringerer Marktgröße weniger Markteintritte sowie längere Verzögerungen beim Markteintritt zu verzeichnen haben.

[148] Vgl. Brekke et al (2009), Scherer (2004).

und Preisregulierung auf die Profitabilität von Unternehmen.[149]

Ein Hauptproblem der Limitierung der Patentrenten durch therapeutische Referenzpreissysteme ist schließlich, dass dieser Mechanismus mit den tatsächlich stattfindenden parallelen Entwicklungsprozessen und inkrementellen Therapiefortschritten durch Nachfolgepräparate innerhalb bestehender Substanzklassen nur schwer vereinbar ist.[150] Ein interessanter Beitrag hierzu kommt von Sheridan und Attridge (2006), die am Beispiel der Entwicklungshistorie kardiovaskulärer Therapeutika aufzeigen, wie die Einführung therapeutischer Referenzpreisschemata den Therapiefortschritt in jeweiligen Klassen beeinflusst haben könnte.[151]

Abbildung 3.1: Simulierte Auswirkung eines TRP auf die Evolution kardiovaskulärer Therapeutika 1960 bis 2000

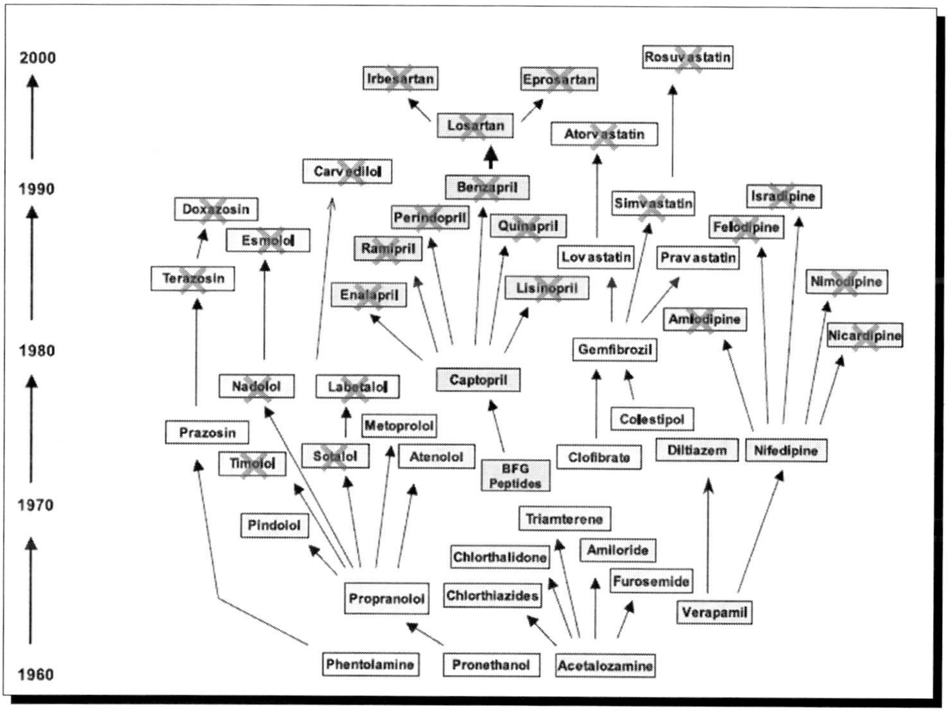

Quelle: Vgl. Sheridan und Attridge (2006: 40).
Legende: Wenn nach Patentablauf des Originators einer Substanzklasse ein TRP eingeführt worden wäre, hätte dies mit x markierte Moleküle von einem zeitlich darauf folgenden Markteintritt abhalten können.

[149] So z.B. Filson und Masia (2007) oder Golec und Vernon (2010).
[150] Vgl. die Ausführungen in Abschnitt 2.5.4.
[151] Vgl. Abbildung 3.2.

Langfristergebnisse zu Konsequenzen der Einführung therapeutischer Referenzpreissysteme existieren hingegen (noch) nicht, ebenso beziehen derzeitige Ansätze die in der Realität stattfindenden parallelen Entwicklungsprozesse nicht mit ein. Bardey et al. (2010) untersuchen modellhaft Auswirkungen therapeutischer Referenzpreisschemata auf pharmazeutische Innovationstätigkeiten und kommen zu uneindeutigen Ergebnissen. Während die Existenz eines Referenzpreises angesichts ungewisser klinischer Ergebnisse während Entwicklungsphasen die Bereitschaft zu pharmazeutischer Innovation hemmen kann, regt die Abschreckung durch intensivierten Wettbewerb ebenso dazu an, Pionierpräparate außerhalb etablierter Substanzklassen zu entwickeln. Brekke et al. (2007) sehen eine Herausforderung von Gesundheitssystemen eher darin, durch Einrichtung eines TRP den Anreiz zu zukünftiger Innovation innerhalb des Therapiegebiets (durch ein schmales Festbetragscluster induziert) gegenüber den erreichbaren Einsparungen auf Erstatterseite (durch ein breites Cluster forciert) abzuwägen.

3.4.5.7 Zwischenfazit

Tabelle 3.10: Marktergebnisse in generikafähigen Märkten III (therapeutische Referenzpreissysteme)

Variable	*Effekt*	*Anmerkung*
Preis der Originale	bleibt vor Patentablauf stabil	Deutliche Preisreduktionen in der Regel nur bei generikafähigen Molekülen.
Preis des Generikums	uneinheitlich	Preisreduktion oder Preiserhöhung zur Angleichung an den Referenzpreis.
Menge/Marktanteil des Originals	nimmt (leicht) ab bis tendenziell stabil	Volle Marktanteilserhaltung nur bei Angleich an Referenzpreis. Bei ausgeprägter horizontaler Differenzierung geringe Marktanteile selbst bei hohem Preispremium möglich.
Menge/Marktanteil des Generikums	nimmt (leicht) zu bis tendenziell stabil	Deutliche Marktanteilsgewinne nur bei großer Preisdifferenz.
Anzahl zusätzlicher Wettbewerber	nimmt ab (therapeutische Substitute) bzw. zu (Generika)	Referenzpreis hemmt zukünftigen Preiswettbewerb und senkt Marktattraktivität für neue Moleküle, bietet aber stabiles Wettbewerbsumfeld für Generika.
Einsparungen für das Gesundheitssystem	nimmt kurzfristig zu	In der Regel kurzfristige Einsparungen, jedoch mögliche Kostenverlagerung auf Patientenseite, Preiserhöhungen nicht-referenzierter Präparate, adverse Gesundheitseffekte, Hemmnis zukünftiger Innovationen.

Quelle: Struktur in Anlehnung an Kanavos et al. (2008: 507).

Ebenso wie ein GRP führt ein therapeutisches Referenzpreisschema zu einem Kostenschnitt für Ausgabenträger in Gesundheitssystemen. Ein Anreiz zu zukünftigem Wettbewerb unterhalb des Referenzpreises erfolgt dagegen nicht. Während der Marktpreis generikafähiger Moleküle durch den Festbetrag unmittelbar beeinflusst werden kann, behalten patentgeschützte Substitute oftmals bestehende Preispunkte vor allem zur Aufrechterhaltung internationaler Preiskorridore bei.

Ein solches Preispremium führt aufgrund der Imperfektheit der therapeutischen Substitute jedoch potentiell zu Kostenverlagerungen auf Privathaushalte bzw. bringt bei preissensitiven Patienten die Gefahr adverser Gesundheitseffekte als Resultat der Wahl ungeeigneter Substitute mit sich.

Langfristergebnisse zu gesundheitlichen Auswirkungen nach Einführung therapeutischer Referenzpreissysteme existieren hingegen noch nicht. Ebenso ist unklar, inwiefern Innovationstätigkeiten von Herstellern durch die Existenz dieses Steuerungsmechanismus beeinflusst werden.

3.5 Einfluss weiterer angebotsseitiger Interventionen

3.5.1 Importarzneimittel[152]

Die Warenfreiheit innerhalb der Europäischen Union ermöglicht die Existenz der Grauen Märkte[153] der Re- und Parallelimporte. Zahlreiche Gesundheitssysteme fördern zudem noch aktiv den Verkauf solcher Importarzneimittel, um Einsparungen für Ausgabenträger zu senken und auch einen Preisdruck auf die Originale im Inland auszuüben.[154] Im Vergleich zu Generika stellen Importarzneimittel nahezu perfekte Substitute zu Originalen dar.[155] Dementsprechend weisen Ganslandt und Maskus (2004) höhere Kreuzpreiselastizitäten im Wettbewerb zwischen Originalen und Importen gegenüber Originalen und Generika nach.

Aus ökonomischer Sicht müsste der Preiswettbewerb durch solche homogenen, nur gering vertikal differenzierten Substitute im Wettbewerb nach Bertrand zu einem Preisverfall führen. Ganslandt und Maskus (2004) zeigen für den schwedischen Markt, dass nach Beitritt in die EU und der damit verbundenen Legalisierung von Reimporten in Schweden Importarzneimittel zu einer Preisreduktion jeweiliger Originale von 12 bis 19 % geführt haben, wobei die Dimension des Preisverfalls positiv mit der Anzahl an Importeuren auf Molekülebene korreliert.

Kanavos et al. (2004) sowie Kanavos und Vandoros (2010) finden hingegen keine bzw. uneinheitliche, insignifikante Auswirkungen des Wettbewerbs durch Importe auf die Preise inländischer Originale in sechs europäischen Ländern, darunter auch Deutschland. Kanavos und Costa-Font (2005) unterstellen daher, dass Patienten aufgrund nur relativ geringerer Zuzahlungen für Importe keinen Anreiz zur Produktwahl dieser Präparate haben und

[152] Während die Importsubstitution im GKV-System eher der Nachfrageseite zuzuordnen ist, wirkt sich die allgemeine Existenz von Importarzneimitteln zunächst auf das Angebot im Markt aus.

[153] Kanavos et al. (2004).

[154] Vgl. VFA (2004), Ganslandt und Maskus (2004).

[155] Abweichungen sind z.B. in Hinblick auf das Aussehen der Sekundärverpackung oder den aufgedruckten Markennamen (z.B. Ratacand statt Atacand) möglich. Geller (2008) weist dagegen darauf hin, dass in Einzelfällen jedoch auch verwendete Hilfsstoffe abweichen können.

Originaleanbieter folglich keine Preisanpassungen im Inland vornehmen müssen. Ebenso kann auch der Bedarf der Aufrechterhaltung internationaler Preiskorridore[156] ein Argument gegen Preisreaktionen auf den Wettbewerb durch Importe liefern.

Mit Blick auf Effekte auf Seiten von Ausgabenträgern errechnen Kanavos et al. (2004) für europäische Märkte durchschnittliche Einsparungen von 0,3 % bis 2,2 % des gesamten Marktwerts durch die Abgabe von Importarzneimitteln, kritisieren aber, dass ein Großteil der potentiellen Einsparungen als Marge bei Importhändlern verbleibt statt an Gesundheitssysteme weitergegeben zu werden. Eine Verschärfung der Reimport-Regelung, welche zu deutlicheren Einsparungen führen sollte, wurde für den deutschen GKV-Markt in 2004 vorgenommen, da Apotheken nun eine Import-Abgabequote zu erfüllen haben, für die nur Präparate mit einem Preisabschlag von 15 % oder 15 € zum Original berücksichtigt werden.[157]

Neben direkten Einsparungen für Leistungserstatter können Importe jedoch die Innovationskraft forschender Firmen schädigen, da sie die Möglichkeit zur Refinanzierung von Entwicklungsaufwendungen mittels Wohlfahrtsgewinnen bzw. länderspezifischer Preisdiskriminierung untergraben.[158] Pfannkuche et al. (2008) weisen zudem darauf hin, dass die Umverpackung von in Inland unüblichen Stückelungen in Parellelimporten zu Complianceproblemen auf Patientenseite führen könnte; empirische Erkenntnisse hierzu fehlen jedoch. Auf ein relativ neues Marktproblem macht der VFA (2010) aufmerksam, da eine Substitution durch ein Importarzneimittel Einsparungen für die GKV dann sogar verringern kann, wenn für ein Originalpräparat ein relativ günstigerer Rabattvertrag existiert, der Apotheker zur Erfüllung seiner Quote jedoch ein Importarzneimittel auswählt.

3.5.2 Preisabschläge und -moratorien

Als Maßnahme zur Ausgabenbegrenzung innerhalb der GKV ist ein prozentualer Preisabschlag auf Basis des Abgabepreises des pharmazeutischen Unternehmens (ApU, netto) festgesetzt, welcher von Herstellern an die Krankenkassen erstattet werden muss.[159] Periodisch wurden nach Änderungen des SGB V neben temporär höheren Preisabschlägen zudem Preismoratorien als Preissteigerungsbremse implementiert, wonach alle Erhöhungen des Listenpreises in bestimmten Zeiträumen als zusätzlicher Rabatt an die Krankenkassen weitergegeben werden müssen.

Eine Untersuchung der Auswirkung von Preismoratorien auf die Preissetzung von Herstellern in Deutschland hat Stargardt (2011) vorgenommen. Der Autor kommt anhand

[156] Vgl. z.B. OECD (2008).
[157] Vgl. § 129 Abs 1 Satz 2 SGB V.
[158] Vgl. Kanavos et al. (2004), Szymanski und Valletti (2005).
[159] Vgl. § 130a Abs. 1 SGB V.

einer Studie von Preisbewegungen im deutschen Markt im Zeitraum von 2004 bis 2006 zu dem Ergebnis, dass Hersteller ihre Preise während Moratorien quartalsweise um durchschnittlich 0,38 % senken und diese im Quartal direkt vor bzw. nach der Preisfixierung um 0,32 % anheben. Ähnlich wie im Fall von Preiserhöhungen nicht-referenzierter Präparate nach Bildung von Festbetragsgruppen[160] kompensieren Hersteller damit Einschnitte in die Preisbildung zu einem Zeitpunkt, zu dem der Regulierungsmechanismus nicht scharfgeschaltet ist.

3.6 Einfluss weiterer nachfrageseitiger Interventionen

3.6.1 Aut idem-Substitution

Mittels der Möglichkeit des Ankreuzens des aut idem-Feldes auf einem Rezept hat ein Arzt die Möglichkeit, die Substitution einer Verschreibung durch ein preiswerteres Generikum[161] seitens des Apothekers zu untersagen.[162] Die Unterbindung der Substitution hat für den Arzt - abgesehen von einer höheren Budgetbelastung - keine Konsequenzen und kann aus Gesichtspunkten der Sicherstellung des Therapieprofils oder der Patientencompliance Sinn machen.

Eine Untersuchung der Handhabung des aut idem-Substitutionsverbots im Rahmen der Scharfschaltung von Rabattverträgen in 2007 wird durch Hoffmann et al. (2009, 2011) vorgenommen. Die Autoren finden heraus, dass das aut idem-Verbot überraschenderweise regional deutlich unterschiedlich gehandhabt wird; die Bandbreite untersagter Substitutionen reicht hier von 6 % (KV Saarland) bis hin zu 42 % (KV Sachsen). Die Ergebnisse variieren jedoch nicht in Abhängigkeit von Patientenalter und -geschlecht; die These, dass bei ältere Patienten aus compliance- bzw. versorgungsrelevanten Gründen eine Substitution tendenziell eher untersagt wird, wird damit nicht bestätigt. Als Grund für die regionale Variation vermuten Hoffmann et al. (2009) daher unterschiedliche Empfehlungen von KVen bzw. regional unterschiedliche Einflüsse von Fortbildungen und Beratungen.

3.6.2 Patientenzuzahlungen

Zuzahlungen von Patienten bei Verschreibungen setzten sich aus zwei Komponenten zusammen. So müssen Patienten innerhalb der GKV eine Zuzahlung von 10 % des AVP,

[160] Vgl. Litsch et al. (1990), Augurzky et al. (2009).
[161] Bzw. rabattiertes Generikum, soweit für ein jeweiliges Molekül ein kassenspezifischer Rabattvertrag geschlossen wurde.
[162] Vgl. § 129 Abs. 1 SGB V. Die Möglichkeit der Substitution durch Importe ist hierdurch nicht betroffen.

jedoch mindestens 5 € und höchstens 10 € für jedes verschriebene Medikament leisten.[163] Ebenso ist bei preisreferenzierten Präparaten ein eventuelles Preispremium oberhalb des Referenzpreises von Patienten zu begleichen.[164] In Hinblick auf das Erreichen einer persönlichen Belastungsgrenze nach § 62 SGB V werden jedoch nur Zuzahlungen in Form der Rezeptgebühr angerechnet.

Sofern sich Gesamtausgaben nicht verändern, könnte man unterstellen, dass Patienten auf die Rezeptgebühr (d.h. die fiskalische bzw. Nachfragekomponente nach Arzneimitteln insgesamt) und auf Prämien oberhalb des Festbetrags (d.h. die Nachfragekomponente zur Beeinflussung der Produktwahl) identisch reagieren. Die Preissensitivität ist für beide Komponenten aber wohl äußerst unterschiedlich ausgeprägt. So ist ein Arztbesuch in der Mehrzahl der Fälle mit der Erwartung einer Medikamentenverschreibung verbunden;[165] die in der Apotheke zu leistende Rezeptgebühr wird daher wohl als gegeben angesehen. Bei der Wahl preisreferenzierter Moleküle ist zudem eine Aufklärungspflicht des Arztes bei Zuzahlungen oberhalb des Festbetrags vorgesehen.[166] Dies dürfte das Bewusstsein von Patienten hinsichtlich der Vermeidbarkeit dieser Ausgaben schärfen. Ein potentieller zusätzlicher Steuerungseffekt aufgrund der Nichtanrechenbarkeit von Zuzahlungen oberhalb eines Referenzpreises für die Belastungsgrenze nach § 62 SGB V sollte hingegen nur bei bestimmten Patientengruppen (z.B. chronisch Kranken oder Hilfeempfängern nach § 62 Abs. 2 SGB V) gegeben sein.

In diesem Zusammenhang zeigen Reichelt und Selke (1991) auf, dass nach der Festbetragseinführung in 1989 Röhm Pharma für Dytide H und Beiersdorf für Novodigal ein Preispremium von 3 DM oberhalb des Referenzpreises wählten. Aufgrund der zeitgleich entfallenen fixen Rezeptgebühr in gleicher Höhe wären Ausgaben für Patienten konstant geblieben. Dennoch führte diese Strategie zunächst zu unmittelbaren Marktanteilsverlusten und nachfolgend zu Angleichungen beider Produkte an den Festbetrag.

Belege dazu, dass die Preissensitivität auf Ebene der Rezeptgebühr möglicherweise nur relativ gering ausgeprägt ist, werden erneut von Stargardt (2011) beigesteuert. Falls Patienten sehr sensitiv auf Zuzahlungen für abgegebene Arzneimittel reagieren, müsste dem Autor zufolge die Wettbewerbsintensität im Markt im Preisintervall von 50 bis 100 € auf Basis des Apothekenverkaufspreises relativ stärker ausgeprägt sein, da Patienten nur in diesem Intervall einer Zuzahlung von genau 10 % ausgesetzt sind und ansonsten eine Pauschale von 5 € bzw. 10 € zahlen müssen. Hersteller könnten daher mit geringeren Zuzahlungen um Patienten konkurrieren. Stargardt (2011) findet in einer Analyse von

[163] Vgl. § 61 SGB V.
[164] Vgl. § 31 Abs. 2 SGB V.
[165] Vgl. z.B. Britten und Ukoumunne (1997), Greenhalgh und Gill (1997). Zu entgegengesetzten Ergebnissen kommt allerdings Ferber (2000).
[166] Vgl. § 73 Abs. 5 SGB V.

Preisbewegungen im Gesamtmarkt in diesem Segment hingegen steigende anstatt fallender Preise im Zeitverlauf. Der Autor führt dies auf den Einfluss von Zuzahlungsbefreiungsgrenzen, die zeitlich kurz zuvor erfolgte Änderung von Zuzahlungsintervallen sowie entgegengesetzten Anreizen durch die Großhandels- und Apothekervergütungen, die im Rahmen der Arzneimittelpreisverordnung größere Margen bei höheren Preisen gewähren, als mögliche Gründe zurück.

Im Gegensatz dazu zeigt Winkelmann (2004) im Rahmen eines natürlichen Experiments nach Inkrafttreten der beiden GKV-Neuordnungsgesetze in 1997 und 1998, dass eine drastische Erhöhung der Rezeptgebühr dennoch zu deutlichen Steuerungseffekten führen kann. So weist der Autor nach, dass der Zuzahlungsaufschlag von 6 DM (entspricht + 200 % für kleine bis + 85 % für große Packungen) zu einer Reduktion der Arztbesuche nicht zuzahlungsbefreiter Patienten von 10 % im Vergleich zu einer Kontrollgruppe zuzahlungsbefreiter Patienten führte.

3.6.3 Zuzahlungsbefreiungsgrenzen

Durch die Einführung einer durch den GKV-Spitzenverband anwendbaren Zuzahlungsbefreiung für Patienten bei Unterschreitung eines Festbetrags von mindestens 30 %[167] wurde für Deutschland im Rahmen des AVWG in 2006 erstmals ein System gestaffelter Zuzahlungen implementiert. Während bei der regulären Unterschreitung eines Festbetrags durch einen Anbieter absolute Zuzahlungen für Patienten nur marginal sinken[168] und Nachfrager inelastisch gegenüber solchen marginalen Preisunterschieden reagieren,[169] setzt eine komplette Zuzahlungsbefreiung unter der Voraussetzung der Kenntnis unter Ärzten und Patienten einen deutlich stärkeren Anreiz zum Produktwechsel.

Herr und Suppliet (2012) vergleichen dieses System mit der amerikanischen Praxis von Tiered Co-Payments/Tiered Formularies innerhalb jeweiliger Pharmaceutical Benefit Scripts, in denen Medikamente einzelner Hersteller auf Basis ihrer Kosteneffektivität bzw. mit dem Hersteller verhandelter Preise/Rabatte in einer bestimmten Zuzahlungsklasse eingeordnet werden. Brekke et al. (2007) weisen darauf hin, dass ein solches System in Hinblick auf Nachfrageeffekte am ehesten einem Markt ohne Referenzpreise bzw. Versicherungsschutz ähnelt, da Patienten finanziell dazu motiviert werden, das preiswerteste Produkt (mit den geringsten Zuzahlungen) zu wählen. Im Gegensatz zum Markt ohne Regulierung ist ein therapeutisch hochwertiges Original in einer Tiered Formulary bei entsprechender Einordnung in ein Zuzahlungscluster für Patienten jedoch möglicherweise preiswerter.

167 Vgl. § 31 Abs. 3 SGB V.

168 Dies trifft nur auf Präparate im Intervall von 50 bis 100 € auf Basis des AVP zu. Für Medikamente mit Preispunkten >100 € oder <50 € ändern sich Zuzahlungen dagegen nicht.

169 Vgl. den vorherigen Abschnitt bzw. Zweifel und Crivelli (1996), Brekke et al (2011).

In einer ersten Untersuchung der durch das AVWG implementierten Regelung finden Herr und Suppliet (2012) schnelle und deutliche Wettbewerbsreaktionen von Generikaherstellern. So senken Anbieter von Branded Generics ihre Preise um durchschnittlich 13,1 %, No-Name-Generikahersteller um 4,9 % und Reimporteure um 2,4 % als Reaktion auf das Gesetz. Kurioserweise erhöhen Originalehersteller ihre Preise um 2,0 %, was die Autoren in Anlehnung an die als Generic Competition Paradox bekannte Abschöpfungsstrategie als „Co-Payment Exemption Paradox"[170] bezeichnen und ebenso mit einer Fokussierung der Anbieter auf ein markenloyales bzw. preisinsensitives Kundensegment begründen. Weiterhin bestätigen diese Autoren einen senkenden Effekt auf durchschnittliche Marktpreise durch eine steigende Anzahl an Wettbewerbern auf Molekülebene.

In Ergänzung zum voherigen Abschnitt über die Steuerungswirkung von Patientenzuzahlungen lässt sich die ausbleibende Preisreduktion von Originalpräparaten möglicherweise auch dahingehend untermauern, dass Ärzte keine Hinweispflicht nach § 73 Abs. 5 SGB V und damit - abgesehen von der Entlastung ihres Budgets - auch keinen direkten Anreiz zur Wahl zuzahlungsbefreiter Präparate haben. Allerdings ist in diesem Fall der Apotheker zur Wahl eines preisgünstigsten - in diesem Fall zuzahlungsbefreiten - Medikaments verpflichtet,[171] soweit die aut idem-Substitution nicht durch den Arzt untersagt wurde.

3.6.4 Verschreibungsbudgets

Mit dem Inkrafttreten des GKV-Gesundheitsstrukturgesetz in 1993 wurden in der GKV erstmals Budgets für verschreibende Ärzte zwischen Kassenärztlichen Vereinigungen, Krankenkassen und der Industrie ausgehandelt. Während das Konzept in den Anfangsjahren noch eine (rechtlich nicht durchsetzbare) Kollektivverantwortung der Ärzteschaft vorsah, können Ärzte seit 2002 individuell für Überschreitungen haftbar gemacht werden.[172] Die Einführung eines solchen Budgets setzt einen Anreiz zur Limitierung der Anzahl bzw. Kosten verschriebener Medikamente auf Seiten des Arztes.[173] Als Resultat sind medikamentöse Substitutionen oder Verlagerungsbewegungen im Gesundheitssystem denkbar. Eine aus finanzieller Sicht motivierte imperfekte Produktwahl des Arztes könnte weiterhin zu nachgelagerten negativen Gesundheitszuständen von Patienten führen.

Die kurzfristige Steuerungswirkung nach Einführung des GSG ist beachtlich. Obwohl die

170 Vgl. Herr und Suppliet (2012: 13).

171 Vgl. § 129 Abs. 1 SGB V.

172 Vgl. Schreyögg und Busse (2005).

173 Im Gegenzug hierzu bestand jedoch von 1993 bis zur Einführung eines rein praxisspezifischen Budgets in 1997 ein Anreiz, die Anzahl an durchgeführten Behandlungen zu steigern, um das Einkommen innerhalb des gedeckelten, KV-spezifischen Budgets zu maximieren. Nach Sauerland (2001) führte dies zu einem Gefangenendilemma, da durch den Anreiz der Punktemaximierung von Ärzten erbrachte Leistungen zunehmend entwertet wurden.

bei einer Budgetüberschreitung zuerst aus dem ärztlichen Vergütungspool fälligen 280 Mio. DM nur rund 1 % des individuellen ärztlichen Einkommens aus der GKV ausmachten,[174] verringerte sich das ärztliche Verschreibungsvolumen von 1992 auf 1993 um 25 %.[175] Im Verlauf der folgenden Jahre fand mangels individueller Zurechenbarkeit jedoch ein Herantasten an das Budget, gefolgt von einer Überschreitung in 1998, statt.[176]

Die initial erzielten Kosteneinsparungen auf ärztlicher Seite setzen sich aus mehreren Komponenten zusammen. Ulrich und Wille (1996) sowie Schreyögg und Busse (2005) beschreiben Substitutionsbewegungen hin zu preiswerteren Medikamenten, welche insbesondere weg von Präparaten mit zweifelhaftem therapeutischem Wert und hin zu Generika erfolgten. Himmel et al. (1997a) identifizieren Verschreibungsumstellungen bei rund zwei Dritteln aller Ärzte, wobei Präparatewechsel besonders bei Ärzten mit überdurchschnittlichen Verschreibungskosten bzw. einem größeren Bewusstsein gegenüber Arzneimittelkosten signifikant stärker ausgeprägt waren.

Ein Anstieg von Facharztüberweisungen um 9 % und Krankenhauseinweisungen von 10 % speziell bei medikamentös behandlungsintensiven Indikationen wird von Schöffski und Schulenburg (1997) identifiziert, Schneeweiss (2007) erwähnt zudem einen Anstieg von Privatrezepten bei Erreichen arztindividueller Budgetgrenzen.

Diese Phänomene relativieren damit tatsächliche Einsparungen nicht nur in Form von Verlagerungen von Kosten, sondern können zu einer Fehlsteuerung im System weg vom (Haus-)Arzt als Gatekeeper hin zu einer verstärkten Inanspruchnahme nachgelagerter Versorgungsstrukturen führen.

3.6.5 „me too"-Quoten und -Listen

Die 2006 auf Ebene der Kassenärztlichen Vereinigung Nordrhein eingeführten „me too"-Quoten setzen einen Anreiz für den Arzt, den Anteil ausgewählter gekennzeichneter „me too"-Präparate am Verschreibungsvolumen zu minimieren.

Eine erste empirische Untersuchung der Auswirkung der Listeneinführung innerhalb der KV Nordrhein wird von Schöffski und Becker (2010) vorgenommen. Diese beschreiben für das einzige in der Gruppe der intranasalen Steroide gelistete Molekül Mometason (Nasonex) einen Marktanteilsrückgang innerhalb der KVNO von 50 % auf 20 %. Dabei wird der ökonomische Druck durch die „me too"-Quote in 86 % aller Fälle, in denen eine Therapieumstellung stattgefunden hat, als Auslöser für den Verschreibungswechsel

[174] Vgl. Bloor und Freemantle (1996).
[175] Vgl. Schulenburg (1994).
[176] Vgl. Hajen et al. (2011).

identifiziert. Schöffski und Becker (2010) weisen jedoch darauf hin, dass die Ausgabeneinsparung für die GKV bei Betrachtung der tatsächlich verschriebenen PDD gegenüber den Berechnungen auf Basis der DDD relativiert wird. Ebenso erwähnen die Autoren eine höhere Frequenz von Arztbesuchen bei Patienten, die mit nicht gelisteten therapeutischen Substituten behandelt werden.[177]

Weitere erste Indizien von Schwabe (2007), der einen Verordnungsrückgang gelisteter Präparate von 23 % in 2006 erwähnt, wie auch von Neye (2010), der von einer Zielerreichung bei 95 % aller Kassenärzte in 2008 spricht, lassen ebenfalls auf eine effektive Steuerungswirkung der „me-too"-Quote bzw. -Liste innerhalb der KV Nordrhein schießen.

3.7 Zusammenfassung bisheriger Ergebnisse für den deutschen Markt

3.7.1 Originale-Märkte

3.7.1.1 Weitgehend unregulierter Wettbewerb

Ergebnisse zu Preis- und Mengeneffekten im Wettbewerb von Originalpräparaten im deutschen Markt stammen bisher vor allem aus multinationalen Vergleichsstudien bzw. sind als Beiprodukt von Untersuchungen mit anderen thematischen Schwerpunkten auffindbar. So identifizieren Danzon und Chao (2000b) ebenso wie Stargardt (2011) Anzeichen für einen Preiswettbewerb unter therapeutischen Substituten. Kanavos et al. (2007) beschreiben für Statine einen nach einer Phase des Marktaufbaus einsetzenden Preiswettbewerb bei Markteintritt in Verbindung mit einer lediglich geringen Preisdynamik im Zeitverlauf. Marktanteile verteilen sich dabei gleichmäßig auf die fünf teilnehmenden Wettbewerber.

Eine erste umfassende Untersuchung zum Wettbewerb innerhalb therapeutischer Klassen in Deutschland wird von Häussler et al. (2002) mit Fokus auf neun Analogpräparategruppen im Zeitraum 1980-2000 vorgenommen. Ausgehend von einer ausführlichen Analyse der Entwicklungsgeschichte und des Therapiefortschritts innerhalb jeweiliger Wirkstoffgruppen beschreiben die Autoren Preis-, Mengen- und Marktanteilseffekte in jeweiligen Klassen. Weiterhin erfolgt eine Berechnung von Einsparungen für die GKV als Resultat des erfolgten Wettbewerbs zwischen Originalen sowie potentiell realisierbaren Einsparpotentialen bei einer vollständigen Substitution eines generikafähigen Originals durch jeweilige Generika.

[177] Hierbei handelt es sich um (nicht auf Signifikanz getestete) Durchschnittswerte. Aus der Studie ist nicht erkennbar, ob und inwiefern eine Präparateumstellung und eine damit verbundene Sicherstellung der Compliance oder Überwachung des Therapieprofils zu einem Anstieg von Arztbesuchen beiträgt.

Die Ergebnisse ihrer Untersuchungen zu Wettbewerbseffekten innerhalb Wirkstoffklassen fassen Häussler et al. (2002: 152) wie folgt zusammen:

> „1. Später eintretende Wirkstoffe betreten den Markt mit einem geringeren Preis und ziehen Marktanteile auf sich.
>
> 2. Dämpfung des Preisanstiegs bei einem Original-Wirkstoff als Folge des Durchbrechens seiner Monopol-Stellung durch das Auftreten von Analog-Wirkstoffen.
>
> 3. Preissenkungen bei einem Wirkstoff als Folge des Wettbewerbs mit später eintretenden, preisgünstigeren Wirkstoffen.
>
> 4. Geringeres Preisniveau von Generika als Folge des vorangegangenen Preiswettkampfs zwischen patentgeschützten Wirkstoffen einer Wirkstoffgruppe."

Ergebnisse auf Ebene einzelner Therapiegruppen sind jedoch teils uneinheitlich bzw. - aufgrund des explorativen Analyseansatzes - nicht signifikant. So lassen sich beispielsweise sowohl Anzeichen für Preisanstiege bzw. einen Qualitätswettbewerb[178] wie auch für einen leichten Preisverfall bzw. Preiswettbewerb unter Originalen[179] im Zeitverlauf identifizieren.

Ebenso lässt sich aus den Ergebnissen von Stargardt (2011) sowie Herr und Suppliet (2012) ein möglicher preissenkender Einfluss durch zunehmenden Wettbewerbs auf Therapiegebietsebene herauslesen; diese Ergebnisse beziehen sich hier jedoch auf den Gesamtmarkt und nicht explizit auf Gruppen mit ausschließlich patentgeschützten Originalen.

3.7.1.2 Einfluss spezifischer Regulierungsmaßnahmen

Der Einfluss von TRP auf Präparateklassen mit patentgeschützten Originalen, welche seit Inkrafttreten des GMG in 2005 gebildet werden können, wurde bisher von Haustein (2008) sowie Stargardt (2010) anhand zweier Präparateklassen untersucht. Hierbei handelt es sich stets um Szenarien mit jeweils mindestens einem generikafähigen Molekül im Markt. Am Beispiel der Statine wird deutlich, dass ein therapeutisches Referenzpreissystem Preise nur dann nicht beeinflussen kann, wenn jeweilige Originaleanbieter die Aufrechterhaltung internationaler Preiskorridore gegenüber der Sicherung von Umsätzen im GKV-Markt priorisieren.[180] Dies ist jedoch potentiell mit Fehlsteuerungen in Form einer Kostenverlagerung auf Patientenseite oder adversen Gesundheitseffekten verbunden.

[178] Vgl. die Analysen von Häussler et al. (2002) in den Gruppen der Benzodiazepin-Rezeptorantagonisten, Histamin2-Rezeptorantagonisten, Nichtsedierenden Antihistaminika und Oxicame.

[179] Vgl. die Analysen in den Gruppen der ACE-Hemmer und Selektiven-Serotonin-Rückaufnahme-Inhibitoren.

[180] Im Szenario der von Haustein (2008) parallel untersuchten Protonenpumpeninhibitoren erfolgt jedoch sehr wohl eine Reduktion durchschnittlicher Originalepreise in vergleichbarer Dimension zu generikafähigen Originalen.

Abbildung 3.2: Mögliche Festbetragseffekte im deutschen Markt

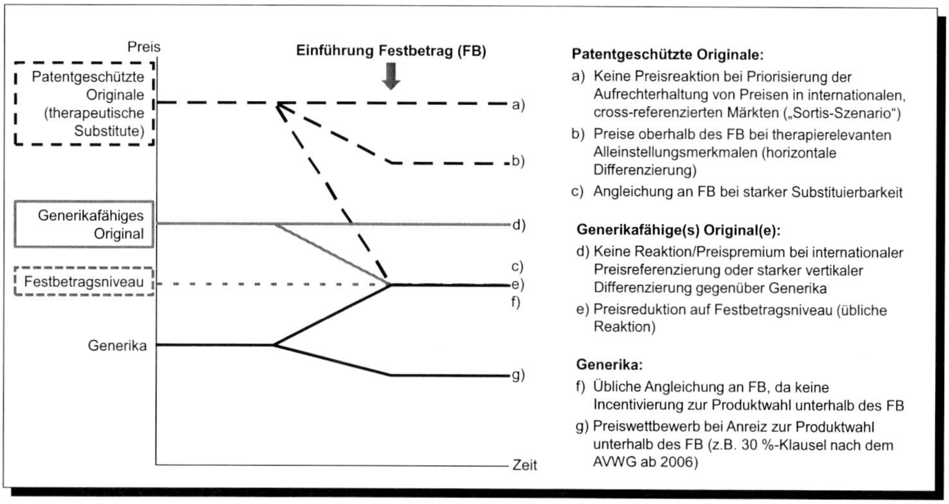

Quelle: Eigene Darstellung

Weiterhin scheinen Regulierungsmechanismen in Form von Importquoten oder Zuzahlungsbefreiungsgrenzen unterhalb des Festbetrags keinen Einfluss auf die Preisentwicklung von Originalepräparaten zu nehmen. Allerdings führen unterstützende nachfrageseitige Mechanismen, z.B. in Form der Apothekenabgabequote für Importe oder Patientenzuzahlungen oberhalb des Festbetrags, zu teils drastischen Marktanteilsverlusten jeweiliger Originale.

Während sich Preise patentgeschützter Originale nicht bzw. nur so viel wie nötig nach jeweiligen regulativen Interventionen ändern, gibt es Anzeichen dafür, dass Hersteller versuchen, hieraus resultierende Umsatzeinbußen durch Preiserhöhungen in nicht referenzierten Marktsegmenten bzw. während Perioden freier Preisbildung auszugleichen.[181] Auf ein solch kompensatives Verhalten deuten Ergebnisse von Litsch et al. (1990), Augurzky et al. (2009) oder Stargardt (2011) hin.

3.7.2 Generikafähige Märkte

Effekte in generikafähigen Teilmärkten in Deutschland wurden im Rahmen dieser Untersuchung stets unter Einfluss unterstützender Interventionen zur Förderung generischer Substitution diskutiert. Es sollte anzunehmen sein, dass alle Gesundheitssysteme, welche angebots- und nachfrageseitige Mechanismen zur Marktregulierung implementiert haben,

[181] Dies gilt ebenso für Szenarien mit generikafähigen Originalen.

dazu in der Lage sind, nach Patentablauf den Preiswettbewerb zwischen Originalen und Generika zu fördern. Vandoros und Kanavos (2013) finden in fünf europäischen Ländern zwar starke Marktanteilsrückgänge nach Patentablauf, weisen überraschenderweise jedoch das Generic Competition Paradox, d.h. eine Entkopplung der Preise von Originalen nach Patentablauf, in vier der fünf untersuchten Länder nach. So steigen die Preise in Schweden und den UK; in Dänemark und Norwegen findet hingegen keine Preisreaktion nach Generikaeintritt statt.[182] Deutschland ist das einzige der untersuchten Länder, in dem ein senkender Effekt generischen Wettbewerbs auf Originalepreise nachgewiesen wird und das Generic Competition Paradox damit nicht auftritt.

Diese Ergebnisse könnten als Indiz dafür gewertet werden, dass das institutionelle Setup im GKV-System mit unterstützenden nachfrageseitigen Steuerungsmechanismen zur Förderung generischer Penetration z.B. mittels der aut idem-Substitution, der Aufklärungspflicht des Arztes bei anfallenden Zuzahlungen oberhalb eines Festbetrags oder des kostenlimitierenden Faktors des ärztlichen Verschreibungsbudgets perfekt dazu geeignet ist, Originalepreise nach Patentablauf zu beeinflussen. Andererseits ist es aber auch denkbar, dass die hohe Generikapenetration im deutschen Markt wie auch das in Deutschland stark ausgeprägte Phänomen der Branded Generics zur Verringerung einer wahrgenommenen vertikalen Produktdifferenzierung zwischen Original und Generika unter Ärzten und Patienten beitragen und folglich kein ausgeprägtes Preispremium für generikafähige Originale erlauben.

Zusätzlich führt eine zu intensive Marktregulierung nicht zwangsläufig zu einer höheren generischen Penetration, sondern kann auch abschreckend auf weitere Wettbewerber wirken. So weisen Galizzi et al. (2011) wie auch Magazzini et al. (2004) darauf hin, dass Märkte mit relativ moderater Preisregulierung (am Beispiel der USA und Deutschland) mehr generische Wettbewerber anziehen und höhere generische Marktanteile vorweisen können. Dies könnte als Indiz dafür gewertet werden, dass diese Märkte für Generikaanbieter ein stabileres Wettbewerbsumfeld und höhere Margen als Märkte mit aggressiveren Modi der Festbetragssetzung bieten.[183] Eine unkontrollierbare Einflussgröße stellt wohl auch die Tatsache dar, dass Deutschland und die USA aufgrund ihrer Marktgröße von vorneherein ein größeres adressierbares Marktpotential bieten.

Studien zu Effekten der Einführung generischer und therapeutischer Festbetragsgruppen vor Inkrafttreten des GMG[184] zeigen, dass der Festbetragsmechanismus ein effektives In-

[182] Fehlende Preisreaktionen nach Generikaeintritt werden ebenso von Lexchin (2004) für den kanadischen Markt identifiziert.

[183] So z.B. Spanien; vgl. Simoens und Coster (2006), Galizzi et al. (2011).

[184] Vgl. Litsch et al. (1990), Reichelt und Selke (1991), Ulrich und Wille (1996), Giuliani et al. (1998), Schneeweiss et al. (1998), Pavcnik (2002), Danzon und Chao (2000b), Danzon und Ketcham (2004), Augurzky et al. (2009), Vandoros und Kanavos (2013).

strument zur Steuerung von Marktpreisen darstellt. Ausgaben können hierdurch jedoch nicht langfristig gedeckelt werden, da Verschreibungen in der Regel im Zeittrend ansteigen und die Gefahr einer zunehmenden Erosion von Marktpreisen Generikaanbieter von einer Intensivierung des Preiswettbewerbs abhält.

Davon ausgehend kann jedoch in einem zweiten Schritt die Einführung und Zuspitzung unterstützender nachfrageseitiger Steuerungsmechanismen und Anreizsysteme z.B. in Form einer zwingenden aut idem-Substitution, der Zuzahlungsbefeiung für unterhalb eines Festbetrags positionierte Präparate[185] oder des limitierenden Einflusses von Ärztebudgets mit zusätzlichen Beschränkungen wie Leitsubstanz-, Generika- und „me too"-Quoten einen deutlichen Einfluss auf das Preis- und Mengengefüge am Markt nehmen.

In einem dritten Schritt hat der Gesetzgeber den Wettbewerb in generikafähigen Märkten schließlich auf eine selektivvertragliche Ebene transferiert, auf der mittels Rabattverträgen und deren Scharfschaltung durch die Abgabeverpflichtung rabattierter Präparate durch den Apotheker zusätzliche Effizienzreserven für die GKV gehoben werden sollen.

Tabelle 3.11: Steuerungseffekte durch Regulierung im GKV-Markt

Steuerungsmechanismus		Effekte im Markt: Auswirkungen auf		(Unmittelbare) Einsparungen für die GKV
		Preise	Marktanteile	
Angebot	GRP	+	o	+
	TRP (generikafähig)	+	o	+
	TRP (patentgeschützt)	-	+	+
	Importarzneimittel	-	o	+
	Preisabschläge/-moratorien	o	-	o
Nachfrage	Patientenzuzahlungen	+	+	+
	Zuzahlungsbefreiungsgrenzen	+	?	+
	Ärztebudgets	-	+	+
	Regionale Steuerungsmaßnahmen	-	+	+

Legende: +: deutlicher Effekt, o: leichter bzw. uneinheitlicher Effekt, -: kein Effekt.

Quelle: Eigene Darstellung.

3.8 Auswahl der Untersuchungsschwerpunkte

Das primäre Ziel dieser Arbeit ist, Forschungslücken zum Wettbewerb in Wirkstoffklassen zu schließen. Auf Basis der Literaturrecherche wurden drei Schwerpunkte ausgewählt, die neue Erkenntnisse zum Wettbewerb in therapeutischen Klassen liefern sollen. Diese umfassen eine detaillierte Untersuchung des Preiswettbewerbs durch Nachfolgepräparate in

185 Vgl. Herr und Suppliet (2012).

Wirkstoffklassen sowie der Auswirkungen jeweils einer bedeutenden Steuerungsmaßnahme auf der Angebots- und Nachfrageseite im deutschen GKV-Markt.

A - Preisbildung bei Markteintritt und Preisverlauf

Untersuchungen zu Preisbildung und Preisverlauf von Originalpräparaten wurden bisher detailliert für den britischen,[186] amerikanischen[187] sowie schwedischen[188] Markt durchgeführt. Häussler et al. (2002) nehmen zudem eine erste qualitative/explorative Analyse des Wettbewerbs innerhalb therapeutischer Klassen im deutschen Markt vor.

Es existiert jedoch doch keine empirische Studie, die sich mit Determinanten der Preisbildung und des Preisverlaufs mit explizitem Fokus auf klar abgegrenzte Wirkstoffklassen befasst bzw. sich auf den deutschen Markt bezieht. Zudem ist eine Weiterentwicklung bisheriger Forschungsansätze zur Identifizierung des Einflusses spezifischer Wettbewerbssituationen, z.B. von Entwicklungsrennen, denkbar. Nach frühen Studien, die die spezifische Wettbewerbssituation als eine bedeutende Einflussgröße auf den Preisverlauf identifizieren,[189] mehren sich in neueren Studien zudem Anzeichen für einen abnehmenden Preis- und zunehmenden Qualitätswettbewerb innerhalb therapeutischer Klassen[190] bzw. hinsichtlich der steigenden Bedeutung internationaler Preiskorridore.[191]

Ziel der ersten empirischen Untersuchung ist daher die Identifizierung und Quantifizierung von Determinanten der Preisbildung und des Preisverlaufs innerhab therapeutischer Klassen im deutschen Markt.

B - Festbetragseinführung bei patentgeschützten Präparaten

Preis- und Mengeneffekte als Resultat der Einführung von Referenzpreisschemata wurden bereits umfassend untersucht. So existieren zahlreiche Studien in verschiedenen regulatorischen Umfeldern zu Festbetragsgruppen mit generikafähigen Originalen und Generika bzw. patentgeschützten und generikafähigen Substituten.[192]

Auf empirischer Ebene unbeantwortet ist allerdings die Frage, zu welchen Ergebnissen die Einführung eines Referenzpreissystems mit *ausschließlich* patentgeschützten Präparaten führt. Ein solches Szenario soll daher nachfolgend am Beispiel der in Deutschland nach dem GMG in 2005 eingeführten „Jumbo-Gruppen" der Sartane und Triptane analy-

[186] Vgl. Reekie (1977).
[187] Vgl. z.B. Reekie (1978), Weston (1979), Lu und Comanor (1998).
[188] Vgl. die Adaptierung der Untersuchung von Lu und Comanor (1998) durch Ekelund und Persson (2003) unter staatlicher Preissetzung in Schweden.
[189] Vgl. insbesondere Lu und Comanor (1998).
[190] Vgl. z.B. Kanavos et al. (2007).
[191] Vgl. z.B. OECD (2008).
[192] Vgl. insbesondere Lopez-Cananovas und Puig-Junoy (2000) sowie Galizzi et al. (2011).

siert werden, für die erstmals Festbetragsgruppen ohne generikafähige Moleküle gebildet wurden.

C - Steuerungseffekte durch „me too"-Listen

Die Auswirkung der Einführung der „me too"-Liste wurde bisher nur punktuell am Beispiel eines einzigen Präparats untersucht,[193] zusätzlich sprechen weitere erste Indizien[194] für eine effektive Steuerungswirkung innerhalb der KV Nordrhein.

Noch unbeantwortet sind allerdings unter anderem die Fragen, wie sich die „me too"-Liste auf das Verschreibungsverhalten innerhalb ganzer Therapiegebiete zum Zeitpunkt der Einführung im Jahr 2006 ausgewirkt hat,[195] wie die Auswirkungen auf gelistete Präparate in der KVNO im Vergleich zu einer Kontrollgruppe (d.h. bundesweit) zu bewerten sind und ob die Liste auch außerhalb der KV Nordrhein - beispielsweise aufgrund des großen nationalen Medienechos nach der Listeneinführung im Jahr 2006 oder bei informativer Weiterleitung der Liste an Ärzte in anderen KVen - Einfluss auf das ärztliche Verschreibungsverhalten genommen hat.

Ziel der dritten empirischen Untersuchung ist daher die Identifizierung und Quantifizierung von Effekten nach der Einführung der „me too"-Liste im bundesweiten Vergleich.

[193] Vgl. Schöffski und Becker (2010).

[194] Vgl. Schwabe (2007), Neye (2010).

[195] Bei der Untersuchung von Schöffski und Becker (2010) handelt es sich lediglich um eine retrospektive Ärztebefragung im Jahr 2009.

4 Empirische Untersuchungen

4.1 A - Preisbildung bei Markteintritt und Preisverlauf[1]

4.1.1 Einleitung

Das Ziel der ersten empirischen Untersuchung ist die Identifizierung und Quantifizierung von Determinanten der Preisbildung und des Preisverlaufs von Nachfolge- bzw. Analogpräparaten. Eine erste ganzheitliche empirische Evaluation hierzu stammt von Lu und Comanor (1998) - nachfolgend LC -, die Eintrittspreise und Preisverläufe neuer Moleküle in den USA im Zeitraum von 1978 bis 1987 analysieren. LC greifen wiederum auf erste Studien von Reekie[2] sowie Weston (1979) zurück, die identifizieren, dass die Preissetzung neuer Präparate mit deren therapeutischem Wert korreliert. Zusätzlich hierzu beziehen LC das spezifische Wettbewerbsumfeld neuer Moleküle mit ein und zeigen, dass Eintrittspreise und Preisverläufe sowohl von der therapeutischen Wertigkeit als auch der Intensität des Wettbewerbs durch patentgeschützte und generikafähige Moleküle beeinflusst werden.[3]

Ekelund und Persson (2003) - nachfolgend EP - replizieren die Studie von LC mit Fokus auf den preisregulierten schwedischen Markt, in dem die Preissetzung zentral durch die staatliche Medical Products Agency erfolgt. Auch hier korrelieren Eintrittspreise neuer Moleküle mit deren therapeutischer Wertigkeit und werden von der Wettbewerbsintensität durch patentgeschützte Originale beeinflusst. Vom Regulator gewährte Preisprämien übersteigen die in den USA identifizierten Werte allerdings deutlich. Die Preisentwicklung im Zeitverlauf ist hingegen von einem umfassenden Preisverfall geprägt, da das System der schwedischen Preisregulierung keine Preiserhöhungen über das Gesamtportfolio einzelner Hersteller hinweg erlaubt.

Für den deutschen Markt beschreiben Häussler et al. (2002) sowie Kanavos et al. (2007) für einzelne Wirkstoffgruppen Entwicklungen von Preisen und Mengen nach Eintritt zusätzlicher Wettbewerber innerhalb jeweiliger Klassen. Ebenso wenig wie das Thema der

[1] Unter dem Titel „Competitive pricing within pharmaceutical classes: evidence on 'follow-on' drugs in Germany 1993-2008" (mit Zweitautorenschaft von Dr. Alexander Frenzel) präsentiert auf dem ISPOR 16th Annual European Congress, Dublin sowie veröffentlicht im European Journal of Health Economics, DOI: 10.1007/s10198-013-0555-3.

[2] Reekie (1977) analysiert Eintrittspreise neuer Produkte auf dem britischen Markt zwischen 1962 und 1970, Reekie (1978) fokussiert sich auf den den amerikanischen Markt im Zeitraum von 1958 bis 1975.

[3] Vgl. hierzu auch nochmals die Ausführungen in Abschnitt 3.3.1.

Preissetzung neuer Präparate jedoch umfassend ökonometrisch für den deutschen Markt untersucht wurde, existiert für andere Märkte bisher keine Studie, die sich mit Determinanten der Preissetzung bei explizitem Fokus auf Nachfolgepräparate innerhalb therapeutischer Klassen befasst. Bei der Anwendung der Methodik von LC und EP sollen zudem detailliertere Erkenntnisse zur Preissetzung in spezifischen Wettbewerbssituationen, so z.B. während der Phase des Marktaufbaus,[4] bei Markteintritten als Resultat von Entwicklungsrennen[5] oder in Wirkstoffklassen mit besonders stark ausgeprägtem Klasseneffekt[6] gewonnen werden.

Für den Preisverlauf neuer Präparate legen die Ergebnisse von LC neben dem Einfluss der jeweiligen Wettbewerbsintensität das Auftreten von Penetrations- sowie Skimming-Strategien in Märkten mit freier Preisbildung nahe. Neuere Studien[7] beschreiben für einzelne Wirkstoffklassen sowohl im Krankenhaus- wie auch Verschreibungsmarkt in verschiedenen Ländern hingegen einen Qualitätswettbewerb in Form von konstant bleibenden Preispunkten von Nachfolgepräparaten. Ziel der Untersuchung ist daher auch ein Beitrag zu dieser Forschungsfrage unter Berücksichtigung der Besonderheiten des deutschen Marktes.

4.1.2 Untersuchungshypothesen[8]

Da das deutsche GKV-System eine freie Preisbildung ermöglicht, müssten Determinanten für die Preissetzung bei Markteintritt starke Ähnlichkeit zu LCs Ergebnissen für den amerikanischen Markt aufweisen. Innovativere Präparate sollten den Markt daher mit einem Preispremium betreten, während therapeutisch gleichwertige Moleküle eine imitative Strategie verfolgen müssten [*Hypothese* H_1]. Da der Fokus im vorliegenden Fall jedoch ausschließlich auf dem Wettbewerb innerhalb von (bereits durch einen Originator etablierter) Wirkstoffklassen liegt, sind Aufschläge für innovativere B-Präparate möglicherweise geringer als im amerikanischen Sample ausgeprägt. Für die Studie von LC kann nicht ausgeschlossen werden, dass in Einzelfällen auch Substitute aus verwandten Wirkstoffklassen als Vergleichspräparate mit einbezogen wurden, was aufgrund einer stärkeren Produktdifferenzierung zu relativ höheren Preispremien neuer Präparate im Vergleich zum durchschnittlichen Marktpreis führen könnte.

Indikationen für Skimming-Strategien für Medikamente bei akuten und Penetrationsstrategien für Präparate bei chronischen Indikationen wurden bisher für den englischen

[4] Vgl. die Studien von Kanavos et al. (2007) sowie Lexchin (2006).

[5] Vgl. die Ausführungen in Abschnitt 2.5.4.

[6] Vgl. die Ausführungen in Abschnitt 2.5.3.5.

[7] Vgl. Kanavos et al. (2007), Jena et al. (2009), Hostenkamp (2013), Vandoros (2013).

[8] Zu einer ausführlichen Diskussion der hier erwähnten Studien vgl. nochmals insbesondere die Abschnitte 3.3.1, 3.7.1 sowie 3.7.2.

sowie amerikanischen Markt nachgewiesen.[9] Relative Preisabschläge für chronische Medikamente lassen sich durch die ökonomische Theorie erklären, da Ärzte und Patienten Erfahrung mit der Anwendung neuer Medikamente sammeln müssen und der Unsicherheitsfaktor und damit verbundene Wechselkosten für dauerhaft (chronisch) angewandte Präparate höher als für sporadisch (akut) eingesetzte Medikamente ist.[10] LC berufen sich bei ihrer Erklärung dieser Preisabschläge zudem auf die relativ stärkere Verbreitung von Medikamenten bei chronischen Indikationen unter älteren Patienten, welche in der Regel höheren Zuzahlungen ausgesetzt sind und damit auch preissensitiver bei der Medikamentenwahl agieren. Im deutschen Markt existieren dagegen fixe Zuzahlungen je Verschreibung; bei Überschreitung der Belastungsgrenze nach § 62 SGB V entfällt eine finanzielle Patientenbeteiligung zudem gänzlich. Im Gegenzug könnten sich jedoch ärztliche Budgetbeschränkungen restriktiv auf die Präparatewahl auswirken.[11] Aus diesen Gründen dürften Preisabschläge und damit verbundene Penetrationsstrategien in einem geringeren Ausmaß als bei LC auftreten [H_2].

Eine Intensivierung der Wettbewerbssituation bei Markteintritt durch eine zunehmende Anzahl an therapeutischen Substituten sollte zu zusätzlichen Preisabschlägen bei Markteintritt führen und wurde neben LC bereits von Danzon und Chao (2000b) sowie Stargardt (2011) für den deutschen Markt beschrieben. Detailliertere Untersuchungen von Kanavos et al. (2007) sowie Lexchin (2006) legen dagegen nahe, dass die ersten zwei bis drei Moleküle einer neuen Wirkstoffklasse einen Markt zunächst in einem Qualitätswettbewerb aufbauen und damit die „general class"[12] der verschriebenen Medikamente etablieren. Ärzte gewinnen demnach Erfahrung und Sicherheit mit der Anwendung dieser neuartigen Präparate, was zu einem Aufbau von Wechselkosten gegenüber nachfolgenden, horizontal nur gering differenzierten Substituten führt.[13] Preisabschläge nachfolgender Präparate, welche notwendig sein müssten, um die Aufmerksamkeit von Ärzten mit etablierten Verschreibungsmustern zu gewinnen, sollten daher erst nach einer initialen Phase des Marktaufbaus auftreten [H_3]. Ebenso dürften Preisabschläge in denjenigen Wirkstoffklassen relativ stärker ausgeprägt sein, die eine besonders hohe Substituierbarkeit der Präparate untereinander und damit verbundene geringe wahrgenommene Differenzierung durch Ärzte und Patienten aufweisen [H_4].

Neben der räumlichen Dimension des Wettbewerbs zwischen horizontal differenzierten Produkten könnte auch eine zeitliche Agglomeration[14] einen Einfluss auf die Preisset-

[9] Vgl. Reekie (1977, 1978), LC.
[10] Vgl. Hellerstein (1998), Schmalensee (1982).
[11] Vgl. Schreyögg und Busse (2005).
[12] Vgl. Kananvos et al. (2007: 463).
[13] Vgl. auch Coscelli (2000).
[14] Dieser Begriff wird in Anlehnung an die von Anderson und Neven (1991: 793) diskutierte"“spatial agglomeration" horizontal differenzierter Güter verwendet.

zung neuer Moleküle ausüben. Als Resultat von parallelen Entwicklungsprozessen werden Ärzte innerhalb eines kurzen Zeitraums mit mehreren neuen Präparaten mit vergleichbaren therapeutischen Eigenschaften konfrontiert. Zur Gewinnung der Aufmerksamkeit des Arztes könnten daher intensivierte Werbe- und Außendienstaktivitäten notwendig sein. Ebenso könnten Hersteller aber auch durch Preisabschläge versuchen, Ärzte dazu zu motivieren, ihr Verschreibungsverhalten zugunsten eines der neuen Präparate umzustellen [H_5]. Neben der Reaktion auf einen kurz zuvor erfolgten Markteintritt wäre ein proaktiver Preisabschlag bei bevorstehendem zusätzlichen Wettbewerb auch in Einklang mit der Limit Pricing Theory, wonach Hersteller versuchen können, durch aggressive Preissetzung weitere Hersteller von einem nachfolgenden Markteintritt abzuhalten.[15]

Die Nichtexistenz des Generic Competition Paradox und der damit verbundene senkende Effekt generischen Wettbewerbs auf die Preise zugehöriger Originale mittels unterstützender Mechanismen wie Referenzpreisschemata oder aut idem-Substitution wurde für den deutschen Markt bereits in zahlreichen Studien nachgewiesen.[16] Daher sollten neue Moleküle den Markt mit einem Premium in Situationen betreten, in denen Originale nach Patentablauf in einen Preiswettbewerb mit generischen Molekülen eingetreten sind [H_6].

Die Preisentwicklung neuer Präparate in Systemen mit freier Preisbildung wurde neben LC auch von Reekie (1978) für die USA sowie von Reekie (1977) für den britischen Markt analysiert. Dementsprechend könnten auch in Deutschland Skimming-Strategien für innovative und Penetrationsstrategien für imitative Präparate auftreten. Dem gegenüber stehen jedoch neuere Ergebnisse von Kanavos et al. (2007), Jena et al. (2009), Hostenkamp (2013) sowie Vandoros (2013), die einen vorherrschenden Qualitätswettbewerb innerhalb therapeutischer Klassen beschreiben. Zusätzlich lassen sich im deutschen Markt Charakteristika ausfindig machen, die gegen systematische Preissenkungen oder -erhöhungen im Zeitverlauf sprechen und eher konstante Preise erwarten lassen [H_7]:

Zum einen dienen Preispunkte im deutschen Markt als bedeutende Einflussgröße für exogene Referenzpreisschemata in zahlreichen anderen Gesundheitssystemen.[17] Neue Moleküle werden innerhalb Europas oftmals zuerst in Deutschland kommerzialisiert, um einen strategischen Ankerpunkt für die Preisbildung in anderen Ländern zu setzen.[18] Daher dürfte es, wie im bereits diskutierten Fall des Statins Sortis, im Interesse von Herstellern sein, Preispunkte im deutschen Markt möglichst hoch zu halten, um Umsätze in anderen Ländern nicht durch eine Neuberechnung von Warenkörben zu gefährden. Ebenso könnte

[15] Vgl. Bergman und Rudholm (2003).
[16] Vgl. z.B. Pavcnik (2002), Kanavos et al. (2008), Stargardt (2011), Vandoros und Kanavos (2013).
[17] Vgl. Augurzky et al. (2009). Nach einer Studie der OECD (2008) beziehen 16 von 22 OECD-Ländern, die ein System exogener Referenzpreisbildung für Preis- oder Erstattungsentscheidungen implementiert haben, Preispunkte aus dem deutschen Markt mit ein.
[18] Vgl. Verniers et al. (2011), Frenzel (2011), Danzon und Epstein (2008).

die in 2003 geschaffene Möglichkeit der Rabattverträge für Originalpräparate nach § 130a Abs. 8 SGB V dazu beitragen, dass Listenpreise nicht gesenkt sondern kassenspezifische Individualrabatte vereinbart werden.

Auf der anderen Seite sprechen periodisch angewandte Preismoratorien gegen Preiserhöhungen in jeweiligen Zeiträumen. Da Hersteller zusätzlich zum Herstellerrabatt nach § 130a SGB V während Preismoratorien Erhöhungen der Preise als Rabatt an die GKV zurückgeben müssen, besteht ein Anreiz, Preisanpassungen nach oben auf Zeiträume vor bzw. nach einem solchen Moratorium zu verschieben.

Größere Preisänderungen könnten jedoch durch den Einschluss von Molekülen in therapeutische Referenzpreiscluster ausgelöst werden; dieser Mechanismus ist allerdings erst ab dem Inkrafttreten des GMG in 2005 aktiv.

4.1.3 Datenauswahl und -basis

Als Datengrundlage werden alle in Deutschland neu in den Verkehr gebrachten Moleküle im Zeitraum von 1993 bis 2008 herangezogen. Der Beobachtungszeitraum wird im Vergleich zu LC und EP (jeweils zehn Jahre) erweitert, um selbst bei einer restriktiven Auswahl geeigneter Präparate (s.u.) ein ausreichend großes Sample zu generieren. Neue Präparate werden dabei nur bis zum Jahr 2008 berücksichtigt, um einen konsistenten Datensatz für die Analyse der Preisbildung bei Markteintritt sowie des Preisverlaufs nach vier Jahren zu erhalten.

Die Präparateauswahl erfolgt auf Basis der Besprechungen in der Publikationsreihe *Neue Arzneimittel* von Fricke und Klaus,[19] Band 8 bis 19 (n=458). Die Klassifizierung von Fricke/Klaus, welche in ihrer dreigliedrigen Bewertungssystematik dem von LC übernommenen FDA-Schema stark ähnelt, das Hauptaugenmerk jedoch eher auf den pharmakologischen denn den therapeutischen Innovationsgrad legt,[20] wird zugleich als Proxy für die therapeutische Wertigkeit eines neuen Präparats übernommen:

> A: Innovative Struktur oder neuartiges Wirkprinzip mit therapeutischer Relevanz
>
> B: Verbesserung pharmakodynamischer oder pharmakokinetischer Eigenschaften bereits bekannter Wirkprinzipien
>
> C: Analogpräparat mit keinen oder nur marginalen Unterschieden zu bereits eingeführten Präparaten

[19] Bzw. Fricke und Beck ab Band 19.

[20] Zu einer ausführlichen kritischen Diskussion vgl. Abschnitt 2.5.3.4.

Hierbei werden jedoch Präparate mit Mischbewertungen (z.B. A/C, B/C, C/D[21]) mangels eindeutig erkennbarem bzw. codierbarem therapeutischen Stellenwert ausgeschlossen. Ebenso werden mit A bewertete Präparate aus Konsistenzgründen aussortiert, da hieraus nicht immer ersichtlich ist, ob hierbei nur eine pharmakologische (neues Wirkprinzip) oder aber therapeutische Innovation vorliegt.[22] Damit entfallen auch die von LC und EP beschriebenen Probleme bei der Identifizierung geeigneter Substitute therapeutisch hochinnovativer Präparate. Somit bleiben nach der ersten Vorauswahl nur Präparate mit den Bewertungen B (therapeutische/pharmakologische Verbesserung) bzw. C (Analogpräparat) übrig. Der Fokus der Analyse liegt somit alleinig auf dem Wettbewerb innerhalb bereits existierender Wirkstoffklassen.

Im zweiten Schritt folgt eine Aussortierung von Präparaten, welche ausschließlich oder primär in Krankenhäusern eingesetzt werden, da Preispolitiken in diesem Segment aufgrund des Direktgeschäfts zwischen Herstellern und Krankenhäusern möglicherweise andere Charakteristika als im verschreibungspflichtigen Markt aufweisen.[23] Weiterhin werden in Anlehnung an LC und EP einige Indikationsgebiete vollständig ausgeschlossen. Dies betrifft Antineoplastika (EphMRA-ATC: L) ebenso wie systemische antivirale Mittel (ATC: J5), welche in Kombination mit anderen Präparaten eingesetzt werden bzw. werden können und daher möglicherweise auf Preisänderungen dieser Supplemente reagieren. Ebenso werden Impfstoffe, Diagnostika sowie Präparate mit patientenindividueller Dosierung (z.B. Anästhetika) nicht berücksichtigt. Problematisch ist weiterhin die Einbeziehung von Antiinfektiva (z.B. Antibiotika, Antimykotika), da hier aufgrund teils sehr unterschiedlicher Wirk- und Resistenzspektren die Substituierbarkeit stark eingeschränkt ist. Daher werden nur solche Präparate mit eingeschlossen, bei denen eine grundsätzliche therapeutische Austauschbarkeit besteht.[24]

Bei Molekülen, welche in Co-Marketing-Vereinbarungen gleichzeitig oder sequentiell an den Markt gebracht werden, wird jeweils nur eins der beiden Präparate untersucht. Bei einem sequentiellen Markteintritt fällt hier die Entscheidung zugunsten der zuerst kommerzialisierten Marke, bei einem parallelen Launch zugunsten des Präparats, welches im ersten Jahr die höheren Umsätze erzielt hat.[25]

Die Identifikation der relevanten Vergleichspräparate bei Markteintritt wird einerseits anhand der Diskussionen in der Reihe *Neue Arzneimittel* vorgenommen. Weitergehend wer-

[21] Eine isolierte Bewertung mit D (nicht ausreichend gesichertes Wirkprinzip bzw. unklarer therapeutischer Stellenwert) wurde im Beobachtungszeitraum an nur ein einziges Molekül vergeben.
[22] Vgl. Kaber und Twarock (2009).
[23] Vgl. Grabowski und Vernon (1992), Frank (2001), Hajen et al. (2011).
[24] Dies erfolgt unter zusätzlicher Einbeziehung von Bewertungen der Substituierbarkeit innerhalb Therapiegruppen vor allem durch Häussler et al. (2002) sowie Albrecht et al. (2010).
[25] Dieses Vorgehen ist eine reine Formalie; innerhalb des Samples und Beobachtungszeitraums sind die Preispunkte von in Co-Marketing-Vereinbarung vertriebenen Präparaten stets identisch.

den Beschreibungen von Präparaten bzw. Substanzklassen durch Häussler et al. (2002), Albrecht et al. (2010), Beubler (2011), Derendorf et al. (2011), in der Reihe *Arzneiverordnungsreport* sowie, wo nötig, in zusätzlicher klinischer Literatur mit einbezogen.[26]

Zur Festlegung der relevanten konkurrierenden Arzneimittel werden in Anlehnung an die Definition von LC nur die jeweils direktesten therapeutischen Substitute mit der gleichen Indikation berücksichtigt. Durch den Ausschluss mit A bewerteter Präparate aus dem Sample, welche in der Regel eine neue Wirkstoffklasse etablieren, ist die Analyse damit ausschließlich auf weitgehend homogene Wirkstoffklassen fokussiert. So erfolgt beispielsweise im Fall des ersten Sartans im Sample (Valsartan mit Markteintritt in 1997) ausschließlich ein Vergleich mit Losartan als mit A bewertetem Originator der Substanzklasse mit Markteintritt in 1995, nicht aber mit Hypertonika mit anderen Wirkmechanismen (z.B. ACE-Hemmer, Calciumkanalblocker).

Kann ein neues Medikament gleichwertig für mehrere Indikationen eingesetzt werden, so wird hierbei nur die Hauptindikation in Betracht gezogen; im Zweifelsfall erfolgt die Festlegung der Hauptindikation anhand des höheren Umsatzes einer jeweiligen entsprechenden Dosis-/Packungskombination eines neuen Präparats.[27] Bei Substanzen, welche in mehreren Organgruppen und damit verbundenen Indikationen Anwendung finden (z.B. Corticosteroide als Dermatika, Rhinologika oder Ophthalmika) werden jeweils die Therapiegebiete mit eingeschlossen, für die ein neues Präparat von Fricke/Klaus bewertet wird. Präparate werden in Anlehung an LC und EP als akut klassifiziert, wenn diese primär bei Indikationen mit einer Behandlungsdauer von bis zu drei Monaten eingesetzt werden.

Eine Auflistung der 108 final ausgewählten Präparate befindet sich in Anhang 6.1. Im Vergleich zu LC und EP ist die Auswahl und Analyse dahingehend zugespitzt bzw. präzisiert, dass neue Moleküle nur berücksichtigt werden, wenn diese:

- als Nachfolgepräparat innerhalb einer Substanzklasse den Markt betreten,
- in dieser Substanzklasse grundsätzlich therapeutisch austauschbar sind und
- ausschließlich oder primär von niedergelassenen Ärzten verordnet werden.

Die Festlegung der Vergleichsdosierungen eines neues Präparats und seiner Substitute erfolgt anhand der zum jeweiligen Zeitpunkt der Markteinführung empfohlenen DDD seitens der WHO bzw. des DIMDI. Zusätzlich werden, speziell bei Diskrepanzen zwischen DDD und angebotenen Dosis- bzw. Packungskombinationen, die Dosisempfehlungen des

[26] So z.B. bei Kanski (2008), Naber (2009), Reiß (2009), Erb und Schlote (2011), Karow und Lang-Roth (2011).

[27] Ein Beispiel hierfür stellt der Dopaminantagonist Cabergolin (Dostinex) dar, der in unterschiedlichen Dosierstärken bzw. Behandlungszeiträumen sowohl bei hyperprolactinämischen Störungen (festgelegte Hauptindikation), primärem Abstillen nach der Geburt wie auch als Adjuvans bei Morbus Parkinson eingesetzt werden kann.

Herstellers in der *Roten Liste* zum Zeitpunkt des Markteintritts mit einbezogen. Wie bei LC und EP werden Preise für die jeweils hauptsächlich angewendete Applikationsform verglichen; bei systemischen Präparaten sind dies in der Regel Tabletten. Auf Packungs-/Dosisebene wird, wo möglich, die größte Packung mit 1 DDD je Zähleinheit (z.B. Tablette, Sprühstoß) ausgewählt. Falls hierbei kein Vergleich zwischen verschiedenen Präparaten einer Substanzklasse möglich ist, fällt die Wahl auf die am ehesten vergleichbare, in der Regel umsatzstärkste DDD-/ Packungskombination. Analog zu EP werden die Preise der Wettbewerber mit den jeweiligen Marktanteilen auf DDD-Basis im gesamten deutschen Arzneimittelmarkt zum Zeitpunkt *t=-1* gewichtet.[28] Schließlich werden die Beobachtungen des Preisverlaufs neuer Präparate mittels des Verbraucherpreisindex (CPI) des Statistischen Bundesamtes auf das jeweilige Basisjahr des Markteintritts (*t=0*) deflationiert.

Als Datenbasis dienen Auszüge aus der Datenbank IMS DPM, welche von der IMS Health GmbH & Co. OHG in Frankfurt/Main für diese Analysen zur Verfügung gestellt wurden.[29] IMS DPM bildet den deutschen Arzneimittelmarkt an der Schnittstelle des Apothekeneinkaufs vollständig ab und setzt sich aus einer Vollerhebung des Verkaufs durch 15 vollsortierte Großhändler sowie einem repräsentativen Apothekensample zur Erhebung des Direktgeschäfts mit Herstellern, Reimporteuren und teilsortierten Großhändlern zusammen.[30] Die Preisinformationen auf Packungsebene innerhalb der Datenbank stammen aus der jeweiligen *Lauer-Taxe* und bilden den Abgabepreis des pharmazeutischen Unternehmens (ApU, netto) ab, sodass etwaige Preisbereinigungen aufgrund geänderter Großhandels- bzw. Apothekenmargen oder Mehrwertsteuersätze im Zeitverlauf nicht nötig sind. Mengen- und Preisdaten wurden für die Jahre 1992 bis 2012 (jährliche Beobachtungswerte) abgefragt.

4.1.4 Deskriptive Statistik

Die Übersichtsstatistiken der Preissetzung bei Markteintritt und Preisentwicklung nach vier Jahren sowie die Vergleichswerte von LC und EP sind in Tabelle 4.1 aufgeführt. Bei Markteintritt zeigt sich wie erwartet ein Preispremium für innovative B-Präparate, welches mit durchschnittlich +182 % zwischen den Werten für die USA und Schweden liegt. Der Median im deutschen Sample liegt allerdings nur bei 1,00; der Durchschnittswert wird somit von einigen hochpreisigen Ausreißern stark beeinflusst.

[28] Es werden nur Marktanteile der jeweiligen Originalpräparate, nicht aber von möglichen generischen Wettbewerbern auf Molekülebene berücksichtigt. Die Gewichtung mit Marktanteilen zum Zeitpunkt *t=-1* lässt sich damit erklären, dass neue Marktteilnehmer ihren Eintrittspreis unter Berücksichtigung des zuletzt beobachteten Wettbewerbsumfeldes setzen.

[29] Mein besonderer Dank gilt an dieser Stelle nochmals Dr. Alexander Frenzel für die stets unkomplizierte Unterstützung im Rahmen meines Forschungsvorhabens.

[30] Vgl. IMS (2011).

Tabelle 4.1: Relative Preissetzung bei Markteintritt (relp) und realer Preisverlauf nach vier Jahren (ratio4)

relp

		Deutschland 1993 bis 2008					USA 1978 bis 1987 (LC)					Schweden 1987 bis 1997 (EP)				
		n	Med.	Mean	SD	Range	n	Med.	Mean	SD	Range	n	Med.	Mean	SD	Range
A	Akut						3	2,97	3,12	0,88	2,32-4,07	5	1,43	1,59	0,56	1,10-2,55
	Chronisch						10	2,07	3,11	2,76	0,20-8,08	3	10,97	9,40	4,88	3,93-13,30
	Total						13	2,47	3,11	2,47	0,20-8,08	8	2,04	4,52	4,83	1,10-13,30
B	Akut	5	0,88	5,01	5,52	0,66-14,20	19	1,72	3,09	3,65	0,40-13,60	30	1,64	3,75	4,96	0,17-19,28
	Chronisch	14	1,00	2,04	2,34	0,75-8,31	29	1,19	1,63	1,14	0,48-5,97	42	2,55	3,92	4,77	0,09-20,32
	Total	19	1,00	2,82	3,71	0,66-14,20	48	1,35	2,21	2,53	0,40-13,60	72	2,25	3,86	4,85	0,09-20,32
C	Akut	26	0,98	1,08	0,38	0,40-2,01	16	1,23	1,37	0,68	0,55-3,13	63	1,26	2,16	3,09	0,04-16,70
	Chronisch	63	1,00	1,04	0,29	0,65-1,92	53	0,94	1,07	0,80	0,37-6,00	75	1,13	2,18	3,54	0,12-26,17
	Total	89	1,00	1,05	0,32	0,40-2,01	69	0,97	1,15	0,78	0,37-6,00	138	1,16	2,17	3,33	0,04-26,17

ratio4

		n	Med.	Mean	SD	Range	n	Med.	Mean	SD	Range	n	Med.	Mean	SD	Range
A	Akut						3	1,11	1,06	0,23	0,81-1,26	16	0,78	0,83	0,28	0,52-1,65
	Chronisch						10	0,87	0,92	0,17	0,68-1,19	12	0,75	0,73	0,12	0,44-0,91
	Total						13	0,87	0,95	0,19	0,68-1,26	28	0,77	0,78	0,21	0,44-1,65
B	Akut	5	0,95	0,98	0,11	0,94-1,03	19	0,95	1,00	0,20	0,79-1,59	20	0,93	0,90	0,33	0,34-2,05
	Chronisch	14	0,97	1,00	0,10	0,82-1,22	29	1,18	1,13	0,16	0,84-1,42	26	0,82	0,84	0,13	0,64-1,10
	Total	19	0,97	0,99	0,11	0,82-1,22	48	1,09	1,08	0,19	0,79-1,59	46	0,86	0,86	0,24	0,34-2,05
C	Akut	26	0,98	0,97	0,04	0,61-1,19	16	1,04	1,11	0,26	0,81-1,71	42	0,89	0,89	0,29	0,40-2,51
	Chronisch	62	0,95	0,98	0,10	0,66-1,29	53	1,26	1,26	0,30	0,68-2,01	33	0,79	0,81	0,10	0,64-1,07
	Total	88	0,95	0,97	0,09	0,61-1,29	69	1,22	1,23	0,29	0,68-2,01	75	0,84	0,85	0,23	0,40-2,51

Quelle: Eigene Darstellung, basierend auf LC (1998) und EP (2003). Med. = Median; SD = Standardabweichung.
Zur Beschreibung der abhängigen Variablen vgl. Tabelle 4.2.

Für C-Präparate zeigt sich dagegen im Durchschnitt wie im Median eine Preisgestaltung auf dem Niveau bisheriger Wettbewerbsprodukte. Eine deutlich geringere Standardabweichung als im amerikanischen und vor allem schwedischen Sample spricht ebenfalls für eine schwerpunktmäßige imitative Preisstrategie.

Ein Unterschied der Preisgestaltung für Präparate bei akuten bzw. chronischen Indikationen, die in den beiden anderen Ländern auftritt, ist dagegen nicht erkennbar. Akute B-Präparate zeigen zwar im Median einen leichten Preisabschlag und im Durchschnitt ein deutliches Preispremium. Diese Ergebnisse sind aufgrund der geringen Samplegröße (n=5) und der daraus resultierenden hohen Standardabweichung jedoch wenig aussagekräftig.

Bei Betrachtung des Preisverlaufs nach vier Jahren tritt sowohl bei B- als auch C-Präparaten ein geringer realer Preisverfall von durchschnittlich 2 bis 5 % auf. Mögliche Indikationen für Penetrations- bzw. Skimming-Strategien wie in den USA sind nicht erkennbar. Da die Standardabweichung im deutschen Sample zudem äußerst gering ist, sprechen diese Ergebnisse für nur schwach ausgeprägte Preisbewegungen binnen der ersten Jahre. Während in Schweden ein durchgängiger, deutlicher Preisverfall von durchschnittlich 10 bis 27 % durch den Einfluss nationaler Regulierung auftritt, sind die Effekte im deutschen Markt wohl primär auf die durchgeführte Deflationierung der Nominalpreise zurückzuführen.

4.1.5 Ökonometrische Schätzung

4.1.5.1 Schätzverfahren

Die ökonometrische Analyse erfolgt auf Basis der von LC entwickelten und von EP übernommenen linearen Regressionsgleichungen. Die Schätzungen werden in Stata Version 12.0 durchgeführt[31] und erfolgen für Markteintritt und Preisverlauf mittels der nachfolgenden Grundmodelle, deren Variablen zur Kontrolle spezifischer Wettbewerbssituationen teils variiert werden. Die Beschreibung der verwendeten Variablen erfolgt in Tabelle 4.2; in Anhang 6.2 befindet sich eine zusätzliche deskriptive Statistik verwendeter Variablen.

Relative Preissetzung bei Markteintritt:

$$lrelp = \beta_0 + \beta_1 rateb + \beta_2 acute + \beta_3 comp + \beta_4 gen + \epsilon$$

Preisverlauf:

$$lratio_t = \delta_0 + \delta_1 rateb + \delta_2 acute + \delta_3 dclp + \delta_4 dblp + \delta_5 comp_t + \delta_6 gen_t + \gamma$$

[31] Die Software wird ebenso für die Modellierungen im Rahmen der Untersuchungen B und C verwendet.

Tabelle 4.2: Schätzvariablen für Markteintritt und Preisverlauf

Abhängige Variablen:	
lrelp	Natürlicher Logarithmus des Verhältnisses des Preises eines neuen Präparats auf DDD-Basis zum mengengewichteten Durchschnittspreis therapeutischer Substitute (Originalpräparate)
lratio(t)	Natürlicher Logarithmus des Verhältnisses des deflationierten Preises eines neuen Präparats nach *t* Jahren zum Einführungspreis
Allgemeine Kontrollvariablen:	
rateb	Dummyvariable für die therapeutische Qualität, die den Wert 1 bei einer Bewertung mit B und 0 bei einer Bewertung mit C annimmt
acute	Dummyvariable mit Wert 1, wenn es sich um ein Akutpräparat handelt und Wert 0, wenn das Präparat (primär) in chronischen Indikationen eingesetzt wird
*comkt**	Dummyvariable mit Wert 1, wenn das Präparat innerhalb einer Co-Marketing-Vereinbarung vertrieben wird
dclp	Interaktive Variable, Produkt aus *lrelp* und *rateb* für *rateb=0*
dblp	Interaktive Variable, Produkt aus *lrelp* und *rateb* für *rateb=1*
Variablenset *comp* zur Erklärung des Wettbewerbs durch Originale:	
lns(t)	Natürlicher Logarithmus von 1 + der Anzahl der therapeutischen Substitute (Wettbewerber auf Molekülebene) zum Zeitpunkt *t*
*launch(y)**	Dummyvariable, die den Wert 1 annimmt, wenn zum Zeitpunkt des Markteintritts in einem Zeitraum von einschließlich +/- *y* Jahren mindestens ein weiterer Wettbewerber den Markt betritt (als Proxy für einen Entwicklungswettlauf)
*launch(y)a** *launch(y)p**	Dummyvariablen, die den Wert 1 annehmen, wenn *launch(y)=1* und Wettbewerber den Markt vor *(ante)* und/oder nach *(post)* dem untersuchten Präparat betreten
*me2class**	Dummyvariable mit Wert 1, wenn es sich um eine Wirkstoffklasse handelt, die in der Literatur explizit als Klasse mit hohen Substitutionspotentialen und geringer wahrgenommener Differenzierung der Produkte untereinander beschrieben wird
Variablenset *gen* zur Erklärung des Wettbewerbs durch Generika:	
dg	Dummyvariable, die den Wert 1 annimmt, wenn bei Markteintritt mindestens ein Molekül im Wettbewerb generikafähig ist
lg	Natürlicher Logarithmus von 1 + des Prozentsatzes der Wettbewerber, die bei Markteintritt generikafähig sind (als ganze Zahl)
bg	Dummyvariable, die den Wert 1 annimmt, wenn ein Molekül bei *t=4* mindestens einen, aber bei *t=0* noch keinen generikafähigen Wettbewerber hatte
lgs	Logarithmus von 1 + des Quotienten des Prozentsatzes der Wettbewerber, die bei *t* generikafähig sind, zum Prozentsatz der Wettbewerber, die bei Markteintritt generikafähig waren (jeweils als ganze Zahl)
gs*(t)*(z)*	Dummyvariable, die den Wert 1 annimmt, wenn zum Zeitpunkt *t* genau *z* Moleküle im Wettbewerb generikafähig sind
gs*(t)(z)min**	Dummyvariable, die den Wert 1 annimmt, wenn zum Zeitpunkt *t* mindestens *z* (oder mehr) Moleküle im Wettbewerb generikafähig sind

Legende: Im Vergleich zu LC/EP neu eingeführte Variablen sind mit * gekennzeichnet.

4.1.5.2 Schätzstrategie

Zunächst erfolgt eine Replikation der von LC und EP verwendeten Variablenkombinationen, um Vergleiche mit den bisherigen Ergebnissen für die USA und Schweden ziehen zu können. Die Schätzung wird zunächst ohne Korrektur der Standardabweichung mittels Heteroskedastizitäts- oder Cluster-robuster Regressionsvarianten vorgenommen, um eine direkte Vergleichbarkeit mit den Werten von LC und EP sicherzustellen. Für das Modell bei Markteintritt folgt eine sukzessive Einbeziehung der neu entwickelten Variablen zur Identifikation von Wettbewerbseffekten durch patentgeschützte und generikafähige Substitute, um detailliertere Aussagen zu spezifischen Wettbewerbssituationen innerhalb therapeutischer Klassen treffen zu können.

Für die Schätzung des Preisverlaufs nach vier Jahren erfolgt aufgrund der aus der deskriptiven Analyse ersichtlichen schwach ausgeprägten Preisbewegungen vorerst nur eine Adaptierung des Grundmodells von LC/EP. Nach Möglichkeit werden diese Ergebnisse zusätzlich detailliert.

4.1.6 Ergebnisse

4.1.6.1 Preissetzung bei Markteintritt

Die Gegenüberstellung der Regressionsergebnisse für die Preisbildung bei Markteintritt in Deutschland, den USA und Schweden erfolgt in Tabelle 4.3. In den USA sind für mit A (*ratea*, insignifikant) sowie mit B (*rateb*) bewertete Präparate Preispremien erkennbar; das im Constant Term abgebildete Premium für C-Präparate wird hingegen bereits durch eine Erhöhung der Anzahl an Wettbewerbern je Therapiegebiet von eins auf zwei (abgebildet in *lns0*) überkompensiert. Ein signifikantes Preispremium ist ebenso für Präparate, die bei akuten Indikationen angewandt werden (*acute*), wie auch in Szenarien mit bestehendem generischen Wettbewerb (*dg, lg*) erkennbar.

In Schweden korreliert der relative Eintrittspreis bei Markteintritt ebenfalls mit der therapeutischen Wertigkeit; das Preispremium für mit C klassifizierte Moleküle fällt jedoch selbst bei zwei oder mehr Wettbewerbern auf Therapiegebietsebene (*lns0*) noch deutlich positiv aus. Für Akutpräparate zeigt sich ein überraschender, wenn auch insignifikanter Preisabschlag. Der Wettbewerb durch generikafähige Moleküle liefert hingegen keine Erklärung für die Preissetzung bei Markteintritt.

Für Deutschland zeigt sich im Constant Term ein schwach ausgeprägtes Preispremium für alle neuen Präparate, welches jedoch (noch) kein befriedigendes Signifikanzniveau erreicht. Ein deutliches, signifikantes Premium tritt für B-Präparate auf [H_1 ✓]; die Dimension des

Tabelle 4.3: Regressionsergebnisse Preissetzung bei Markteintritt I *(lrelp)*

	Deutschland			USA			Schweden		
	(1)	(2)	(3)	(1)	(2)	(3)	(1)	(2)	(3)
cons.	0.031	0.199	0.155	0.295*	0.230	0.221*	0.485**	0.485**	0.486**
	(0.21)	(1.46)	(1.18)	(2.32)	(1.82)	(2.32)	(2.90)	(2.89)	(2.89)
ratea				0.374	0.388	0.387	0.920*	0.920*	0.921*
				(1.76)	(1.78)	(1.88)	(2.45)	(2.48)	(2.44)
rateb	0.436***	0.444***	0.435***	0.267*	0.293*	0.285*	0.463**	0.463**	0.463**
	(3.49)	(3.86)	(3.85)	(2.13)	(2.39)	(2.34)	(2.99)	(2.98)	(2.98)
acute	0.082	0.045	0.077	0.334**	0.336**	0.335**	-0.197	-0.197	-0.200
	(0.79)	(0.47)	(0.82)	(2.75)	(2.84)	(2.84)	(-1.37)	(-1.35)	(-1.38)
lns0	-0.030	-0.291**	-0.263**	-0.322***	-0.386***	-0.376***	-0.124	-0.124	-0.119
	(-0.34)	(-2.91)	(-2.83)	(-3.75)	(-4.45)	(-4.41)	(-1.24)	(-1.14)	(-1.12)
dg		0.482***			0.332**			0.004	
		(4.45)			(2.78)			(0.02)	
lg			0.141***			0.086**			-0.077
			(4.87)			(2.96)			(0.15)
n	108	108	108	130	130	130	218	218	218
r2	0.12	0.26	0.28	0.27	0.32	0.32	0.08	0.08	0.08
adj.r2	0.09	0.23	0.25	0.25	0.29	0.29	0.07	0.06	0.06
F	4.59	9.01	10.12	n/a	n/a	n/a	4.79	3.82	3.82

t-Statistiken in Klammern, p-Werte für Standardfehler:
* $p < 0.05$, ** $p < 0.01$, *** $p < 0.001$

Ausschlags auf vergleichbarer Ebene zu den Ergebnissen von EP ist hier möglicherweise auf einige relativ hochpreisige neue Moleküle im Sample zurückzuführen. Abweichungen in der Preissetzung von Akutpräparaten sind dagegen äußerst schwach ausgeprägt und stark insignifikant [H_2 ✓], folglich wird dieser Regressor nicht mehr berücksichtigt.

Wie in den beiden anderen Studien zeigt sich ein Preisabschlag bei einer zunehmenden Anzahl an therapeutischen Substituten im Wettbewerb. Regressionen #2 bis 3 führen zudem zu der Erkenntnis, dass die Kontrolle des Wettbewerbs durch generikafähige Moleküle die Qualität des Modells deutlich verbessert (R^2 annähernd auf Niveau der USA) und damit im Vergleich zu LC und EP einen unbedingt notwendigen Beitrag zur Erklärung der Preissetzung bei Markteintritt liefert. So führt sowohl die allgemeine Existenz generischen Wettbewerbs (*dg* in #2) wie auch die prozentual zunehmende Anzahl generikafähiger Originale (*lg* in #3) zu einem deutlichen Preispremium neuer Moleküle. Dies impliziert, dass sich Wettbewerber nach Ablauf des Patents in einem intensiven Preiswettbewerb mit generischen Substituten befinden [H_6 ✓]. Nachfolgend werden diese ersten Ergebnisse weiter detailliert.

Die Berechnung[32] der Regression #2 unter Ausschluss des *acute*-Dummies in #4 (Tabelle 4.4) führt zu keinen wesentlichen Ergebnisänderungen, erhöht jedoch die Signifikanz des Gesamtmodells. Der Constant Term ist zwar noch äußerst knapp insignifikant auf einem Niveau von 95 %, es zeigt sich jedoch bereits, dass das hierin enthaltene Preispremium von rund 20 % bereits durch Erhöhung der Anzahl zusätzlicher Wettbewerber von eins auf zwei (*lns0*) überkompensiert wird. Für das Szenario eines neuen C-Präparats in einer Wirkstoffklasse ohne generikafähige Wettbewerber bedeutet dies, dass ein Preiswettbewerb erst ab dem dritten Marktteilnehmer einsetzt [H_3 ✓]. Die graduelle Intensivierung dieses Preiswettbewerbs durch eine zunehmende Wettbewerberanzahl wird nochmals durch eine Sensitivitätsanalyse in Anhang 6.3 bestätigt.

Neben der Anzahl direkter Substitute zeigt sich auch ein deutlicher Einfluss von Entwicklungswettläufen auf die Preissetzung neuer Präparate. Betrachtet man die Zeitabstände zum Eintritt eines weiteren Wettbewerbers in derselben Substanzklasse, so führt der Produktlaunch mindestens eines direkten Wettbewerbers in einem Zeitraum von plus/minus einem bzw. zwei Jahren (#5, #6) zu einem zusätzlichen signifikanten Preisabschlag von rund 20 %. Ab einschließlich drei Jahren ist kein Einzeleffekt mehr erkennbar (#7, #8). Es scheint zudem unerheblich, ob bei zusätzlichen Launches von Substituten innerhalb eines Zeitraums von zwei Jahren der Eintritt eines neuen Moleküls nach (*launch2a*) und/oder vor (*launch2p*) dem eines Wettbewerberpräparats erfolgt (#9). Neue Präparate agieren folglich sowohl reaktiv wie auch proaktiv mittels Preisabschlägen auf diese verschärfte Wettbewerbssituation [H_5 ✓].

Anschließend erfolgt die Einbeziehung der Dummyvariable für eine zugespitzte Definition des Klasseneffekts, d.h. eine Kontrolle derjenigen Wirkstoffklassen, welche in der Literatur[33] explizit als Klassen von Präparaten mit nahezu identischen therapeutischen Profilen und einer von Ärzten und Patienten kaum wahrgenommenen Differenzierung beschrieben werden. In diesen homogenen Therapiegebieten mit horizontal äußerst gering differenzierten Substituten zeigt sich in #10 ein zusätzlicher Preisabschlag in Höhe von rund 18 % [H_4 ✓].

In Tabelle 4.5 ist die genauere Betrachtung des Wettbewerbs durch Präparate mit bereits abgelaufenen Patenten dargestellt. Aus #11 wird deutlich, dass in generikafähigen Märkten die Anzahl generikafähiger Moleküle keine unterschiedliche Auswirkung auf den Eintrittspreis ausübt, da sich für ein (*gs01*) wie auch für mehrere (*gs02min*) Wettbewerber

[32] Alle nun folgenden Schätzungen werden unter Verwendung Heteroskedastizitäts-robuster Standardfehler durchgeführt.
[33] Vgl. insbesondere Albrecht et al. (2010) sowie Häussler et al. (2002).

Tabelle 4.4: Regressionsergebnisse Preissetzung bei Markteintritt II *(lrelp)*

	(4)	(5)	(6)	(7)	(8)	(9)	(10)
cons.	0.206	0.249*	0.299*	0.187	0.167	0.297*	0.345**
	(1.98)	(2.33)	(2.55)	(1.62)	(1.34)	(2.51)	(2.91)
rateb	0.444*	0.441*	0.417*	0.447*	0.449*	0.423*	0.382*
	(2.26)	(2.34)	(2.29)	(2.23)	(2.24)	(2.29)	(2.23)
lns0	-0.288**	-0.234*	-0.255**	-0.294**	-0.302**	-0.255**	-0.205*
	(-3.16)	(-2.61)	(-2.84)	(-3.07)	(-3.08)	(-2.82)	(-2.13)
dg	0.487***	0.455***	0.460***	0.492***	0.499***	0.461***	0.435***
	(3.81)	(3.71)	(3.74)	(3.70)	(3.67)	(3.72)	(3.62)
launch1		-0.203*					
		(-2.54)					
launch2			-0.187*			-0.142	-0.185*
			(-2.10)			(-1.03)	(-2.16)
launch3				0.0334			
				(0.35)			
launch4					0.0634		
					(0.56)		
launch2a						-0.0123	
						(-0.12)	
launch2p						-0.0669	
						(-0.68)	
me2class							-0.176*
							(-2.08)
n	108	108	108	108	108	108	108
r2	0.258	0.296	0.287	0.258	0.260	0.289	0.313
F	4.991	4.392	4.056	3.818	3.703	2.665	3.600

t-Statistiken in Klammern. p-Werte für Heteroskedastizitäts-robuste Standardfehler:
* $p < 0.05$, ** $p < 0.01$, *** $p < 0.001$

mit abgelaufenen Patenten keine wesentlich unterschiedlichen Regressionskoeffizienten ergeben. Eine Sensitivitätsanalyse in Anhang 6.4 zeigt zwar ein doppelt so hohes Preispremium in Märkten mit fünf generikafähigen Wettbewerbern, dieser Wert ist jedoch fast ausschließlich auf Beobachtungen in der Substanzklasse nichtsteroidaler Antiphlogistika zurückzuführen.

Schließlich folgt noch die explorative Einbeziehung der Dummyvariable für in Co-Marketing-Vereinbarungen vertriebene Präparate.[34] Regression #12 zeigt hier einen leicht negativen,

[34] Ein Co-Marketing-Präparat wird von zwei Unternehmen unter zwei verschiedenen Handelsnamen auf den Markt gebracht. Literatur zu Erwartungen oder Marktergebnissen des Wettbewerbs von Co-Marketing-Molekülen konnte nicht ausfindig gemacht werden. Breitenbach und Lewis (2013) weisen allerdings darauf hin, dass solche Kooperationen vorrangig zum Zweck einer schnellen Marktdurch-

Tabelle 4.5: Regressionsergebnisse Preissetzung bei Markteintritt III (*lrelp)*

	(11)	(12)
cons.	0.201	0.218*
	(1.91)	(2.04)
rateb	0.445*	0.449*
	(2.23)	(2.25)
lns0	-0.284**	-0.282**
	(-3.23)	(-3.12)
gs01	0.490***	
	(3.46)	
gs02min	0.470***	
	(4.38)	
dg		0.475***
		(3.78)
comkt		-0.0950
		(-1.29)
n	108	108
r2	0.258	0.262
F	5.200	3.797

t-Statistiken in Klammern. p-Werte für Heteroskedastizitäts-robuste Standardfehler:
* $p < 0.05$, ** $p < 0.01$, *** $p < 0.001$

jedoch insignifikanten Ausschlag. Dies könnte als Anzeichen dafür gewertet werden, dass solche Kooperationen eher zur Vermarktung imitativer bzw. relativ später eintretender Produkte geschlossen werden, was dazu dienen könnte, jeweilige herstellerspezifische Produktportfolios zu ergänzen.

4.1.6.2 Preisverlauf

Für die Schätzung des Preisverlaufs nach vier Jahren wird in Tabelle 4.6 eine Replikation der Regressionen von LC und EP vorgenommen. In den USA sind für hochinnovative Präparate *(ratea)* Anzeichen von Skimmingstrategien erkennbar; für mit B *(rateb)* sowie mit C bewertete Moleküle (im Constant Term abgebildet) weist der überwiegende, positive Constant Term dagegen auf Penetrationsstrategien hin. Anzeichen für Skimmingstrategien von Akutpräparaten sind vorhanden, jedoch insignifikant. Wie schon bei Markteintritt führt eine steigende Anzahl patentgeschützter Wettbewerber *(lns4)* zu einem stärkeren

dringung geschlossen werden.

Preisverfall; eine zunehmende Anzahl generikafähiger Moleküle *(bg, lg)* zeigt dagegen keine Auswirkung auf den Preisverlauf. Die negativen, signifikanten Interaktionsvariablen *dblp* und *dclp* sagen aus, dass der Preisanstieg für bei Markteintritt relativ niedriger bepreiste B- sowie C-Präparate stärker ausgeprägt ist.

Tabelle 4.6: Regressionsergebnisse Preisverlauf nach vier Jahren *(lratio4)*

	Deutschland			USA			Schweden		
	(13)	(14)	(15)	(13)	(14)	(15)	(13)	(14)	(15)
cons.	0.004	0.002	0.005	0.302***	0.295***	0.300***	-0.175**	-0.174**	-0.168**
	(0.12)	(0.07)	(0.15)	(6.56)	(6.00)	(7.59)	(-3.04)	(-3.00)	(-2.90)
ratea				-0.339***	-0.337***	-0.339***	-0.126	-0.130	-0.137
				(-4.14)	(-4.08)	(-4.11)	(-0.85)	(-0.88)	(-0.93)
rateb	0.020	0.025	0.018	-0.092*	-0.092*	-0.093*	0.003	0.004	0.005
	(0.68)	(0.83)	(0.59)	(-2.15)	(-2.12)	(-2.16)	(0.04)	(0.05)	(0.06)
acute	-0.002	-0.002	-0.001	-0.055	-0.052	-0.054	0.076	0.077	0.075
	(-0.09)	(-0.09)	(-0.07)	(-1.33)	(-1.26)	(-1.29)	(1.93)	(1.94)	(1.90)
dalp				-0.007	-0.008	-0.007	-0.008	-0.008	-0.008
				(-0.13)	(-0.15)	(-0.13)	(-0.33)	(-0.32)	(-0.31)
dblp	-0.008	-0.010	-0.006	-0.108*	-0.107*	-0.106*	-0.001	-0.001	-0.003
	(-0.31)	(-0.40)	(-0.25)	(-2.50)	(-2.47)	(-2.46)	(-0.04)	(-0.08)	(-0.20)
dclp	0.047	0.045	0.048	-0.139**	-0.136**	-0.138**	-0.009	-0.009	-0.010
	(1.13)	(1.08)	(1.16)	(-2.66)	(-2.57)	(-2.62)	(-0.76)	(-0.71)	(-0.87)
lns4	-0.021	-0.019	-0.023	-0.077**	-0.075**	-0.076**	-0.008	-0.014	-0.010
	(-1.06)	(-0.95)	(-1.13)	(-2.82)	(-2.74)	(-2.79)	(-0.09)	(-0.54)	(-0.40)
bg		-0.026			0.002			-0.032	
		(-0.69)			(0.05)			(-0.47)	
lgs			0.004			0.004			-0.313
			(0.48)			(0.39)			(-1.28)
n	107	107	107	130	130	130	128	128	128
r2	0.03	0.04	0.03	0.25	0.25	0.25	0.09	0.10	0.10
adj.r2	-0.02	-0.02	-0.02	0.21	0.20	0.20	0.05	0.04	0.05
F	0.65	0.62	0.57	n/a	n/a	n/a	2.09	1.85	2.04

t-Statistiken in Klammern, p-Werte für Standardfehler:
* $p < 0.05$, ** $p < 0.01$, *** $p < 0.001$

In Schweden tritt hingegen ein durchgängiger Preisverfall auf. Dieser scheint für mit A bewertete Präparate nochmals stärker ausgeprägt zu sein; die Variable *ratea* ist jedoch deutlich insignifikant. Der knapp insignifikante, positive Regressor *acute* könnte auf einen relativ geringeren Preisrückgang von in akuten Indikationen angewandten Präparaten hinweisen.

Für Deutschland bestätigen Regressionen #13 bis 15 die Anzeichen der deskriptiven Analyse, dass Preisbewegungen innerhalb der ersten vier Jahre äußerst schwach ausgeprägt sind [H_7 ✓]. Ferner sind alle erklärenden Variablen wie auch das Gesamtmodell stark insignifikant; die gleichgerichteten Regressoren zur Erklärung generischen Wettbewerbs *bg* und *lgs* in #14 und 15 weisen sogar unterschiedliche Vorzeichen auf.

Den stärksten Erklärungswert für Preissenkungen liefert hier eine zunehmende Anzahl an Wettbewerbern in #15 (*lns4* mit t-Wert von -1,13). Einen positiven Ausschlag (t-Wert von 1,16) im gleichen Modell zeigt die Interaktionsvariable *dclp*. Dies könnte als Indiz dafür gewertet werden, dass der Preisrückgang bei *C*-Präparaten mit relativ höheren Markteintrittspreisen stärker ausgeprägt ist.

Aufgrund der geringen Ausschläge und starken Insignifikanzen wird keine Weiterentwicklung oder Variation des Modells vorgenommen.

4.1.7 Validität und Reliabilität

Die Modelle bei Markteintritt weisen Effekte mit Ergebnissen und starken Signifikanzen in vergleichbaren Dimensionen zu den bisherigen Studien von EP und insbesondere LC auf. Eine Variation der Variablen für den Wettbewerb durch patentgeschützte und generikafähige Originale führt zu robusten Ergebnissen; die Effektstärke von beibehaltenen Regressoren (z.B. *rateb*, *lns0*, *constant*) ändert sich dabei kaum.

Während die Modifikation bestehender Variablen für den Wettbewerb durch Originale und Generika keinen Einfluss auf die Validität des Modells haben sollte, könnten zusätzlich eingefügte Regressoren zur Detaillierung von Wettbewerbsszenarien Anzeichen von Kollinearität aufweisen. So ist es z.B. denkbar, dass, wie im Fall von Sartanen, Entwicklungswettläufe (*comp2y)* vorrangig in Wirkstoffklassen mit einem starken Klasseneffekt, d.h. hoher Substituierbarkeit der Präparate untereinander *(me2class)* stattfinden. Aus diesem Grund werden sämtliche verwendete Variablenkombinationen paarweise wie auch gruppenweise hinsichtlich möglicher Kollinearitäten getestet. Einzelne Korrelationstests wie auch Überprüfungen auf Multikollinearität mittels des Variance Inflation Factor *vif*[35] führen hier zu durchwegs zu negativen Ergebnissen.

Tests auf Endogenität der Regressoren[36] wie auch möglicherweise ausgelassene Variablen[37] zeigen keine positiven Anzeichen. Die Codierung und Einbeziehung weiterer vorliegender Informationen in Form von Jahresdummies oder Lags zum Originator einer jeweiligen Substanzklasse als potentielle weitere Regressoren führen zu keinen neuen Erkenntnissen.

[35] Vgl. Chen et al. (2003).
[36] Hausman- bzw. Instumental Variables-Test; vgl. Cameron und Trivedi (2010).
[37] Ramsey-Reset-Test; vgl. Cameron und Trivedi (2010).

Die Schätzungen werden unter Verwendung Heteroskedastizitäts-robuster Standardfehler vorgenommen.[38] Allerdings ist es denkbar, dass Fehlerterme aufgrund spezifischer Charakteristika innerhalb einzelner Wirkstoffgruppen korrelieren, was die Validität des OLS-Schätzers ebenfalls in Frage stellen könnte. Daher erfolgen zusätzliche Schätzungen der Markteintritts-Modelle unter Verwendung eines Cluster-robusten Regressionsterms, wobei Wirkstoffgruppen (38 gesamt) in jeweilige Cluster zusammengefasst werden.[39] Hier treten leichte Anzeichen von Clustereffekten des Fehlerterms auf. So verringern sich die Signifikanzniveaus der Regressoren *rateb* in #4 bis 11 und *launch2* in #6 und 10 auf 90 %, *me2class* in #10 wird mit einem t-Wert von -1,59 sogar knapp unter 90 % insignifikant. Die Signifikanzen der Gesamtmodelle sinken dabei von 99 % auf 95 %. Alternativ durchgeführte Clusterungen nach Markteintrittsjahren und Herstellern bewirken hingegen keine Änderung der Signifikanzniveaus.

4.1.8 Diskussion

Wie auch in vorherigen Studien lässt sich der therapeutische Wert neuer Präparate als eine hauptsächlich erklärende Variable für die Preissetzung bei Markteintritt identifizieren. Im Vergleich zu LC und EP ist die Analyse dahingehend zugespitzt, dass nur Präparate mit grundlegender Substituierbarkeit in bereits existenten Wirkstoffklassen ausgewählt wurden, wodurch sich imitative Preispunkte eher als bei einer möglichen Einbeziehung von Substituten aus verwandten Wirkstoffklassen (was für LC und EP nicht ausgeschlossen werden kann) errechnen. Die hohe Standardabweichung der Preispunkte von B-Präparaten mit einigen relativ hochpreisigen Ausreißern zeigt jedoch potentiell eine Schwäche des Klassifikationssystems von Fricke/Klaus auf, da deren Systematik B-Bewertungen sowohl für pharmakologische als auch (aus Ärzte-/Patientensicht möglicherweise als bedeutender wahrgenommene) therapeutische Fortschritte innerhalb einer Wirkstoffklasse ermöglicht.

Der Wettbewerb in Wirkstoffklassen durch therapeutisch gleichwertige Präparate lässt sich als räumliche Agglomeration relativ gering differenzierter Substitute charakterisieren.[40] Um Verschreiber zu gewinnen, versuchen neue Wettbewerber bei Markteintritt, mittels Preisabschlägen Wechselkosten zu kompensieren und dadurch Nachfrage auf sich zu ziehen. Dieser Effekt ist in denjenigen Wirkstoffklassen, die eine äußerst geringe wahrgenommene Differenzierung der Produkte untereinander aufweisen, nochmals stärker ausgeprägt. Ebenso erzwingen parallele Launches in einem Zeitfenster von bis zu zwei Jahren

[38] Eine Überprüfung auf Homoskedastizität mittels des Breusch-Pagan/Cook-Weisberg-Tests (vgl. Cameron und Trivedi 2010) fällt ebenfalls negativ aus.
[39] Vgl. die Regressionsergebnisse in Anhang 6.6.
[40] Vgl. hierzu die Ausführungen zum Wettbewerb horizontal differenzierter Güter in den Abschnitten 3.2.3.2 sowie 3.3.1.1.

zusätzliche Preisnachlässe, da Ärzte im selben Zeitraum gleich mit mindestens zwei neuen Präparaten, die eine bereits therapierbare Indikation adressieren, konfrontiert sind. Es mag verwunderlich erscheinen, dass Hersteller bei Markteintritt beispielsweise durch Marketing keine größere Abgrenzung - und damit verbundene höhere Preise - gegenüber bestehenden Wettbewerbern durchsetzen können. Allerdings lässt wohl die Kombination aus nachfrageseitigen Präferenzen (z.B. Applikationsform), dem Wettbewerbsumfeld und dem limitierenden Faktor der tatsächlich variierbaren Eigenschaften des angebotenen Moleküls (z.B. Indikation, Bioverfügbarkeit, Nebenwirkungsprofil) kaum Spielraum für eine stärkere, möglicherweise künstlich erzeugte, horizontale Differenzierung.

Die soeben beschriebenen Ausprägungen des Preiswettbewerbs setzen jedoch erst dann ein, sobald ein neues Marktsegment durch die ersten Moleküle einer Wirkstoffklasse etabliert wurde und Ärzte mit der Verschreibung dieser General Class vertraut sind. Diese Ergebnisse eines Qualitätswettbewerbs der ersten beiden Moleküle und eines Preiswettbewerbs, der mit dem Markteintritt des dritten Moleküls einsetzt, stimmen mit der Analyse des Wettbewerbs von Statinen in vier europäischen Ländern durch Kananvos et al. (2007) sowie mit den Resultaten von Lexchin (2006), der im kanadischen Markt zwischen 1994 bis 2003 in 16 Wirkstoffklassen Preisabschläge erst ab dem durchschnittlich vierten Marktteilnehmer findet, überein. Eine explorative Sensitivitätsanalyse im Hinblick auf den Zeitabstand der Kommerzialisierung zum Originator einer Substanzklasse zur zeitlichen Eingrenzung der Dauer dieser Etablierung einer neuer Wirkstoffklasse auf Basis des vorhandenen Datensatzes führt jedoch zu keinen verwertbaren Ergebnissen.

Der Wettbewerb durch Generika führt zu einer Senkung der Preise generikafähiger Substitute und damit einem Premium neuer Moleküle bei Markteintritt. Die Einbeziehung dieses Regressors verbessert die Modellqualität deutlich und liefert damit einen unabdingbaren Beitrag zur Erklärung der Preissetzung bei Markteintritt. Dieses Ergebnis ist einmal mehr ein Indiz für die starke Generikakultur im deutschen Markt mit Phänomenen wie Branded Generics sowie die Eignung und Effektivität implementierter Steuerungsmechanismen zur Beeinflussung der Preise von Originalpräparaten nach Patentablauf.

Während bei Markteintritt der Qualitätswettbewerb nach der Phase der Marktetablierung in einen Preiswettbewerb umschlägt, scheinen Wettbewerber im Zeitverlauf auf rein qualitativer Ebene zu konkurrieren. Diese Ergebnisse stimmen mit neueren Studien überein, die innerhalb therapeutischer Klassen einen Cournot-Wettbewerb auf Basis von Produktattributen und Marketing statt Preisen beschreiben.[41] So kann es Substituten nach Patentablauf eines Originators unter Beibehaltung bestehender Preispunkte gelingen, Marktanteile selbst bei Preissenkungen des generikafähigen Moleküls auf sich zu ziehen.[42] Eine

[41] Vgl. Kanavos et al. (2007), Jena et al. (2009), Hostenkamp (2013).

[42] Vgl. hierzu die empirischen Ergebnisse von Jena et al. (2009) für fünf Wirkstoffklassen in den USA

Erklärung hierfür sehen Jena et al. (2009) darin, dass Hersteller therapeutischer Substitute ihre Marketingaktivitäten beibehalten; der generikafähige Originator schränkt diese dagegen ein, da nun auch Generika in dessen Windschatten, speziell bei bestehender aut idem-Substitution, von dessen Marketingaktivitäten profitieren können.[43]

Vom Qualitätswettbewerb nicht abgrenzbar ist der Einfluss des strategischen Preis-ankers im deutschen Markt als Referenzpunkt für Preis- und Erstattungsentscheidungen in internationalen Gesundheitssystemen. Unter der Annahme, dass Gesundheitssysteme das Instrument der exogenen Referenzpreisbildung als Maßnahme zur Kostenkontrolle nach und nach implementiert haben, müsste im Zeitverlauf eine zunehmende Preisdisziplin von Herstellern im deutschen Markt zu beobachten sein. Eine Sensitivitätsanalyse des Preisverlaufs nach Markteintrittsjahren liefert hierzu jedoch keine Erkenntnisse.

Während strategische Preispunkte im deutschen Markt ein Argument gegen Preissenkungen liefern, dürften Preismoratorien, welche regelmäßig nach Gesundheitsreformen temporär implementiert wurden,[44] gegen Preiserhöhungen in jeweiligen Zeiträumen sprechen. Allerdings lassen sich im Zeitverlauf auch hierzu keine differenzierten Ergebnisse, welche eine solche Annahme stützen könnten, identifizieren.[45] Ebenso lässt sich kein Einfluss der seit 2003 durch den Gesetzgeber ermöglichten Rabattverträge ausfindig machen. Hersteller und Kassen haben in den Anfangsjahren jedoch nur sehr vereinzelt solche Verträge für Originalpräparate vereinbart.[46]

4.1.9 Fazit und Ausblick

Mittels der Analysen wurden die therapeutische Wertigkeit neuer Moleküle sowie deren spezifische Wettbewerbssituation als Determinanten der Preissetzung bei Markteintritt bestätigt und damit Charakteristika eines funktionierenden, unregulierten Marktes nachgewiesen. Ein Preiswettbewerb setzt jedoch erst ein, nachdem die ersten neuen Moleküle einer Substanzgruppe ein neues Marktsegment für eine bestimmte therapeutische Indika-

bzw. Vandoros (2013) für ACE-Hemmer und PPI in sechs europäischen Märkten.

43 Ein vorrangig von Jena et al. (2009) sowie Vandoros (2013) vorgebrachtes Argument lautet, dass Nachfolgepräparate möglicherweise einen therapeutischen Fortschritt mit sich bringen, welcher die Preisdifferenz zum off patent-Originator, der sich im Preiswettbewerb mit Generika befindet, rechtfertigt. Fragwürdig ist allerdings, warum es Substituten erst nach Patentablauf des Originators gelingen sollte, Ärzte von einem tatsächlich bestehenden therapeutischen Mehrwert zu überzeugen.

44 So z.B. nach dem GMG im Zeitraum vom 1.1.2003 bis 31.12.2004 oder nach dem AVWG vom 1.4.2006 bis 31.3.2008.

45 Stargardt (2011) findet in einer Studie über Preisbewegungen im deutschen Markt zwischen 2004 und 2006 durchschnittliche quartalsweise Preisreduktionen von 0,38 % während Moratorien sowie Preisanstiege von 0,32 % während einer zwischenzeitlichen Periode der freien Preisbildung. Solche Effekte wären mit dem vorliegenden Modell und Datensatz jedoch nicht im notwendigen Detailgrad bzw. termingerecht abbildbar.

46 Vgl. Mandl (2012).

tion definiert und eine Referenzklasse an verschriebenen Medikamenten etabliert haben. Nach erfolgtem Eintritt ist das Marktverhalten im Zeitverlauf von einem Qualitätswettbewerb geprägt, wobei die Bedeutung des deutschen Marktes als internationaler Preisanker ein zusätzliches Argument zugunsten stabiler Preispunkte liefert.

Diese Ergebnisse lassen bzw. eröffnen Lücken für zahlreiche weitergehende Forschungsfragen. So wirft beispielsweise der Prozess der Etablierung einer neuen Wirkstoffklasse die Frage auf, inwiefern diese Phase möglicherweise zeitlich begrenzt ist. Ebenso wäre eine umfassende Analyse der Fragestellung interessant, ob intensivierter Wettbewerb durch neue Moleküle nicht doch von einem Qualitäts- zu einem Preiswettbewerb - speziell unter Berücksichtigung des Lebenszyklus eines Präparats und der Möglichkeit der Gewinnung eines zusätzlichen Verschreiberstamms kurz vor Patentablauf - führen kann. Ebenso ist der Einfluss internationaler Preisanker und (Referenz-)Preiskorridore auf die Preisbildung und Marktanteile in einzelnen Märkten noch unerforscht.

Ergebnisse von Jena et al. (2009) sowie Vandoros (2013), wonach therapeutische Substitute nach Patentablauf und Preissenkung eines Originals Marktanteile gewinnen oder von Kanavos et al. (2007), wonach noch Nachzügler einer Klasse paritätische Marktanteile erreichen können, werfen die Frage auf, inwiefern Marketingaktivitäten der dominierende Faktor in der Gewinnung von Marktanteilen sind. Hier könnte beispielsweise eine Analyse von Marktanteilen innerhalb therapeutischer Klassen unter Kontrolle von therapeutischer Qualität, First Mover Advantages und Marketingaufwendungen zu neuen Erkenntnissen führen.

Die Ergebnisse der durchgeführten Studie spiegeln die alte Realität der freien Preisbildung bei voller Erstattungsfähigkeit im deutschen GKV-System wider. Seit der Einführung der Nutzenbewertung durch den G-BA und das IQWiG im Rahmen des AMNOG im Jahr 2011 werden Erstattungspreise innovativer Präparate allerdings zwischen Herstellern und Krankenkassen verhandelt; für Moleküle ohne therapeutischen Mehrwert erfolgt eine Einordnung in eine Festbetragsgruppe durch den G-BA.

Bei Erstattungspreisen imitativer Präparate sollte sich damit kein Einfluss der spezifischen Wettbewerbssituation mehr zeigen, da diese genau auf dem Niveau bestehender Substitute (d.h. dem Festbetrag) angesiedelt sind. Bei innovativeren Präparaten könnte eine größere Anzahl bestehender Substitute auf Therapiegebietsebene hingegen die Verhandlungsposition der Kassenseite stärken und so in relativ höheren Abschlägen auf den Markteintrittspreis eines Herstellers resultieren.

Im Hinblick auf Markteintrittspreise könnte dies dazu führen, dass Hersteller ihre Produkte mit zusätzlichen Premien an den Markt bringen und mögliche Abschläge im Rahmen der Preisverhandlungen mit einkalkulieren. Erste empirische Ergebnisse[47] weisen zudem darauf hin, dass Herstellers in ihren Dossiers gezielt ungeeignete Vergleichsprodukte auswählen, um einen höheren klinischen Mehrwert eines neuen Präparats zu demonstrieren oder der Einordnung in ein Referenzpreiscluster zu entgehen. Ebenso könnten Hersteller aber auch ganz auf die Kommerzialisierung imitativer Moleküle im deutschen Markt verzichten, soweit im Prozess der Nutzenbewertung zu niedrige Preispunkte absehbar sind, welche die Aufrechterhaltung internationaler Preiskorridore erschweren könnten.[48]

Aufgrund der Markteingriffe der letzten Jahre im Rahmen des AMNOG oder aber auch der steigenden Anzahl an Rabattverträgen für patentgeschützte Moleküle dürfte eine neue ganzheitliche empirische Evaluation zu Markteintrittspreisen und Preisverläufen im deutschen GKV-Markt daher in einigen Jahren, bei Vorliegen eines ausreichend großen Datenbestands unter diesen geänderten Marktbedingungen, sinnvoll sein.

[47] Vgl. McBride et al. (2012), Wild und Forster (2012).
[48] Vgl. Winkelhage (2011).

4.2 B - Festbetragseinführung bei patentgeschützten Präparaten

4.2.1 Einleitung

Das Ziel der zweiten empirischen Untersuchung dieser Arbeit ist die Analyse der Auswirkungen einer Festbetragseinführung auf die Preissetzung von Herstellern in Substanzklassen mit ausschließlich patentgeschützten Präparaten.

Nach Inkrafttreten des GKV-Modernisierungsgesetzes wurden zum 1.1. 2005 die vier ersten „Jumbo-Gruppen" in das deutsche Festbetragssystem eingeführt, in denen neben generikafähigen Molekülen erstmals auch Präparate mit bestehendem Patentschutz eingegliedert wurden. Der Einschluss von patentgeschützten Präparaten war zwar theoretisch bereits nach Einführung der Festbetragsregelung in 1989 möglich, sofern diese keine neuartige Wirkungsweise oder therapeutische Verbesserung mit sich brachten; mit der 7. SGB V-Novelle zum 1.1.1996 wurde eine mögliche Festbetragsbildung für alle ab 1996 zugelassenen neuen Präparate jedoch ausgesetzt. Während die ab 2005 neu eingeführten, von Haustein (2008) untersuchten Festbetragsgruppen der Protonenpumpenhemmer und Statine auch Generika mit einschließen, handelt es sich bei den Klassen der Sartane und Triptane um ein absolutes Novum, da hier erstmals ausschließlich patentgeschützte Präparate in ein Referenzpreiscluster zusammengefasst wurden.

Auch wenn eine solche Gruppenbildung ebenfalls in anderen Gesundheitssystemen möglich ist,[49] konnte keine deutsch- oder englischsprachige Studie ausfindig gemacht werden, in der eine Einführung von Festbeträgen für ausschließlich patentgeschützte Präparate erwähnt oder analysiert wird. Bisherige empirische Studien über therapeutische Referenzpreisschemata[50] beschreiben stets Szenarien mit mindestens einem generikafähigen Molekül im Markt.

4.2.2 Untersuchungshypothesen

Die Festbetragssetzung im deutschen Markt erfolgt stets endogen, d.h. hierfür wird ausschließlich auf bestehende Preispunkte der Marktteilnehmer zurückgegriffen. § 35 Abs. 5 SGB V verlangt eine zweckmäßige und wirtschaftliche Setzung der Festbeträge; die verpflichtende Referenzierung im unteren mengengewichteten Preisdrittel für die Festbetragsgruppen 2 und 3 wurde erst mit dem AVWG zum 1.4.2006 eingeführt.

Damit liegen die Preispunkte patentgeschützter Originale im Gegensatz zu therapeutischen Referenzpreissystemen mit generikafähigen Molekülen, in denen Generika einen

[49] So z.B. in Ungarn oder Neuseeland.
[50] Vgl. insbesondere die Meta-Analyse von Galizzi et al. (2011).

gewichteten Marktpreis deutlich nach unten beeinflussen, nicht immer oberhalb eines Referenzpreises, sondern können vor dessen Einführung auch unterhalb oder auf Höhe des Festbetragsniveaus positioniert sein. Aufgrund variierender Preise je DDD für einzelne Dosierstärken oder Packungsgrößen sowie des komplexen Modus der packungsspezifischen Festbetragszuweisung[51] ist es zudem möglich, dass verschiedene Packungen einer Marke sowohl ober- als auch unterhalb eines errechneten Festbetrags positioniert sind. Ein solches Szenario lässt sich am Beispiel von Lorzaar (Losartan) illustrieren:

Abbildung 4.1: Preise/DDD für Lorzaar in 2004 und Festbeträge in 2005

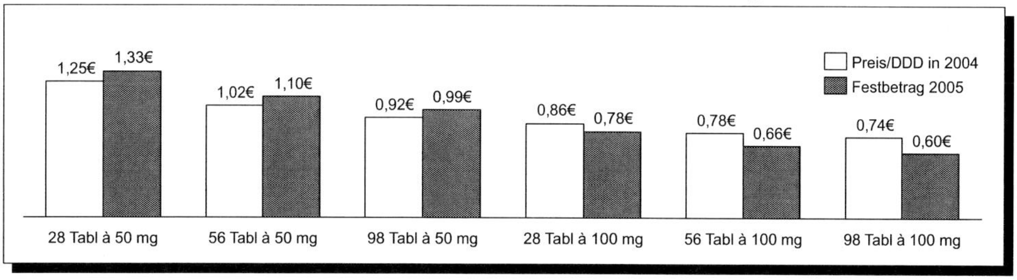

Quelle: Eigene Berechnung der DDD auf Basis des AVP (brutto) sowie packungsspezifischen Festbeträgen aus der Roten Liste (2004, 2005).

Für Hersteller ergeben sich folglich die Optionen:

- bisherige Preise beizubehalten, welche über das Produktportfolio hinweg jedoch teils ober- als auch unterhalb des Festbetrags liegen können,
- bestimmte strategische Preispunkte ober- oder unterhalb des Festbetrags für alle Dosis-/Packungskombinationen zu wählen oder
- Preise durchgängig an den Festbetrag anzugleichen.

Falls ein Präparat von seinen Wettbewerbern in ausgeprägtem Maße horizontal differenziert ist, d.h. über therapierelevante Alleinstellungsmerkmale verfügt, kann es für einen Hersteller Sinn machen, einen Preis oberhalb des Festbetrags zu wählen. Mittels der vorherigen empirischen Studie zu Preissetzung und Preisverlauf in Abschnitt 4.1 wurde zudem gezeigt, dass therapeutische Substitute in einem Qualitätswettbewerb stehen und als First Mover bzw. Teil der General Class auch Preispremien am Markt durchsetzen können.

Bisherige Untersuchungen zur Einführung therapeutischer Referenzpreisschemata[52] belegen allerdings, dass Patienten sensitiv auf Zuzahlungen oberhalb eines Festbetrags reagieren bzw. der notwendige Erklärungsaufwand eines Arztes im Hinblick darauf, warum ein

[51] Vgl. Abschnitt 2.4.4.2.
[52] Vgl. insbesondere die Diskussion der Studien von Pavcnik (2002) und Brekke et al. (2011) in Abschnitt 3.4.5.3.

Patient für ein bestimmtes Medikament Zuzahlungen oberhalb eines Festbetrags leisten sollte, die Wechselkosten hin zu einem Substitut verringert bzw. überwiegt. In generikafähigen Substanzklassen, in denen marktanteilsstarke, niedrigpreisige Generika den Erstattungsbetrag deutlich nach unten beeinflussen, können Zuzahlungen für Originale ein Vielfaches der Rezeptgebühr von 5 bis 10 € ausmachen.[53] Präparate in den Klassen der Sartane und Triptane sind allerdings in einem relativ engen Preiskorridor positioniert[54] und keiner Konkurrenz durch Generika ausgesetzt, sodass für einzelne Packungen ein im Vergleich deutlich geringerer Zuzahlungsbetrag zu leisten wäre.[55] Dies könnte dazu führen, dass Arzt und Patient die Behandlung mit einem Präparat aufgrund eines positiven Therapieprofils oder einer guten Patientencompliance trotz Zuzahlungen fortsetzen.

Ein weiteres Argument, das für eine Positionierung oberhalb eines Festbetrags spricht, ist die Bedeutung des deutschen Marktes als Ankerpunkt für Preis- und Erstattungsentscheidungen in anderen Ländern.[56] So hat beispielsweise Pfizer Umsätze des Statins Sortis im deutschen Markt nach der Festbetragseinführung in 2005 „geopfert",[57] um Preispunkte und damit Gewinne aus anderen Märkten nicht durch Neuberechnungen von Referenzpreis-Warenkörben zu gefährden.

Für eine preisliche Positionierung unterhalb eines Festbetrags spricht, dass Ärzte hierdurch einen Anreiz erhalten, ihr Budget zu entlasten. Dagegen stehen jedoch erneut die Wechsel- bzw. Erfahrungskosten auf ärztlicher Ebene, mit denen die Anwendung eines weniger erprobten Substituts verbunden ist. Wie für Ärzte fehlt auch für Patienten ein unmittelbarer, direkter Anreiz zur Produktwahl unterhalb des Festbetrags. Ein solcher Mechanismus wurde erst mit dem AVWG ab 2006 mittels der Möglichkeit der Befreiung von fixen Zuzahlungen bei einer Festbetragsunterschreitung von mindestens 30 % geschaffen.

Letztlich spricht für die in empirischen Studien oftmals identifizierte Angleichung an einen Festbetrag,[58] dass Hersteller hierdurch keine Gewinne im preisinsensitiven Bereich unterhalb des Festbetrags verschenken und zudem keinen Verschreibungsrückgang durch zusätzliche Patientenzuzahlungen bzw. den ärztlichen Erklärungsaufwand hinsichtlich dieser Mehrausgaben oberhalb des Referenzpreises riskieren.

[53] Vgl. die Ausführungen zu Sortis in Abschnitt 3.4.5.3 bzw. im nächsten Absatz.

[54] Vgl. die Präparateübersicht in Anhang 6.7.

[55] Im soeben beschriebenen Fall von Lorzaar würde eine Beibehaltung der Preispunkte von 2004 zu Zuzahlungen von lediglich 2,43 € (28 Tabletten à 50 mg) bis zu 6,75 € (98 Tabletten à 50 mg) zusätzlich zur Rezeptgebühr führen.

[56] Vgl. OECD (2008), Augurzky et al. (2009).

[57] Zuzahlungen oberhalb des Festbetrags von bis zu 56 € je Packung (vgl. Rote Liste 2005) führten zu einem Verschreibungsrückgang (in DDD) um 82 % in 2005 gegenüber 2004 (vgl. AVR 2006). In der Klasse der Statine waren im Jahr 2005 mit Simvastatin, Pravastatin und Lovastatin jedoch gleich drei Moleküle generikafähig und haben so den Referenzpreis deutlich nach unten gezogen.

[58] Vgl. Puig-Junoy (2010), Galizzi et al. (2011).

4.2.3 Datenauswahl und -basis

4.2.3.1 Sartane

Sartane (Angiotensin-II-AT1-Rezeptorantagonisten) werden neben den Substanzklassen der Diuretika, Calciumkanalblocker, Beta-Blocker und ACE-Hemmer vorrangig in der Behandlung von Bluthochdruck (Hypertonie) eingesetzt. Sartane wirken mittels einer Blockierung der AT1-Rezeptoren, welche eine gefäßkontrahierende Wirkung des Hormons Angiotensin II vermitteln.[59] Die Wahl der Wirkstoffklasse zur Therapie der Hypertonie erfolgt anhand klinischer Endpunktstudien sowie bestehender Begleiterkrankungen.[60] Während ACE-Hemmer und Sartane einen ähnlichen blutdrucksenkenden Effekt zeigen, ist der Einsatz von Sartanen mit deutlich höheren Behandlungskosten verbunden.[61] ACE-Hemmer wurden als Mono- und Kombinationspräparate mit 2,8 Mio. DDD in 2004 rund dreieinhalb Mal so oft verschrieben wie Sartane; die Gesamtausgaben zu Lasten der GKV für Sartane und Sartan-Diuretika-Kombinationen summierten sich mit rund 710 Mio. € in 2004 jedoch auf rund 80 % des Betrags für ACE-Hemmer.[62] Der Einsatz von Sartanen ist daher neben unzureichender Wirkung von ACE-Hemmern vor allem bei unerwünschten Nebenwirkungen, insbesondere in Form von Reizhusten, indiziert.[63] Da eine Monotherapie bei rund der Hälfte der Hypertoniker zu keiner Normalisierung des Blutdrucks führt, ist in diesen Fällen eine Kombinationstherapie, in der Regel in Verbindung mit einem Diuretikum, angebracht.[64]

Die Substanzklasse wurde durch den Markteintritt von Losartan in 1995 etabliert, weitere sechs Wettbewerber folgten in den Jahren 1996 bis 2002. Neben der Anwendung bei Hypertonie bestehen für einzelne Sartane zudem auch Zulassungen und damit Einsatzmöglichkeiten in der Therapie der Herzinsuffizienz (Losartan, Valsartan, Irbesartan) sowie der diabetischen Nephropathie (Irbesartan, Losartan).[65]

Aufgrund seiner Neuartigkeit wurde Losartan als Begründer der Substanzgruppe von Fricke/Klaus mit A klassifiziert; eine B-Bewertung für einen therapeutischen Fortschritt wurde lediglich an das in 1997 eingeführten Irbesartan vergeben, da dies im Vergleich zu den vorher eingeführten Molekülen Losartan, Eprosartan und Candesartan eine höhere

[59] Vgl. Beubler (2011).
[60] Vgl. Fricke (2004).
[61] Der AVR (2005) listet für den preiswertesten AT1-Rezeptorantagonisten Candesartan (Atacand, Blopress) knapp vier Mal so hohe DDD-Behandlungskosten wie für den preiswertesten (generischen) ACE-Hemmer Ramipril.
[62] Vgl. Anlauf (2006); Werte in Euro auf Ebene AVP.
[63] Vgl. Derendorf et al. (2011).
[64] Vgl. Fricke (2002). Sartane sind daher ebenso wie ACE-Hemmer auch in Kombination mit Hydrochlorothiazid erhältlich, die nachfolgende Analyse beschränkt sich jedoch auf die Monotherapie.
[65] Vgl. Anlauf (2006).

Bioverfügbarkeit aufweist sowie in seiner Pharmakokinetik nicht durch die gleichzeitige Einnahme einer Mahlzeit beeinflusst wird.[66] Die nachfolgenden Präparate Valsartan, Telmisartan und Olmesartan wurden trotz teils unterschiedlicher Pharmakokinetik wiederum lediglich mit C bewertet. Obwohl Unterschiede im Hinblick auf Zulassungserweiterungen einzelner Präparate bestehen, bescheinigen Albrecht et al. (2010: 122) der Klasse ein „großes Substitutionspotential [...] [sowie] kaum Unterschiede in der Wahrnehmung durch Ärzte und Patienten, aber breite Anwendung".

Aufgrund der grundlegenden Austauschbarkeit der Präparate untereinander sowie der Möglichkeit der Umstellung auf ein Antihypertonikum einer anderen Substanzklasse könnten Nachfrager daher möglicherweise sehr sensitiv auf Zuzahlungen oberhalb eines Referenzpreises nach Eingliederung in eine Festbetragsgruppe reagieren. Eine Angleichung der Präparatepreise an den Festbetrag scheint somit wahrscheinlich.

4.2.3.2 Triptane

Triptane (Selektive Serotonin-5HT1-Antagonisten) werden in der Therapie akuter Migräneanfälle eingesetzt.[67] Die Präparate, deren Wirkmechanismus wissenschaftlich nicht eindeutig geklärt ist, führen wahrscheinlich zur Vasokonstriktion erweiterter Gehirngefäße sowie der Hemmung von Schmerzreizen und haben sich aufgrund des schnellen Wirkeintritts und der starken Schmerzlinderung gegenüber Nichtopioid-Analgetika (z.B. Acetylsalicylsäure, Paracetamol) als Therapie der Wahl bei Migräneattacken durchgesetzt.[68] Die Substanzklasse wurde durch den Markteintritt von Sumatriptan in 1993 etabliert, weitere sechs Moleküle folgten in den Jahren 1997 bis 2002.

Auch wenn Triptane eine geschlossene Substanzklasse darstellen, weisen die einzelnen Präparate teils deutlich unterschiedliche Therapieprofile auf. Fricke und Klaus (2002) bescheinigen den in 1997 eingeführten Molekülen Naratriptan und Zolmitriptan einen therapeutischen Fortschritt gegenüber dem Innovator Sumatriptan mittels einer B-Bewertung aufgrund einer höheren oralen Bioverfügbarkeit, längeren Halbwertszeit, einer geringeren Wahrscheinlichkeit des Wiederauftretens der Migräne sowie eines besseren Nebenwirkungsprofils. Die in 1998 bis 2002 eingeführten Präparate Rizatriptan, Almotriptan, Eletriptan und Frovatriptan werden aufgrund der therapeutischen Äquivalenz zu Naratriptan und Zolmitriptan wiederum mit C bewertet. Günther (2006) erwähnt dagegen, dass die verbesserten pharmakokinetischen Profile der neueren Substanzen keinen verallgemeinerbaren klinischen Fortschritt mit sich bringen. So ist Naratriptan wirkschwächer

[66] Vgl. Fricke (2002).
[67] Für Sumatriptan und Zolmitriptan bestehen zusätzlich Zulassungen zur Behandlung des Cluster-Kopfschmerzes.
[68] Vgl. Beubler (2011).

als Sumatriptan, aufgrund seines guten Nebenwirkungsprofils jedoch besonders für Patienten mit langen bzw. rezidivierenden Attacken geeignet. Die Wirkung des stärkeren Frovatriptans tritt dagegen erst nach zwei bis vier Stunden ein, bringt aber ebenfalls eine geringere Redizivrate mit sich. Rizatriptan wirkt schnell und stark, führt aber häufiger zu wiederkehrenden Kopfschmerzen.[69] Derendorf et al. (2011) kommen daher zu dem Schluss, dass aufgrund des uneinheitlichen Ansprechens individueller Patienten auf einzelne Moleküle ein Wechsel des Präparats bei unzureichender Wirkung oder Nebenwirkungen sinnvoll sein kann.

Neben pharmakokinetischen Unterschieden tragen zudem auch individuelle Applikationsmechanismen zur Differenzierung der Präparate bei, was insbesondere aufgrund Erbrechens als Begleiterscheinung der Migräne[70] die Präparatewahl beeinflussen kann. Neben der klassischen Tablettenform wurden im Betrachtungszeitraum 2004/05 auch Sublingualtabletten (Ascotop, Maxalt), Nasensprays (Ascotop, Imigran) sowie Fertigspritzen und Suppositorien (Imigran) angeboten.[71] Diese Ausprägung der horizontalen Differenzierung verbunden mit individuellen Präparatepräferenzen schränkt die Substituierbarkeit der Präparate untereinander möglicherweise ein.

Diese Umstände könnten im vorliegenden Fall der Einführung von Festbeträgen dazu führen, dass Patienten bereit sind, ein Premium oberhalb des Referenzpreises zu zahlen; eine Angleichung an das Festbetragsniveau durch Anbieter somit nicht zwingend nötig ist.[72]

4.2.3.3 Bedeutung von Parallel-/Reimporten

Nach dem im Rahmen des GMG in 2004 modifizierten § 129 Abs. 1 SGB V sind Apotheken zur Erschließung von Wirtschaftlichkeitsreserven zur bevorzugten Abgabe von Importarzneimitteln verpflichtet. Die Importquote wird in jeweiligen Rahmenverträgen definiert und lag ab 2004 bei mindestens 5 % des Arzneimittelumsatzes, wobei Einsparungen in Höhe von 0,5 % des Apotheken-Arzneimittelumsatzes erzielt werden mussten.[73] Zur Zielerreichung der Quote werden allerdings nur Präparate mit einem Preisabstand von 15 € oder 15 % zum Original berücksichtigt.[74] Während der Marktanteil von Re- bzw. Parallelim-

[69] Vgl. Günther (2006).
[70] Nach Diener et al. (2012) tritt Übelkeit in 80 %, Erbrechen in bis zu 50 % aller Migräneattacken als Begleiterscheinung auf.
[71] Diese vier Applikationsmechanismen machten 1/3 des GKV-Umsatzes mit Triptanen (bzw. 15 % der verschriebenen DDD) in 2004 aus, wobei sich dieser wiederum zu rund 2/3 auf Sublingualtabletten und 1/3 auf Nasensprays, Injektionen und Suppositorien aufteilte (entsprechendes Verhältnis verschriebener DDD: 4/5 gegenüber 1/5). Eigene Berechnung auf Basis IMS PharmaScope.
[72] Festbeträge wurden im vorliegenden Fall jedoch nur für orale Darreichungsformen gebildet.
[73] Vgl. VAD (2004).
[74] Vgl. § 129 Abs. 1 SGB V.

porten im Gesamtmarkt in 2004 bei rund 5 % lag,[75] erreichte dieser bei Triptanen bis zu 55 % auf Molekülebene.[76] Dies ist auf die Spannweite der Herstellerabgabepreise bzw. unterschiedliche Großhandelsmargen in verschiedenen europäischen Ländern und die damit verbundene Möglichkeit der Arbitrage durch Importhändler zurückzuführen. Aufgrund der hohen Bedeutung speziell in der Substanzklasse der Triptane erfolgt im Rahmen der Analyse daher eine eigenständige Berücksichtigung der Preisreaktionen von Reimporteuren.

Abbildung 4.2: Sartane und Triptane - Marktanteile von Importarzneimitteln auf Molekülebene 2004 und 2005

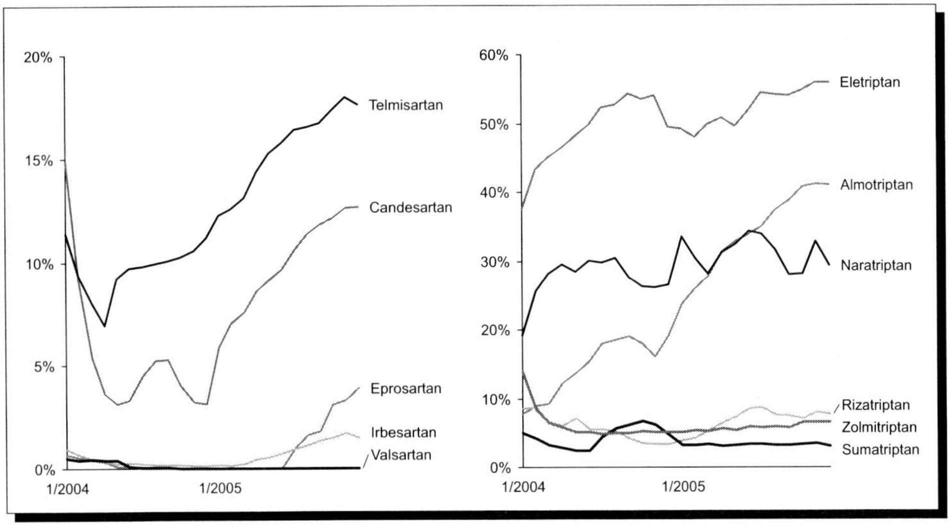

Quelle: Eigene Darstellung. Berechnung auf Basis IMS PharmaScope: Reimport-Marktanteile in DDD auf Molekülebene.

Verschiedene Studien zeigen, dass der Wettbewerb durch Reimporte in Ländern mit bestehendem Versicherungsschutz bzw. beschränkten Zuzahlungen für Patienten und damit keinem verschreiberseitigen Anreiz zur Produktwahl von Reimporten keinen Einfluss auf die Preissetzung von Herstellern nimmt.[77] Ebenso überlagert im vorliegenden Fall die massive Intervention der Festbetragsgruppenbildung die Nebenbedingung des bestehenden Import-Wettbewerbs. Aus diesen Gründen wird keine Analyse der Auswirkung des Wettbewerbs durch Reimporteure auf die Preisreaktion der Hersteller vorgenommen.

[75] Vgl. VFA (2004).

[76] Vgl. Abbildung 4.2.

[77] Vgl. die Ausführungen in Abschnitt 3.5.1. Kanavos et al. (2004) sowie Kanavos und Vandoros (2010). Ganslandt und Maskus (2004) finden nach Öffnung des schwedischen Marktes für Importarzneimittel allerdings Preisreduktionen von Originalen aufgrund zunehmenden Wettbewerbs durch Reimporteure.

Stattdessen wird die Auswirkung der Festbetragseinführung auf den Wettbewerb innerhalb der Gruppe der Reimporteure isoliert betrachtet. Haustein (2008) weist für Statine und PPI nach, dass eine zunehmende Wettbewerberanzahl bzw. abnehmende Marktkonzentration auf Molekülebene zu relativ stärkeren Preissenkungen nach Eingliederung in eine Festbetragsgruppe führt.[78] Dementsprechend könnte die Preissenkung eines jeweiligen Originals eine Intensivierung des Preiswettbewerbs von Reimporteuren auf Molekülebene induzieren.

Soweit nicht anders gekennzeichnet, beziehen sich in den nachfolgenden Analysen Volumendaten immer auf den GKV-Gesamtmarkt inklusive Reimporten, Preisdaten immer auf Originalpräparate.

4.2.3.4 Datenbasis

Ziel der Analyse ist die Bewertung des Effekts durch die Einführung therapeutischer Referenzpreise zum 1.1.2005. Im Jahr 2006 wurden erste Festbetragsanpassungen vorgenommen, zum Juli desselben Jahres wurden im Rahmen des AVWG Zuzahlungsbefreiungen bei Unterschreitung des Festbetrags um mindestens 30 % ermöglicht. Zudem verändert der in dieses Jahr fallende Patentablauf von Sumatriptan das Wettbewerbsszenario. Die quantitative Analyse wird daher auf die Jahre 2004 und 2005 beschränkt.

Die explorativ-deskriptive Analyse, wie Preise einzelner Präparate im Jahr vor und nach der Festbetragseinführung relativ zum jeweiligen Referenzpreis positioniert sind, erfolgt auf Basis des Apothekenverkaufspreises (AVP, brutto) aus der jeweiligen Roten Liste. Diese qualitativen Informationen über relative Preispunkte werden auch zur Codierung der nachfolgend verwendeten Marktdaten genutzt.

Preisinformationen auf Ebene des Abgabepreises des pharmazeutischen Unternehmens (ApU, netto) wie auch Volumendaten werden aus der Datenbank PharmaScope National von IMS verwendet. IMS PharmaScope bildet den GKV-Verschreibungsmarkt an der Schnittstelle des Apothekenverkaufs vollständig ab.[79] Erhoben werden alle Rezeptdaten, welche in Apotheken-Codierstellen zu Lasten der GKV abgerechnet werden. Die zur Verfügung gestellten Daten liegen auf Packungsebene auf monatlicher Basis vor, sodass Preis- und Marktanteilsbewegungen im Markt präzise identifiziert werden können.

Der Vergleich der Präparate untereinander erfolgt auf DDD-Basis, hierfür werden die Empfehlungen des DIMDI aus 2004 verwendet. Um den Preiseffekt der Festbetragseinführung in 2005 zu isolieren, werden jeweilige Nominalpreise verglichen; eine Deflationierung

[78] Haustein (2008) berücksichtigt allerdings nur generikafähige Originale und zugehörige Generika und bezieht keine Reimporte mit ein. Zu preissenkenden Effekten durch Wettbewerb nach Einschluss in Festbetragsgruppen vgl. auch die Diskussionen in den Abschnitten 3.4.4.3 und 3.4.5.3.

[79] Über 99 % aller Verschreibungen werden laut IMS (2011) erfasst.

wird nicht vorgenommen. Da in den Zeitraum von 2004 bis 2005 weder Anpassungen des Mehrwertsteuersatzes noch der Großhandels- oder Apothekenmarge im Rahmen der Arzneimittelpreisverordnung fallen, tritt ferner kein verzerrender Effekt zwischen jeweiligen Preisbewegungen auf Ebene des ApU und AVP auf.

Produktformulierungen, welche nicht in Festbetragsgruppen mit eingeschlossen wurden, werden nicht mit in die ökonometrische Analyse einbezogen.[80] Um ein balanciertes Panel zu erhalten, werden nur solche Packungen von Originaleanbietern für die Schätzung berücksichtigt, für die sowohl in 2004 als auch 2005 Preisinformationen vorliegen und die in beiden Jahren vermarktet wurden. Um Dopplungen von Beobachtungen zu vermeiden, wird bei in Co-Marketing-Vereinbarung vertriebenen Molekülen bei Triptanen nur das jeweils umsatzstärkere Präparat berücksichtigt.

Auf Ebene von Reimporteuren werden Beobachtungen ebenso nur dann mit einbezogen, wenn mindestens eine monatliche Observation (und ein daraus errechenbarer Preis) in den Jahren 2004 und 2005 vorliegt. Bei schwankenden Preispunkten von Reimporten werden mengengewichteten Durchschnittspreise auf Jahresbasis berechnet.

Abbildung 4.3: Durchschnittliche Marktpreise Sartane und Triptane 2004 bis 2006

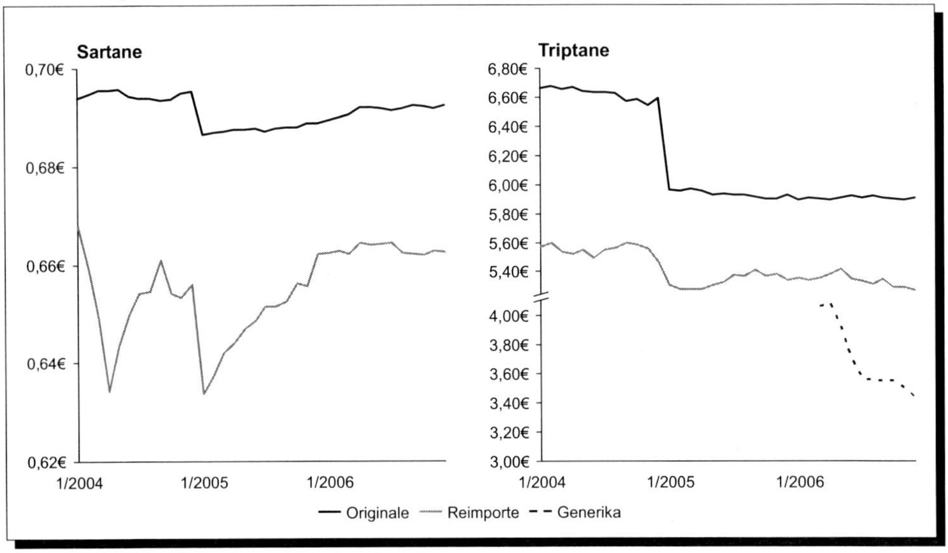

Quelle: Eigene Darstellung. Berechnung aus Basis IMS PharmaScope: Preise/DDD auf Basis ApU netto, nominal, mit Anzahl verkaufter DDD auf Packungsebene gewichtet.

[80] Dies sind Nasensprays, Injektionen und Suppositorien bei Triptanen. Bei diesen Darreichungsformen erfolgte zudem keine Preisreaktion nach der Festbetragseinführung in 2005.

4.2.4 Deskriptive Analyse

Der Verlauf der durchschnittlichen mengengewichteten Marktpreise ist in Abbildung 4.3 dargestellt. Für Sartane wie auch Triptane zeigt sich nach der Festbetragseinführung Anfang 2005 eine einmalige Ausgabenreduktion, die Dimension der Ausschläge bei Originalpräparaten ist jedoch relativ gering.[81] Für Reimporte scheint die Preisreaktion bei Sartanen relativ stärker, bei Triptanen relativ schwächer ausgeprägt zu sein als für jeweilige Originalpräparate. Nachfolgend werden diese Beobachtungen auf Molekülebene detailliert.

4.2.4.1 Sartane

In Tabelle 4.7 sind die Preisreaktionen jeweiliger Präparate beschrieben; die letzte Spalte fasst vorgenommene Anpassungen auf Ebene des Apothekenverkaufspreises zusammen. Eine detaillierte Gegenüberstellung der Preise auf Packungsebene in 2004 und 2005 sowie des Festbetrags in 2005 ist - ebenso für Triptane - in Anhang 6.7 aufgelistet.

Mit Ausnahme des neuesten Moleküls Olmesartan (Olmetec/Votum, Preispunkte 10 bis 23 % unterhalb des Festbetrags) gleichen alle Hersteller ihre Produktpreise an die jeweiligen Festbeträge an. Systematische Einflussfaktoren auf die Preisreaktionen, so z.B. bestimmte Packungs- oder Dosisgrößen, sind auf den ersten Blick nicht erkennbar.

Tabelle 4.7: Reaktionen auf die Festbetragseinführung bei Sartanen

Molekül	Marke	Launch	Kommentar/vorgenommene Preisanpassungen auf Ebene AVP
Candesartan	Atacand, Blopress	1997	Angleichung an FB: - Preissenkung Pckg.<=1 DDD (~ -3 %) - Preiserhöhung Pckg. >1 DDD (~ +0,5 %) Einführung Dosis mit 2 DDD in 2005 auf Höhe FB
Eprosartan	Teveten	1997	Angleichung an FB, durchgehende Preiserhöhung (~ +16 %)
Irbesartan	Aprovel, Karvea	1997	Angleichung an FB, durchgehende Preissenkung (~ -8 %)
Losartan	Lorzaar	1995	Angleichung an FB: - Preissenkung Pckg. mit 2 DDD (~ -15 %) - Preiserhöhung Pckg. <=1 DDD (~ +7 %) - Einführung „Protect"-Formulierung auf Höhe FB
Olmesartan	Olmetec, Votum	2002	Keine Reaktion auf FB, Preise 10 bis 23 % unter FB
Telmisartan	Micardis, Kinzalmono	1999	Angleichung an FB, durchgehende Preissenkung (~ -7 %)
Valsartan	Diovan, Provas	1999	Angleichung an FB: - Preissenkung Pckg. mit 1 DDD (~ -2 %) - Preiserhöhung Pckg. Mit 2 DDD (~ +2 %)

Quelle: Eigene Darstellung, Preisvergleiche in letzter Spalte auf Ebene AVP aus der Roten Liste.

[81] Sartane: -1,3 % (0,695 € auf 0,686 €); Triptane: -9,6 % (6,59 € auf 5,96 €).

4.2.4.2 Triptane

Tabelle 4.8 stellt die Preisreaktionen einzelner Triptane dar. Auch hier erfolgt in der Mehrzahl der Fälle eine Angleichung an den Festbetrag; Preisreaktionen fallen jedoch deutlich heterogener als bei Sartanen aus. Auch hier behält mit Frovatriptan (Allegro) das neueste Molekül der Klasse Preispunkte bis zu -32 % unterhalb des Festbetrags bei. Im Gegensatz zu allen anderen Präparaten, die Preise zum Januar 2005 umstellen, wird eine durchgängige Preisangleichung an den Festbetrag für das zweitjüngste Molekül Eletriptan (Relpax) erst im November 2005 vorgenommen; die Preispunkte Anfang 2005 liegen mit Ausnahme einer Packung mit einem Premium von 2 % jedoch nur 2 bis 3 % unterhalb des Festbetragsniveaus.

Bei Zolmitriptan (Ascotop) werden keine Preisanpassungen bei drei Packungen mit einem marginalen Premium von maximal 1,7 % oberhalb des Festbetrags vorgenommen, für Natatriptan (Naramig) wird eine neue Packungsgröße mit einem Premium von 8,5 % oberhalb des Referenzpreises eingeführt. Preise von nicht in den Festbetrag eingeschlossenen Darreichungsformen bei Zolmitriptan (Ascotop) und Sumatriptan (Imigran) bleiben durchwegs konstant.

Tabelle 4.8: Reaktionen auf die Festbetragseinführung bei Triptanen

Molekül	Marke	Launch	Kommentar/vorgenommene Preisanpassungen auf Ebene AVP
Almotriptan	Almogran	2001	Angleichung an FB, Preiserhöhung (~ +3 %) Einführung neuer Packungsgrößen auf Höhe FB
Eletriptan	Relpax	2002	Reaktion auf FB erst Ende 2005 (Preise bis dahin leicht unter FB; eine Packung 2 % oberhalb des FB)
Frovatriptan	Allegro	2002	Keine Reaktion auf FB, Preise deutlich unter FB (-26 % bis -32 %)
Naratriptan	Naramig	1997	Preis fast auf Höhe FB, marginale Preiserhöhung (~ +0,2 %) Einführung einer neuen Packung 8,5 % über FB
Rizatriptan	Maxalt	1998	Angleichung an FB, durchgehende Preissenkung (~ -6 % bis -10 %)
Sumatriptan	Imigran	1993	Angleichung an FB, durchgehende Preissenkung (~ -4 % bis -30 %) Keine Reaktion bei Injektionen, Nasensprays und Suppositorien, da kein FB
Zolmitriptan	Ascotop	1997	Vereinzelte Angleichung von oben/unten an FB (~ -0,2 % bis ~ +4 %); 3 Packungen ohne Preisanpassung – geringes Premium oberhalb des FB Einführung einer neuen Packung auf Höhe FB Keine Reaktion bei Nasenspray, da kein FB

Quelle: Eigene Darstellung, Preisvergleiche in letzter Spalte auf Ebene AVP aus der Roten Liste.

4.2.4.3 Marktanteilseffekte

Marktanteilsverläufe auf Molekülebene im Zeitraum 2004 bis 2005 sind in Abbildung 4.4 dargestellt, disruptive Marktanteilsveränderungen durch die Festbetragseinführung in 2005 sind nicht erkennbar. Bei Olmesartan sticht jedoch ein eimaliger Marktanteilsgewinn zum Januar 2005 hervor,[82] der auf die fehlende Angleichung an den Festbetrag und damit die Möglichkeit der Entlastung des Verschreibungsbudgets von Ärzten zurückgeführt werden könnte. Ein vergleichbarer Effekt bei Frovatriptan, das ebenso deutlich unterhalb des Festbetrags positioniert ist, ist jedoch nicht zu verzeichnen.

Abbildung 4.4: Marktanteilsverläufe bei Sartanen und Triptanen 2004 und 2005

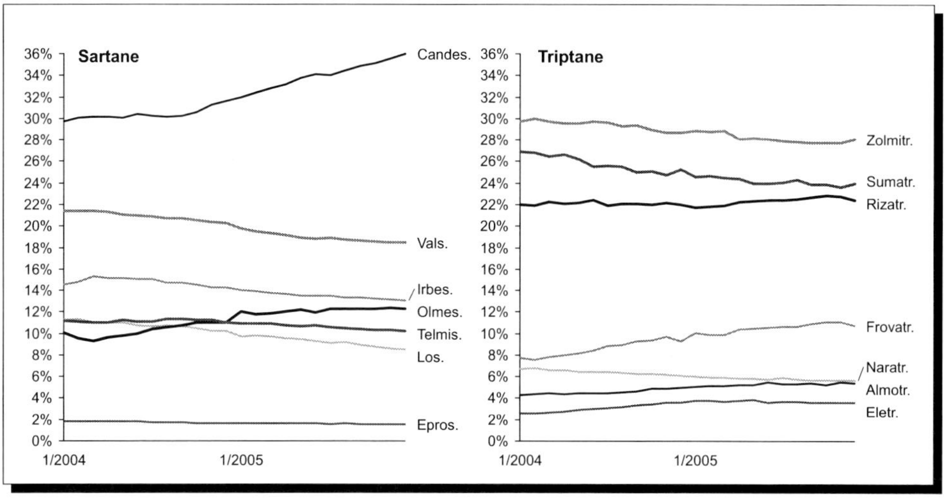

Quelle: Eigene Darstellung, DDD-Marktanteile auf Molekülebene; Datenbasis IMS PharmaScope.

4.2.5 Ökonometrische Schätzung

4.2.5.1 Schätzverfahren

Da für jede der untersuchten Packungen sowohl vor als auch nach der Einführung des Festbetrags mehrere Observationen vorliegen, weist der Datensatz eine Panelstruktur auf.[83] Hierfür ist die Schätzung mittels eines Ordinary Least Squares-Modells grundsätzlich denkbar. Dieser Ansatz würde jedoch ignorieren, dass unkontrollierte Einflüsse und daraus resultierende Standardfehler auf Ebene einzelner Individuen (d.h. Packungen) im Zeitverlauf möglicherweise korreliert sind und könnte folglich in zu geringen Standardfehlern und überhöhten t-Statistiken resultieren.[84] Das Problem von invarianten Effekten

[82] Der Effekt tritt in relativ gleichem Maße für Diovan (4,1 % auf 4,4 %) wie auch Provas (6,9 % auf 7,7 %) auf.

[83] Vgl. Giesselmann und Windzio (2012).

[84] Vgl. Cameron und Trivedi (2005).

auf Ebene einzelner Individuen im Zeitverlauf kann jedoch mittels eines Fixed Effects-Paneldatenmodells, welches die individuumspezifischen zeitstabilen Effekte mittels eines Regressors absorbiert, kontrolliert werden.[85]

Ein solcher Ansatz wurde bereits in verschiedenen Untersuchungen zu Referenzpreiseinführungen verwendet. Pavcnik (2002) sowie Brekke et al. (2011) analysieren Preisreaktionen nach der Einführung von Festbeträgen und beziehen Wettbewerber anderer Therapieklassen, bei denen keine Festbetragsbildung erfolgt, als Vergleichgruppen mit ein. Die Studie von Haustein (2008) zur Festbetragseinführung bei Protonenpumpeninhibitoren und Statinen beschränkt sich dagegen auf eine Before/After-Analyse innerhalb der untersuchten Wirkstoffklassen. Mangels Kontrollgruppen soll dieser Ansatz auch in den vorliegenden Szenarien verfolgt werden.[86]

In bisherigen Studien wurden Preiseffekte für die Gruppen patentgeschützter und generikafähiger Originale sowie zugehöriger Generika mittels jeweiliger Regressoren geschätzt. Im vorliegenden Fall ist solch ein Ansatz jedoch nicht möglich, da die untersuchten Substanzklassen noch nicht generikafähig sind. Aus der deskriptiven Analyse ist ersichtlich, dass die Preisreaktion der Präparate im Markt möglicherweise ausschließlich von den relativen Preispunkten zum Referenzpreis im Jahr vor der Festbetragseinführung abhängig sind. Ein mögliches Fixed-Effects-Modell, bei dem Effekte nach Einführung eines Referenzpreises (Dummy für *RP*=1) für Präparate mit bisherigen Preispunkten über (*above*=1), unter (*below*=1) bzw. auf (β_0) Ebene des Referenzpreises identifiziert werden, lautet demnach:

$$(1)\ ln(p_{i,t}) = \beta_0 RP_t + \beta_1(above_i * RP_t) + \beta_2(below_i * RP_t) + FE_i + \delta_t + \epsilon_{i,t}$$

Im vorliegenden Szenario ist nur der Effekt nach der Einführung der Festbeträge in 2005 von Interesse. Aus der deskriptiven Analyse geht hervor, dass bei Originalpräparaten eine einmalige Preisreaktion zum Januar 2005 erfolgt,[87] Beobachtungen innerhalb 2004 bzw. 2005 also jeweils identisch sind. Um den daraus resultierenden Einfluss serieller Korrelation auf die Validität der Schätzung zu eliminieren, wird das Modell in eine First-Differences-

[85] Neben dem Fixed Effects-Ansatz ist ebenso die Schätzung mittels eines Random Effects-Modells denkbar. Kernannahme hierbei wäre, dass unkontrollierte Effekte auf Ebene einzelner Individuen im Zeitverlauf durchweg zufällig auftreten; vgl. Cameron und Trivedi (2005). Im vorliegenden Fall kann jedoch davon ausgegangen werden, dass Effekte auf Ebene einzelner Packungen im Zeitverlauf nicht rein zufällig, sondern eher systematisch auftreten.

[86] Innerhalb der Gruppe der Triptane werden nicht-orale Applikationsformen von der Festbetragsbildung ausgeschlossen; hier erfolgt jedoch keine Preisreaktion. Die nahestehendsten therapeutische Substitute für Sartane und Triptane wären ACE-Hemmer bzw. nichtsteroidale Antiphlogisika - beide Gruppen sind im Untersuchungszeitraum jedoch sowohl generikafähig als auch bereits teils in Festbetragsgruppen eingegliedert.

[87] Eine Ausnahme stellt Relpax (Eletriptan) dar, bei dem die Preisanpassung erst im August 2005 vorgenommen wurde und für das folglich der später angepasste Preis berücksichtigt wird.

Schätzung umgewandelt, welche für *t=2* einer linearen Querschnittsregression gleicht.[88] Somit folgt:

$(2)\ \Delta ln(p_i) = ln(p_{i,2005}) - ln(p_{i,2004}) = \beta_0 + \beta_1 above_i + \beta_2 pbelow_i + \Delta\epsilon_i$

4.2.5.2 Schätzstrategie

Zunächst werden Schätzungen für Originalpräparate innerhalb der Gruppen der Sartane und Triptane auf Basis des Grundmodells *(2)* durchgeführt, um den Erklärungswert der relativen Preispositionierung (ober-/unterhalb des Festbetrags) auf die Preisreaktion zu testen. Darauf folgt die in Tabelle 4.9 beschriebene und in Tabelle 4.11 dargestellte Einbeziehung weiterer Variablen auf Packungs- bzw. Molekülebene. Mittels dieser Regressoren soll explorativ getestet werden, ob möglicherweise auch weitere vorliegende qualitative Informationen zu Packungsgrößen, Dosierstärken sowie dem spezifischen Wettbewerbsumfeld auf Packungs- bzw. Molekülebene zur Erklärung von Preisbewegungen geeignet sind.

Tabelle 4.9: Schätzvariablen für Preiseffekte bei der Festbetragseinführung

Abhängige Variable:	
ln(p)	Natürlicher Logarithmus des Verhältnisses des Preises eines Präparats in 2005 zu 2004 (auf Basis ApU)
Allgemeine Kontrollvariablen:	
above, below	Dummyvariable, die den Wert 1 annimmt, wenn der Preis eines Präparats in 2004 ober- bzw. unterhalb des Festbetragsniveaus in 2005 liegt (auf Basis AVP). Wert = 0, wenn der Preis in 2004 auf Ebene des FB 2005 liegt
Weitere Kontrollvariablen zur Analyse der Preisreaktion von Originalanbietern:	
dddze, dddun	Anzahl DDD pro Zähleinheit (Tablette) bzw. Unit (Packung); *dddun* ausgedrückt als 1+(Anzahl DDD/Packung/100)
pcksize	Packungsgröße, ausgedrückt als 1+(Anzahl Zähleinheiten/100)
rimol, ripckg	Dummyvariablen, die den Wert 1 annehmen, wenn auf Molekül- bzw. Packungsebene Wettbewerb durch Reimporteure besteht
molage	Molekülalter in Jahren, Differenz zum jüngsten Molekül der Klasse
Weitere Kontrollvariablen zur Analyse der Preisreaktion von Reimporteuren:	
lnmolshare	Umsatzanteil der jeweiligen Packung auf Molekülebene in 2004, ausgedrückt als ln(1+Marktanteil (ganzzahlig))
pckcount, molcount	Anzahl Reimporteure auf jeweiliger Packungs- bzw. Molekülebene, ausgedrückt als ln(1+Anzahl)
apckshareri, amolshareri	Kumulierter Marktanteil aller Reimporteure auf Packungs-/Molekülebene auf DDD-Basis in 2004, ausgedrückt als ln(1+Marktanteil (ganzzahlig))

[88] Das in Fixed Effects-Modellen inhärente Problem der Auswirkung starker serieller Korrelation auf die Standardabweichungen und Validität der Schätzung kann durch First-Differencing augeschlossen werden, für *t=2* sind Fixed Effects- und First Difference-Modelle jedoch numerisch absolut identisch; vgl. Wooldridge (2002, 2003).

Im nächsten Schritt folgt eine Schätzung für Reimporte. Importhändler im Markt treffen keine isolierten Preisentscheidungen; diese müssen sich stattdessen bei der Preissetzung ihrer Produkte an den Preispunkten jeweiliger Originale orientieren, damit diese beispielsweise vom Apotheker als mögliche Substitute zur Erfüllung der Importquote (Preisabstand von 15 € oder 15 %) in Erwägung gezogen werden. Daher wird auch hier eine qualitative Codierung mit den relativen Preispunkten (*above/below*) der jeweils zugehörigen Originale vorgenommen. Letztlich folgt die Einbeziehung verschiedener Wettbewerbsparameter, um potentielle Einflussgrößen auf den Wettbewerb unter Reimporteuren zu identifizieren.

4.2.6 Ergebnisse

Die Ergebnisse der Schätzungen von Preisbewegungen in Abhängigkeit der Positionierung zum Festbetrag sind in Tabelle 4.10 abgebildet. Wie erwartet zeigen sich für Originalpräparate sowohl bei Sartanen wie auch Triptanen in den Regressionen #1 bis 2 Anpassungsbewegungen an den Festbetrag, welche für Produkte mit bisherigen Preispunkten oberhalb des Festbetrags relativ stärker ausfallen.[89] Für Triptane sind Signifikanzen wie auch die Erklärungsstärke des Gesamtmodells deutlich schwächer ausgeprägt, was für heterogenere Preisreaktionen spricht.

Tabelle 4.10: Regressionsergebnisse Sartane/Triptane I

	(1) Sart. Orig.	(2) Tript. Orig.	(3) Sart. RI	(4) Tript. RI
cons.	0.0000	0.0000	0.0168	-0.0326*
	(0.00)	(0.00)	(0.34)	(-2.30)
above	-0.0786***	-0.1745**	-0.0533***	-0.0053
	(-6.86)	(-3.38)	(-5.20)	(-0.30)
below	0.0433***	0.0277*	0.0039	-0.0222
	(3.64)	(2.69)	(0.24)	(-0.10)
n	50	27	80	63
r2	0.538	0.313	0.597	0.001
F	30.17	9.33	21.18	0.05

t-Statistiken in Klammern. p-Werte für Het.-robuste Standardfehler:
* $p < 0.05$, ** $p < 0.01$, *** $p < 0.001$

Tabelle 4.11 bildet Ergebnisse für Originalpräparate unter Einbeziehung weiterer qualitativer Informationen als Regressoren ab. Sind auch weitere Variablen Indikatoren für

[89] Aufgrund ungewichteter Einzelbeobachungen auf Packungsebene kann die tatsächliche Dimension der Effektstärke nicht quantifiziert werden. Der relativ stärkere Effekt für *above* ist jedoch in Einklang mit der Senkung gewichteter Durchschnittspreise durch die Festbetragseinführung.

Preisbewegungen, so müssten diese den Effekt von *above* bzw. *below* zumindest teilweise aufnehmen. Die Schätzungen erfolgen unter Auslassen des *constant term*, da Produkte auf Festbetragsniveau keine Preisreaktion zeigen und β_0 zur Verbesserung der Modellgüte einer OLS-Regression fälschlicherweise einen Teil der Effektstärke absorbieren könnte.

Es treten vereinzelt signifikante Effekte auf, welche jedoch in beiden Substanzklassen ungleich ausgeprägt sind und auf Beobachtungen auf Ebene einzelner Präparate zurückgeführt werden können. Damit ist keine Aussage darüber möglich, ob der Modus der Festbetragsberechnung möglicherweise zu systematischen Preisreaktionen bei bestimmten Produkt-/Packungsattributen führt. So zeigt *dddze* für Triptane in #6 einen starken, signifikant negativen Effekt; allerdings existieren Formulierungen mit 2 DDD je Tablette fast ausschließlich für Imigran, dessen Preispunkte durchwegs oberhalb des Festbetrags liegen. Der durchgängig negative Koeffizient in #5 bis 8 könnte allerdings darauf hinweisen, dass dosisstärkere Formen vor Anwendung des Modus der Festbetragsberechnung relativ zu hoch bepreist sind. Der positive Koeffizient für *rimol* bei Sartanen in #11, der einen stärkeren Ausschlag von *above* bewirkt, ist hingegen darauf zurückzuführen, dass Lorzaar, Olmetec und Votum schwerpunktemäßig unterhalb des Festbetrags bepreist und keinem Reimport-Wettbewerb ausgesetzt sind. Ebenso wird der Ausschlag des Indikators für das Molekülalter *molage* durch jeweilige Beobachtungen für Losartan (vorwiegend unter-) bzw. Suma-, Nara-, Riza- und Zolmitriptan (vorwiegend oberhalb des Festbetrags) getrieben.

Ergebnisse für die Preisbewegungen von Importarzneimitteln in #3 bis 4 deuten hingegen auf eine mögliche Intensivierung des Preiswettbewerbs durch die Festbetragseinführung hin. Bei Reimporten von Präparaten mit Preispunkten unterhalb des Referenzpreises erfolgt sowohl bei Sartanen wie auch Triptanen keine signifikante Preiserhöhung. Die Qualität des Modells #4 für Triptane ist jedoch unbefriedigend. Bei Sartanen zeigt eine weitergehende Modellierung mittels verschiedener Parameter zur Kontrolle der Wettbewerbsintensität[90] zwar eine Korrelation von Preisverfall und zunehmendem Wettbewerb, die geringe Anzahl an Beobachtungen für *below* (n=10) bezieht sich mit einer Ausnahme jedoch ausschließlich auf Atacand und hier in sieben von neun Fällen auf die gleiche Packung.

[90] Vgl. Tabelle 6.8 im Anhang. Hier werden zunächst Interaktionsterme von *below* mit jeweiligen Regressoren zur Detaillierung der Wettbewerbssituation gebildet. Aussagen beziehen sich damit darauf, unter welchen Umständen Reimporteure von Packungen, deren zugehörige Originale unterhalb des Referenzpreises positioniert sind, ihre Preise nicht erhöhen.

Tabelle 4.11: Regressionsergebnisse Sartane/Triptane II (Originale)

	(5) Sart	(6) Tript	(7) Sart	(8) Tript	(9) Sart	(10) Tript	(11) Sart	(12) Tript	(13) Sart	(14) Tript	(15) Sart	(16) Tript
above	-0.057***	0.0276	-0.054*	-0.152**	-0.074**	-0.176**	-0.130***	-0.188**	-0.093***	-0.216**	-0.107***	-0.049
	(-3.55)	(0.42)	(-2.60)	(-3.00)	(-3.14)	(-3.32)	(-6.06)	(-3.61)	(-4.64)	(-3.32)	(-6.85)	(-1.31)
below	0.065**	0.215**	0.067**	0.0451	0.048*	0.021	0.023*	0.0136	0.041**	-0.016	0.025*	0.059*
	(3.44)	(3.52)	(2.87)	(1.83)	(2.12)	(1.69)	(2.02)	(1.90)	(3.49)	(-0.55)	(2.32)	(2.50)
dddze	-0.017	-0.173**										
	(-1.75)	(-2.96)										
dddun			-0.014	-0.021								
			(-1.25)	(-0.97)								
pcksize					-0.003	0.001						
					(-0.23)	(0.14)						
rimol							0.057**	0.013				
							(2.89)	(1.90)				
ripckg									0.021	0.069		
									(1.08)	(1.48)		
molage											0.006*	-0.020*
											(2.02)	(-2.20)
n	50	27	50	27	50	27	50	27	50	27	50	27
r2	0.606	0.686	0.597	0.463	0.584	0.462	0.667	0.462	0.596	0.504	0.613	0.551
F	21.77	11.18	21.18	6.26	20.29	6.22	27.32	7.50	21.86	5.52	24.77	5.86

t-Statistiken in Klammern. p-Werte für Heteroskedastizitäts-robuste Standardfehler:
* $p < 0.05$, ** $p < 0.01$, *** $p < 0.001$

4.2.7 Validität und Reliabilität

Die ökonometrische Modellierung hat im vorliegenden Fall nur einen explorativen Charakter zur Bestätigung und Detaillierung der aus der deskriptiven Analyse ersichtlichen Preisbewegungen. Alle identifizierten Effekte basieren auf Beobachtungen einzelner Packungen; die Effektstärke der Regressoren ist damit nicht repräsentativ für absolute, mengengewichtete Preisbewegungen im Markt. Ebenso wenig sind die Standardfehler der Beobachtungen Cluster-robust, d.h. unabhängig von der Zugehörigkeit zu bestimmten Gruppen innerhalb des Samples. Preisreaktionen korrelieren stattdessen teils für alle Packungsgrößen eines Herstellers, bei Reimporten sogar für Beobachtungen mehrerer Importhändler auf Ebene einer jeweils gleichen Packung.

4.2.8 Diskussion

Die weitgehend durchgängigen Anpassungen an den Referenzpreis in den Klassen der Sartane und Triptane fügen sich in das Bild bisheriger Studien zur Einführung therapeutischer Festbetragscluster ein. Aufgrund der endogenen Referenzpreissetzung auf Basis relativ ähnlicher Präparatepreise in einem schmalen Preiskorridor lassen sich von Anfang an jedoch geringere Preisabstände vor der Festbetragseinführung beobachten, als dies in einer Klasse mit marktanteilsstarken niedrigpreisigen Generika der Fall wäre.[91] So sind 56 von 77, d.h. 73 % aller untersuchten Packungen bereits vor der Referenzpreiseinführung in einem Preiskorridor von +/-10 % zum Festbetrag positioniert. Für Hersteller lassen sich angleichende Preissenkungen an den Festbetrag zur Sicherung von Umsätzen im deutschen Markt gegenüber Neuberechnungen von Referenzpreis-Warenkörben in internationalen Systemen somit leichter abwägen, als dies in Referenzpreisgruppen mit einem durch Generika beeinflussten Preisniveau der Fall wäre.

Nicht vorgenommene Preisanpassungen bei Triptanen könnten als Anzeichen für eine horizontale Differenzierung der Präparate und eine damit verbundene Zuzahlungsbereitschaft oberhalb des Festbetrags aufgefasst werden. Allerdings wird diese Bewertung bei Betrachtung der tatsächlichen Zuzahlungsbeträge relativiert. So ist im Fall der 3*2,5 mg-Packung von Ascotop (1,69 % über Festbetrag in 2005) eine fixe Zuzahlung von 5,00 € + 0,54 € für die Preisdifferenz zum Festbetrag fällig. Für die 12*2,5 mg-Packung von Naramig (8,57 % über Festbetrag, Zuzahlung 10,00 € + 8,44 €) erfolgte in 2006 eine nachträgliche

[91] An dieser Stelle sei nochmals darauf hingewiesen, dass § 35 Abs. 5 SGB V zum Zeitpunkt der Einführung des GMG keine Preisobergrenze für Festbeträge der Gruppen 2 und 3 auf maximaler Höhe des unteren Preisdrittels vorsah, der Festbetrag zur Erreichung des Ziels der Wirtschaftlichkeit sowohl niedriger als auch höher hätte gesetzt werden können. Die Festbetragssetzung auf maximaler Ebene des unteren Preisdrittels für die Gruppen 2 und 3 wurde erstmals mit dem AVWG zum 1. April 2006 implementiert.

Anpassung an den Festbetrag. Differenzierte Applikationsformen wie Nasensprays oder Suppositorien, für die potentiell eine Zuzahlungsbereitschaft speziell bei Begleiterscheinungen wie Erbrechen vorhanden sein könnte, sind von der Festbetragsbildung dagegen gänzlich ausgenommen.

Die marginalen Preispremien nach der Festbetragseinführung für die in 1997 eingeführten Triptane Zolmitriptan (Ascotop) sowie Naratriptan (Naramig, jedoch Angleichung an den Festbetrag Ende 2005) sind wohl zu schwach ausgeprägt, um die in der vorherigen Studie vorgebrachte These stützen, dass Mitbegründer der General Class eine First Mover Advantage in Form einer größeren Anwendungserfahrung durch Ärzte und damit verbundene erhöhte Wechselkosten zu neueren Substituten aufbauen. Preispremien oberhalb des Festbetrags werden auch vom 1993 kommerzialisierten Innovator Sumatriptan (Imigran) nicht gewählt. Hier dominiert möglicherweise das Motiv der Umsatzstabilisierung vor Patentablauf zum Jahr 2006 die strategischen Überlegungen.

Auffällig in beiden Substanzklassen ist, dass die jeweils neuesten, in 2002 eingeführten Moleküle Olmesartan (Olmetec/Votum) und Frovatriptan (Allegro) keine Anpassung an den Festbetrag vornehmen sondern Preise 10 bis 32 % unterhalb des Referenzpreisniveaus beibehalten.[92] Auch wenn zahlreiche Studien zeigen, dass keine Anreize zur Produktwahl unterhalb des Referenzpreises auf Patientenseite existieren, könnte die Aussicht auf Entlastung des Arzneimittelbudgets dennoch die Aufmerksamkeit von Ärzten auf diese Nachzügler lenken und eine Verschreibungsumstellung incentivieren. Für Olmetec und Votum wird dies durch einen einmaligen Marktanteilsgewinn Anfang 2005 zumindest teilweise untermauert, wobei dieser mit 1 % (absolut) bzw. 10 % (relativ) äußerst schwach ausgeprägt ist. Bei Allegro ist jedoch kein solcher Einmaleffekt erkennbar; ebenso wenig weisen alle übrigen Moleküle der beiden Substanzklassen disruptive Marktanteilsveränderungen, welche ursächlich auf die Festbetragseinführung Anfang 2005 zurückgeführt werden könnten, auf. Diese Ergebnisse sprechen einmal mehr für einen in der ersten Studie identifizierten vorherrschenden Qualitätswettbewerb unter therapeutischen Substituten sowie eine geringe Preissensitivität bei fehlender direkter Anreizwirkung für Ärzte.

Indikationen zu Preisstrategien und zum Wettbewerb unter Reimporteuren sollten dagegen mit äußerster Vorsicht betrachtet werden. Für zahlreiche Produkte liegen nur einzelne Observationen auf Monatsbasis und damit keine detaillierten Preisverläufe für die Jahre 2004 und 2005 vor. Die Regressionsergebnisse werden stark von Effekten auf Ebene einzelner Packungen bzw. Moleküle getrieben und sollten daher nicht verallgemeinert werden.

[92] Vgl. hierzu auch die Diskussion zu Sättigungseffekten nach erfolgtem Aufbau einer Wirkstoffklasse im Rahmen der ersten empirischen Studie in Abschnitt 4.1.8.

4.2.9 Fazit und Ausblick

Die durchgeführte Studie untersucht erstmals eine Festbetragseinführung für ausschließlich patentgeschützte Präparate. Die Setzung des Referenzpreises führt zu einem Ausgabenschnitt für die Gesetzliche Krankenversicherung; aufgrund der nahezu vollständigen Angleichung der Produktpreise an die Festbeträge findet zudem keine Kostenverlagerung auf Haushalte durch etwaige steigende Zuzahlungen statt. Damit dürften in den untersuchten Szenarien nachgelagerte gesundheitliche Auswirkungen ausgeschlossen werden, welche aus dem Wechsel auf imperfekte Substitute bei preissensitiven Patienten resultieren könnten.[93] Eine Relativierung der Einsparungen durch einen Anstieg der Prescribed Daily Doses oder Arztbesuche als Ergebnis einer Medikamentenumstellung ist analog hierzu nicht zu erwarten.[94] Es wurde jedoch nicht untersucht, inwiefern Intramedikationseffekte, d.h. die Wahl einer praktischeren oder relativ preiswerteren Packungsgröße nach der Festbetragseinführung, zu einer Änderung der PDD geführt haben könnten bzw. Einsparungen durch die durchschnittliche Reduzierung des Marktpreises relativiert oder verstärkt haben. Ebenso wenig lässt sich auf Basis der durchgeführten Analysen eine Aussage dazu treffen, ob beispielsweise die Preissenkung bei Sartanen eine Verschreibungsumstellung von bisher mit ACE-Hemmern behandelten Patienten ausgelöst haben könnte, was einen vordergründigen Ausgabenanstieg für die GKV zur Folge hätte.

Wie in vorherigen Szenarien ist die Einführung von Festbeträgen als alleinige Maßnahme auch im vorliegenden Fall nicht dazu geeignet, einen nachhaltigen Preiswettbewerb unter Herstellern zu induzieren. Ausnahmen stellen Olmetec/Votum sowie Allegro dar, die ihre Preispunkte weit unterhalb des Festbetrags belassen,[95] hierdurch jedoch keine deutlichen Marktanteilsgewinne verzeichnen können. Es scheint unwahrscheinlich, dass die Hersteller mit ihren Preisstrategien hierbei bereits auf die Möglichkeit der Befreiung von der Rezeptgebühr (und der damit verbundenen Aussicht auf Marktanteilsgewinne) bei Unterschreitung des Festbetrags von 30 % im Rahmen des AVWG abgezielt haben könnten, auch wenn die Preise einzelner Präparate bereits in 2005 nahe (Olmetec/Votum) bzw. teils unter (Allegro) der 30 %-Schwelle lagen:

Das AVWG wurde erstmals im Dezember 2005 als Entwurf in den Bundestag eingebracht, im Februar 2006 verabschiedet und trat zum 1. Mai 2006 in Kraft.[96] Die Zuzahlungsbefreiungsgrenzen für die Klassen der Sartane und Triptane nach § 31 Abs. 3 Satz 4 SGB V

---

[93] Vgl. Thomas et al. (1998), Stargardt (2010).

[94] Vgl. Kalo et al. (2007), Schöffski und Becker (2010), Stargardt (2010).

[95] Der limitierende Faktor der Preismoratorien auf Preiserhöhungen wurde im Rahmen dieser Untersuchung nicht ausführlich diskutiert; im Untersuchungszeitraum konnten Hersteller ihre Preise jedoch frei setzen.

[96] Vgl. Bundestags-Drucksache 16/194 vom 13. Dezember 2005, Bundestags-Drucksache 16/691 vom 15. Februar 2006 sowie Bundesgesetzblatt I Nr. 21 S. 984 vom 29. April 2006; Quelle jeweils dipbt.bundestag.de.

wurden durch den GKV-Spitzenverband erst zum 1. November 2006 beschlossen.[97] Eine Zuzahlungsbefreiung aufgrund eines Preisabstands von mehr als 30 % wurde nachfolgend für Allegro gewährt.[98] Deutliche Marktanteilsgewinne als Ergebnis dieser Strategie sind nicht zu erkennen;[99] allerdings verändert sich das Wettbewerbsszenario in der Klasse der Triptane durch den Patentablauf von Sumatriptan sowie der Aufhebung der Verschreibungspflicht von 2*2,5 mg Naratriptan ab 2006 drastisch.

Der Anreiz zum Preiswettbewerb unterhalb des Festbetrags durch die Möglichkeit der Befreiung von der Rezeptgebühr im Rahmen des AVWG stellt den bis dato letzten Eingriff in das deutsche Festbetragssystem dar. Wie bereits von Herr und Suppliet (2012) evaluiert,[100] kann dieser Mechanismus einen effektiven Hebel darstellen, einen fortwährenden Preiswettbewerb in Referenzpreisgruppen mittels in Anspruch genommener Zuzahlungsbefreiungen durch Hersteller und periodisch darauf folgenden Rebasierungen des Referenzpreises in Gang zu setzen. Problematisch hierbei ist jedoch, dass die Möglichkeit der Zuzahlungsbefreiung vorrangig Generikaanbieter in Anspruch nehmen.[101] Somit besteht erneut die Gefahr des Auftretens eines schlechteren Gesundheitszustands und daraus resultierenden Folgekosten, sofern Patienten zur Vermeidung der Rezeptgebühr bzw. von Zuzahlungen oberhalb des Referenzpreises auf ein imperfektes therapeutisches Substitut wechseln.[102]

Neben der Befreiung von Zuzahlungen im Einzelfall[103] könnte ein Ansatz zur Lösung des Problems der Wahl imperfekter Substitute aus monetären Gründen darin bestehen, einem Arzt eine durch die GKV erstattungsfähige, halb-geschlossene Formulary zur Verfügung zu stellen. Hierbei könnte dieser, ähnlich wie bei der „me too"-Liste, für einen geringen Prozentsatz seiner Verschreibungen auch oberhalb eines Festbetrags positionierte Präparate auswählen, ohne dass Patienten die Zuzahlungen zu leisten hätten. Parallel hierzu könnten Hersteller dieses Preispremium durch gesundheitsökonomische Studien rechtfertigen, in denen diese den Mehrwert eines Präparats für bestimmte Patientenpopulationen mit spezifischen Co-Morbiditäten bzw. in Szenarien mit bestimmten Begleitmedikationen aufzeigen.

Solange Beobachtungen zu Fehlsteuerungen jedoch nur auf Einzelfallbasis vorliegen und keine umfassenden, therapiegruppenspezifischen Evaluationen zu Gesundheits(system)effekten

[97] Vgl. GKV-SpiV (2006).
[98] Vgl. Pharma24 (2007).
[99] Explorative Analyse auf DDD-Basis; Quelle IMS PharmaScope.
[100] Vgl. hierzu auch nochmals die Diskussion im Abschnitt 3.6.3.
[101] Vgl. Herr und Suppliet (2012).
[102] Vgl. Abschnitt 3.4.5.5 bzw. insbesondere die Studien von Thomas et al. (1998), Schneeweiss et al. (2003), Kalo et al. (2007) sowie Stargardt (2010).
[103] Vgl. das Urteil zu Sortis in Abschnitt 3.4.5.5 bzw. die Möglichkeit der Befreiung von der Rezeptgebühr nach § 62 SGB V.

durch Festbeträge existieren,[104] ist ein pauschales Entgegenkommen der GKV gegenüber Herstellern, die Preise oberhalb eines Festbetrags beibehalten, nicht zu rechtfertigen.

[104] Die Studie von Stargardt (2010) zu Hospitalisierungen nach Präparateumstellungen bei Statinen bildet hier einen guten Anfang; der Detailgrad an analysierten bzw. überhaupt verfügbaren Routinedaten ist jedoch möglicherweise (noch) nicht ausreichend, um Risikogruppen, die von der Festbetragszahlung ausgenommen werden sollten, identifizieren zu können.

4.3 C - Steuerungseffekte durch die „me too"-Liste

4.3.1 Einleitung

Das Ziel der dritten empirischen Untersuchung ist die Identifizierung und Quantifizierung von Effekten durch Einführung der „me too"-Liste auf Ebene der KV Nordrhein in 2006 sowie der Übernahme der Liste durch weitere KVen. Die Analyse erstreckt sich auf die Jahre 2004 bis 2009 und berücksichtigt folglich den in diesem Zeitraum geltenden rechtlichen Rahmen.

Im deutschen Markt galt vor Inkrafttreten des AMNOG für apothekenpflichtige Arzneimittel der Grundsatz der vollen Verschreibungs- und damit Erstattungsfähigkeit innerhalb der GKV mit der Marktzulassung.[105] Einschränkungen in Form einer Negativliste werden durch § 34 SGB V gemacht, der OTC-Präparate,[106] Therapeutika für Bagatellerkrankungen und Lifestyle-Präparate wie Potenzmittel oder Appetitzügler von der Erstattung ausschließt.[107]

Mittels der Bonus-/Malus-Regelung nach § 84 Abs. 7a SGB V wurde in 2006 erstmals ein (abgeschwächtes) Konzept einer nationalen, regional modifizierbaren Positivliste implementiert, wonach Kassenärzte in verordnungsstarken Therapiegebieten durchschnittliche Verordnungskosten und Zielquoten definierter Leitsubstanzen erreichen müssen. Ein (ebenso abgeschwächtes) Modell einer Negativliste wurde auf Basis des § 84 Abs. 1 SGB V zum Januar 2006 in der KV Nordrhein eingeführt. Neben der Erreichung einer arztspezifischen Generikaquote und der regional modifizierten Leitsubstanzquote in einzelnen Therapiegebieten müssen Ärzte hier den Anteil gelisteter Analogpräparate an ihrem individuellen Verschreibungsvolumen minimieren.

Die Intention von Leitsubstanz-, Generika- und "me-too"-Quoten ist recht ähnlich. Während durch Leitsubstanz- und Generikaquoten eine Umstellung hin zur generikafähigen Leitsubstanz bzw. therapieklassenübergreifend zu Generika forciert wird, wird durch „me too"-Quoten eine Reduktion der Verschreibungen relativ hochpreisiger Originalpräparate angestrebt, was nur durch den Umstieg auf Generika oder nicht auf der „me too"-Liste erfasste niedrigpreisige Originale realisiert werden kann.

---

105 Vgl. § 31 SGB V.

106 Nach § 34 Abs. 1 SGB V nur für Kinder unter 12 Jahren bzw. 18 Jahren bei Entwicklungsstörungen erstattungsfähig.

107 Nach § 34 Abs. 3 SGB V können außerdem unwirtschaftliche Arzneimittel, welche „die für das Therapieziel oder zur Minderung von Risiken nicht erforderliche Bestandteile erhalten oder deren Wirkungen wegen der Vielzahl der enthaltenen Wirkstoffe nicht mit ausreichender Sicherheit beurteilt werden können oder deren therapeutischer Nutzen nicht nachgewiesen ist" von der Erstattung ausgeschlossen werden. Dieser Begriff der Unwirtschaftlichkeit bezieht sich jedoch nicht auf ein Konzept der Kosten-/Nutzen-Effektivität im Sinne einer Vierten Hürde.

Eine erste Analyse zur Auswirkung der Listeneinführung auf ein einzelnes Molekül innerhalb der KV Nordrhein nehmen Schöffski und Becker (2010) vor. Es existiert jedoch noch keine Studie, die den Effekt der Einführung innerhalb der KVNO im bundesweiten Vergleich bewertet und Auswirkungen der Liste auf weitere KVen (welche die Liste teilweise übernehmen) identifiziert. Ein zuvor analysiertes vergleichbares Szenario im Arzneimittelmarkt konnte zudem nicht ausgemacht werden. Lediglich für den amerikanischen Markt liegen empirische Ergebnisse vor, die Übersprungseffekte durch die Anwendung versicherungsspezifischer Verschreibungslisten auf Patienten anderer Versicherer beschreiben.[108] Diese Analysen beschränken sich jedoch auf die Ebene individueller Ärzte oder Staaten statt auf Spillover-Effekte zwischen verschiedenen Regionen.

4.3.1.1 Steuerungsmechanismus der „me too"-Liste in der KVNO

Der Steuerungsmechanismus der „me too"-Quoten wurde erstmals als Teil der *Vereinbarung über das Arznei- und Verbandmittelausgabevolumen* zwischen der KV Nordrhein und den Landesverbänden der Krankenkassen für das Jahr 2006 eingeführt.[109] In § 4 Abs. 2 dieser Zielvereinbarung werden arztgruppenspezifische prozentuale Zielwerte des Bruttoumsatzes von „me too"-Präparaten festgesetzt, welche auf Basis der GAmSi-Liste berechnet werden. Diese Quoten für den arztspezifischen Verschreibungsumsatz liegen bei beispielsweise 8,0 % für Allgemeinärzte, 14,3 % für Augenärzte, 5,4 % für HNO-Ärzte, 4,2 % für Hautärzte und 7,7 % für Internisten. Im Falle einer kollektiven Überschreitung des Ausgabenvolumens auf KV-Ebene tritt nach § 7 Abs. 1 der Zielvereinbarung die individuelle finanzielle Verantwortung eines Arztes ein, wenn dieser sein Richtgrößenvolumen überschreitet *und* seine jeweilige arztgruppenspezifische Generika- oder „me too"-Quote nicht erfüllt.[110] Da anzunehmen ist, dass die Budgetvolumina auf KV- wie auch arztindividueller Ebene wie auch die „me too"-Quoten so restriktiv sind, dass diese eine wirtschaftliche Verordnungsweise erzwingen, besteht daher ein kollektiver Anreiz zur Verordnungsumstellung weg von „me too"-Präparaten.

Die Form der Substitutionsliste ist in § 5 Abs. 2 der Arzneimittelvereinbarung für 2006 verankert, in der sich die KVNO[111] u.a. neben der quartalsweisen Weiterleitung von Verordnungsquoten zur „gezielten Information an Vertragsärzte über die therapeutische Bewertung einzelner Arzneimittel und zur Substitution bestimmter Arzneimittelgruppen durch nicht medikamentöse Maßnahmen oder andere Arzneimittel" verpflichtet. Als eigentliche „me too"-Liste, deren Veröffentlichung zu einem großen Presseecho, einstweiligen

[108] Vgl. Grabowski (2003), Wang et al. (2003), Wang und Pauly (2005), Virabhak und Sohn (2009).
[109] Vgl. Ärztekammer Nordrhein und Kassenärztliche Vereinigung (2006).
[110] In 2006 traf dies auf rund 1700 Praxen innnerhalb der KV Nordrhein zu; vgl. Dierks und Bohle (2007).
[111] Vgl. Ärztekammer Nordrhein und Kassenärztliche Vereinigung (2006: 84).

Verfügungen und Prozessen[112] geführt hat, gilt dabei die Übersicht über *Patentgeschützte Analogpräparate*,[113] welche auf Basis einer Zusammenstellung von Prof. Schwabe seit 2006 von der KV Nordrhein veröffentlicht wird und teils von weiteren Kassenärztlichen Vereinigungen übernommen wurde. In 2010 wurde statt einer reinen Auflistung von Analogpräparaten erstmals eine *Erweiterte Marktübersicht* veröffentlicht, in der für einzelne Präparate dezidierte Substitutionsvorschläge (auf Hersteller-/Packungsebene) samt potentiellen Einsparungen je DDD aufgeführt sind.[114]

4.3.1.2 Verbreitung der „me too"-Liste in weiteren KVen

Zur Analyse der regionalen Verbreitung der „me-too"-Liste wurden alle übrigen 16 Kassenärztlichen Vereinigungen per E-Mail kontaktiert. Dabei wurde angefragt:

- ob, und falls ja, ab wann diese ihren Vertragsärzten die Liste der KV Nordrhein zur Verfügung gestellt hatten,
- ob die Liste der KVNO in irgendeiner Form modifiziert wurde und
- ob die Liste rein informativ zur Verfügung gestellt wurde oder deren Umsetzung mittels einer Quote bzw. Einbindung in Arzneimittelvereinbarungen oder sonstige Incentivierungen forciert wurde.

Von allen 16 KVen wurden verwertbare Rückmeldungen eingeholt; die Analyse konnte somit bundesweit vorgenommen werden. Eine Übersicht zur Verbreitung der Liste ist in Abbildung 4.5 dargestellt.

Ausgehend von der KV Nordrhein wurde die Liste von sechs weiteren KVen übernommen, das genaue Datum der erstmaligen Veröffentlichung konnte jedoch nicht immer exakt verifiziert werden.[115] In den KVen Berlin, Bremen, Hessen, Niedersachsen und initial auch Sachsen-Anhalt wurde die Liste Ärzten zur Verfügung gestellt, jedoch nicht mit einem verbindlichen Steuermechanismus unterlegt.[116] Innerhalb der KV Sachsen wurde

[112] Durch einstweilige Verfügungen von Ärzten und Pharmaunternehmen wurde die Umsetzung der „me too"-Quoten wie auch die Veröffentlichung der Liste initial untersagt, in Prozessen letzlich jedoch als rechtens bestätigt. So z.B. Beschluss des SG Düsseldorf vom 27.3.2006: S 2 KA 50/06 ER; Beschluss des LSG Nordrhein-Westfalen vom 27.6.2006: L 11 B 30/06 KA ER; Beschluss des Bayerischen LSG vom 19.11.2007: L 12 B 475/06 KA ER; Quelle jeweils juris.de.

[113] Vgl. KVNO (2006).

[114] Vgl. KVNO (2010).

[115] Diese Unschärfe ist verkraftbar, da mögliche Effekte durch die Liste unter anderem auf jährlicher Basis getestet werden.

[116] Von der KV Hessen wurde darauf hingewiesen, dass die Analogarzneimittelquote eine vertragliche Regelung innerhalb der jährlichen Arzneimittelvereinbarungen darstellte, eine individuelle Berechnung einer Analogarzneimittelquote auf den einzelnen Arzt mit eventuellen hieraus resultierenden Konsequenzen jedoch nicht erfolgte.

Abbildung 4.5: Verbreitung der „me too"-Liste

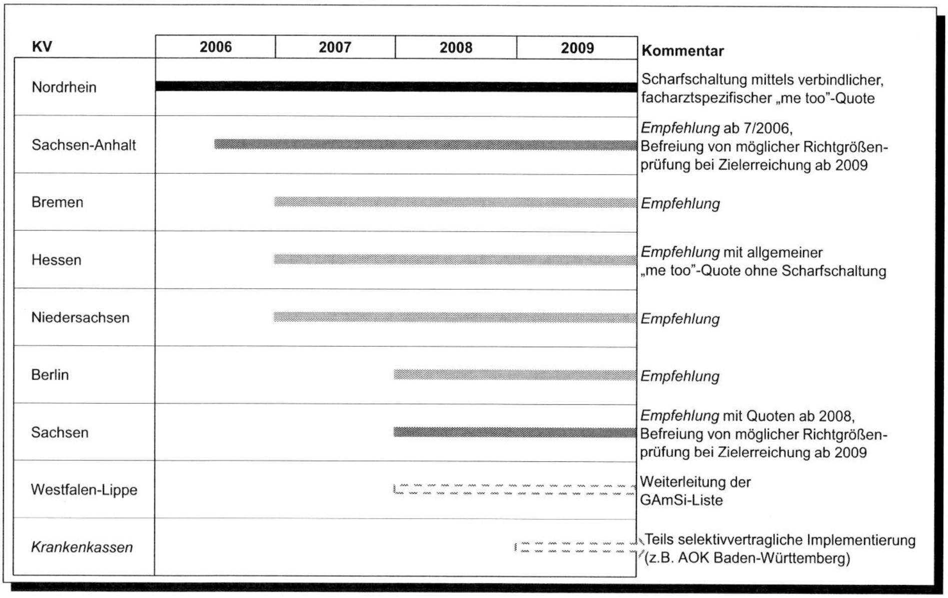

Quelle: Eigene Darstellung.

die Liste ab Einführung in 2008 in der Arzneimittelvereinbarung mit facharztgruppenspezifischen Quotenempfehlungen für Analogpräparate unterlegt, ab 2009 konnten Ärzte eine Befreiung von einer möglichen Richtgrößenprüfung sicherstellen, wenn diese u.a. die facharztspezifische „me too"-Quote eingehalten hatten. Eine solche Bonusregelung der Richtgrößenbefreiung bei Zielerreichung einer facharztspezifischen Quote wurde ab 2009 auch zusätzlich in der KV Sachsen-Anhalt eingeführt. In der KV Westfalen-Lippe erfolgte zwar keine Veröffentlichung der „me too"-Liste, aber eine Weiterleitung der GAmSi-Liste, in der jeweilige Analogpräparate ebenfalls gekennzeichnet sind.[117]

In neun KVen wurde die Liste nicht zur Verfügung gestellt. Von Seiten der KV Baden-Württemberg wurde allerdings darauf hingewiesen, dass die Liste 2009 teils als Steuerungsinstrument in selektivvertraglichen Versorgungskonzepten, so z.B. innerhalb des Hausarztvertrags der AOK Baden-Württemberg, übernommen wurde. Bei Abschluss dieses Hausarztvertrags sind Ärzte zur Einführung einer spezifischen Verordnungssoftware verpflichtet, in welcher „me too"-Präparate und preiswertere Substitute farblich gekennzeichnet sind. Zudem können Ärzte Boni durch Erreichung bestimmter Verschreibungs-

[117] Die GKV-Arzneimittel-Schnellinformation listet nach Fricke/Klaus klassifizierte Analogpräparate auf; diese beiden Listen sind für die nachfolgend analysierten Wirkstoffgruppen deckungsgleich.

quoten erzielen.[118]

Folglich ergeben sich zwei verschiedene Szenarien zur Analyse: zum einen die verbindliche Einführung der „me too"-Liste innerhalb der KVNO im Vergleich zu allen anderen KVen, zum anderen die Veröffentlichung der Liste in sieben weiteren KVen im Vergleich zu den neun übrigen KVen ohne jegliche Implementierung.

4.3.2 Untersuchungshypothesen

Studien zur Einführung des Verschreibungsbudgets nach dem Gesundheitsstrukturgesetz in 1993 haben gezeigt, dass die Gefahr eines kollektiven Regresses zu einem (vorübergehend) restriktiveren Verschreibungsverhalten von GKV-Vertragsärzten führen kann.[119] Das Konzept der Kollektivverantwortung als Mittel zur Ausgabensenkung scheiterte nach Hajen et al. (2011) jedoch aufgrund des Fehlens eines verursachergerechten Verteilungsschlüssels sowie des Verzichts des Bundesgesundheitsministeriums auf einen Regress nach Budgetüberschreitung in 1998. Die nachfolgend eingeführten Arzneimittelbudgets und daraus abgeleiteten Richtgrößen auf Ebene jeweiliger Kassenärztlicher Vereinigungen nach § 84 SGB V stellen eine deutliche Verschärfung dieses Mechanismus dar, da Ärzte nun nach § 106 SGB V individuell für Richtgrößenüberschreitungen haftbar gemacht werden können. Die Nichterfüllung der Generika- oder „me too"-Quoten innerhalb der KVNO führt bei einer Überschreitung der Richtgrößen zur finanziellen Verantwortung des Arztes.[120] Da anzunehmen ist, dass festgesetzte Richtgrößen nur durch eine disziplinierte Verordnungsweise eingehalten werden können und „me too"-Quoten deutlich unterhalb des durchschnittlichen facharztspezifischen „me too"-Volumens gesetzt werden, ist eine ganzheitliche Reduktion des Verschreibungsanteils von „me too"-Molekülen zu erwarten [*Hypothese* H_0 für KVNO].

Eine erste Untersuchung der Auswirkung der Einführung der „me too"-Quoten bzw -Liste in der KV Nordrhein wurde von Schöffski und Becker (2010) vorgenommen. Diese beschreiben für das ab 2006 gelistete intranasale Steroid Mometason (Nasonex) einen Marktanteilsrückgang von 50 % auf 20 % und identifizieren den ökonomischen Druck durch die „me too"-Quote als Auslöser einer Verschreibungsumstellung in 86 % aller Fälle. Ebenso erwähnt Schwabe (2007) Umsatzrückgänge gelisteter patentgeschützter Analogpräparate von 23 % innerhalb der KVNO in 2006. Neye (2010) berichtet für 2008, dass im Schnitt über 95 % aller Ärzte innerhalb der KV Nordrhein ihre fachgruppenspezifischen Quotenziele erreicht haben; deutliche Abweichungen sind nur bei Nervenärzten (75 % Zielerreichung), HNO-Ärzten (88 %) sowie Kinderärzten (89 %) zu beobachten.

[118] Vgl. auch Nitz (2009), AOK Baden-Württemberg (2009).
[119] Vgl. Ulrich und Wille (1996), Schreyögg und Busse (2005).
[120] Vgl. Ärztekammer Nordrhein und Kassenärztliche Vereinigung (2006).

Während für die KVNO sofortige Verschreibungsumstellungen nach Einführung der „me too"-Liste und damit verbundene Marktanteilsverluste gelisteter Präparate zu erwarten sind, sind Auswirkungen auf andere KVen nur schwer abschätzbar. Für die nachfolgend ausgewählten Substanzgruppen (s.u.) sind keine nationalen bzw. regional modifizierten Leitsubstanzquoten nach § 84 Abs. 7a SGB V definiert, es besteht daher kein direkter Anreiz zu Verschreibungsumstellungen außerhalb der KVNO. Eine Ausnahme hierzu stellen die KVen Sachsen und Sachsen-Anhalt dar, in der sich Ärzte ab 2009 bei Erreichung der „me too"-Quote von einer möglichen Richtgrößenvereinbarung befreien konnten.

Die „me too"-Liste könnte Ärzte allerdings dazu incentivieren, durch Verschreibungsumstellungen zur Erreichung etwaiger KV-spezifischer Generikaquoten beizutragen oder ihr Arzneimittelbudget zu entlasten. Soweit Ärzte die Liste als eine Negativliste auffassen, könnte diese Wechselkosten hin zu anderen Substituten verringern. Dies könnte darauf zurückzuführen sein, dass diese neben Leitlinien eine zusätzliche (möglicherweise erwünschte) Informationsquelle zum effizienteren Medikamenteneinsatz bietet und/oder Ärzte die offizielle Art der Liste als Freifahrtsschein ansehen könnten, Therapieumstellungen ohne Angst vor Regressen aufgrund von Fehlmedikationen vornehmen zu können.[121]

Die Wechselbereitschaft könnte zudem innerhalb der Gebiete derjenigen Kassenärztlichen Vereinigungen stärker ausgeprägt sein, bei denen eine stärkere Regresskultur vorherrscht bzw. deren Ärzte kostendisziplinierter verschreiben. Studien von Hoffmann et al. (2009, 2011) zur Nutzung des aut idem-Verbots nach Einführung von Rabattverträgen zeigen regional stark variierende Verordnungsmuster; Gründe hierfür können die Autoren jedoch nicht identifizieren.[122]

Weiterhin könnten differenzierte Patientenpopulationen und damit verbundene Morbiditäten oder unterschiedlicher Krankheitsdruck[123] zu regional variierenden Verschreibungsmustern, abweichenden Marktanteilen von „me too"-Präparaten und einer möglicherweise daraus resultierenden geringeren oder höheren Bereitschaft zur Präparateumstellung beitragen.[124] Ein zusätzlicher unkontrollierbarer Faktor ist der Marketingaufwand von Herstellern, da diese beispielsweise versuchen könnten, zu erwartende Umsatzeinbrüche innerhalb der KV Nordrhein durch einen verstärkten Außendiensteinsatz in anderen KVen zu kompensieren.

[121] Ehlers et al. (2006) erwähnen hingegen, dass die strikte Anwendung der Liste einer Behandlung auf dem Stand der medizinischen Erkenntnisse nach § 70 Abs. 1 SGB V widersprechen kann und Ärzte folglich das haftungsrechtliche Risiko tragen.

[122] In der Studie von Hoffmann et al. (2009) weist die KVNO nach der KV Saarland und der KV Westfalen-Lippe den geringsten Prozentsatz an durch Ärzte untersagte aut idem-Substitutionen auf.

[123] Dies könnte insbesondere in den nachfolgend untersuchten Therapiegebieten (Antiallergika) von Bedeutung sein.

[124] Schwabe (2007) zeigt eine Spannweite des Analogpräparateumsatzes pro Versichertem von unter 65 € (KVen Bremen, Hamburg, Hessen, Nordrhein) bis über 90 € (KVen Brandenburg, Mecklenburg-Vorpommern, Sachsen) bzw. 100 € (KV Sachsen-Anhalt) auf.

Die einzige kontrollierbare Einflussgröße auf die Auswirkung der „me too"-Liste neben der etwaigen Einbindung in Arzneimittelvereinbarungen stellt daher der Zeitpunkt der erstmaligen Veröffentlichung auf KV-spezifischer Ebene dar. Auch wenn die Veröffentlichung der „me too"-Liste in der KVNO zu einem nationalen Medienecho geführt hat, erhalten möglicherweise nur wenige Ärzte außerhalb der KVNO diese Informationen bzw. nehmen zusätzliche Suchkosten auf sich, um die Liste und deren Inhalt ausfindig zu machen. Ein kollektiver Informationsvorsprung innerhalb einer KV gegenüber Ärzten anderer KVen besteht dagegen erst ab dem Zeitpunkt, zu dem die Liste allen Mitgliedern durch Veröffentlichung im regionalen Ärzteblatt oder per Rundschreiben zugänglich gemacht wird.

Als Ergebnis ist daher zu erwarten, dass die erstmalige Veröffentlichung der „me too"-Liste in der KVNO aufgrund der Informationsdiffusion einen marginalen Verschreibungswandel weg von gelisteten Präparaten in anderen KVen auslöst.[125] Ein deutlicher, messbarer Effekt sollte dagegen erstmals nach Veröffentlichung der Liste innerhalb einer jeweiligen KV gegenüber anderen KVen, in denen (noch) keine Veröffentlichung stattgefunden hat, auftreten [*Hypothese* H_0 für restliche KVen]. Bei einer Incentivierung von Ärzten (Möglichkeit der Richtgrößenbefreiung in Sachsen und Sachsen-Anhalt) sollte die Liste zudem zu deutlich stärkeren Marktanteilsänderungen führen, als dies bei rein informativer Zurverfügungstellung der Fall ist.

Da zudem keine molekül- oder therapiegruppenspezifische, sondern eine arztgruppenspezifische „me too"-Quote berechnet wird, liegt die Entscheidung beim Arzt, ob dieser eher umsatzstarke oder -schwache Präparate in verordnungsstarken bzw. -schwachen Therapieklassen umstellt. Eine Diskussion hierzu erfolgt im nächsten Abschnitt zur Datenauswahl- und Basis.

4.3.3 Datenauswahl und -basis

Als Datengrundlage dient die jährlich veröffentlichte „me too"-Liste der KV Nordrhein unter Berücksichtigung eventueller Modifikationen, so z.B. die abgeänderte Version der KV Sachsen. Auf Basis der ersten Liste für 2006 ergibt sich so eine Auswahl von 92 Präparaten aus rund 32 verschiedenen therapeutischen Klassen. Hiervon werden aus Konsistenzgründen zunächst Präparate bzw. Klassen ausgeschlossen, welche im anvisierten Untersuchungszeitraum von 2006 bis 2009 nicht durchgängig aufgeführt wurden. In zahlreichen Therapiegebieten wirkt die Liste zudem nicht isoliert als auf Ärzte ausgerichtete Steuerungsmaßnahme, sondern überschneidet sich mit den ab 2007 bundesweit eingeführten, auf KV-individueller Ebene modifizierten Bonus/Malus-Regelungen bzw. nachfolgen-

[125] Dies setzt jedoch die Annahme voraus, dass die Liste tatsächlich einen Informationsgewinn mit sich bringt und nicht grundlegend Prinzipien der Therapiewahl und Therapiefreiheit konterkariert. Ansonsten dürften überhaupt keine Effekte durch Informations-Spillovers bzw. Listenübernahmen auftreten.

den Leitsubstanzquoten nach § 84 Abs. 7 SGB V in einzelnen Therapiegebieten. Daher werden solche Klassen ausgeschlossen, für die eine nationale Leitsubstanz definiert wurde.

Nach dieser Selektion bleiben vorerst vier Therapiegebiete zur Analyse übrig: H1-Antihistaminika (EphMRA-ATC: R6A) in der systemischen antiallergischen Therapie, ophthalmologische Antiallergika (S1G) zur topischen Therapie der (saisonalen) allergischen Konjunktivitis, corticoidhaltige Nasensprays (R1A) zur Behandlung akuter und chronischer Rhinitis bzw. Rhinosinusitis sowie inhalative Glucocorticoide (R3D) zur Therapie obstruktiver Atemwegserkrankungen.

Eine Analyse der Auswirkungen der me too-Liste für die Gruppe der intranasalen Steroide innerhalb der KVNO erfolgt bereits bei Schöffski und Becker (2010); da sich zudem nur ein Präparat dieser Gruppe auf der Liste befindet, wird diese Wirkstoffklasse nicht weiter berücksichtigt. In der Gruppe der inhalativen Glucocorticoide ist in einer ersten explorativen Analyse im Zeitraum von 2006 bis 2008 eine bundesweite, starke Verschreibungsentwicklung hin zu Generika zu beobachten, wodurch der Einfluss der „me too"-Liste möglicherweise nicht mehr isoliert betrachtet werden kann. Folglich fällt die Auswahl auf die Gruppen der systemischen und ophthalmologischen Antiallergika.

4.3.3.1 Orale H1-Antihistaminika

Die allergische (Rhino-)Konjunktivitis ist eine nasale bzw. okuläre Allergie, welche sowohl saisonal durch Pollen wie auch ganzjährig durch Staubmilben, Tierhaare und Pilzallergene hervorgerufen werden kann.[126] Dies äußert sich durch eine Bindehautentzündung in Verbindung mit einer Rötung, Juckreiz, Tränenfluss, Niesen und Nasensekretion. Als Therapieoptionen stehen hierfür systemische (orale) Präparate, Nasensprays und Augentropfen zur Verfügung.

Die in der systemischen Therapie vorrangig verwendete Wirkstoffklasse ist die der Antihistaminika, welche mittels einer Hemmung der Freisetzung des entzündungsfördernden Botenstoffs Histamin wirkt. Diese Präparate, welche ebenfalls bei Urtikaria (Nesselsucht) sowie Pruritus (Juckreiz) eingesetzt werden, lassen sich weitergehend in die erste Generation der stark sedierenden und zweite Generation der wenig sedierenden Antihistaminika einteilen, wobei wenig sedierende Antihistaminika als Mittel der Wahl gelten.[127] Nach Zawinell und Schwabe (2006) betrug der Verordnungsanteil auf DDD-Basis von systemischen Präparaten der zweiten Generation in 2005 90 %; der von systemischen Präparaten der ersten Generation 8 % und von topischen Antiallergika (Nasensprays/Augentropfen)

[126] Vgl. Kanski (2008).
[127] Vgl. Bousquet und Kaliner (2008).

rund 2 %. Der Umsatz von wenig sedierenden Antihistaminika innerhalb der GKV in 2005 summierte sich auf rund 80 Mio. €.[128]

Die seit Mitte der 80er bzw. Anfang der 90er Jahren eingeführten Moleküle Terfenadin,[129] Loratadin und Cetirizin gelten als erste Vertreter der zweiten Generation, in den Jahren 1997 bis 2008 wurden die Moleküle Fexofenadin, Mizolastin, Desloratadin, Levocetirizin, Ebastin und Rupatadin an den Markt gebracht. Fricke/Klaus bewerten lediglich das in 1997 kommerzialisierte Fexofenadin als therapeutisch fortschrittlich mit B; alle nachfolgenden Präparate wurden wiederum als therapeutisch gleichwertig mit C klassifiziert.

Tabelle 4.12: Systemische Antihistaminika - einbezogene Wirkstoffe

Molekül	Marke	Markt-einführung	Listung als „me too"	Marktanteil (DDD) in 2005	Ø Preis/DDD (ApU netto) in 2005	Anmerkungen
Azelastin	Allergodil	1994	nein	1 %	0,27 €	
Cetirizin	*Zyrtec/generisch*	1990	nein	11 %	0,27 €	OTC
Desloratadin	Aerius	2001	ab 2006	22 %	0,44 €	
Ebastin	Ebastel	2002	2006, 2008	8 %	0,39 €	Patentablauf 2008. Ausschluss, da inkonsistente Listung
Fexofenadin	Telfast	1997	nein	17 %	0,40 €	Patentablauf 2009
Levocetirizin	Xusal	2001	2006-2009	30 %	0,43 €	Patentablauf 2010
Loratadin	*Lisino/generisch*	1994	nein	3 %	0,15 €	OTC
Mizolastin	Mizollen, Zolim	1998	ab 2006	7 %	0,44 €	
Rupatadin	Rupafin	2008	ab 2009	-	n/a	
Terfenadin	*generisch*	1985	nein	1 %	0,21 €	

Quelle: Eigene Darstellung. Berechnung von Marktanteil (DDD) und Preis (ApU netto) auf Basis IMS PharmaScope.

Zum Zeitpunkt der Einführung der „me too"-Liste in 2006 waren mit Cetirizin, Loratadin und Terfenadin bereits drei Moleküle generikafähig; der Patentschutz von Ebastin, Fexofenadin und Levocetirizin lief in den Jahren 2008 bis 2010 ab. Cetirizin und Loratadin sind zudem freiverkäuflich; nach Inkrafttreten des GMG in 2004 und den damit verbundenen Restriktionen[130] führte dies zu einem Verschreibungsrückgang von wenig sedierenden Antihistaminika insgesamt von über 40 %.[131] Ein möglicher Störeinfluss der Patentabläufe auf die Wirkung der „me too"-Liste kann ausgeschlossen werden, da sich Patentabläufe als nationale Interventionen gleichermaßen auf regionale Behandlungs- und Kontrollgruppen

[128] Vgl. AVR (2006).

[129] Terfenadin wurde aufgrund von Herzrhythmusstörungen als Nebenwirkung in zahlreichen Ländern wieder vom Markt genommen, wird in Deutschland aber weiterhin vermarktet.

[130] Nach § 34 Abs. 1 SGB V sind OTC-Präparate nur für Kinder bis einschließlich 12 Jahre (bzw. 18 Jahre bei Entwicklungsstörungen) sowie bei äußerst schwerwiegenden Indikationen verschreibungsfähig.

[131] Vgl. Zawinell und Schwabe (2006).

auswirken und die Generikafähigkeit im vorliegenden Fall zu einer Löschung des jeweiligen Moleküls von der „me too"-Liste führt.[132]

4.3.3.2 Ophthalmologische Antiallergika

Zur topischen Therapie der Bindehautentzündung stehen Augentropfen aus den Substanzgruppen der Mastzellstabilisatoren (Cromoglicinsäure, Nedocromil, Lodoxamid), Antihistaminika (Levocabastin, Epinastin, Emedastin) bzw. Präparate mit kombinierten Wirkmechanismen (Olopatadin, Ketotifen, Azelastin) zur Verfügung. Beide Substanzklassen hemmen auf unterschiedliche Weise die Freisetzung des entzündungsfördernden Botenstoffs Histamin. Nach Kanski (2008) finden Mastzellstabilisatoren eher in der Langzeittherapie Anwendung, Antihistaminika vorwiegend bei akuter Symptomatik; beide Substanzklassen werden jedoch als grundlegend untereinander substituierbar charakterisiert. Dietlein (2004) beschreibt weiterhin Vasokonstriktoren, nichtsteroidale Antiphlogistika und Steroide als mögliche Substitute, welche bei der Behandlung der saisonalen allergischen Konjunktivitis jedoch in der Regel nicht vorrangig eingesetzt werden.[133]

Die Substanzklasse wurde 1978 durch das noch heute häufig verschriebene Molekül Cromoglicinsäure etabliert, weitere Wettbewerber folgten ab den 90er Jahren. Fricke/Klaus charakterisieren die in den Jahren 1997 bis 2004 eingeführten Moleküle Lodoxamid, Emedastin, Olopatadin und Epinastin mittels C-Bewertungen als prinzipiell therapeutisch äquivalent. Jedoch bestehen auch bei diesen Präparaten teils deutliche Unterschiede hinsichtlich Affinität zu Histaminrezeptoren, (Neben-) Wirkungsprofilen und Zulassungsindikationen.[134] Kanski (2008: 233) bewertet die Gruppen der Antihistaminika und Mastzellstabilisatoren in der Therapie der Konjunktivitis dennoch als gleich wirksam und alle jeweiligen Präparate als ähnlich effektiv, sodass „keines der angegebenen Medikamente [...] abgesehen von der Applikationshäufigkeit" zu bevorzugen sei.[135]

Im Gegensatz zu systemischen Präparaten fallen keine Patentabläufe oder Änderungen des Verschreibungsstatus in den Beobachtungszeitraum. Mit Verschreibungen von lediglich rund 3,5 Mio. € bzw. 6 Mio. DDD in 2005 machen ophthalmologische Antiallergika einen

[132] Im vorliegenden Szenario liegt der Patentablauf von Levocetirizin zudem außerhalb des Analysezeitraums, Ebastin wird mangels konsistenter Erwähnung auf der „me too"-Liste von der Analyse ausgeschlossen und Fexofenadin ist erst gar nicht als „me too"-Präparat gelistet, stellt also für Ärzte innerhalb der KV Nordrhein sowohl vor als auch nach Patentablauf ein geeignetes Substitut zur Erfüllung der „me too"-Quote dar.

[133] Vgl. auch Erb und Schlote (2011).

[134] Neben der akuten allergischen Konjunktivitis finden die Präparate auch bei anderen Erkrankungen, so z.B. der Konjunktivitis vernalis, atopischen Kerato-Konjunktivitis oder Riesenpapillenkonjunktivitis Anwendung; vgl. Dietlein (2004).

[135] Zu gleichen Einschätzungen kommen auch Owen et al. (2004) sowie Erb und Schlote (2011).

äußerst geringen Umsatzanteil innerhalb der GKV aus.[136] Aufgrund der im Vergleich zu systemischen Antihistaminika deutlich geringeren Budgetbelastung durch Ophthalmika fällt der Effekt der Medikamentenumstellungen nach Einführung der „me too"-Liste daher möglicherweise abgeschwächter aus.

Im von IMS zur Verfügung gestellten Datensatz liegen in der ATC-Gruppe der Antiallergika ferner Verschreibungsdaten für die Kombinationspräparate Allergopos (Antazolin/Chlorhexidin/Tetryzolin), Antistin (Antazolin/Naphazolin), Spersallerg (Antazolin/Tetryzolin) sowie Konjunktival (Naphazolin/Pherinamin) vor. Diese werden mangels Erwähnung in klinischer Literatur bzw. Behandlungsleitlinien für die nachfolgende Analyse jedoch nicht weiter berücksichtigt.[137]

Tabelle 4.13: Ophthalmologische Antiallergika - in die Analyse einbezogene Wirkstoffe

Wirkung	Molekül	Marke	Markteinführung	Listung als „me too"	Marktanteil (DDD) in 2005	Ø Preis/DDD (ApU netto) in 2005
Antihistaminika	Emedastin	Emadine	1999	ab 2006	4 %	0,72 €
	Epinastin	Relestat	2004	ab 2006	5 %	0,61 €
	Levocabastin	Livocab	1994	2006-2008	6 %	0,68 €
Mastzellstabilisatoren	Cromoglicinsäure	*Vividrin/generisch*	1978	nein	24 %	0,17 €
	Lodoxamid	Alomide	1997	ab 2006	1 %	0,76 €
	Nedocromil	Irtan	1994	2006-2007	1 %	0,54 €
Kombinierter Mechanismus	Azelastin	Allergodil, Loxin, Vividrin akut	1999	nein	6 %	0,33 €
	Ketotifen	Zaditen	2001	nein	38 %	0,50 €
	Olopatadin	Opatanol	2004	ab 2006	15 %	0,50 €

Quelle: Eigene Darstellung. Berechnung von Marktanteilen (in DDD) und Preis (ApU netto) auf Basis IMS PharmaScope.

4.3.3.3 Datenbasis

Die Analyse wird mit monatlichen, regionalen Verordnungsdaten aus den Jahren 2004 bis 2009 aus der Datenbank IMS PharmaScope Regional durchgeführt. Hierbei handelt es sich um dieselbe Datenbasis wie in Schwerpunkt B, zusätzlich liegt jedoch noch eine Aufteilung nach den 17 Kassenärztlichen Vereinigungen vor, in denen jeweilige Vertragsärzte ihre Kassenzulassung haben.

Der Vergleich systemischer Antihistaminika wird anhand der DDD-Empfehlungen des DIMDI aus 2004 vorgenommen; für ophthalmologische Antihistaminika werden mangels

[136] Vgl. AVR (2006).

[137] Explorative Schätzungen für die KV Nordrhein unter Einschluss dieser Präparate (kumuliertes Marktanteilsvolumen <10 %) in die Kontrollgruppe (keine Listung als „me too"-Präparat) zeigen zudem keine abweichenden Ergebnisse.

WHO-/DIMDI-DDD die Dosisempfehlungen aus der Roten Liste (2005) bzw. von Kanski (2008) verwendet. Zur Analyse der Auswirkungen der „me too"-Liste werden Marktanteile innerhalb jeweiliger einzelner bzw. gruppierter KVen auf DDD-Volumenbasis berechnet. Als „me too" werden alle diejenigen Präparate klassifiziert, die sich mindestens im Zeitraum 2006 bis 2008 auf der Liste der KVNO befanden.[138] Ebastin (Ebastel) in der Gruppe der systemischen Antihistaminika wird aus Konsistenzgründen (keine Listung in 2007) ebenso wie Nedocromil (Irtan) in der Klasse der ophthalmologischen Antiallergika (keine Listung in 2008) von der Analyse ausgeschlossen.

Die Art des Steuerungsmechanismus macht es zudem notwendig, die Marktanteile aller einzelner „me too"-Präparate einer Substanzklasse zusammenzufassen. Ärzte haben keinen Anreiz, zwischen Präparaten auf der Liste zu wechseln, sondern sind zur Quotenerreichung dazu angewiesen, Verschreibungen auf nicht gelistete Präparate umzustellen. Als „me too" gelistete Präparate weisen teils deutlich unterschiedliche Marktanteile auf; ebenbürtige Beobachtungen absoluter wie auch relativer Marktanteilsveränderungen auf Ebene einzelner Medikamente könnten daher zu verzerrten Ergebnissen führen.[139] So könnten Ärzte einen effektiveren Hebel zur Zielerreichung darin sehen, vorrangig oder ausschließlich Verschreibungen umsatzstärkerer Medikamente umzustellen. Hinzu kommt, dass Ausweichmedikationen gelisteter Präparate einer Substanzklasse keine perfekten Substitute darstellen, sondern möglicherweise zur Therapie bestimmter Teilindikationen mehr oder weniger gut geeignet sind. Eine weitere unkontrollierbare Einflussgröße könnte ein verstärkter Außendiensteinsatz von Herstellern auf regionaler Ebene zur Abfederung möglicher Umsatzeinbrüche darstellen.

Als abhängige Variable wird daher der kumulative absolute Marktanteil aller als „me-too" gelisteter Präparate innerhalb einer jeweiligen Region definiert.

4.3.4 Deskriptive Analyse

4.3.4.1 Orale H1-Antihistaminika

Für systemische Antihistaminika ist aus Abbildung 4.6 eine starke saisonale Schwankung der Verschreibungshäufigkeit mit jeweiligen Höhepunkten in der frühsommerlichen Allergieperiode erkennbar; die Verschreibungshäufigkeit von „me too"-Präparaten scheint im Jahresmittel jedoch konstant. Dies könnte bedeuten, dass als „me too" gelistete Präparate für alle über das Jahr hinweg auftretenden Allergietypen möglicherweise in prozentual

[138] Für die analysierten Wirkstoffgruppen wurden keine Abweichungen zwischen der Liste der KV Nordrhein und möglichen regionalen Listenmodifikationen (Sachsen, Sachsen-Anhalt) identifiziert.

[139] Diese Arbeitshypothese wird durch eine explorative Analyse der Marktanteilsverläufe individueller Präparate in der KV Nordrhein bestätigt.

gleichem Maße geeignet sind und/oder Ärzte keine Entlastung ihres Budgets während der Heuschnupfenperiode im Frühsommer vornehmen, was diese durch eine zunehmende Verschreibung von Generika bzw. Originale, die sich nicht auf der „me too"-Liste befinden, erreichen könnten.

Abbildung 4.6: Systemische Antihistaminika: Monatliche Verschreibungen und „me too"-Marktanteil 2004 bis 2007

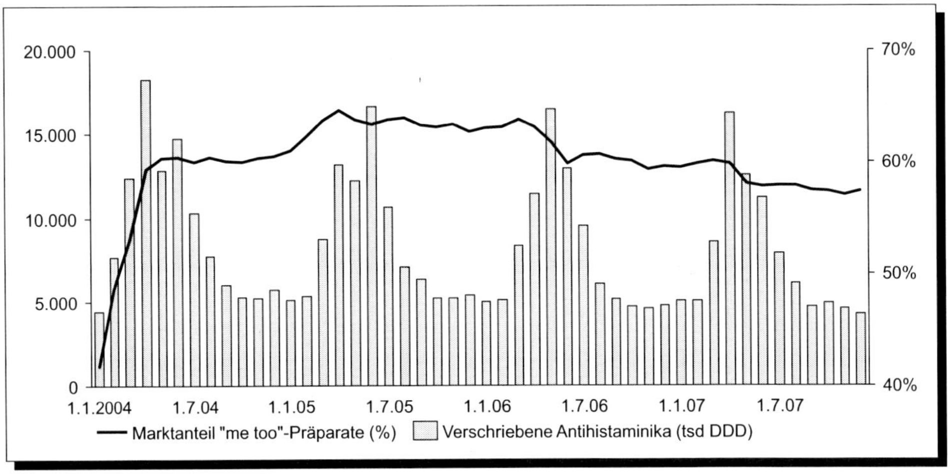

Quelle: Eigene Darstellung, Datenbasis IMS PharmaScope.

Für die ersten drei Monate in 2004 tritt ein nicht erklärbarer Einbruch bei Verschreibungen von „me too"-Präparaten auf;[140] aus Konsistenzgründen werden diese Datenpunkte jedoch beibehalten und nur dann entfernt, falls diese die Schätzungen merkbar beeinflussen sollten.

4.3.4.2 Ophthalmologische Antiallergika

Ebenso wie bei systemischen Antihistaminika sind die Verschreibungen von ophthalmologischen Antiallergika (Abbildung 4.7) stark von einer Allergieperiode im Frühjahr getrieben. Bei der Verschreibung von Augentropfen in der Heuschnupfenperiode scheinen Ärzte aufgrund besserer Eignung oder zur Entlastung des Budgets zudem stärker auf nicht als „me too" gelistete Präparate zurückzugreifen; die Schwankungsbreite bewegt sich allerdings im unteren einstelligen Prozentbereich. Nachfolgend wird daher auch ein möglicher Einfluss dieser Saisonalität auf die Schätzungen berücksichtigt.

[140] Dies ist bei ophthalmologischen Antiallergika ebenso der Fall. Sollte dieser Effekt auf die weitgehende Aufhebung der Erstattungsfähigkeit von OTC-Präparaten im Jahr 2004 zurückzuführen sein, dürfte dieser aber nur bei systemischen Antihistaminika auftreten.

Abbildung 4.7: Ophthalmologische Antiallergika: Monatliche Verschreibungen und „me too"-Marktanteil 2004 bis 2007

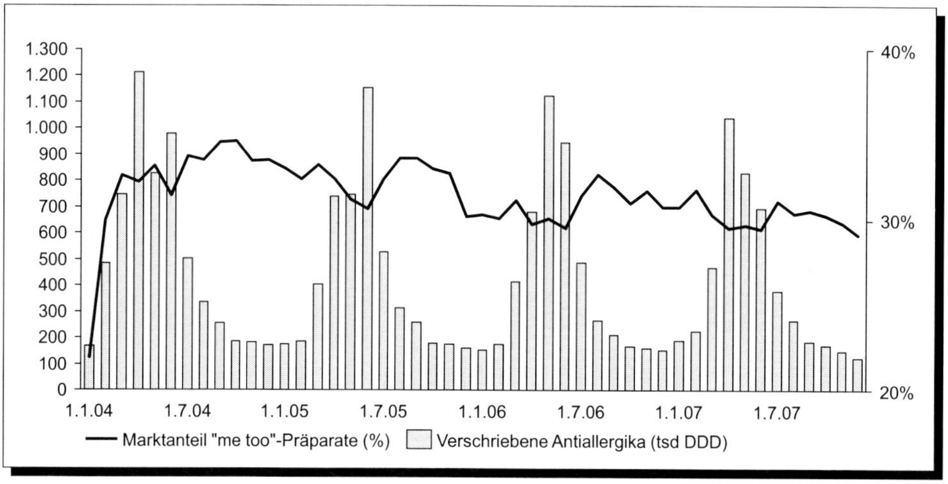

Quelle: Eigene Darstellung, Datenbasis IMS PharmaScope.

4.3.4.3 Steuerungswirkung innerhalb der KVNO

Sowohl für systemische Antihistaminika wie auch für ophthalmologische Antiallergika zeigen sich vor Einführung der Liste für „me too"-Moleküle in der KV Nordrhein und der Summe aller restlichen KVen geringe Abweichungen der Verschreibungshäufigkeit und ähnliche Trendlinien (Abbildung 4.8). Bei ophthalmologischen Antiallergika divergieren die Marktanteilsverläufe trotz nahezu identischer Ausgangsbasis deutlich stärker; dies ist möglicherweise auf die geringe Verschreibungshäufigkeit der Substanzgruppe in Kombination mit den relativ stärker schwankenden „me too"-Marktanteilen im Jahresverlauf zurückzuführen.

Ab Anfang 2006 ist ein regionaler Entkopplungseffekt in beiden Substanzgruppen erkennbar. Dieser führt zu deutlichen Marktanteilsverlusten innerhalb der KVNO, wobei hier neben dem Einmaleffekt in 2006 noch ein deutlicher Marktanteilsabfall Anfang 2007 auftritt. Im Verlauf des Jahres 2007 scheint dieser Marktanteilsrückgang für „me too"-Präparate zumindest in der Gruppe der Ophthalmika jedoch wieder kompensiert zu werden. Während bei systemischen Antihistaminika ein Marktanteilsverlust innerhalb der KVNO ab Januar 2006 festgemacht werden kann, setzt bei ophthalmologischen Antiallergika bereits vor 2006 ein Marktanteilsrückgang ein, welcher jedoch durch die saisonalen Schwankungen der Verschreibungshäufigkeit von „me too"-Präparaten erklärbar sein könnte. In den nachfolgenden Analysen wird daher auch getestet, ob Verschreibungen möglicherweise schon kurz vor Januar 2006 umgestellt wurden.

Abbildung 4.8: Kumulativer „me too"-Marktanteil innerhalb der KVNO und anderen KVen 2004 bis 2007

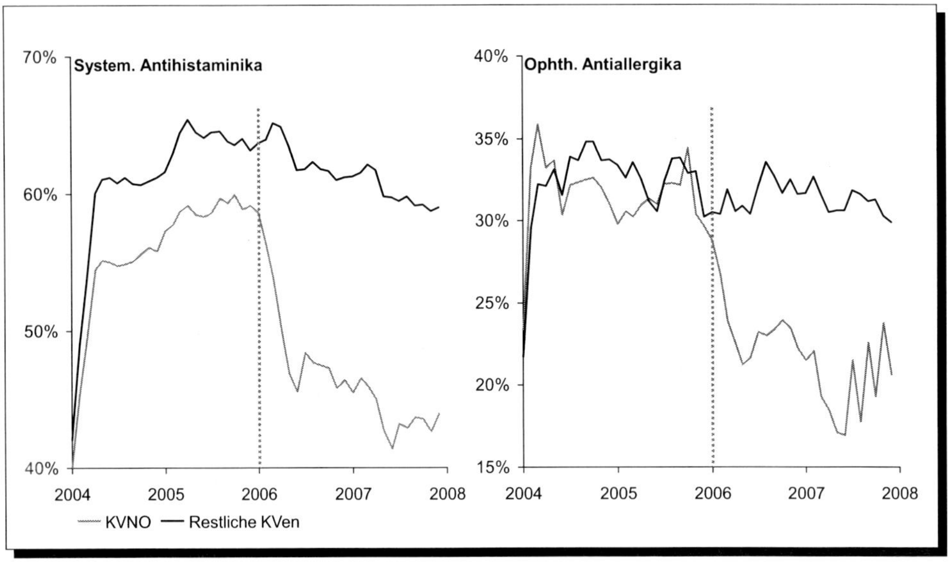

Quelle: Eigene Darstellung, Datenbasis IMS PharmaScope.

4.3.4.4 Steuerungswirkung in weiteren KVen

Beispielhaft für weitere Regionen mit übernommener Liste sind in Abbildung 4.9 die Verschreibungsverläufe in Sachsen-Anhalt (Listeneinführung zum 1.7.2006, zusätzliche Option auf Befreiung von einer Richtgrößenprüfung ab 2009), Niedersachsen (1.1.2007) sowie Sachsen (1.1.2008, zusätzliche Option auf Befreiung von einer Richtgrößenprüfung ab 2009) dargestellt. Im Gegensatz zur KVNO ist hier auf den ersten Blick nicht durchgängig ersichtlich, ob die Einführung der Liste einen Effekt im Vergleich zur Kontrollgruppe (neun KVen ohne Liste) hervorruft. Ebenso von Bedeutung ist die Fragestellung, ob ein regionaler Effekt kausal auf die Einführung der Liste zurückzuführen ist, oder ob dieser aber möglicherweise vorgezogen als Spillover aufgrund des Medienechos nach Einführung innerhalb der KVNO in 2006 oder gar zufällig auftritt.

4.3.5 Ökonometrische Schätzung

4.3.5.1 Schätzverfahren

Die Einführung von „me too"-Listen auf Ebene der KV Nordrhein entspricht einem Natural- bzw. Quasi-Experiment. Bei diesem erfolgt im Gegensatz zu einem randomisier-

Abbildung 4.9: Systemische Antihistaminika: Kumulativer „me too"-Marktanteil innerhalb weiterer Regionen 2005 bis 2009 (Auszug)

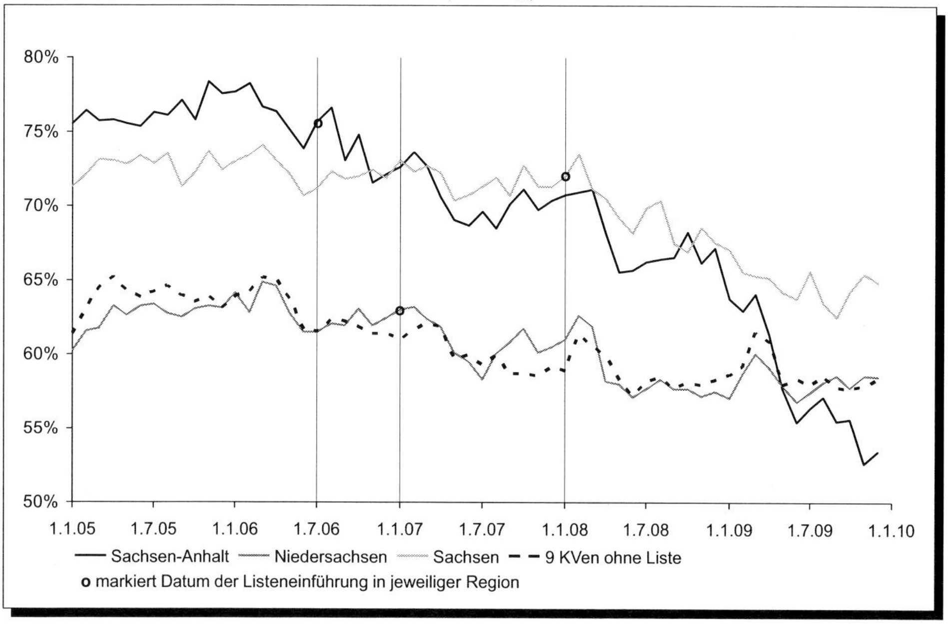

Quelle: Eigene Darstellung, Datenbasis IMS PharmaScope.

ten Experiment die Einteilung in die Behandlungs- und Kontrollgruppe aufgrund eines exogenen Events - oftmals in Form einer regulativen Intervention.[141]

Für solch ein Szenario hat sich der Difference in Differences-Ansatz (Diff-in-Diff/DiD) etabliert. Wie in Abbildung 4.10 dargestellt, können mit dieser Methodik die Differenzen des Durchschnitts der Beobachtungen zwischen Behandlungs- und Kontrollgruppe unter Berücksichtigung des jeweiligen Zeittrends in den beiden Gruppen geschätzt werden. Damit wird der beobachtete Wert in der Behandlungsgruppe um übergreifende Entwicklungen, die sich gleichermaßen auf die Behandlungs- und Kontrollgruppe auswirken, bereinigt.

Es liegt formal eine balancierte Paneldatenstruktur vor, da für die untersuchten Gruppen (Regionen mit/ohne „me too"-Liste) fortlaufende Beobachtungen vor- und nach der Intervention existieren. Allerdings werden die Daten auf Marktanteilsebene so stark aggregiert (zu jedem Zeitpunkt t jeweils nur eine einzige Beobachtung des aggregierten „me too"-Marktanteils in der Behandlungsgruppe KVNO bzw. der Summe aller anderen KVen als mögliche Kontrollgruppe), dass Schätzungen mittels eines Fixed Effects- oder sonstigen Paneldatenmodells nicht möglich sind. Die Identifizierung von Difference in Differences-

[141] Vgl. Wooldridge (2002).

Effekten erfolgt daher mit einer linearen Ordinary Least Squares-Regression auf Basis der u.a. von Card und Krueger (1994) verwendeten Grundform des Difference in Differences-Ansatzes und wird mittels des von Villa (2012) entwickelten Stata-Plugins *diff*[142] wie folgt geschätzt:

$$mktshare_{i,t} = \beta_0 + \beta_1 period_t + \beta_2\ treated_{i,t} + \beta_3 period_t * treated_i + e_{i,t}$$

Werden Zeitreihendaten in Form von mehreren Beobachtungen vor und nach der Listeneinführung verwendet, so werden diese in einer linearen OLS-Regression fälschlicherweise als Beobachtungen unabhängiger Individuen aufgefasst. Observationen vor und nach der Intervention innerhalb der jeweils selben Behandlungs- und Kontrollgruppen weisen jedoch eine serielle Korrelation auf. Der OLS-Schätzer wird daher bei der Schätzung mittels Zeitreihendaten systematisch überhöhte Signifikanzniveaus bei eintretenden DiD-Effekten produzieren.[143] Dieses Phänomen wird speziell bei jeweils nur einer Behandlungs- und Kontrollgruppe extrem stark ausgeprägt sein; hier würden hohe Signifikanzniveaus lediglich aussagen, dass Marktanteile in den beiden Gruppen vor und nach der Intervention in einem relativ geringen Maß variieren. Ein besonderer Fokus liegt daher auf der nachträglichen Verifizierung bzw. Falsifizierung solcher eintretender signifikanter Effekte bei Berechnungen mittels Zeitreihendaten.

Abbildung 4.10: Konzept der Difference in Differences-Schätzung

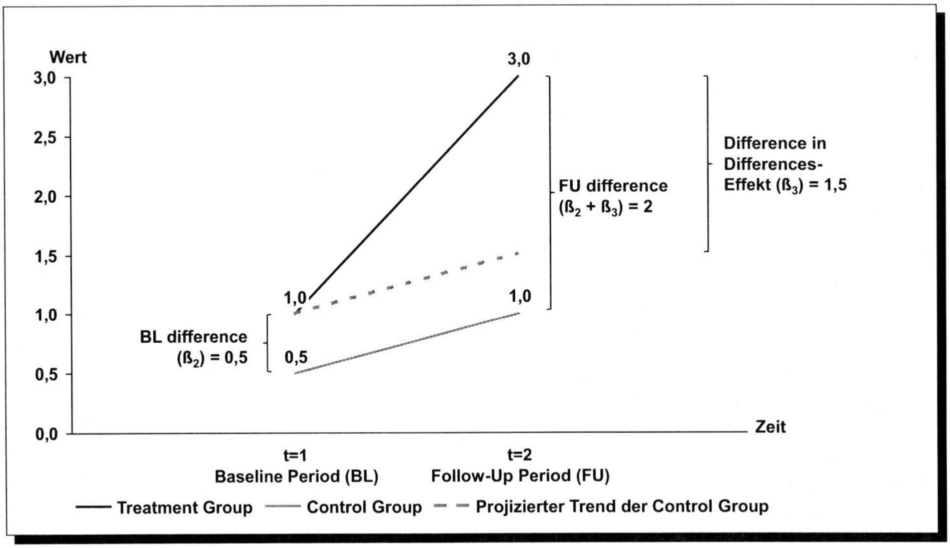

Quelle: Eigene Darstellung in Anlehnung an Stock und Watson (2007: 482).

[142] Aus dem Statistical Software Components Archive des Boston College via Stata abrufbar.
[143] Vgl. Bertrand et al. (2004).

Tabelle 4.14: Schätzvariablen Difference in Differences

Variablen:

mktshare (i,t)	Kumulativer absoluter Marktanteil aller als „me-too" gelisteter Präparate innerhalb der Region bzw. der Regionengruppe *i zum Zeitpunkt t*
period (t)	Dummyvariable, die ab Zeitpunkt der Veröffentlichung der „me too"-Liste den Wert 1 annimmt (Follow Up/Treatment Period)
treated (i,t)	Dummyvariable, die für die Region, in der die „me too"-Liste veröffentlicht wird, den Wert 1 annimmt (Treatment Group)

Interpretation der Koeffizienten :

$\hat{\beta}_0$	Durchschnittlicher Marktanteil in der Control Group *vor* Treatment (BL (Baseline) control)
$\hat{\beta}_0 + \hat{\beta}_1$	Durchschnittlicher Marktanteil in der Control Group *nach* Treatment (FU (Follow-Up) control)
$\hat{\beta}_0 + \hat{\beta}_2$	Durchschnittlicher Marktanteil in der Treatment Group *vor* Treatment (BL treated)
$\hat{\beta}_0 + \hat{\beta}_1 + \hat{\beta}_2 + \hat{\beta}_3$	Durchschnittlicher Marktanteil in der Treatment Group *nach* Treatment (FU treated)
$\hat{\beta}_2$	Marktanteilsdifferenz zwischen Treatment- und Control Group *vor* Treatment (BL diff)
$\hat{\beta}_2 + \hat{\beta}_3$	Marktanteilsdifferenz zwischen Treatment- und Control Group *nach* Treatment (FU diff)
$\hat{\beta}_3$	Absolute Marktanteilsänderung in der Treatment Group im Vergleich zur Control Group *nach* Treatment (Difference in Differences-Effekt)

4.3.5.2 Schätzstrategie

Im ersten Schritt wird der Effekt der verbindlichen Listeneinführung innerhalb der KVNO im Vergleich zu allen anderen KVen geschätzt. Aufgrund der zahlreichen Gruppierungsmöglichkeiten im vorliegenden Sample vor allem in Hinblick auf Anzahl und Größe von Beobachtungszeiträumen sowie Kontrollgruppen[144] werden verschiedene Gruppierungsvarianten getestet. Hiervon ausgehend soll ein möglichst ideales Modell für weitere Schätzungen identifiziert werden. Ein weiterer Fokus liegt auf potentiellen Problemen durch die stark saisonalen Schwankungen des Verschreibungsanteils sowie einem möglicherweise vorgezogenen Behandlungseffekt bei ophthalmologischen Antiallergika innerhalb der KVNO vor Januar 2006. Die Modellvariation dient daher auch der Überprüfung der Robustheit der durchgeführten Schätzungen.

Im zweiten Schritt wird die ausgewählte aussagekräftigste Schätzvariante für das Testen

[144] Zur Idee der Verwendung mehrerer Kontrollgruppen innerhalb DiD zur Verringerung des Problems von Biases oder zufälliger Variation innerhalb einer Kontrollgruppe vgl. Rosenbaum (1987) oder Meyer (1995).

des Effekts der Implementierung in den sieben weiteren KVen, in denen die Liste eingeführt wurde, übernommen. Hier dienen die neun KVen ohne Übernahme der Liste als Kontrollgruppe(n).

Zunächst wird Hypothese H_0 getestet, d.h., ob ab dem Zeitpunkt der Einführung der Liste in einer jeweiligen KV ein DiD-Effekt zu verzeichnen ist. H_1 überprüft dagegen, ob ein möglicher DiD-Effekt gegenüber der Kontrollgruppe bereits vorher, d.h. ab dem Zeitpunkt der erstmaligen Einführung der Liste in der KVNO zum Januar 2006 auftritt, wodurch H_0 widerlegt würde. Ein vorzeitiger Effekt würde somit bedeuten, dass Ärzte in einer jeweiligen KV auf das große nationale Presseecho in 2006 reagieren und zudem möglicherweise sensitiv gegenüber solchen Informationen eingestellt sind, da sonst kein DiD-Effekt gegenüber der Kontrollgruppe auftreten dürfte.[145]

Diese Beobachtungen werden im Anschluss detailliert, indem mögliche DiD-Effekte für einzelne Kalenderjahre in den jeweiligen KVen getestet werden. Dies dient dazu, Effekteintritte nochmals genauer zu terminieren bzw. Anhaltspunkte zu potentiellen vorzeitigen Informations-Spillovern zu erhalten.

Abbildung 4.11: Schema des Tests auf H_0 und H_1 in weiteren KVen

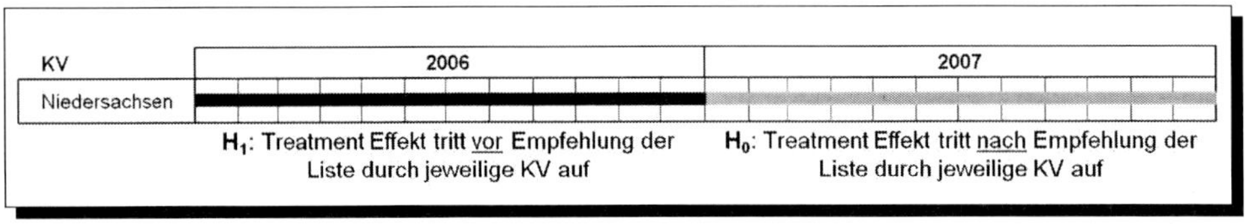

Quelle: Eigene Darstellung

4.3.6 Ergebnisse

4.3.6.1 Marktanteilseffekte innerhalb der KVNO

Die Ergebnisse der Schätzungen für Effekte innerhalb der KVNO sind in Tabelle 4.15 abgebildet. Bei Betrachtung auf Zweijahresbasis vor und nach der Intervention im Zeitraum von 2004 bis 2007 in #1 zeigt sich für systemische Antihistaminika wie auch für ophthalmologische Antiallergika ein absoluter Marktanteilsverlust für „me too"-Präparate

[145] Dass Ärzte innerhalb einer jeweiligen KV pauschal sensitiver auf solche national verfügbaren Informationen reagieren sollten ist schwer zu verargumentieren, möglicherweise könnten aber striktere Wirtschaftlichkeitsziele oder eine stärker ausgeprägte Regresskultur auf KV-spezifischer Ebene Auslöser hierfür sein. Wenn die Behandlungswahrscheinlichkeit (Übernahme der Liste) jedoch mit den Charakteristika einer jeweiligen KV zusammenhängt, kann von keiner Randomisierung ausgegangen werden. Die Validität des DiD-Ansatzes könnte dann nicht mehr aufrechterhalten werden (siehe Abschnitt 4.3.7 bzw. vgl. Stock und Watson (2007)).

innerhalb der KVNO von 13,4 % bzw. 10,1 % (entspricht -17 % bzw -34 % relativ). Der Difference in Differences-Effekt im Vergleich zum Trend der Summe aller KVen als Kontrollgruppe beträgt -8,7 % bzw. -9,9 %.

Die Variation des Beobachtungszeitraums in #2 und die Einbeziehung zusätzlicher Kontrollgruppen in #3 führt zu robusten Ergebnissen für den DiD-Effekt in beiden Substanzklassen. Die Effektstärke ändert sich selbst bei Übergewichtung von Monaten mit einer unterdurchschnittlichen Anzahl an Verschreibungen (#2) wie auch Übergewichtung von Beobachtungen[146] auf Ebene von KVen mit geringen Umsätzen (#3) nur wenig. Die Signifikanzniveaus der Schätzungen in #2 sollten hingegen ignoriert werden, da diese alleinig durch die serielle Korrelation der Beobachtungen vor und nach der Intervention zustande kommen und somit nicht belastbar sind.

Für die Identifizierung möglicher weiterer DiD-Effekte in anderen KVen wird folglich #1 als Grundmodell zur Schätzung verwendet. Die Konsolidierung auf je eine Beobachtung vor und nach der Intervention spiegelt tatsächliche Marktanteilsveränderungen wider, da Marktanteils- und Umsatzschwankungen monatlicher Observationen durch die jährliche Aufsummierung geglättet werden. Im Gegenzug führt die Aufnahme weiterer Kontrollgruppen wie in #3 zu geringeren Erklärungswerten, was durch die Verringerung der Anzahl gleichgewichteter Kontrollgruppen (und damit einer relativ stärkeren Gewichtung kleiner KVen) noch verstärkt werden dürfte.

Belege für einen möglichen, aus der deskriptiven Analyse vermuteten, vorzeitigen Behandlungseffekt bei Ophthalmika vor 2006 finden sich zudem nicht. So zeigt der Test auf eine mögliche vorzeitige Berücksichtigung der Liste ab Dezember bzw. November 2005 in #4 bis 5 marginal schwächere DiD-Effekte als in #1; bei einer tatsächlichen vorzeitigen Behandlungsumstellung müssten diese aber relativ stärker als in Schätzung #1 ausgeprägt sein. Der Marktanteilsabfall für ophthalmologische Antiallergika Ende 2005 ist somit wohl vorrangig auf parallele saisonale Schwankungen der Verschreibungshäufigkeit von „me too"-Präparaten zurückzuführen.

Ebenso zeigt das Modell eine hohe Robustheit bei exklusiver Betrachtung bzw. Ausschluss des Saisoneffekts der Verschreibungen für ophthalmologische Antiallergika in #6 bis 7. Innerhalb der Heuschnupfenperiode ist der DiD-Effekt nach Einführung der Liste in der KVNO dennoch deutlich stärker ausgeprägt (#6), was angesichts der bis zu bis zu sechs Mal höheren Verschreibungshäufigkeit von Antiallergika im Vergleich zu den Wintermonaten[147] und der damit verbundenen größeren Budgetbelastung plausibel scheint.

[146] Es wurde keine Gewichtung im Datensatz vorgenommen; aufgrund der Einzelbeobachtungen auf KV-Ebene sind Regionen mit geringen wie auch hohen Umsätzen jedoch ebenbürtig repräsentiert.
[147] Vgl. Abbildung 4.7.

Tabelle 4.15: DiD-Effekte innerhalb der KVNO, Januar 2004 bis Dezember 2007

	System. (1)	System. (2)	System. (3)	Ophth. (1)	Ophth. (2)	Ophth. (3)	Ophth. (4)	Ophth. (5)	Ophth. (6)	Ophth. (7)
Treatment	KVNO	KVNO	KVNO	KVNO	KVNO	KVNO	KVNO	KVNO	KVNO	KVNO
Control	$\sum$16 KVen	$\sum$16 KVen	16 KVen	$\sum$16 KVen	$\sum$16 KVen	16 KVen	$\sum$16 KVen	$\sum$16 KVen	$\sum$16 KVen	$\sum$16 KVen
Zeitraum	2x2 Jahre	48 Monate	48 Monate	2x2 Jahre	48 Monate	48 Monate	2x2 Jahre	2x2 Jahre	Saison1	Saison 2
Treatment ab	Jan06	Jan06	Jan06	Jan06	Jan06	Jan06	Dez05	Nov05	Jan06	Jan06
BL control	0.605	0.608	0.637	0.321	0.323	0.312	0.322	0.322	0.323	0.323
		(0.009)	(0.015)		(0.005)	(0.008)			(0.005)	(0.007)
BL treated	0.558	0.557	0.560	0.320	0.316	0.319	0.320	0.320	0.321	0.312
		(0.009)	(0.061)		(0.005)	(0.003)			(0.005)	(0.007)
BL difference	-0.047	-0.051***	-0.076	-0.002	-0.007	0.007	-0.002	-0.002	-0.002	-0.011
		(0.012)	(0.063)		(0.007)	(0.008)			(0.007)	(0.010)
FU control	0.600	0.614	0.632	0.311	0.313	0.295	0.311	0.311	0.311	0.315
		(0.009)	(0.015)		(0.005)	(0.010)			(0.005)	(0.007)
FU treated	0.466	0.467	0.467	0.210	0.219	0.209	0.212	0.214	0.206	0.228
		(0.009)	(0.061)		(0.005)	(0.013)			(0.005)	(0.005)
FU difference	-0.134	-0.147***	-0.165**	-0.101	-0.095***	-0.086*	-0.099	-0.098	-0.105***	-0.087***
		(0.012)	(0.010)		(0.007)	(0.048)			(0.007)	(0.010)
Diff-in-Diff	-0.087	-0.096***	-0.089	-0.099	-0.087***	-0.093	-0.098	-0.096	-0.103***	-0.076***
		(0.017)	(0.088)		(0.009)	(0.068)			(0.010)	(0.014)
n	4	96	68	4	96	68	4	4	40	56
r2	1.00	0.66	0.12	1.00	0.78	0.08	1.00	1.00	0.91	0.70

Standardfehler in Klammern:
* $p < 0.05$, ** $p < 0.01$, *** $p < 0.001$
Legende: Saison 1: nur Saisoneffekt März bis Juli (5 Monate). Saison 2: ohne Saisoneffekt 1 (7 Monate).

4.3.6.2 Marktanteilseffekte in weiteren KVen

Tabelle 4.16 präsentiert die Ergebnisse der Tests auf einen DiD-Effekt in sieben weiteren KVen gegenüber der Summe der neun anderen KVen ohne jegliche Einführung der Liste als jeweilige Kontrollgruppe. In der Tabelle sind für die beiden Substanzklassen die Resultate der Baseline-Differenz ($\hat{\beta_2}$), der Follow Up-Differenz ($\hat{\beta_2}+\hat{\beta_3}$) und das daraus resultierende Difference in Differences-Ergebnis ($\hat{\beta_3}$) aufgeführt.

Tabelle 4.16: Schätzungen für H_0 und H_1 in weiteren KVen (n=4)

#, H	Region	Zeitraum (t=2)	Treatm.	Klasse	BL diff	FU diff	Diff-in-Diff
8, H_0	S.-Anhalt	Jul 04-Jun 08	Jul 06	System.	0.120	0.104	-0.016
9, H_0	S.-Anhalt	Jul 04-Jun 08	Jul 06	Ophth.	-0.068	-0.097	-0.029
10, H_1	S.-Anhalt	Jan 04-Jun 06	Jan 06	System.	0.117	0.120	0.003
11, H_1	S.-Anhalt	Jan 04-Jun 06	Jan 06	Ophth.	-0.077	-0.077	0.000
12, H_0	Bremen	Jan 05-Dez 08	Jan 07	System.	-0.057	-0.044	0.013
13, H_0	Bremen	Jan 05-Dez 08	Jan 07	Ophth.	-0.091	-0.075	0.016
14, H_1	Bremen	Jan 04-Dez 06	Jan 06	System.	-0.072	-0.049	0.024
15, H_1	Bremen	Jan 04-Dez 06	Jan 06	Ophth.	-0.059	-0.093	-0.034
16, H_0	Hessen	Jan 05-Dez 08	Jan 07	System.	-0.086	-0.061	0.025
17, H_0	Hessen	Jan 05-Dez 08	Jan 07	Ophth.	-0.015	-0.014	0.001
18, H_1	Hessen	Jan 04-Dez 06	Jan 06	System.	-0.095	-0.079	0.016
19, H_1	Hessen	Jan 04-Dez 06	Jan 06	Ophth.	0.024	-0.020	-0.044
20, H_0	Nieders.	Jan 05-Dez 08	Jan 07	System.	-0.008	0.002	0.010
21, H_0	Nieders.	Jan 05-Dez 08	Jan 07	Ophth.	-0.015	-0.029	-0.014
22, H_1	Nieders.	Jan 04-Dez 06	Jan 06	System.	-0.019	-0.003	0.016
23, H_1	Nieders.	Jan 04-Dez 06	Jan 06	Ophth.	-0.009	-0.017	-0.008
24, H_0	Berlin	Jan 06-Dez 09	Jan 08	System.	-0.168	-0.240	-0.072
25, H_0	Berlin	Jan 06-Dez 09	Jan 08	Ophth.	0.017	0.031	0.014
26, H_1	Berlin	Jan 04-Dez 07	Jan 06	System.	-0.046	-0.168	-0.122
27, H_1	Berlin	Jan 04-Dez 07	Jan 06	Ophth.	0.025	0.017	-0.008
28, H_0	Sachsen	Jan 06-Dez 09	Jan 08	System.	0.102	0.086	-0.016
29, H_0	Sachsen	Jan 06-Dez 09	Jan 08	Ophth.	-0.181	-0.196	-0.015
30, H_1	Sachsen	Jan 04-Dez 07	Jan 06	System.	0.098	0.102	0.004
31, H_1	Sachsen	Jan 04-Dez 07	Jan 06	Ophth.	-0.146	-0.181	-0.035
32, H_0	Wf.-Lippe	Jan 06-Dez 09	Jan 08	System.	-0.009	0.056	-0.047
33, H_0	Wf.-Lippe	Jan 06-Dez 09	Jan 08	Ophth.	-0.119	-0.106	0.013
34, H_1	Wf.-Lippe	Jan 04-Dez 07	Jan 06	System.	0.014	-0.009	-0.023
35, H_1	Wf.-Lippe	Jan 04-Dez 07	Jan 06	Ophth.	-0.100	-0.119	-0.019

Auf Basis von Modell #1 testet Hypothese H_0 zunächst Effekte, die ab dem Zeitpunkt der Einführung der Liste auf Ebene der jeweiligen KVen eintreten. Hypothese H_1 testet hingegen einen vorgezogenen Behandlungseffekt ab der erstmaligen Veröffentlichung der Liste in der KV Nordrhein zum Januar 2006. Tritt solch ein vorgezogener Effekt in Form eines negativen DiD-Ergebnisses für H_1 auf, so müsste H_0 verworfen werden.

Die Beobachtungszeiträume und der simulierte Behandlungseintritt sind in der dritten und vierten Spalte der Tabelle abgebildet. Der für Modell #1 bisher gewählte Beobachtungszeitraum von jeweils zwei Jahren vor sowie nach dem Behandlungseintritt musste für die Treatment Period bei der Schätzung von H_1 teils um bis zu 18 Monate gekürzt werden;[148] Grund dessen ist, dass sich der simulierte vorgezogene Behandlungseintritt nicht mit dem tatsächlichen Behandlungseintritt (erstmalige Veröffentlichung der Liste in einer jeweiligen KV) überschneiden darf.

Anzeichen für einen konsistenten DiD-Effekt in beiden Substanzgruppen, der auf eine Wirkung der Liste nach Veröffentlichung in den jeweiligen KVen schließen lässt (negativer DiD-Parameter für die Schätzungen von H_0), sind nur in Sachsen-Anhalt (DiD-Effekte in #8 und 9) und in Sachsen (#28 und 29) erkennbar. In Sachsen-Anhalt ist der fehlende Effekt für die Gegenhypothese H_1 in #10 und 11 aber möglicherweise der kurzen Beobachtungsdauer in der Treatment Period (Januar bis Juni 2006) geschuldet. In Sachsen tritt zwar ein starker, negativer Ausschlag für H_0 in beiden Substanzgruppen auf, für Ophthalmika zeigt sich in #31 jedoch bereits zum Januar 2006 ein signifikanter, stark negativer DiD-Behandlungseffekt.

Schätzungen in anderen KVen vermitteln dagegen ein äußerst heterogenes Bild mit teils widersprüchlichen Ausschlägen für beide Substanzgruppen und Testperioden (H_0 und H_1). Möglicherweise werden durch die Länge des Beobachtungszeitraums der Behandlungs- und Kontrollgruppe von jeweils bis zu zwei Jahren auch zwischenzeitlich eintretende Effekte verschleiert. Zur Klärung dieser Widersprüche und stärkeren zeitlichen Eingrenzung von tatsächlich auftretenden Effekten erfolgt daher im nächsten Schritt eine Detaillierung der DiD-Effekte jeweils auf Basis eines Kalenderjahres. Hier werden auf Basis des Modells #1 Schätzungen mit Beobachtungen im Zeitraum von plus/minus einem Jahr mit einem simulierten Interventionszeitpunkt am jeweiligen Jahresanfang vorgenommen.

Tabelle 4.17 präsentiert ausschließlich die DiD-Ergebnisse ($\hat{\beta}_3$) dieser Schätzung mit simuliertem Behandlungseintritt jeweils zum Januar eines Jahres. Die bisherige Kontrollgruppe für die KV Nordrhein (Summe der 16 anderen KVen) und die sieben weiteren KVen mit veröffentlichter Liste (Summe der neun KVen ohne jegliche Intervention) werden beibehalten.

[148] Vgl. Schätzungen #10 und 11 für Sachsen-Anhalt, die nur den Zeitraum von Januar bis Juni 2006 in die Treatment Period einschließen.

Tabelle 4.17: Jährliche DiD-Effekte mit Treatment im Januar, t=+/-1 Jahr (n=4)

#	Region	Klasse	2006	2007	2008	2009	Erwartete Wirkung
36	Nordrhein	System.	-0.084	-0.027	0.003	0.010	Jan 06
37	Nordrhein	Ophth.	-0.077	-0.035	0.003	0.013	Jan 06
38	S.-Anhalt	System.	0.000	-0.021	-0.012	-0.093	Jul 06
39	S.-Anhalt	Ophth.	-0.017	-0.023	0.010	-0.021	Jul 06
40	Bremen	System.	0.016	-0.008	0.027	-0.047	Jan 07
41	Bremen	Ophth.	-0.004	0.032	-0.025	-0.012	Jan 07
42	Hessen	System.	0.013	0.021	-0.006	-0.009	Jan 07
43	Hessen	Ophth.	-0.027	0.018	-0.008	-0.008	Jan 07
44	Nieders.	System.	0.010	0.008	-0.006	-0.006	Jan 07
45	Nieders.	Ophth.	-0.005	-0.020	0.017	-0.006	Jan 07
46	Berlin	System.	-0.084	-0.027	-0.048	-0.017	Jan 08
47	Berlin	Ophth.	-0.010	0.027	-0.004	0.009	Jan 08
48	Sachsen	System.	0.003	0.021	-0.003	-0.053	Jan 08
49	Sachsen	Ophth.	-0.015	-0.001	-0.003	-0.027	Jan 08
50	Wf.-Lippe	System.	-0.019	-0.004	-0.040	-0.007	Jan 08
51	Wf.-Lippe	Ophth.	-0.017	0.013	0.006	0.002	Jan 08

Für die KV Nordrhein ist hier wie erwartet ein starker Marktanteilsrückgang in 2006 wie auch ein zusätzlicher, nochmaliger DiD-Effekt in 2007 zu erkennen. Ab 2008 pendelt sich die weitergehende Marktanteilsentwicklung dagegen im Durchschnitt der Kontrollgruppe ein.

Für Sachsen-Anhalt treten negative Effekte in 2006 (nur für Ophthalmika) wie auch 2007 ein, was den bereits in #8 bis 9 identifizierten Wirkeintritt nach Übernahme der Liste zum Juli 2006 untermauert. Für 2009 sind nochmals deutliche DiD-Effekte in Höhe von -9,3 % bzw. -2,1 % erkennbar, welche mit der in diesem Jahr geschaffenen Möglichkeit der Befreiung von der Richtgrößenprüfung bei Erreichung der „me too"-Quote begründet werden können. Der deutlich stärkere Effekt für systemische Antihistaminika ist hier möglicherweise auf die im Durchschnitt überproportionale Verschreibungshäufigkeit von „me too"-Präparaten (Baseline in #8) zurückzuführen. Ebenso könnte aber die im Vergleich zu ophthalmologischen Antiallergika deutlich höhere Verschreibungsfrequenz von Antihistaminika und ein daraus resultierender stärkerer Einfluss auf die arztspezifische „me too"-Quote auch eine Begründung für die Effektstärke liefern.

In Sachsen zeigt die erstmalige Einführung der Liste in 2008 einen minimal negativen DiD-Marktanteilseffekt von jeweils -0,3 %. Auch hier bewirkt die in 2009 nachfolgende feste Einbindung in die Arzneimittelvereinbarung mit dem Bonus einer möglichen Richtgrößenbefreiung bei Einhaltung der Quoten starke, negative Ausschläge in beiden Wirkstoffklassen. Die Dimension der DiD-Marktanteilsdifferenzen fällt für Antihistaminika mit -5,3 % fast doppelt so hoch wie für Ophthalmika mit -2,7 % aus und könnte ebenso wie in Sachsen-Anhalt mit der überdurchschnittlichen Baseline der Verschreibungshäufigkeit von „me too"-Präparaten (in #28 ersichtlich) wie auch dem effektiveren Hebel zur Senkung der arztspezifischen „me too"-Quote durch eine vorrangige Umstellung von systemischen Präparaten zu erklären sein.

In der KV Westfalen-Lippe tritt bereits in 2006 ein DiD-Effekt von -1,9 % bzw. -1,7 % in beiden Substanzgruppen auf, was als Indiz für einen Informations-Spillover aus der benachbarten KVNO zu werten ist. Ein Effekt nach Veröffentlichung der GAmSi-Liste in 2008 tritt mit -4,0 % nur bei systemischen Präparaten auf, bei Ophthalmika ist hier keine Reaktion zu verzeichnen.

Beobachtungen auf Ebene anderer KVen sind dagegen inkonsistent und/oder kontraintuitiv (so z.B. positive Ausschläge in Hessen in 2007 in #42 bis 43 oder durchgängig negative Marktanteilseffekte für systemische Präparate in den Jahren 2006 bis 2009 in Berlin (#46)[149], sodass weitere, kausal auf die Einführung der „me-too"-Liste in den jeweiligen KVen zurückführbare, DiD-Effekte nicht nachgewiesen werden können. Dies gilt auch bei Nichtberücksichtigung der Substanzklasse der Ophthalmika, bei der aufgrund der geringen allgemeinen Verschreibungshäufigkeit von Präparaten wie auch stärkeren saisonalen Schwankungen Zufallseffekte eher als bei systemischen Präparaten zu erwarten sind.

4.3.7 Validität und Reliabilität

Die Validität des Difference in Differences-Ansatzes wird anhand von Meyer (1995) sowie Stock und Watson (2007) diskutierter Kriterien überprüft. Während die erstmalige Einführung der Liste innerhalb der KVNO den Anforderungen eines kontrollierten Forschungsdesigns genügt, treten bei der Übernahme in weiteren KVen Validitätsprobleme auf. Dies betrifft zum einen die Einhaltung des Behandlungsprotokolls in Treatment und Control Group. So kann nicht ausgeschlossen werden, dass nach Listeneinführung in der KVNO Informationen zumindest teilweise auf Ebene anderer KVen aufgenommen werden - genau solch ein Trend ist im Marktanteilsverlauf der Summe aller KVen (vgl. Abbildung 4.8) für orale Antihistaminika ab 2006 deutlich erkennbar. Identifizierte Effekte in anderen

[149] Dieser Effekt könnte auf ein im November 2005 gestartetes innovatives Rabattvertragskonzept zwischen der AOK und der KV Berlin nach § 130a SGB V zurückzuführen sein, bei dem Ärzte zur Verschreibung von Generika bestimmter Hersteller angehalten sind und an hieraus resultierenden Einsparungen finanziell beteiligt werden; vgl. Merten (2006), KV Berlin (2007).

Kassenärztlichen Vereinigungen treten daher möglicherweise schwächer ausgeprägt oder gar zufällig auf.[150]

Ein möglicher weiterer Einfluss könnte auf die bereits diskutierte fehlende Randomisierung aufgrund der Verschreibungs- bzw. Kostendisziplin innerhalb einer KV zurückgeführt werden. Wenn in einer jeweiligen KV eine konservative Verschreibungsweise vorherrscht (Baseline-Differenz deutlich unter der Kontrollgruppe), ist es denkbar, dass die Informationen aus der „me too"-Liste zu keinem Erkenntnisgewinn führen. Hierdurch könnten die ausbleibenden Effekteintritte für Bremen und Hessen (jeweils deutlich unterdurchschnittliche Verschreibungshäufigkeiten in den beiden Substanzklassen) erklärbar sein. Im Gegenzug zeigen sich aber beispielsweise für Ophthalmika in Sachsen oder für systemische Präparate in Berlin negative DiD-Effekte trotz einer deutlich unterdurchschnittlichen Baseline.

Die methodische Validität des DiD-Ansatzes lässt sich daher bei informativer Weiterleitung der Liste in einer jeweiligen KV nur in abgeschwächtem Maße aufechterhalten; eine Ausnahme stellt die im Vergleich zur KVNO annähernd vergleichbare Scharfschaltung der Liste mittels eines Bonus in den KVen Sachsen und Sachsen-Anhalt ab 2009 dar.

Da die Verschreibungshäufigkeiten in den untersuchten Therapiegruppen möglicherweise stark innerhalb und zwischen einzelnen Regionen variieren, liegt ein weiterer Fokus auf der detailliert von Lechner (2011) diskutierten Voraussetzung der Common Trend Assumption, d.h. parallelen Linienverläufen, ähnlichen Ausgangsniveaus und vergleichbaren Standardabweichungen in Behandlungs- und Kontrollgruppen. Diese Annahme kann für die Analysen auf Ebene der KVNO klar bestätigt werden.[151] Linienverläufe in anderen untersuchten KVen weisen deutlich heterogenere Profile auf, komplett konträre Verläufe in Behandlungs- und Kontrollgruppen vor 2006 können jedoch nicht identifiziert werden.[152] Die Eignung des DiD-Ansatzes wird daher implizit für die Untersuchungen der Übernahme der Liste in weiteren KVen vorausgesetzt.

Ein gängiges Problem in Difference in Differences-Studien sind seriell korrelierte Beobachtungen der abhängigen Variable in Paneldatensätzen, welche zu systematisch überhöhten Signifikanzniveaus der Ergebnisse bei Schätzungen auf Basis einer linearen OLS-Regression führen können.[153] Bertrand et al. (2004) weisen diesbezügliche Fehler, welche in der Regel nicht adressiert oder korrigiert werden, in rund 70 % der im Zeitraum von 1990 bis 2000 analysierten DiD-Studien nach.

[150] Die Wahrscheinlichkeit zufälliger Effekte einzelner Beobachtungen wird allerdings durch die durchgeführten Aufsummierungen von Beobachtungszeiträumen und Kontrollgruppen minimiert.

[151] Vgl. Abbildung 4.8.

[152] Vgl. den Auszug in Abbildung 4.9.

[153] Vgl. hierzu auch nochmals die Ausführungen in Abschnitt 4.3.5.1.

Für die im vorliegenden Szenario durchgeführten Schätzungen wurden die abhängige Variable, Untersuchungsgruppen und Beobachtungszeiträume allerdings so stark aggregiert, dass keine Paneldatenstruktur mehr vorliegt.[154] Die Schätzung erfolgt daher von vorneherein mittels der von Bertrand et al. (2004) ursprünglich als Verifizierungsmaßnahme vorgeschlagenen Schätzung von Effekten unter Ignorieren der Zeitinformation (jeweils eine Beobachtung vor und nach der Behandlung, $t{=}2$). Ebenso werden die von Bertrand et al. (2004) zur Überprüfung von Effekteintritten als geeignet angesehenen Maßnahmen der Tests auf Behandlungseffekte vor der tatsählichen Intervention (mittels der Gegenhypothese H_0) sowie der grafischen Darstellung und visuellen Kontrolle der Effekte in den jeweiligen KVen vorgenommen. Eine Verifizierung mittels komplexerer Verfahren ist damit nicht notwendig.[155]

4.3.8 Diskussion

Die Einführung des „me too"-Steuerungsmechanismus auf Ebene der KV Nordrhein führt zu deutlichen Marktanteilsverlusten gelisteter Präparate. Die vorliegenden Ergebnisse bestätigen damit die ersten Erkenntnisse von Schöffski und Becker (2010) für glucocorticoidhaltige Nasensprays. Die verpflichtende Einbindung der Verschreibungsquote in die Arzneimittelvereinbarung stellt einen effektiven Hebel dar und führt zu nachhaltigen Medikationsumstellungen. Die Analysen wurden jedoch lediglich auf regional aggregierter Ebene mit der Summe aller als „me too" klassifizierten Präparate vorgenommen. Aussagen zu molekülspezifischen Substitutionseffekten oder gar Intra- und Intermedikationseffekten innerhalb der Gruppe gelisteter Präparate können daher nicht getroffen werden. Da systemische Antihistaminika zudem einen kleinen, Ophthalmika sogar einen äußerst geringen Anteil am ärztlichen Verschreibungsbudget ausmachen,[156] wäre es interessant festzustellen, ob sich Effekte in einer verschreibungsstärkeren Substanzgruppe deutlich unterscheiden. Aufgrund des parallelen Einflusses von Leitsubstanzquoten in verordnungsstärkeren Therapiegebieten kann solch ein Szenario jedoch wohl nicht untersucht werden.

Difference in Differences-Effekte auf Ebene anderer KVen treten dagegen schwach, teils zufällig und inkonsistent in den untersuchten Wirkstoffgruppen auf. Neben der geringen Anreizwirkung bei rein informativer Veröffentlichung der Liste ist dies vor allem auf Verletzungen des Behandlungsprotokolls zurückzuführen, da für die untersuchten KVen weder tatsächliche Informationsflüsse, Veröffentlichungsfrequenzen oder die Intention und

[154] Eine Ausnahme stellt die explorative Schätzung #3 dar, welche mehrere Kontrollgruppen mit einbezieht. Hierbei auftretende Signifikanzniveaus sind nicht belastbar; gleiches gilt für die Schätzungen mittels Zeitreihendaten in den Regressionen #2, 6 und 7.

[155] Vgl. hierzu insbesondere die Diskussionen von Angrist und Pischke (2008) sowie Bertrand et al. (2004) zum Bootstrap-Sampling oder der parametrischen Korrektur von Autokorrelationen.

[156] Vgl. Anzahl und Preis der verschriebenen DDD in Abbildung 4.12.

Vehemenz, mit denen die Liste Kassenärzten präsentiert wurde, rekonstruiert wurden bzw. werden können. Lediglich für den 2009 in Sachsen und Sachsen-Anhalt eingeführten Bonus der Richtgrößenbefreiung bei Quotenerfüllung ist eine Anreiz- und damit Steuerungswirkung belegbar. Weiterhin ist nicht abgrenzbar, inwiefern Marktanteilsveränderungen in anderen Bundesländern ursächlich von der Liste hervorgerufen wurden oder ob möglicherweise auch Hausarztverträge oder andere Faktoren, z.B. in Form zurückgefahrener Marketingaktivitäten von Herstellern, einen Einfluss ausgeübt haben könnten.

Ab dem Zeitpunkt der Einführung der Liste traten in der KV Nordrhein in den beiden untersuchten Substanzgruppen im Zeitraum von 2005 bis 2008 direkte Ausgabensenkungen von 31,5 % (Systemische Präparate) bzw. 34,3 % (Ophthalmika) ein.[157] Als Haupttreiber hierfür lässt sich, wie in Abbildung 4.12 dargestellt, jedoch der Rückgang an verschriebenen DDDs ausmachen; der Preis je durchschnittlich verschriebener DDD sank dagegen nur geringfügig. Dies könnte darauf zurückzuführen sein, dass Ärzte zur Schonung ihres Budgets bzw. Erfüllung der „me too"-Quote Patienten zunehmend auf OTC-Präparate umgestellt haben (und damit Ausgaben auf Haushalte verlagert haben) oder auf Substitute anderer Klassen oder aber Hyposensibilisierungsmittel ausgewichen sind.[158] Ebenso könnte ein jahresspezifischer Allergiedruck eine bedeutende Einflussgröße ausmachen. Dieser Verschreibungsrückgang im Zeittrend lässt sich jedoch nicht nur für die KV Nordrhein feststellen, sondern tritt abgeschwächt auch bundesweit (Control Group) auf.

Die Quantifizierung des Steuerungseffekts ist weiterhin nicht unproblematisch, da verschiedene Faktoren direkte Einsparungen relativieren oder gar überkompensieren könnten. So finden Schöffski und Becker (2010) heraus, dass Präparateumstellungen bei Nasonex eine Erhöhung der PDD gegenüber der potentiell errechneten Kostensenkung auf Basis der DDD sowie eine zunehmende Frequenz an Arztbesuchen mit sich gebracht haben. Andere Studien[159] weisen zudem darauf hin, dass ökonomischer Verschreibungsdruck zwecks Budgetentlastung zu mehr Facharztüberweisungen oder - bei Umstellung auf imperfekte Substitute - gar zu nachgelagerten gesundheitlichen Auswirkungen bis hin zu einem Anstieg an Krankenhauseinweisungen führen kann.

4.3.9 Fazit und Ausblick

Mit der in dieser Arbeit durchgeführten Studie wurden erstmals Effekte durch Einführung der „me too"-Liste auf regionaler Ebene analysiert. Die „me too"-Liste ist damit eines der

[157] Eigene Berechnung; vgl. Abbildung 4.12.

[158] Ein solcher Verordnungsanstieg von Hyposensibilierungspräparaten wird von Zawinell und Schwabe (2010) beschrieben.

[159] Vgl. z.B. die Ausführungen von Schöffski und Schulenburg (1997) sowie Stargardt (2010) zur Einführung von Ärztebudgets bzw. therapeutischen Referenzpreisschemata.

Abbildung 4.12: Mengen-/Preisentwicklung in der KVNO und Kontrollgruppe 2005 bis 2010

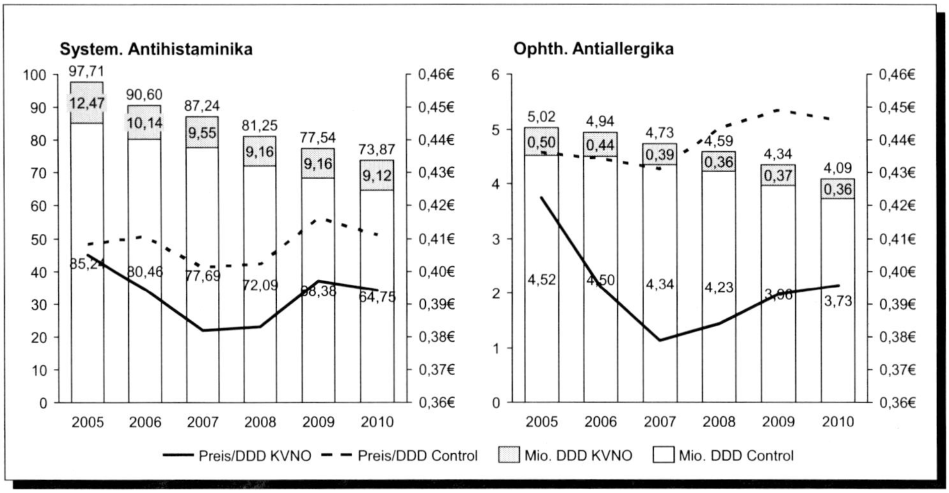

Quelle: Eigene Darstellung, Datenbasis IMS Pharmascope. Preise auf Ebene ApU netto (nominal).

wenigen Regulierungsinstrumente zur Beeinflussung der Mengen- und Ausgabenkomponente im deutschen GKV-Markt,[160] die evaluiert wurden bzw. überhaupt isoliert evaluiert werden konnten.

Dabei wurde die Effektivität dieses Steuerungsmechanismus bei Unterlegung durch ein entsprechendes Anreizsystem (Bonus bzw. Malus) bestätigt. Weiterhin kann eine solche Negativliste selbst bei lediglich informativer Zurverfügungstellung oder als Ergebnis eines Informations-Spillovers einen Verschreibungswandel unter Ärzten induzieren.

Diese ersten Ergebnisse zur grundlegenden Effektivität der Liste lassen jedoch Raum für zahlreiche weitere Fragestellungen. So ist beispielsweise noch ungeklärt, ob die Liste (neben Behandlungsleitlinien, Herstellermarketing oder industrieunabhängigen Publikationen wie dem Arzneiverordnungs-Report) tatsächlich eine zusätzliche Informationsquelle für Ärzte darstellt bzw. ob diese als eine Art offizielle Negativliste Wechselkosten senkt und so auch außerhalb der KV Nordrhein Therapieumstellungen forciert.

Die Studie wurde mittels aggregierter Marktanteilsdaten durchgeführt, damit ist die Auswirkung der „me too"-Liste auf den Wettbewerb zwischen gelisteten Originalpräparaten noch vollkommen ungeklärt. Eine weitergehende Analyse auf Basis einer Paneldatenerhebung verschreibender Ärzte unter Kontrolle von Charakteristika wie der Facharztzugehö-

[160] Vgl. Abbildung 2.13 sowie die Diskussion in den Abschnitten 2.4.3 bis 2.4.5.

rigkeit könnte Aufschluss darüber geben, ob diese eher verordnungsstarke oder -schwache Präparate in umsatzstarken oder -schwachen Gruppen umstellen und inwiefern Intramedikationseffekte oder OTC-Umstellungen eine Rolle spielen könnten. Ebenso ist noch unbeantwortet, ob Hersteller mittels Preisänderungen, zusätzlichem oder verringertem Marketingaufwand oder gar mit anderen Strategien, z.B. dem Abschluss von Rabattverträgen oder Versorgungskonzepten für gelistete Präparate, auf eine solche Marktintervention reagieren.

Mit der Einführung der frühen Nutzenbewertung im Rahmen des AMNOG wurde die „me too"-Liste im Jahr 2011 durch die KV Nordrhein eingefroren und deren Aktualisierung eingestellt.[161] Es ist allerdings denkbar, dass Positiv- bzw. Negativlisten auf Ebene von therapeutischen Wirkstoffklassen als Teil zukünftiger Versorgungsstrukturen eine noch bedeutendere Rolle im Rahmen der GKV-Arzneimittelversorgung spielen könnten. Eine Diskussion hierzu folgt im nächsten, abschließenden Kapitel dieser Arbeit.

[161] Vgl. Schlingensiepen (2011).

5 Zusammenfassung und Ausblick

Ausgehend von einem Überblick über den deutschen Arzneimittelmarkt und dessen Steuerungsprobleme, einer Einführung in die Thematik der Analogpräparate sowie einer Diskussion bisheriger Studien zum Wettbewerb in Arzneimittelmärkten wurde mit dieser Arbeit der Versuch unternommen, einige bedeutende Forschungslücken zum Wettbewerb in Wirkstoffklassen sowie zu Effekten einzelner Regulierungsmaßnahmen im deutschen Arzneimittelmarkt zu schließen.

Zunächst wurde in Kapitel 2 aufgezeigt, dass Nachfolge- oder Analogpräparate keineswegs pauschal als vermeintliche Imitationen bezeichnet werden können, sondern die Schwierigkeit und Komplexität der zeitlichen und therapeutischen Klassifizierung dieser Moleküle Grenzen zwischen Innovation und Imitation oftmals verschwimmen lassen. Mittels Mechanismen in Form von therapeutischen Referenzpreissystemen oder Kosten-/Nutzen-Bewertungen bei Markteintritt können Gesundheitssysteme zwar Umsatzpotentiale solcher Präparate beschränken - allerdings ist es mehr als fraglich, ob diese Maßnahmen Entscheidungen in kostenintensiven präklinischen und frühen klinischen Stadien des Entwicklungsprozesses, in denen der finale therapeutische Stellenwert eines Präparats noch nicht absehbar ist, beeinflussen können. Möglicherweise ist zur Lösung dieses Problems eine Modifikation des derzeitigen Patentsystems nötig. Eine detaillierte Diskussion und konzeptionelle Weiterentwicklung dieses Themas im Rahmen zukünftiger Forschungsansätze wäre daher wünschenswert.

Am Beispiel theoretischer und empirischer Studien zum Wettbewerb in Arzneimittelmärkten wurde dargestellt, dass der Wettbewerb zwischen therapeutischen Substituten keineswegs einem Modell homogener Oligopole entspricht. Unterschiedlich stark ausgeprägte Dimensionen vertikaler und horizontaler Produktdifferenzierung ermöglichen teils deutliche Preis- bzw. Marktanteilspremien einzelner Präparate. Insbesondere der Einsatz preisbezogener Regulierungsmechanismen in Form von Festbeträgen kann zwar zu deutlichen kurzfristigen Ausgabenschnitten für einen Leistungserstatter führen; allerdings wirken solche Maßnahmen auch wettbewerbshemmend, da sie in der Regel einen nachfolgenden Preiswettbewerb von Anbietern im Markt unterbinden. Dieser kann aber wiederum durch neue Anreizschemata wie beispielsweise Zuzahlungsbefreiungsgrenzen forciert werden. Problematisch ist jedoch, dass solche Interventionen sorgfältig gegenüber möglichen Fehlanreizen und daraus resultierenden Folgekosten bei der Wahl imperfekter therapeutischer Substitute abgewogen werden müssen.

Mittels der ersten empirischen Studie dieser Arbeit wurden Determinanten der Preisbildung und des Preisverlaufs neuer Präparate innerhalb bestehender Wirkstoffklassen im deutschen GKV-Markt identifiziert und quantifiziert. Es wurde gezeigt, dass bei Markteintritt zunächst ein Qualitätswettbewerb vorherrscht, welcher nach einer Phase des Marktaufbaus durch die ersten Teilnehmer von einem Preiswettbewerb abgelöst wird. Dieser nachfolgende Preiswettbewerb ist in Szenarien mit schnell aufeinander folgenden Markteintritten oder in relativ homogenen Wirkstoffklassen nochmals intensiver ausgeprägt. Lediglich Präparate mit therapeutischen Verbesserungen können auch nach erfolgtem Marktaufbau Preispremien durchsetzen. Der Preisverlauf binnen der ersten vier Jahre nach Markteintritt kann hingegen als Qualitätswettbewerb charakterisiert werden, wobei auch die Bedeutung des deutschen Marktes als internationaler Preisanker ein weiteres Argument zugunsten konstanter Preise liefert. Ein nachhaltiger Preisverfall innerhalb therapeutischer Klassen wird folglich erst bei Patentablauf bzw. durch den Einsatz regulativer Interventionen induziert.

Im Rahmen der zweiten Studie wurden erstmals Preis- und Marktanteilseffekte als Resultat der Einführung therapeutischer Referenzpreisschemata in Klassen mit ausschließlich patentgeschützten Präparaten beschrieben. In den untersuchten Wirkstoffklassen der Sartane und Triptane akzeptieren mit jeweils einer Ausnahme alle Marktteilnehmer den Festbetrag als neuen Marktpreis; Präparate mit deutlich differenzierten Applikationsmechanismen sind jedoch von der Festbetragsbildung ausgeschlossen. Preisbewegungen einzelner Hersteller wie auch die Senkung des gewichteten Durchschnittspreises fallen relativ gering aus, was auf die erfolgte endogene Referenzpreisbildung in Gruppen mit ähnlich bepreisten, noch patentgeschützten Substituten zurückgeführt werden kann. Das jeweils neueste Molekül in den untersuchten Klassen behält einen deutlichen Preisabschlag unterhalb des Festbetrags bei, ohne einen Preiswettbewerb auszulösen oder deutliche Marktanteilsgewinne verzeichnen zu können. Dies spricht wiederum für einen möglicherweise vorherrschenden Qualitätswettbewerb in therapeutischen Klassen sowie eine Marktsättigung nach erfolgtem Aufbau einer relativ homogenen Wirkstoffklasse durch jeweilige Originatoren.

Monetäre (Fehl-)Anreize nach der Einrichtung von Festbetragsgruppen können zu einer verstärkten Inanspruchnahme medizinischer Leistungen sowie zu Verlagerungseffekten innerhalb eines Gesundheitssystems führen. Es existieren jedoch (noch) keine umfassenden Ergebnisse aus der Versorgungsforschung, die Maßnahmen beispielsweise in Form einer pauschalen Festbetragsbefreiung für bestimmte Patientengruppen oder aber einer Quote für oberhalb eines Festbetrags positionierte Präparate, die ein Arzt ohne Zuzahlung durch den Patienten verschreiben kann, rechtfertigen könnten.

Mit der dritten empirischen Untersuchung wurden Marktanteilseffekte nach Einführung der „me too"-Liste bzw. -Quoten identifiziert und quantifiziert. Die „me-too"-Liste führt nur in denjenigen Regionen zu unmittelbaren, disruptiven Marktanteilseffekten, in denen dieser Mechanismus mit einem Anreiz in Form einer Strafandrohung oder einem Bonus für verschreibende Ärzte in der Arzneimittelvereinbarung verankert ist. Nichtsdestotrotz treten Spillover-Effekte auf weitere Regionen auf; die Kausalität der Listenveröffentlichung durch eine jeweilige KV auf Marktanteilsveränderungen ist jedoch nicht immer nachweisbar. Ebenso ist unklar, inwiefern Reaktionen von Herstellern, z.B. in Form der Verlagerung von Marketingaktivitäten, möglicherweise auch zu solchen Marktanteilseffekten beitragen. Intra- und Intermedikationseffekte, Änderungen der verschriebenen Tagesdosen oder eine Veränderung der Inanspruchnahme von hausärztlichen oder nachgelagerten gesundheitlichen Leistungen wurden dagegen abgesehen von der explorativen Analyse von Schöffski und Becker (2010) noch nicht umfassend evaluiert.

Eine weitere Problematik, die im Rahmen der Steuerung durch die „me too"-Liste noch nicht adressiert wurde, ist die der sektorübergreifenden Anreizsysteme und damit verbundenen Zielkonflikte im deutschen Gesundheitssystem. So kann der Krankenhaussektor von Pharmaunternehmen als strategischer Vertriebskanal genutzt werden, um die Verschreibung von Präparaten unter niedergelassenen Ärzten zu fördern. Hier werden beispielsweise Psychopharmaka, welche deutlich unterschiedliche Therapieprofile aufweisen können und deren Dosistitration bei Patienten mehrere Wochen in Anspruch nehmen kann, mit hohen Rabatten an Kliniken abgegeben.[1] Nach der Entlassung eines Patienten kann ein niedergelassener Arzt damit konfrontiert sein, dass diese Präparate sein Budget sowie seine „me too"-Quote deutlich belasten, er einen gut auf eine Medikation eingestellten Patienten möglicherweise jedoch nur unter größerem Aufwand auf ein anderes Präparat umstellen kann.[2]

Trotz dieser noch fehlenden Erkenntnisse zu Inter- und Intramedikationseffekten, Folgekosten sowie Kostenverlagerungen im GKV-System wurde im Rahmen der in dieser Arbeit durchgeführten Analysen die Eignung der „me too"-Liste als effektives Instrument zur Beeinflussung der Mengen- bzw. Ausgabenkomponente im Markt bestätigt.

Mit dem Inkrafttreten des AMNOG hat die KV Nordrhein die Aktualisierung der „me too"-Liste eingestellt.[3] Da die Nutzenbewertung neuer Medikamente eine Einordnung in eine Referenzpreisgruppe oder - bei einer therapeutischen Verbesserung - Verhandlungen über den Erstattungsbetrag nach sich zieht, ist eine zusätzliche Intervention auf Ebene Kassenärztlicher Vereinigungen obsolet. Die „me too"-Quote bleibt ebenso wie weitere

[1] Quelle: Eigener Austausch mit Klinikärzten.

[2] Dies könnte eine Erklärung für die von Neye (2010) beschriebene prozentual höchste Überschreitung der „me too"-Quote durch Nervenärzte liefern.

[3] Vgl. Schlingensiepen (2011).

Maßnahmen zur Steuerung des Verordnungsverhaltens auf Ebene therapeutischer Klassen wie Leitsubstanzquoten und Verordnungsmindest- sowie -höchstquoten dennoch in der Arzneimittelvereinbarung der KVNO verankert.

Weitergehend gibt es erste Überlegungen dazu, inwiefern eine Steuerung des Verordnungsverhaltens auf Therapiegebietsebene mittels Listen eine zukünftig noch bedeutendere Rolle in der GKV-Arzneimittelversorgung spielen könnte. Selektive Vertragskonzepte für Arzneimittel zwischen Krankenkassen und pharmazeutischen Herstellern wurden bisher im Rahmen von Rabattverträgen, auch unter Einbeziehung von Erstattungsoptionen in Abhängigkeit von messbaren Therapieerfolgen, ermöglicht; nach Medizintechnikherstellern können inzwischen auch Arzneimittelhersteller als Dienstleister von Kassen in Integrierte Versorgungskonzepte eingebunden werden.[4] Ein weiterer Einfluss auf die Arzneimittelwahl kann ebenfalls bereits im Rahmen von Haus- und Facharztverträgen ausgeübt werden.[5] Bisher erfolgt die Teilnahme für Ärzte und Patienten an selektiven Versorgungskonzepten nach den Vorgaben des SGB V auf freiwilliger Basis, ebenso ist der allgemeine Mindest-Leistungskatalog für Kassen innerhalb der GKV noch unangetastet.

Davon ausgehend erwägen Autoren wie Cassel und Wille (2006), Cassel (2008a, b), Greß et al. (2007) sowie Albrecht et al. (2011), dass im Rahmen zukünftiger selektivvertraglicher Versorgungskonzepte möglicherweise auch die allgemeine Leistungspflicht und damit der Erstattungszwang von Medikamenten innerhalb einer therapeutischen Klasse auf Ebene individueller Krankenkassen eingeschränkt werden könnten. Dies würde bedeuten, dass innerhalb bestimmter Wirkstoffklassen jeweils nur ausgewählte Präparate für Patienten einer Kasse voll erstattungsfähig wären. Ausgehend von diesem Konzept einer geschlossenen Positivliste sind auch Abschwächungen, z.B. in Form einer maximalen Verschreibungsquote für nicht gelistete Präparate, denkbar.[6]

Die Arzneimittelversorgung könnte sich damit - in Anlehnung an die Formularies von Pharmaceutical Benefits Management-Unternehmen in den USA - zu einem strategischen Wettbewerbsparameter von Krankenkassen entwickeln. Kassen könnten solche Positivlisten als ein absatzförderndes Instrument für Rabattverträge einsetzen,[7] die Therapiequalität auf Basis von Erkenntnissen aus der Versorgungsforschung steigern oder sich gegenüber anderen Krankenkassen am Markt mittels eines spezifischen Produktportfolios differenzieren.[8] Albrecht et al. (2011) weisen jedoch darauf hin, dass der zielgerichtete Einsatz solcher Formularies durch gesetzliche Krankenkassen auch als Instrument zur Risikoselektion der

[4] Vgl. § 140b SGB V, VFA (2011), Jaeckel (2011).
[5] Vgl. z.B. Medical Tribune (2009) bzw. Abschnitt 2.4.5.6.
[6] Vgl. Albrecht et al. (2011), Greß et al. (2007).
[7] Vgl. Hajen et al. (2011).
[8] Vgl. die Ausführungen von Amelung (2007) zu Wettbewerbsparametern im amerikanischen Managed Care-Sektor.

Versichertenpopulation missbraucht werden könnte und medizinische Nutzenbewertungen wie auch eine Mindestauswahl von Präparaten in jeweiligen Wirkstoffklassen daher kasseneinheitlich festgesetzt werden sollten.

Es bleibt abzuwarten, wie der neu eingeschlagene Weg des Wettbewerbs mittels selektivvertraglicher Versorgungskonzepte innerhalb der GKV fortgesetzt wird. Der aktuelle Koalitionsvertrag der CDU, CSU und SPD (2013) sieht einen weiteren Abbau der Hemmnisse für integrierte und selektive Versorgungsformen und -verträge vor. Die parallele Beibehaltung bzw. Weiterentwicklung der Steuerungsansätze sowohl auf zentraler, dezentraler (KV-spezifischer) wie auch selektivvertraglicher Ebene im deutschen GKV-Markt birgt jedoch die Gefahr von Steuerungsproblemen in sich. Dies wurde bereits am Beispiel der in 2006 eingeführten Bonus-/Malus-Regelung mit Zielwerten für Tagestherapiekosten, welche mit den in 2007 scharfgeschalteten Rabattverträgen konfligierte, deutlich.[9]

Die Weiterentwicklung von Steuerungsinstrumenten sollte daher sorgfältig gegenüber potentiellen Fehlsteuerungen aufgrund falsch gesetzter Selektionsanreize für Ärzte und Patienten oder der Unterbindung des Wettbewerbs unter Herstellern abgewogen werden. Andernfalls dürfte das Ausmaß des im deutschen GKV-Systems bereits evidenten „Gulliver-Effekts"[10] in Form der Einschränkung der Bewegungsfreiheit von Marktakteuren durch Über- oder Fehlregulierung noch weiter zunehmen.

[9] Vgl. Abschnit 2.4.5.5.
[10] Vgl. Cassel (2008a: 260)

6 Anhang

Tabelle 6.1: Preissetzung bei Markteintritt und Preisverlauf - Präparateübersicht

ID	*Molekül*	*Marke*	*EphMRA-ATC*	*WHO-ATC*	*Jahr*
1	Lansoprazol	Agopton	A2B2	A02BC03	1993
2	Pantoprazol	Pantozol	A2B2	A02BC02	1994
3	Rabeprazol	Pariet	A2B2	A02BC04	1998
4	Esomeprazol	Nexium	A2B2	A02BC05	2000
5	Insulin aspart	Novorapid	A10C	A10AB05	1999
6	Insulin gluisin	Apidra	A10C	A10AB06	2004
7	Insulindetemir	Levemir	A10C	A10AE05	2004
8	Glimepirid	Amaryl	A10H	A10BB12	1996
9	Miglitol	Diastabol	A10L	A10BF02	1999
10	Vildagliptin	Galvus	A10N	A10BH02	2008
11	Nateglinid	Starlix	A10M	A10BX03	2002
12	Darbepoetin alfa	Aranesp	B3C	B03XA02	2001
13	MPe-Epoetin beta	Mircera	B3C	B03XA03	2007
14	Epoetin delta*	Dynepo	B3C	B03XA04	2007
15	Bunazosin	Andante	C2A2	C02CA07	1994
16	Sitaxentan	Thelin	C6A	C02KX03	2006
17	Ambrisentan	Volibris	C6A	C02KX02	2008
18	Eplerenon	Inspra	C3A1	C03DA04	2004
19	Amlodipin	Norvasc	C8A	C08CA01	1994
20	Lacidipin	Motens	C8A	C08CA09	1998
21	Lercanidipin	Corifeo	C8A	C08CA13	2000
22	Manidipin	Manyper	C8A	C08CA11	2004
23	Benazepril	Cibacen	C9A	C09AA07	1993
24	Trandolapril	Udrik	C9A	C09AA10	1993
25	Spirapril	Quadropril	C9A	C09AA11	1997
26	Moexipril	Fempress	C9A	C09AA13	1997
27	Imidapril	Tanatril	C9A	C09AA18	1999
28	Valsartan	Diovan	C9C	C09CA03	1996

ID	*Molekül*	*Marke*	*EphMRA-ATC*	*WHO-ATC*	*Jahr*
29	Candesartan	Atacand	C9C	C09CA06	1997
30	Irbesartan	Aprovel	C9C	C09CA04	1997
31	Eprosartan	Teveten	C9C	C09CA02	1997
32	Telmisartan	Micardis	C9C	C09CA07	1999
33	Olmesartan	Olmetec	C9C	C09CA08	2002
34	Fluvastatin	Locol	C10A1	C10AA04	1994
35	Atorvastatin	Sortis	C10A1	C10AA05	1997
36	Cerivastatin	Lipobay	C10A1	C10AA06	1997
37	Croconazol	Pilzcin	D1A1	D01AC09	1993
38	Omoconazol	Fungisan	D1A1	D01AC13	1994
39	Sertaconazol	Zalain	D1A1	D01AC15	1995
40	Mometasonfuroat	Ecural	D7A	D07AC13	1993
41	Methylprednisolonaceponat	Advantan	D7A	D07AC14	1994
42	Fluticasonpropionat	Flutivate	D7A	D07AC17	1994
43	Pimecrolismus	Elidel	D5X	A11AH02	2004
44	Cabergolin	Dostinex	G2D	G02CB03	1995
45	Solifenacin	Vesikur	G4D	G04BD08	2004
46	Darifenacin	Emselex	G4D	G04BD10	2005
47	Fesoterodin	Toviaz	G4D	G04BD11	2008
48	Vardenafil	Levitra	G4E	G04BE09	2003
49	Tadalafil	Cialis	G4E	G04BE08	2003
50	Alfuzosin	Urion	G4C3	G04CA01	1995
51	Tamsulosin	Alna	G4C3	G04CA02	1996
52	Dutasterid	Avodart	G4C3	G04CB02	2003
53	Parathyroidhormon	Preotact	H4E	H05AA03	2006
54	Paricalcitol	Zemplar	A11C2	H05BX02	2005
55	Ceftibuten	Keimax	J1D1	J01DD14	1993
56	Cefetametpivoxil	Globocef	J1D1	J10DD10	1994
57	Moxifloxacin	Avalox	J1G1	J01MA14	1999
58	Gatifloxacin	Bonoq	J1G1	J01MA16	2001
59	Voriconazol	Vfend	J2A	J02AC03	2002
60	Posaconazol	Noxafil	J2A	J02AC04	2005
61	Meloxicam	Mobec	M1A	M01AC06	1996
62	Aceclofenac	Beofenac	M1A	M01AB16	1997
63	Dexketoprofen	Sympal	M1A	M01AE17	1999
64	Lornoxicam	Telos	M1A	M01AC05	1999
65	Celecoxib	Celebrex	M1A	M01AH01	2000

ID	*Molekül*	*Marke*	*EphMRA-ATC*	*WHO-ATC*	*Jahr*
66	Dexibuprofen	Deltaran	M1A	M01AE14	2001
67	Etoricoxib	Arcoxia	M1A	M01AH05	2004
68	Zolmitriptan	AscoTop	N2C1	N02CC03	1997
69	Naratriptan	Naramig	N2C1	N02CC02	1997
70	Rizatriptan	Maxalt	N2C1	N02CC04	1998
71	Almotriptan	Almogran	N2C1	N02CC05	2001
72	Frovatriptan	Allegro	N2C1	N02CC07	2002
73	Eletriptan	Relpax	N2C1	N02CC06	2002
74	Risperidon	Risperdal	N5A1	N05AX08	1994
75	Olanzapin	Zyprexa	N5A1	N05AH03	1996
76	Amisulprid	Solian	N5A1	N05AL05	1999
77	Quetiapin	Seroquel	N5A1	N05AH04	2000
78	Aripiprazol	Abilify	N5A1	N05AX12	2004
79	Sertindol	Serdolect	N5A1	N05AE03	2006
80	Paliperidon	Invega	N5A1	N05AX13	2007
81	Zaleplon	Sonata	N5B	N05CF03	1999
82	Citalopram	Cipramil	N6A4	N06AB04	1996
83	Sertralin	Zoloft	N6A4	N06AB06	1997
84	Escitalopram	Cipralex	N6A4	N06AB10	2003
85	Venlafaxin	Trevilor	N6A5	N06AX16	1996
86	Salmeterol	aeromax	R3A3	R03AC12	1995
87	Formoterol	Foradil	R3A3	R03AC13	1997
88	Fluticasonpropionat	Flutide	R3D1	R03BA05	1995
89	Mometason	Asmanex	R3D1	R03BA07	2003
90	Tiotropiumbromid	Spiriva	R3G	R03BB04	2002
91	Fexofenadin	Telfast	R6A	R06AX26	1997
92	Mizolastin	Mizollen	R6A	R06AX25	1998
93	Levocetirizin	Xusal	R6A	R06AE08	2001
94	Desloratadin	Aerius	R6A	R06AX27	2001
95	Ebastin	Ebastel	R6A	R06AX22	2002
96	Rupatadin	Rupafin	R6A	R06AX28	2008
97	Rimexolon	Vexol	S1B	S01BA13	1999
98	Loteprednol	Lotemax	S1B	S01BA14	2005
99	Apraclonidin	Iopidine	S1E2	S01EA03	1995
100	Brimonidin	Alphagan	S1E2	S01EA05	1998
101	Brinzolamid	Azopt	S1E2	S01EC04	2000
102	Travoprost	Travatan	S1E2	S01EE04	2001

ID	*Molekül*	*Marke*	*EphMRA-ATC*	*WHO-ATC*	*Jahr*
103	Bimatoprost	Lumigan	S1E2	S01EE03	2002
104	Tafluprost	Taflotan	S1E2	S01EE05	2008
105	Lodoxamid	Alomide	S1G	S01GX05	1997
106	Emedastin	Emadine	S1G	S01GX06	1999
107	Epinastin	Relestat	S1G	S01GX10	2004
108	Olopatadin	Opatanol	S1G	S01GX09	2004

* Dnyepo wurde für den Preisverlauf nach vier Jahren nicht berücksichtigt (Einstellung der Produktion).

Tabelle 6.2: Preissetzung bei Markteintritt und Preisverlauf - deskriptive Statistik der Schätzvariablen

Variable	*Durchschnitt*	*Standardabweichung*	*n*
lrelp	0.087	0.508	108
lratio	-0.028	0.108	107
rateb	0.176	0.383	108
acute	0.287	0.454	108
comkt	0.167	0.374	108
dblp	0.080	0.441	107
dclp	0.011	0.255	107
lns0	1.465	0.550	108
lns4	1.631	0.535	107
launch1	0.528	0.502	108
launch2	0.667	0.474	108
launch3	0.769	0.424	108
launch4	0.824	0.383	108
launch2a	0.454	0.500	108
launch2p	0.361	0.483	108
me2class	0.583	0.495	108
dg	0.463	0.501	108
lg	1.554	1.728	108
bg	0.093	0.292	107
lgs	0.509	1.095	107
gs01	0.324	0.470	108
gs02	0.065	0.247	108
gs03	0.009	0.096	108
gs04	0.028	0.165	108
gs05	0.037	0.190	108
gs02min	0.139	0.347	108

Tabelle 6.3: Regressionsergebnisse Preissetzung bei Markteintritt (*lrelp*) - Sensitivitätsanalyse der Wettbewerberanzahl bei Markteintritt

	(4b)
cons.	0.00475
	(0.05)
rateb	0.453*
	(2.16)
dg	0.477***
	(3.54)
1 Wettbewerber	0
	(.)
2 -"-	-0.119
	(-0.84)
3 -"-	-0.206
	(-1.12)
4 -"-	-0.204
	(-1.15)
5 -"-	-0.355*
	(-2.24)
6 -"-	-0.455*
	(-2.56)
7 -"-	-0.379*
	(-2.06)
8 -"-	-0.360*
	(-2.22)
9 -"-	-0.318
	(-1.24)
10 -"-	-0.391
	(-1.54)
11 -"-	-0.679***
	(-4.56)
12 -"-	-0.786***
	(-5.28)
n	108
r2	0.271
F	.

t-Statistiken in Klammern. p-Werte für Het.-robuste Standardfehler:
* $p < 0.05$, ** $p < 0.01$, *** $p < 0.001$

Tabelle 6.4: Regressionsergebnisse Preissetzung bei Markteintritt (*lrelp*)- Sensitivitätsanalyse der Anzahl generikafähiger Wettbewerber bei Markteintritt

	lrelp
cons.	0.202
	(1.89)
rateb	0.463*
	(2.24)
lns0	-0.288**
	(-3.23)
gs01	0.494***
	(3.44)
gs02	0.335***
	(3.57)
gs03	0.311**
	(2.77)
gs04	0.401**
	(3.25)
gs05	0.818***
	(5.10)
n	108
r2	0.281
F	.

t-Statistiken in Klammern. p-Werte für Het.-robuste Standardfehler:
* $p < 0.05$, ** $p < 0.01$, *** $p < 0.001$

Tabelle 6.5: Preisverlauf nach vier Jahren (*lratio4*) - Sensitivitätsanalyse nach Markteintrittsjahren

	(16)
cons.	-0.150**
	(-2.74)
rateb	-0.00474
	(-0.17)
lns4	-0.0223
	(-1.15)
bg	-0.00156
	(-0.04)

1993.year	0
	(.)
1994.year	0.143**
	(2.72)
1995.year	0.145*
	(2.45)
1996.year	0.173**
	(3.10)
1997.year	0.214***
	(4.25)
1998.year	0.243***
	(4.08)
1999.year	0.181***
	(3.54)
2000.year	0.0260
	(0.43)
2001.year	0.158**
	(2.80)
2002.year	0.164**
	(3.04)
2003.year	0.219***
	(3.57)
2004.year	0.160**
	(3.03)
2005.year	0.193**
	(2.97)
2006.year	0.202**
	(2.82)
2007.year	0.104
	(1.46)
2008.year	0.155*
	(2.53)
n	108
r2	0.308
F	2.196

t-Statistiken in Klammern, p-Werte für Standardfehler:

* $p < 0.05$, ** $p < 0.01$, *** $p < 0.001$

Tabelle 6.6: Regressionsergebnisse Preissetzung bei Markteintritt (*lrelp*): Cluster-robuste Standardfehler bei Clusterung nach Wirkstoffklassen

	(4)	(5)	(6)	(10)	(11)
cons.	0.206+	0.249*	0.299*	0.345*	0.201+
	(1.71)	(2.05)	(2.23)	(2.59)	(1.70)
rateb	0.444+	0.441+	0.417+	0.382+	0.445+
	(1.77)	(1.84)	(1.79)	(1.74)	(1.74)
lns0	-0.288**	-0.234*	-0.255*	-0.205+	-0.284**
	(-2.81)	(-2.29)	(-2.45)	(-1.79)	(-3.04)
dg	0.487**	0.455**	0.460**	0.435**	
	(3.09)	(3.09)	(3.07)	(2.88)	
launch1		-0.203*			
		(-2.12)			
launch2			-0.187+	-0.185+	
			(-1.69)	(-1.74)	
me2class				-0.176	
				(-1.59)	
gs01					0.490**
					(2.76)
gs02min					0.470***
					(3.61)
n	108	108	108	108	108
r2	0.258	0.296	0.287	0.313	0.258
F	3.928	3.547	3.196	2.849	4.249

t-Statistiken in Klammern. p-Werte für Cluster-robuste Standardfehler:
+ p<0.1 * p<0.05, ** p<0.01, *** p<0.001

Tabelle 6.7: Sartane und Triptane - Preisreaktionen auf Packungsebene 2004 bis 2005

Molekül	*Marke*	*DDD*	*Packung*	*AVP 2004*	*AVP 2005*	*FB 2005*
Sartane						
Candesartan	Atacand	8 mg	28 Tabl. 4 mg	29,48 €	28,84 €	28,84 €
Candesartan	Atacand	8 mg	56 Tabl. 4 mg	48,42 €	45,90 €	45,90 €
Candesartan	Atacand	8 mg	98 Tabl. 4 mg	74,58 €	70,11 €	70,11 €
Candesartan	Atacand	8 mg	28 Tabl. 8 mg	33,87 €	33,42 €	33,42 €
Candesartan	Atacand	8 mg	56 Tabl. 8 mg	55,45 €	54,52 €	54,52 €
Candesartan	Atacand	8 mg	98 Tabl. 8 mg	86,70 €	84,46 €	84,46 €
Candesartan	Atacand	8 mg	28 Tabl. 16 mg	38,96 €	39,12 €	39,12 €
Candesartan	Atacand	8 mg	56 Tabl. 16 mg	64,67 €	65,19 €	65,19 €
Candesartan	Atacand	8 mg	98 Tabl. 16 mg	102,18 €	102,20 €	102,20 €
Eprosartan	Teveten	600 mg	28 Tabl. 600 mg	33,87 €	37,21 €	37,21 €
Eprosartan	Teveten	600 mg	56 Tabl. 600 mg	55,45 €	61,64 €	61,64 €
Eprosartan	Teveten	600 mg	98 Tabl. 600 mg	83,79 €	96,28 €	96,28 €
Irbesartan	Aprovel	150 mg	28 Tabl. 75 mg	31,44 €	29,74 €	29,74 €
Irbesartan	Aprovel	150 mg	56 Tabl. 75 mg	50,84 €	47,61 €	47,61 €
Irbesartan	Aprovel	150 mg	98 Tabl. 75 mg	78,98 €	72,96 €	72,96 €
Irbesartan	Aprovel	150 mg	28 Tabl. 150 mg	35,29 €	34,54 €	34,54 €
Irbesartan	Aprovel	150 mg	56 Tabl. 150 mg	57,74 €	56,64 €	56,64 €
Irbesartan	Aprovel	150 mg	98 Tabl. 150 mg	90,58 €	87,97 €	87,97 €
Irbesartan	Aprovel	150 mg	28 Tabl. 300 mg	43,92 €	40,43 €	40,43 €
Irbesartan	Aprovel	150 mg	56 Tabl. 300 mg	74,37 €	67,67 €	67,67 €
Irbesartan	Aprovel	150 mg	98 Tabl. 300 mg	117,95 €	106,34 €	106,34 €
Losartan	Lorzaar	50 mg	21 Tabl. 12.5 mg	20,45 €	21,41 €	21,41 €
Losartan	Lorzaar	50 mg	28 Tabl. 50 mg	34,86 €	37,29 €	37,29 €
Losartan	Lorzaar	50 mg	56 Tabl. 50 mg	57,29 €	61,80 €	61,80 €
Losartan	Lorzaar	50 mg	98 Tabl. 50 mg	89,81 €	96,56 €	96,56 €
Losartan	Lorzaar	50 mg	28 Tabl. 100 mg	48,41 €	43,89 €	43,89 €
Losartan	Lorzaar	50 mg	56 Tabl. 100 mg	87,42 €	74,18 €	74,18 €
Losartan	Lorzaar	50 mg	98 Tabl. 100 mg	145,93 €	117,15 €	117,15 €
Olmesartan	Olmetec	20 mg	28 Tabl. 10 mg	28,47 €	28,47 €	31,77 €
Olmesartan	Olmetec	20 mg	56 Tabl. 10 mg	45,88 €	45,88 €	51,39 €
Olmesartan	Olmetec	20 mg	98 Tabl. 10 mg	65,04 €	65,04 €	79,24 €
Olmesartan	Olmetec	20 mg	28 Tabl. 20 mg	32,19 €	32,19 €	36,96 €
Olmesartan	Olmetec	20 mg	56 Tabl. 20 mg	53,14 €	53,14 €	61,16 €

Molekül	*Marke*	*DDD*	*Packung*	*AVP 2004*	*AVP 2005*	*FB 2005*
Olmesartan	Olmetec	20 mg	98 Tabl. 20 mg	74,60 €	74,60 €	95,48 €
Olmesartan	Olmetec	20 mg	28 Tabl. 40 mg	37,51 €	37,51 €	43,48 €
Olmesartan	Olmetec	20 mg	56 Tabl. 40 mg	61,92 €	61,92 €	73,38 €
Olmesartan	Olmetec	20 mg	98 Tabl. 40 mg	88,80 €	88,80 €	115,83 €
Telmisartan	Micardis	40 mg	98 Tabl. 20 mg	33,87 €	28,64 €	28,64 €
Telmisartan	Micardis	40 mg	28 Tabl. 40 mg	35,43 €	33,30 €	33,30 €
Telmisartan	Micardis	40 mg	56 Tabl. 40 mg	58,03 €	54,30 €	54,30 €
Telmisartan	Micardis	40 mg	98 Tabl. 40 mg	91,05 €	84,09 €	84,09 €
Telmisartan	Micardis	40 mg	28 Tabl. 80 mg	40,44 €	38,88 €	38,88 €
Telmisartan	Micardis	40 mg	56 Tabl. 80 mg	67,59 €	64,77 €	64,77 €
Telmisartan	Micardis	40 mg	98 Tabl. 80 mg	107,09 €	101,50 €	101,50 €
Valsartan	Diovan	80 mg	28 Tabl. 80 mg	34,86 €	34,22 €	34,22 €
Valsartan	Diovan	80 mg	56 Tabl. 80 mg	57,29 €	56,03 €	56,03 €
Valsartan	Diovan	80 mg	98 Tabl. 80 mg	89,81 €	86,98 €	86,98 €
Valsartan	Diovan	80 mg	28 Tabl. 160 mg	38,96 €	40,03 €	40,03 €
Valsartan	Diovan	80 mg	56 Tabl. 160 mg	64,67 €	66,92 €	66,92 €
Valsartan	Diovan	80 mg	98 Tabl. 160 mg	102,18 €	105,07 €	105,07 €
Triptane						
Almotriptan	Almogran	12,5 mg	3 Tabl. 12,5 mg	31,17 €	32,14 €	32,14 €
Eletriptan	Relpax	40 mg	3 Tabl. 20 mg	30,94 €	30,94 €	30,98 €
Eletriptan	Relpax	40 mg	6 Tabl. 20 mg	53,13 €	53,13 €	52,22 €
Eletriptan	Relpax	40 mg	3 Tabl. 40 mg	30,94 €	30,94 €	32,31 €
Eletriptan	Relpax	40 mg	6 Tabl. 40 mg	53,13 €	53,13 €	54,82 €
Frovatriptan	Allegro	2,5 mg	3 Tabl. 2,5 mg	23,63 €	23,63 €	32,14 €
Frovatriptan	Allegro	2,5 mg	6 Tabl. 2,5 mg	37,76 €	37,76 €	54,49 €
Frovatriptan	Allegro	2,5 mg	12 Tabl. 2,5 mg	66,36 €	66,36 €	98,84 €
Naratriptan	Naramig	2,5 mg	2 Tabl. 2,5 mg	24,57 €	24,62 €	24,62 €
Naratriptan	Naramig	2,5 mg	6 Tabl. 2,5 mg	54,49 €	54,49 €	54,49 €
Rizatriptan	Maxalt	10 mg	3 Tabl. 5 mg	34,56 €	30,91 €	30,91 €
Rizatriptan	Maxalt	10 mg	6 Tabl. 5 mg	58,29 €	52,07 €	52,07 €
Rizatriptan	Maxalt	10 mg	3 Tabl. 10 mg	34,56 €	32,24 €	32,24 €
Rizatriptan	Maxalt	10 mg	6 Tabl. 10 mg	58,29 €	54,72 €	54,72 €
Rizatriptan	Maxalt	10 mg	12 Tabl. 10 mg	107,11 €	99,30 €	99,30 €
Sumatriptan	Imigran	50 mg	2 Tabl. 50 mg	*	32,95 €	32,95 €
Sumatriptan	Imigran	50 mg	6 Tabl. 50 mg	54,47 €	52,47 €	52,47 €
Sumatriptan	Imigran	50 mg	12 Tabl. 50 mg	*	94,85 €	94,85 €

Molekül	*Marke*	*DDD*	*Packung*	*AVP 2004*	*AVP 2005*	*FB 2005*
Sumatriptan	Imigran	50 mg	2 Tabl. 100 mg	*	24,85 €	24,85 €
Sumatriptan	Imigran	50 mg	3 Tabl. 100 mg	46,97 €	32,46 €	32,46 €
Sumatriptan	Imigran	50 mg	6 Tabl. 100 mg	83,86 €	55,13 €	55,13 €
Sumatriptan	Imigran	50 mg	12 Tabl. 100 mg	*	100,13 €	100,13 €
Zolmitriptan	Ascotop	2,5 mg	2 Tabl. 2,5 mg	24,48 €	24,48 €	24,48 €
Zolmitriptan	Ascotop	2,5 mg	3 Tabl. 2,5 mg	32,43 €	32,43 €	31,89 €
Zolmitriptan	Ascotop	2,5 mg	6 Tabl. 2,5 mg	54,59 €	54,59 €	54,04 €
Zolmitriptan	Ascotop	2,5 mg	12 Tabl. 2,5 mg	97,32 €	97,95 €	97,95 €
Zolmitriptan	Ascotop	2,5 mg	6 Tabl. 5 mg	54,49 €	56,82 €	56,82 €

* Anmerkung: Für Imigran lagen für die Packungen mit 2 und 12 Tabletten zu je 50 und 100 mg keine Preisinformationen aus der Roten Liste für 2004 vor. Hier wurden die Daten aus IMS PharmaScope zur Codierung der Preisreaktion (durchgehende Preissenkung, Angleichung an den Festbetrag in 2005) verwendet.

Tabelle 6.8: Regressionsergebnisse Sartane/Triptane III (Reimporte - Sartane)

	(17)	(18)	(19)	(20)	(21)
	Sart. RI	Sart. RI	Sart. RI	Sart. RI	Sart. RI
above	-0.0516***	-0.0516***	-0.0516***	-0.0516***	-0.0516***
	(-5.73)	(-5.73)	(-5.73)	(-5.73)	(-5.73)
below	0.0708	0.143***	0.141***	0.133***	0.0992***
	(1.52)	(24.73)	(25.74)	(8.08)	(1435.52)
bxlnmolshare	-0.0306				
	(-1.45)				
bxpckcount		-0.0642***			
		(-7.69)			
bxmolcount			-0.0606***		
			(-7.69)		
bxapckshareri				-0.0589***	
				(-4.83)	
bxamolshareri					-0.0534***
					(-7.69)
n	80	80	80	80	80
r2	0.364	0.376	0.376	0.375	0.376
F	11.72	.	.	53.06	.

t-Statistiken in Klammern. Schätzungen ohne constant term. p-Werte für Het.-robuste Standardfehler:
* $p < 0.05$, ** $p < 0.01$, *** $p < 0.001$

Literaturverzeichnis

ABDA - Bundesvereinigung Deutscher Apothekerverbände (2013): Die Apotheke - Zahlen Daten Fakten 2012. Internetquelle: http://www.abda.de/zdf.html.

AIGNER, A. et al. (2013): Das Nadelöhr – von der Forschung zur Entwicklung. In: Fischer, D./Breitenbach, J. (Hrsg.): Die Pharmaindustrie: Einblick - Durchblick - Perspektiven, 53–116.

AKERLOF, G. A. (1970): The market for „lemons": Quality uncertainty and the market mechanism. In: Quarterly Journal of Economics, (84)3, 488–500.

ALBRECHT, M. et al. (2011): Generika in Deutschland: Wettbewerb fördern – Wirtschaftlichkeit stärken. Internetquelle: http://www.iges.de/leistungen/gesundheitspolitik/generika/e11078/infoboxContent11082/Endbericht_IGES-Generikastudie_ger.pdf.

ALBRECHT, M. et al. (2010): Ausweitung selektivvertraglicher Versorgung. Auswirkungen auf die Gesundheitsversorgung und Anforderungen an den zukünftigen regulatorischen Rahmen. Hans-Böckler-Stiftung. Düsseldorf.

AMELUNG, V. E. (Hrsg.) (2007): Managed Care. Neue Wege im Gesundheitsmanagement. Gabler. Wiesbaden.

AMELUNG, V. E. (Hrsg.) (2011): Innovatives Versorgungsmanagement: Neue Versorgungsformen auf dem Prüfstand. Medizinisch Wissenschaftliche Verlagsgesellschaft. Berlin.

AMMON, H. P. (Hrsg.) (2004): Hunnius Pharmazeutisches Wörterbuch. de Gruyter. Berlin.

ANDERSON, S. P./NEVEN, D. J. (1991): Cournot competition yields spatial agglomeration. In: International Economic Review, (32)4, 793–808.

ANGELL, M. (2005): The truth about the drug companies. How they deceive us and what to do about it. Random House. New York.

ANGRIST, J. D./PISCHKE, J.-S. (2009): Mostly harmless econometrics. An empiricist's companion. Princeton University Press. Princeton.

ANLAUF, M. (2006): ACE-Hemmer und Angiotensinrezeptorantagonisten. In: Schwabe, U./Paffrath, D. (Hrsg.): Arzneiverordnungs-Report 2006, 179–206.

AOK BADEN-WÜRTTEMBERG (2009): Fragen und Antworten (FAQs) - Vertragssoftware im Rahmen der Hausarztzentrierten Versorgung (HZV). Internetquelle: https://www.aok-gesundheitspartner.de/imperia/md/gpp/bw/arztundpraxis/hzv/bw_hzv_faq_software_07042009.pdf.

APPELT, S. (2011): Entry and Competition in the Pharmaceutical Market following Patent Expiry. Dissertation. LMU München.

ARMSTRONG, D./REYBURN, H./JONES, R. (1996): A study of general practitioners' reasons for changing their prescribing behaviour. In: British Medical Journal, (312)7036, 949–952.

ARONSSON, T./BERGMAN, M. A./RUDHOLM, N. (2001): The impact of generic drug competition on brand name market shares-evidence from micro data. In: Review of Industrial Organization, (19)4, 423–433.

ARROW, K. J. (1963): Uncertainty and the welfare economics of medical care. In: American Economic Review, (53)5, 941–973.

ÄRZTEKAMMER NORDRHEIN UND KASSENÄRZTLICHE VEREINIGUNG (2006): Vereinbarung über das Arznei- und Verbandmittelausgabenvolumen für das Kalenderjahr 2006. In: Rheinisches Ärzteblatt 1/2006, 1, 67–72.

ÄRZTEKAMMER NORDRHEIN UND KASSENÄRZTLICHE VEREINIGUNG (2013): Vereinbarung über das Arznei- und Verbandmittelausgabenvolumen für das Kalenderjahr 2013. In: Rheinisches Ärzteblatt 1/2013, 1.

ÄRZTEZEITUNG (2012): BSG lockert Festbetrag. Internetquelle: http://www.aerztezeitung.de/politik_gesellschaft/arzneimittelpolitik/article/817127/bsg-lockert-festbetrag.html.

AUGURZKY, B. et al. (2009): Effects of the German reference drug program on ex-factory prices of prescription drugs: a panel data approach. In: Health Economics, (18)4, 421–436.

AVORN, J./CHEN, M./HARTLEY, R. (1982): Scientific versus Commercial Sources of Influence on the Prescribing Behavior of Physicians. In: American Journal of Medicine, (73)1, 4–8.

AVR: Siehe Schwabe und Paffrath (1991-2012).

AZOULAY, P. (2002): Do pharmaceutical sales respond to scientific evidence? In: Journal of Economics & Management Strategy, (11)4, 551–594.

BAIN, J. S. (1949): A note on pricing in monopoly and oligopoly. In: American Economic Review, (39)2, 448–464.

BAIN, J. S. (1956): Barriers to new competition. Harvard University Press. Cambridge, MA.

BARDEY, D./BOMMIER, A./JULLIEN, B. (2010): Retail price regulation and innovation: reference pricing in the pharmaceutical industry. In: Journal of Health Economics, (29)2, 303–316.

BASU, P. et al. (2008): Analysis of Manufacturing Costs in Pharmaceutical Companies. In: Journal of Pharmaceutical Innovation, (3)1, 30–40.

BAUER, E. (2008): Apotheken. In: Schöffski, O. (Hrsg.): Pharmabetriebslehre, 339–352.

BAUSCH, J. et al. (Hrsg.) (2000): Innovation im Arzneimittelmarkt. Springer. Berlin.

BECKMANN, S. et al. (2010): Der Weg zu fairen Pillenpreisen. In: Gesundheit und Gesellschaft, (4)13, 21–26.

BERGMAN, M. A./RUDHOLM, N. (2003): The Relative Importance of Actual and Potential Competition: Empirical Evidence From the Pharmaceuticals Market. In: Journal of Industrial Economics, (51)4, 455–467.

BERNDT, E. R./MCGUIRE, T. G./NEWHOUSE, J. P. (2011): A Primer on the Economics of Prescription Pharmaceutical Pricing in Health Insurance Markets. National Bureau of Economic Research. Cambridge, MA.

BERTRAND, J. (1883): Théorie des richesses: revue de 'Théorie mathématique de la richesse sociale'par Léon Walras et 'Recherches sur les principes mathématiques de la richesse'par Augustin Cournot. In: Journal des Savant, (67), 499–508.

BERTRAND, M./DUFLO, E./MULLAINATHAN, S. (2004): How much should we trust differences-in-differences estimates? In: Quarterly Journal of Economics, (119)1, 249–275.

BESTER, H. (2000): Theorie der Industrieökonomik. Springer. Berlin.

BEUBLER, E. (2011): Kompendium der Pharmakologie. Gebräuchliche Arzneimittel in der Praxis. Springer. Wien.

BFARM (2010): FAQ - allgemeine Fragen. Internetquelle: http://www.bfarm.de/SharedDocs/4_FAQ/DE/Functions/am/validierung/faqamvalid-table-gesamtansicht.html?nn=1010894.

BFARM (2013): Verkehrsfähige Arzneimittel im Zuständigkeitsbereich des BfArM. Internetquelle: http://www.bfarm.de/DE/Arzneimittel/4_statistik/statistik-verkf-am-zustBfArM.html?nn=1009778.

BLESSING, S. (2008): AOK Hausarztvertrag Baden-Württemberg. In: Journal Kassenärztliche Vereinigung Mecklenburg-Vorpommern, 9, 4–5.

BLÖCHL-DAUM, B. (2006): „Me-too drugs" und das Konzept des Klasseneffekts. In: Wiener medizinische Wochenschrift, (156)17-18, 494–497.

BLOOR, K./FREEMANTLE, N. (1996): Lessons from international experience in controlling pharmaceutical expenditure. II: Influencing doctors. In: British Medical Journal, (312)7045, 1525.

BLUM, U./MÜLLER, S./WEISKE, A. (2006): Angewandte Industrieökonomik: Theorien - Modelle - Anwendungen. Gabler Verlag. Wiesbaden.

BOND, R. S./LEAN, D. F. (1977): Sales, promotion, and product differentiation in two prescription drug markets. Federal Trade Commission. Bureau of Economics. Washington, DC.

BOOM, A. (1993): Nationale Regulierung bei internationalen Pharma-Unternehmen: Eine theoretische Analyse der Marktwirkungen. Nomos. Baden-Baden.

BOUSQUET, J./KALINER, M. (2008): Management and Treatment of Allergic Rhinitis. In: Kay, A. B. (Hrsg.): Allergy and allergic diseases, 1430–1454.

BPI - Bundesverband der Pharmazeutischen Industrie (2013): Pharma-Daten 2012. Internetquelle: http://www.bpi.de/fileadmin/media/bpi/Downloads/Internet/Publikationen/Pharma-Daten/Pharmadaten_2012_DE.pdf.

BREITENBACH, J./FISCHER, D. (2013): Wandel und Herausforderung - die pharmazeutische Industrie. In: Fischer, D./Breitenbach, J. (Hrsg.): Die Pharmaindustrie: Einblick - Durchblick - Perspektiven, 1–51.

BREITENBACH, J./LEWIS, J. B. (2013): Business Development – Geschäftsentwicklung und Lizenzgeschäft. In: Fischer, D./Breitenbach, J. (Hrsg.): Die Pharmaindustrie: Einblick - Durchblick - Perspektiven, 253–268.

BREKKE, K. R./GRASDAL, A. L./HOLMAS, T. H. (2009): Regulation and pricing of pharmaceuticals: Reference pricing or price cap regulation? In: European Economic Review, (53)2, 170–185.

BREKKE, K. R./HOLMAS, T. H./STRAUME, O. R. (2011): Reference pricing, competition, and pharmaceutical expenditures: Theory and evidence from a natural experiment. In: Journal of Public Economics, (95)7-8, 624–638.

BREKKE, K. R./KÖNIGBAUER, I./STRAUME, O. R. (2007): Reference pricing of pharmaceuticals. In: Journal of Health Economics, (26)3, 613–642.

BREYER, F./ZWEIFEL, P./KIFMANN, M. (2005): Gesundheitsökonomik. Springer. Berlin.

BRITTEN, N./UKOUMUNNE, O. (1997): The influence of patients' hopes of receiving a prescription on doctors' perceptions and the decision to prescribe: a questionnaire survey. In: British Medical Journal, (315)7121, 1506.

BRODY, D. S. et al. (1989): The relationship between patients' satisfaction with their physicians and perceptions about interventions they desired and received. In: Medical Care, (27)11, 1027–1035.

BÜHLER, S./JÄGER, F. (2002): Einführung in die Industrieökonomik. Springer. Berlin.

BUNGENSTOCK, J. M. (2011): Innovative Arzneimittel in der Gesetzlichen Krankenversicherung: Eine normativ-ökonomische Analyse zu Versorgung und Finanzierung. Nomos. Baden-Baden.

BUSSE, R. (2009): Wettbewerb im Gesundheitswesen – eine Gesundheitssystemperspektive. In: Zeitschrift für Evidenz, Fortbildung und Qualität im Gesundheitswesen, (103)10, 608–615.

BVDVA (2013): Markt der Versandapotheken konsolidiert sich. Internetquelle: http://www.bvdva.de/fileadmin/content/pdf/presse/PM_Kongress_IMS.pdf.

CABRALES, A. (2003): Pharmaceutical generics, vertical product differentiation, and public policy. Universitat Pompeu Fabra Working Paper. Internetquelle: http://papers.ssrn.com/sol3/papers.cfm?abstract_id=394941.

CALFEE, J. E. (2000): Prices, markets, and the pharmaceutical revolution. AEI Press. Washington, D.C.

CAMERON, A. C./TRIVEDI, P. K. (2005): Microeconometrics. Methods and applications. Cambridge University Press. Cambridge, MA.

CAMERON, A. C./TRIVEDI, P. K. (2010): Microeconometrics using Stata. Stata Press. College Station.

CARD, D./KRUEGER, A. B. (1994): Minimum wages and employment. A case study of the fast-food industry in New Jersey and Pennsylvania. In: American Economic Review, (84)4, 772–793.

CASSEL, D. (2008a): GKV-Arzneimittelversorgung in der Regulierungsfalle. In: Medizinische Klinik, (103)4, 260–263.

CASSEL, D. (2008b): Kassenspezifische Positivlisten als Vertragsgrundlage in der GKV-Arzneimittelversorgung. In: Knaber, K./Wille, E. (Hrsg.): Wettbewerb im Gesundheitswesen: Chancen und Grenzen: 11. Bad Orber Gespräche, 129–157.

CASSEL, D./WILLE, E. (2006): Steuerung der Arzneimittelausgaben und Stärkung des Forschungsstandortes für die pharmazeutische Industrie. Gutachten für das Bundesministerium für Gesundheit. Internetquelle: https://www.bmg.bund.de/uploads/publications/Arzneimittelausgaben_Forschungsstandort.pdf

CAVES, R. E. et al. (1991): Patent expiration, entry, and competition in the US pharmaceutical industry. In: Brookings Papers on Economic Activity. Microeconomics, , 1–66.

CDU/ CSU/ FDP (2009): Wachstum, Bildung. Zusammenhalt. Koalitionsvertrag zwischen CDU, CSU und FDP. 17. Legislaturperiode.

CDU/ CSU/ SPD (2013): Deutschlands Zukunft gestalten. Koalitionsvertrag zwischen CDU, CSU und SPD. 18. Legislaturperiode.

CEPTON (2009): Strategic outsourcing across the pharmaceuticals value chain. Internetquelle: http://www.cepton.net/publications/download/cepton-Strategic-outsourcing-across-the-pharmaceuticals-value-chain.pdf.

CHEN, X. et al. (2003): Stata Web Books - Regression with Stata. Internetquelle: http://www.ats.ucla.edu/stat/stata/webbooks/reg/.

CHIEN, R. I. (Hrsg.) (1979): Issues in Pharmaceutical Economics. Heath. Lexington.

CHING, A. T. (2010a): Consumer learning and heterogeneity: Dynamics of demand for prescription drugs after patent expiration. In: International Journal of Industrial Organization, (28)6, 619–638.

CHING, A. T. (2010b): A Dynamic Oligopoly Structural Model For The Prescription Drug Market After Patent Expiration. In: International Economic Review, (51)4, 1175–1207.

COCA, V./SCHRÖDER, H. (2012): Ökonomische Aspekte des deutschen Arzneimittelmarktes 2011. In: Schwabe, U./Paffrath, D. (Hrsg.): Arzneiverordnungs-Report 2012, 167–221.

COCKBURN, I. (1999): Racing to Invest – Patent Races in Pharmaceutical Research? In: Sussex, J./Marchant, N. (Hrsg.): Risk and Return in the Pharmaceutical Industry, 82–90.

COCKBURN, I./HENDERSON, R. (1994): Racing to invest? The dynamics of competition in ethical drug discovery. In: Journal of Economics & Management Strategy, (3)3, 481–519.

COSCELLI, A. (2000): The importance of doctors' and patients' preferences in the prescription decision. In: Journal of Industrial Economics, (48)3, 349–369.

COURNOT, A.-A. (1838): Recherches sur les principes mathématiques de la théorie des richesses. chez L. Hachette. Paris.

CRAIG, A.-M./MALEK, M. (1995): Market structure and conduct in the pharmaceutical industry. In: Pharmacology & Therapeutics, (66)2, 301–337.

CULYER, A./NEWHOUSE, J. P. (Hrsg.) (2000): Handbook of Health Economics: Vol. 1A. Elsevier. Amsterdam.

CUTLER, D. M./ZECKHAUSER, R. J. (2000): The Anatomy of Health Insurance. In: Culyer, A./Newhouse, J. P. (Hrsg.): Handbook of Health Economics: Vol. 1A, 563–644.

DALEN, D. M./STRØM, S./HAABETH, T. (2006): Price regulation and generic competition in the pharmaceutical market. In: European Journal of Health Economics, (7)3, 204–211.

DAMBACHER, E./SCHÖFFSKI, O. (2008): Vertriebswege und Vertriebswegeentscheidung. In: Schöffski, O. (Hrsg.): Pharmabetriebslehre, 281–296.

DANZON, P. M./CHAO, L.-W. (2000a): Cross-national price differences for pharmaceuticals: how large, and why? In: Journal of Health Economics, (19)2, 159–195.

DANZON, P. M./CHAO, L.-W. (2000b): Does Regulation Drive out Competition in Pharmaceutical Markets? In: Journal of Law and Economics, (43)2, 311–57.

DANZON, P. M./EPSTEIN, A. (2008): Effects of regulation on drug launch and pricing in interdependent markets. National Bureau of Economic Research. Cambridge, MA.

DANZON, P. M./KETCHAM, J. D. (2004): Reference pricing of pharmaceuticals for medicare. Evidence from Germany, the Netherlands and New Zealand. National Bureau of Economic Research. Cambridge, MA.

DANZON, P. M./LIU, H. (1996): Reference pricing and physician drug budgets: the German experience in controlling pharmaceutical expenditures. University of Pennsylvania Working Paper.

DANZON, P. M./WANG, Y. R./WANG, L. (2005): The impact of price regulation on the launch delay of new drugs?evidence from twenty-five major markets in the 1990s. In: Health Economics, (14)3, 269–292.

DE LA HAYE, R./GEBAUER, A. (2008): Die Entwicklung eines Arzneimittels. In: Schöffski, O. (Hrsg.): Pharmabetriebslehre, 105–116.

DEAN, J. (1969): Pricing pioneering products. In: Journal of Industrial Economics, (17)3, 165–179.

DERENDORF, H./SCHULZ, M./WEMHÖNER, R. (2011): Arzneimittelkunde. Deutscher Apotheker Verlag. Stuttgart.

DIAMOND, P. A. (1971): A model of price adjustment. In: Journal of Economic Theory, (3)2, 156–168.

DIENER, H.-C. et al. (2012): Therapie der Migräne. Leitlinien für Diagnostik und Therapie in der Neurologie. Internetquelle: http://www.awmf.org/uploads/tx_szleitlinien/030-057l_S1_Migr%C3%A4ne_Therapie_2012.pdf.

DIERKS, C. (2008): Inkonsistente Regelungen des SGB V zum Arzneimittelmarkt. Analyse im Auftrag des vfa. Internetquelle: http://www.vfa.de/embed/dierks-gutachten.pdf.

DIERKS UND BOHLE RECHTSANWÄLTE (2007): Me-too. Internetquelle: http://www.dgppn.de/fileadmin/user_upload/_medien/dokumente/dgppn-veranstaltungen/2007-10-10-metoo/praesentation-dierks.pdf.

DIETLEIN, T. S. (2004): Ophthalmika. In: Fricke, U./Klaus, W. (Hrsg.): Neue Arzneimittel 14, 655–720.

DIMASI, J. A. (2001): Risks in new drug development: Approval success rates for investigational drugs. In: Clinical Pharmacology & Therapeutics, (69)5, 297–307.

DIMASI, J. A. (2005): Comment on „Me-too drugs: is there a problem?". Internetquelle: http://www.who.int/intellectualproperty/forum/HollisResponse.pdf.

DIMASI, J. A. (2008): The Economics of New Drug Development: Costs, Risks, and Returns. Presentation at the New England Drug Metabolism Group, March 12, 2008. Internetquelle: http://www.nedmdg.org/docs/2008/joseph-dimasi-spring-2008.ppt.

DIMASI, J. A./FADEN, L. B. (2011): Competitiveness in follow-on drug R&D: a race or imitation? In: Nature Reviews Drug Discovery, (10)1, 23–7.

DIMASI, J. A./GRABOWSKI, H. (2007): The cost of biopharmaceutical R&D: is biotech different? In: Managerial and Decision Economics, (28)4-5, 469–479.

DIMASI, J. A./HANSEN, R. W./GRABOWSKI, H. (2003): The price of innovation: new estimates of drug development costs. In: Journal of Health Economics, (22)2, 151–185.

DIMASI, J. A./PAQUETTE C. (2004): The economics of follow-on drug research and development: trends in entry rates and the timing of development. In: PharmacoEconomics, (22)2, 1–14.

DIMDI (2012): Amtliche deutsche ATC-Klassifikation 2013 mit DDD. Internetquelle: http://www.dimdi.de/dynamic/de/klassi/downloadcenter/atcddd/version2013/atc-ddd-amtlich-2013.pdf.

DIXON, H. D. (2001): Surfing economics. Essays for the inquiring economist. Palgrave. Houndmills.

DOLAN, R. J./JEULAND, A. P. (1981): Experience curves and dynamic demand models: Implications for optimal pricing strategies. In: Journal of Marketing Research, (45)1, 52–62.

DONALDSON, C./GERARD, K. (Hrsg.) (2005): Economics of health care financing. The visible hand. Palgrave Macmillan. Basingstoke.

DONALDSON, C./GERARD, K. (2005): Countering doctor moral hazard. In: Donaldson, C./Gerard, K. (Hrsg.): Economics of health care financing. The visible hand, 91–115.

DRABINSKI, T./ESCHWEILER, J./SCHMIDT, U. (2008): Preisbildung von Arzneimitteln im internationalen Vergleich. Springer. Berlin.

DYLST, P./SIMOENS, S. (2011): Does the Market Share of Generic Medicines Influence the Price Level? In: PharmacoEconomics, (29)10, 875–882.

EATON, C./LIPSEY, R. (1989): Product differentiation. In: Schmalensee, R./Willig, R. (Hrsg.): Handbook of Industrial Organization Volume 1, 723–768.

EGAN, J. W./HIGINBOTHAM, H. N./WESTON, F. (1982): Economics of the pharmaceutical industry. Praeger. New York.

EHLERS, EHLERS UND PARTNER. (2006): EEP-Nachrichten 1/2006 - Aktuelle Informationen aus dem Medizinrecht. Internetquelle: http://eep.ve.m-online.net/typo3/fileadmin/files/newsletter/newsletter_maerz_2006.pdf.

EKELUND, M. (2001): Competition and Innovation in the Swedish Pharmaceutical Market. SSE Economic Research Institute. Stockholm.

EKELUND, M./PERSSON, B. (2003): Pharmaceutical Pricing in a Regulated Market. In: Review of Economics and Statistics, (85)2, 298–306.

ELLISON, S. F. et al. (1997): Characteristics of demand for pharmaceutical products: an examination of four cephalosporins. In: RAND Journal of Economics, (28)3, 426–446.

EMA (2000): Note for guidance on the investigation of bioavailability and bioequivalence. Internetquelle: http://www.ema.europa.eu/docs/en_GB/document_library/Scientific_guideline/2009/09/WC500003519.pdf.

ENGELMANN, K. et al. (Hrsg.) (2008): juris PraxisKommentar SGB V - Gesetzliche Krankenversicherung. juris. Saarbrücken.

EPHMRA (2011): Comparison of the WHO ATC Classification and EphMRA / PBIRG Anatomical Classification. Internetquelle: http://www.ephmra.org/PDF/WHO___EphMRA_Comparison_2011.pdf.

ERB, C./SCHLOTE, T. (2011): Medikamentöse Augentherapie. Thieme. Stuttgart.

FARFAN-PORTET, M.-I. et al. (2012): Patient socioeconomic determinants of the choice of generic versus brand name drugs in the context of a reference price system: evidence from Belgian prescription data. In: European Journal of Health Economics, (13)3, 301–313.

FELDMAN, R./LOBO, F. (2013a): Generic Drug Names and Social Welfare. In: Journal of Health Politics, Policy and Law, (38)3, 573–597.

FELDMAN, R./LOBO, F. (2013b): Competition in prescription drug markets: the roles of trademarks, advertising, and generic names. In: European Journal of Health Economics, (14)4, 667–675.

FERBER, L. V. (2000): Arzneimittelverordnungen: Patienten erwarten nicht immer ein Rezept. In: Deutsches Ärzteblatt, (97)26, 1794–1796.

FILSON, D./MASIA, N. (2007): Effects of profit-reducing policies on firm survival, financial performance, and new drug introductions in the research-based pharmaceutical industry. In: Managerial and Decision Economics, (28)4-5, 329–351.

FISCHER, D. et al. (2007): Allgemeine Pharmakologie und Toxikologie. In: Schmidt, H. (Hrsg.): Pharmakologie und Toxikologie: Für Studium und Praxis, 1–66.

FISCHER, D./BREITENBACH, J. (Hrsg.) (2013): Die Pharmaindustrie: Einblick - Durchblick - Perspektiven. Springer. Berlin.

FISCHER, D./BREITENBACH, J. (2013): Quo vadis? – Versuch eines Ausblicks. In: Fischer, D./Breitenbach, J. (Hrsg.): Die Pharmaindustrie: Einblick - Durchblick - Perspektiven, 305–342.

FRANK, R. G. (2001): Prescription Drug Prices: Why Do Some Pay More Than Others Do? In: Health Affairs, (20)2, 115–128.

FRANK, R. G./SALKEVER, D. S. (1997): Generic entry and the pricing of pharmaceuticals. In: Journal of Economics & Management Strategy, (6)1, 75–90.

FRENZEL, A. (2011): Pricing insights, prescription patterns and average treatment costs across six therapy areas and 19 European countries – Discussing the effect of international price referencing on average treatment cost of pharmaceuticals. Poster presented at ISPOR 14th Annual European Congress, Madrid.

FRICKE, U. (2000): Arzneimittelinnovationen - Neue Wirkstoffe: 1978 -1999. Eine Bestandsaufnahme. In: Bausch, J. et al. (Hrsg.): Innovation im Arzneimittelmarkt, 85–97.

FRICKE, U. (2002): Betarezeptorenblocker, Calciumkanalblocker und Hemmstoffe des Renin-Angiotensin-Systems. In: Fricke, U./Klaus, W. (Hrsg.): Neue Arzneimittel 12, 85–264.

FRICKE, U. (2004): Angiotension-II-Antagonisten. In: Fricke, U./Klaus, W. (Hrsg.): Neue Arzneimittel 14, 243–268.

FRICKE, F.-U. (2008): Steuerungsinstrumente in der Arzneimittelversorgung. In: Schöffski, O. (Hrsg.): Pharmabetriebslehre, 47–72.

FRICKE, U./BECK, T. (Hrsg.) (2012): Neue Arzneimittel, Band 19: Fakten und Bewertungen. Wiss. Verl.-Ges. Stuttgart.

FRICKE, U./KLAUS, W. (Hrsg.) (1994-2009): Neue Arzneimittel. Wiss. Verl.-Ges. Stuttgart.

FRICKE, F.-U./SCHÖFFSKI, O. (2008): Die pharmazeutische Industrie und der Arzneimittelmarkt. In: Schöffski, O. (Hrsg.): Pharmabetriebslehre, 23–46.

FUHRMANN, S. et al. (Hrsg.) (2010): Arzneimittelrecht: Handbuch für die pharmazeutische Rechtspraxis. Nomos. Baden-Baden.

GABSZEWICZ, J. J./THISSE, J.-F. (1979): Price competition, quality and income disparities. In: Journal of Economic Theory, (20)3, 340–359.

GABSZEWICZ, J. J./THISSE, J.-F. (1986): Spatial competition and the location of firms. In: Gabszewicz, J. J. et al. (Hrsg.): Location Theory, 1–71.

GABSZEWICZ, J. J. et al. (Hrsg.) (1986): Location Theory. Harwood. Amsterdam.

GALIZZI, M. M./GHISLANDI, S./MIRALDO, M. (2011): Effects of reference pricing in pharmaceutical markets: a review. In: PharmacoEconomics, (29)1, 17–33.

GANSLANDT, M./MASKUS, K. E. (2004): Parallel imports and the pricing of pharmaceutical products: evidence from the European Union. In: Journal of Health Economics, (23)5, 1035–1058.

G-BA (2010): G-BA-Beschluss zu Insulinanaloga: Ungerechtfertigte Arzneimittelkosten nicht länger zulasten der GKV. Internetquelle: http://www.g-ba.de/institution/presse/pressemitteilungen/333/

G-BA (2013): Festbeträge anstelle von Verordnungseinschränkungen: Sämtliche in Deutschland verfügbaren Insulinanaloga wieder zu Lasten der GKV verordnungsfähig. Internetquelle: http://www.g-ba.de/institution/presse/pressemitteilungen/476/

GEBLER, H./KINDL, G. (Hrsg.) (2013): Pharmazie für die Praxis. Deutscher Apotheker Verlag. Stuttgart.

GELLER, J. (2008): Arzneimittel-Importe in Europa. In: Schöffski, O. (Hrsg.): Pharmabetriebslehre, 497–505.

GHISLANDI, S. (2011): Competition and the Reference Pricing Scheme for pharmaceuticals. In: Journal of Health Economics, (30)6, 1137–1149.

GIESSELMANN, M./WINDZIO, M. (2012): Regressionsmodelle zur Analyse von Paneldaten. VS Verlag für Sozialwissenschaften. Wiesbaden.

GIULIANI, G./SELKE, G. W./GARATTINI, L. (1998): The German experience in reference pricing. In: Health Policy, (44)1, 73–85.

GKV-SPIV (2006): Beschluss der Spitzenverbände der Krankenkassen zur Festlegung von Zuzahlungsbefreiungsgrenzen gemäß § 31 Abs. 3 Satz 4 SGB V vom 28. August 2006. Internetquelle: http://www.gkv-spitzenverband.de/media/dokumente/krankenversicherung_1/arzneimittel/zuzahlungsbefreiung/beschluesse/zb_beschluss_28082006/Beschluss_Zuzahlungsbefreiungsgrenzen_01112006.pdf.

GKV-SPIV (2011): Rahmenvorgaben nach § 84 Abs. 7 SGB V - Arzneimittel - für das Jahr 2012 vom 30. September 2011. Internetquelle: http://www.gkv-spitzenverband.de/media/dokumente/krankenversicherung_1/arzneimittel/rahmenvertraege/vertragsaerzte/Rahmenvorgaben___84_2012_2011_11_11_18031.pdf.

GLAESKE, G. (2006): Mit bitteren Pillen gesunde Geschäfte : von mangelnder Differenzierung des Marktes und den Erfolgen von Analogprodukten. In: Neubauer, G./Rebscher, H. (Hrsg.): Gesundheitsökonomie und Gesundheitspolitik im Spannungsfeld zwischen Wissenschaft und Politikberatung. [Festschrift für Günter Neubauer], 543–559.

GLAESKE, G. (2009): Pharmakologisches Casemanagement. Mehr Qualität und Wirtschaftlichkeit in der Arzneimittelversorgung. In: Wilke, T./Neumann, K./Meusch, D. (Hrsg.): Arzneimittel-Supply-Chain: Marktsituation, aktuelle Herausforderungen und innovative Konzepte, 107–128.

GOLEC, J./VERNON, J. M. (2010): Financial effects of pharmaceutical price regulation on R&D spending by EU versus US firms. In: PharmacoEconomics, (28)8, 615.

GOOZNER, M. (2004): The $800 Million Pill. The truth behind the cost of new drugs. University of California Press. Berkeley.

GRABOWSKI, H. (2003): The ripple effects of a restrictive Medicaid formulary. In: American Journal of Managed Care, (9)10, 648–9.

GRABOWSKI, H./VERNON, J. M. (1979): New studies on market definition, concentration, theory of supply, entry and promotion. In: Chien, R. I. (Hrsg.): Issues in Pharmaceutical Economics, 29–52.

GRABOWSKI, H./VERNON, J. M. (1992): Brand loyalty, entry, and price competition in pharmaceuticals after the 1984 Drug Act. In: Journal of Law and Economics, (35), 331–350.

GRABOWSKI, H./VERNON, J. M. (1996): Longer patents for increased generic competition in the US. In: PharmacoEconomics, (10)2, 110–123.

GRABOWSKI, H./VERNON, J. M. (2000): Effective patent life in pharmaceuticals. In: International Journal of Technology Management, (19)1, 98–120.

GRANLUND, D./RUDHOLM, N. (2011): Consumer Information and Pharmaceutical Prices: Theory and Evidence. In: Oxford Bulletin of Economics and Statistics, (73)2, 230–254.

GREENHALGH, T./GILL, P. (1997): Pressure to prescribe. In: British Medical Journal, (315)7121, 1482.

GRESS, S. et al. (2009): Rabattverträge in der gesetzlichen Krankenversicherung-Auswirkungen einer Oligopolisierung des generikafähigen Arzneimittelmarkts. In: Gesundheitsökonomie & Qualitätsmanagement, (14)05, 237–242.

GRESS, S. et al. (2007): Reform der Erstattungs-und Preisregulierung von verschreibungspflichtigen Arzneimitteln auf dem Markt der gesetzlichen Krankenversicherungen in Deutschland. In: PharmacoEconomics German Research Articles, (5)1, 13–27.

GRILL, M. (2012): Die Krebs-Mafia. In: Der Spiegel, 15, 81–85.

GROOTENDORST, P. et al. (2005): The Impact of Reference Pricing of Nonsteroidal Anti-Inflammatory Agents on the Use and Costs of Analgesic Drugs. In: Health Services Research, (40)5p1, 1297–1317.

GROOTENDORST, P./STEWART, D. (2006): A re-examination of the impact of reference pricing on anti-hypertensive drug plan expenditures in British Columbia. In: Health Economics, (15)7, 735–742.

GÜNTHER, J. (2006): Migränemittel. In: Schwabe, U./Paffrath, D. (Hrsg.): Arzneiverordnungs-Report 2006, 685–696.

HAEFELI, W. (2010): Therapie-Monitoring, Probleme der Compliance (Adherence) und Noncompliance. In: Lemmer, B. (Hrsg.): Pharmakotherapie: Klinische Pharmakologie, 21–28.

HAGN, D./SCHÖFFSKI, O. (2008): Orphan Drugs. In: Schöffski, O. (Hrsg.): Pharmabetriebslehre, 413–427.

HAJEN, L./PAETOW, H./SCHUMACHER, H. (2011): Gesundheitsökonomie. Strukturen, Methoden, Praxis. Kohlhammer. Stuttgart.

HÄUSSLER, B. et al. (2002): Analog-Wirkstoffe im Arzneimittelmarkt. Therapeutischer Nutzen und Bedeutung für die Ausgaben der Krankenversicherungen. IGES. Berlin.

HAUSTEIN, R. (2008): The influence of reference price policy changes on the pricing of patent and original pharmaceuticals. IGES Institut. Internetquelle: http://www.infraday.tu-berlin.de/fileadmin/fg280/veranst altungen/infraday/conference_2008/papers_presentations/paper—haustein.pdf.

HEINEMANN, A./HILDINGER, M./BÄDEKER, M. (2013): Medizinische Biotechnologie in Deutschland 2013. The Boston Consulting Group. Internetquelle: http://www.vfa-bio.de/download/bcg2013.pdf.

HELLERSTEIN, J. K. (1998): The importance of the physician in the generic versus trade-name prescription decision. In: RAND Journal of Economics, (29)01, 108–136.

HELMS, R. B. (Hrsg.) (1996): Competitive strategies in the pharmaceutical industry. AEI Press. Washington, D.C.

HENDERSON, R./COCKBURN, I. (1996): Scale, scope, and spillovers: the determinants of research productivity in drug discovery. In: RAND Journal of Economics, (27)1, 32–59.

HENNIG-SCHMIDT, H./SELTEN, R./WIESEN, D. (2011): How payment systems affect physicians' provision behaviour - an experimental investigation. In: Journal of Health Economics, (30)4, 637–646.

HERMANNS, P. M. et al. (2009): Wirtschaftlichkeitsprüfung und Erstattungsprobleme bei GOÄ und UV-GOÄ: Erfolgreich Regressen und Honorarkürzungen begegnen. ecomed. Landsberg.

HERR, A./SUPPLIET, M. (2012): Pharmaceutical prices under regulation: Tiered co-payments and reference pricing in Germany. DICE Discussion Papers. Internetquelle: http://ideas.repec.org/p/zbw/dicedp/48.html.

HESS, R. (2009): Der Gemeinsame Bundesausschuss als kleiner Gesetzgeber. In: Roeder, N. (Hrsg.): Gesundheitsökonomie, Gesundheitssystem und öffentliche Gesundheitspflege: Ein praxisorientiertes Kurzlehrbuch, 237–251.

HIMMEL, W. et al. (1997a): Changes in drug prescribing under the Public Health Reform Law: a survey of general practitioners' attitudes in East and West Germany. In: International Journal of Clinical Pharmacology and Therapeutics, (35)4, 164–169.

HIMMEL, W./LIPPERT-URBANKE, E./KOCHEN, M. M. (1997b): Are patients more satisfied when they receive a prescription? The effect of patient expectations in general practice. In: Scandinavian Journal of Primary Health Care, (15)3, 118–122.

HOFFMANN, F./GLAESKE, G./PFANNKUCHE, M. S. (2009): Einfluss von Rabattverträgen auf die Aut-idem-Nutzung. In: Deutsches Ärzteblatt International, (106)48, 783–788.

HOFFMANN, F./WINDT, R./GLAESKE, G. (2011): Regionale Unterschiede in der Nutzung des Aut-idem-Verbots bei Älteren nach Einführung der Rabattverträge. In: Das Gesundheitswesen, (73)07, 438–442.

HOLLIS, A. (2002): The importance of being first: evidence from Canadian generic pharmaceuticals. In: Health Economics, (11)8, 723–734.

HOLLIS, A. (2003): The anti-competitive effects of brand-controlled „pseudo-generics" in the Canadian pharmaceutical market. In: Canadian Public Policy/Analyse de Politiques, (29)1, 21–32.

HOLLIS, A. (2005a): Comment on „The Economics of Follow-On Drug Research and Development: Trends in Entry Rates and the Timing of Development". In: PharmacoEconomics, (23)12, 1187–1192.

HOLLIS, A. (2005b): How do Brands' „Own Generics" Affect Pharmaceutical Prices? In: Review of Industrial Organization, (27)4, 329–350.

HOLLIS, A. (2008): The Health Impact Fund: A Useful Supplement to the Patent System? In: Public Health Ethics, (1)2, 124–133.

HONG, S. H. et al. (2005): Product-line extensions and pricing strategies of brand-name drugs facing patent expiration. In: Journal of Managed Care Pharmacy, (11)9, 746–754.

HORNBROOK, M. C. (1976): Market Structure and Advertising in the U.S. Pharmaceutical Industry: Some Implications for Public Policy. Division of Intramural Research, National Center for Health Services Research, Department of Health, Education and Welfare. Washington D.C.

HOSTENKAMP, G. (2013): Do follow-on therapeutic substitutes induce price competition between hospital medicines? Evidence from the Danish hospital sector. In: Health Policy, (111)1, 68–77.

HOTELLING, H. (1929): Stability in Competition. In: The Economic Journal, (39)153, 41–57.

HUDSON, J. (2000): Generic take-up in the pharmaceutical market following patent expiry: A multi-country study. In: International Review of Law and Economics, (20)2, 205–221.

IMS (2011): The IMS DPM and IMS PharmaScope National in Germany (Kundenpräsentation).

JAECKEL, R. (2011): Stellenwert selektiver Vertrags- und Versorgungsformen nach dem AMNOG: eine arzneimittelpolitische Betrachtung und Bewertung. In: Amelung, V. E. (Hrsg.): Innovatives Versorgungsmanagement: Neue Versorgungsformen auf dem Prüfstand.

JENA, A. B. et al. (2009): 'Me-Too' Innovation in Pharmaceutical Markets. In: Forum for Health Economics & Policy, (12)1.

JONES, T. (1999): The chances of market success in pharmaceutical research and development. In: Sussex, J./Marchant, N. (Hrsg.): Risk and Return in the Pharmaceutical Industry, 29–38.

KABER, G./TWAROCK, S. (2009): Beurteilungsverfahren neuer Arzneimittel. Eine kritische Bewertung. In: Fortbildungstelegramm Pharmazie, (3), 145–161.

KAITIN, K. I./DIMASI, J. A. (2011): Pharmaceutical Innovation in the 21st Century: New Drug Approvals in the First Decade, 2000–2009. In: Clinical Pharmacology & Therapeutics, (89)2, 183–188.

KALÓ, Z. et al. (2007): Does therapeutic reference pricing always result in cost-containment?: The Hungarian evidence. In: Health Policy, (80)3, 402–412.

KAMPMANN, C. et al. (2010): Effekte und Nachhaltigkeit pharmakotherapeutischer Beratung – Ergebnisse einer systematischen Evaluation. In: Gesundheitsökonomie & Qualitätsmanagement, (15)01, 27–32.

KANAVOS, P./COSTA FONT, J. (2005): Pharmaceutical parallel trade in Europe: stakeholder and competition effects. In: Economic Policy, (20)44, 751–798.

KANAVOS, P. et al. (2004): The economic impact of pharmaceutical parallel trade in European Union member states. A stakeholder analysis. London School of Economics and Political Science. London.

KANAVOS, P./COSTA FONT, J./MCGUIRE, A. (2007): Product differentiation, competition and regulation of new drugs: the case of statins in four European countries. In: Managerial and Decision Economics, (28)4, 455.

KANAVOS, P./COSTA FONT, J./SEELEY, E. (2008): Competition in off-patent drug markets: Issues, regulation and evidence. In: Economic Policy, (23)55, 499–544.

KANAVOS, P./VANDOROS, S. (2010): Competition in prescription drug markets: is parallel trade the answer? In: Managerial and Decision Economics, (31)5, 325–338.

KANSKI, J. J. (2008): Klinische Ophthalmologie. Urban & Fischer. München.

KAROW, T./LANG-ROTH, R. (2011): Allgemeine und spezielle Pharmakologie und Toxikologie. Urban & Fischer. München.

KATZ, A. (2007): Pharmaceutical Lemons: Innovation and Regulation in the Drug Industry. In: Michigan Telecommunications and Technology Law Review, (14)1, 1–41.

KAY, A. B. (Hrsg.) (2008): Allergy and allergic diseases. Wiley-Blackwell. Oxford.

KESSLER, D. A. et al. (1994): Therapeutic-class wars-drug promotion in a competitive marketplace. In: New England Journal of Medicine, (331)20, 1350–1353.

KIETZMANN, D. (2009): Immer weniger Krankenhausapotheken. Internetquelle: http://www.apotheke-adhoc.de/nachrichten/nachricht-detail/immer-weniger-krankenhausapotheken/

KLAUS, W. (1979): Kritische Wertung der neuen Arzneistoffe. In: Morck, H./Liekfeld, H./Schneider, L. (Hrsg.): Offizinpharmazie I, 7–27.

KLEBE, G. (2009): Wirkstoffdesign: Entwurf und Wirkung von Arzneistoffen. Spektrum Akademischer Verlag. Heidelberg.

KLOK, R. M. et al. (2006): Switch patterns before and after patent expiry of omeprazole: a case study in The Netherlands. In: Alimentary Pharmacology & Therapeutics, (23)11, 1595–1600.

KNABER, K./WILLE, E. (Hrsg.) (2008b): Wettbewerb im Gesundheitswesen: Chancen und Grenzen: 11. Bad Orber Gespräche. Peter Lang. Frankfurt.

KONG, Y. (2009): Competition between brand-name and generics-analysis on pricing of brand-name pharmaceutical. In: Health Economics, (18)5, 591–606.

KÖNIGBAUER, I. (2007): Advertising and generic market entry. In: Journal of Health Economics, (26)2, 286–305.

KORZILIUS, H. (2011): Wirtschaftlichkeitsprüfung: „Kein Arzt wird für seine teuren Patienten bestraft". In: Deutsches Ärzteblatt, (108)18, 984–986.

KOTLER, P. et al. (2011): Grundlagen des Marketing. Pearson. München.

KV BERLIN (2007): Kooperationsvereinbarung zur Förderung der Wirtschaftlichkeit der Arzneimittelversorgung zwischen KV Berlin und AOK Berlin. Internetquelle: http://www.kvberlin.de/20praxis/60vertrag/10vertraege/arznei_und_heilmittel/archiv/arzneiv_rabatt07.pdf

KV NORDRHEIN (2006): Patentgeschützte Analogpräparate. Stand 27. März 2006.

KV NORDRHEIN (2007): Arznei- und Heilmittelregresse. Internetquelle: http://www.gesundheitspolitik.org/02_ambulante_versorgung/wirtschaftlichkeit/wirtschaftlichkeitspruefung/KVNO-Regressinfo-2007.pdf.

KV NORDRHEIN (2010): Marktübersicht 2010 - Pharmakologisch-therapeutisch vergleichbare Arzneimittel zu Analogpräparaten. Internetquelle: http://www.kvno.de/downloads/verordnungen/marktuebersicht_2010.pdf.

KV SACHSEN (2009): Arzneimittelvereinbarung für das Jahr 2009 gemäß § 84 SGB V. Internetquelle: http://www.kvs-sachsen.de/fileadmin/img/Mitglieder/KVS-Mitteilungen/2009-10/amverein.pdf.

LA MED (Arbeitsgemeinschaft Leseranalyse Medizinischer Fachzeitschriften e.V.) (2011): API-Studie 2011. Internetquelle: http://www.la-med.de/index.php?id=795.

LANCASTER, K. J. (1966): A new approach to consumer theory. In: Journal of Political Economy, (74)2, 132–157.

LANGNER, I./SELKE, G. W. (2006): Gut beraten - klug verordnen. In: Gesundheit und Gesellschaft, (9)11, 26–32.

LASCHET, H. (2010): AMNOG: „Klar ist: Die Preise rutschen Richtung Süden". Internetquelle: http://www.aerztezeitung.de/politik_gesellschaft/arzneimittelpolitik/article/628430/amnog-klar-preise-rutschen-richtung-sueden.html.

LAUTERBURG, B. (2005): Generikum oder Originalprodukt? In: PrimaryCare, (5)39.

LAVEN, A. (2007): Anwendungsbeobachtung - Wertvolle Daten aus der Apotheke. Internetquelle: http://www.pharmazeutische-zeitung.de/index.php?id=3705.

LECHNER, M. (2011): The estimation of causal effects by difference-in-difference methods. Now Publishers. Boston.

LEMMER, B. (Hrsg.) (2010): Pharmakotherapie: Klinische Pharmakologie. Springer. Berlin.

LEXCHIN, J. (2004): The effect of generic competition on the price of brand-name drugs. In: Health Policy, (68)1, 47–54.

LEXCHIN, J. (2006): Do manufacturers of brand-name drugs engage in price competition? An analysis of introductory prices. In: Canadian Medical Association Journal, (174)8, 1120–1121.

LICHTENBERG, F. R./PHILIPSON, T. J. (2002): The dual effects of intellectual property regulations: within-and between-patent competition in the US pharmaceuticals industry. National Bureau of Economic Research. Cambridge, MA.

LIMBERG, J. (2007): Die Rolle der Spezifikationen im Zulassungsverfahren - Ausgangsstoffe, IPC, Chargenfreigabe, Produktspezifikation für die Dauer der Haltbarkeit. Präsentation, DPhG Fachgruppe Arzneimittelkontrolle, Erlangen 12.-13. Oktober 2007. Internetquelle: http://www.pharmchem.tu-bs.de/forschung/waetzig/dokumente/DPhG_2007_Limberg.pdf.

LITSCH, M./REICHELT, H./SELKE, G. W. (1990): Auswirkungen der Festbeträge. Wissenschaftliches Institut der Ortskrankenkassen. Bonn.

LÓPEZ-CASASNOVAS, G./PUIG-JUNOY, J. (2000): Review of the literature on reference pricing. In: Health Policy, (54)2, 87–123.

LU, Z. J./COMANOR, W. S. (1998): Strategic Pricing Of New Pharmaceuticals. In: Review of Economics and Statistics, (80)1, 108–118.

LÜLLMANN, H./MOHR, K./HEIN, L. (2010): Pharmakologie und Toxikologie: Arzneimittelwirkungen verstehen - Medikamente gezielt einsetzen. Thieme. Stuttgart.

MAGAZZINI, L./PAMMOLLI, F./RICCABONI, M. (2004): Dynamic competition in pharmaceuticals. In: European Journal of Health Economics, (5)2, 175–182.

MANDL, J. (2012): Rabattverträge über patentgeschützte Arzneimittel. Nomos. Baden-Baden.

MARSCHALL, D. (2007): Positionierung einer erfolgreichen Arzneimittelmarke. Herz. Burgdorf.

MARSHALL, J. K. et al. (2002): Impact of reference-based pricing for histamine-2 receptor antagonists and restricted access for proton pump inhibitors in British Columbia. In: Canadian Medical Association Journal, (166)13, 1655–1662.

MAY, U./BAUER, C. (2011): Regulierungsinstrumente in der GKV-Arzneimittelversorgung. Eine ordnungspolitische Analyse. Wiss. Verl.-Ges. Stuttgart.

MCALISTER, F. A. et al. (1999): Users' Guides to the Medical Literature: XIX. Applying Clinical Trial Results; B. Guidelines for Determining Whether a Drug Is Exerting (More Than) a Class Effect. In: Journal of the American Medical Association, (282)14, 1371–1377.

MCBRIDE, D. W./KILBURG, A./MAUSKOPF, J. (2012): An Early Assessment of the German Federal Joint Commission Resolutions of Additional Clinical Benefit. Poster presented at ISPOR 15th Annual European Congress, Berlin.

MCGUIRE, T. G. (2000): Physician Agency. In: Culyer, A./Newhouse, J. P. (Hrsg.): Handbook of Health Economics: Vol. 1A, 461–536.

MEDICAL TRIBUNE (2009): Honorarzuschlag für wirtschaftliches Verordnen im Hausarztvertrag - Ein Verstoß gegen das Berufsrecht?, (2009)15, 16.

MEFFERT, H./BURMANN, C./KIRCHGEORG, M. (2007): Marketing. Grundlagen marktorientierter Unternehmensführung. Gabler Verlag. Wiesbaden.

MERINO-CASTELLÓ, A. (2003): Impact of the reference price system on the pharmaceutical market: a theoretical approach. Universitat Pompeu Fabra Working Paper. Internetquelle: http://www.econ.upf.edu /docs/papers/downloads/524.pdf.

MERTEN, M. (2006): Rabattvereinbarungen - Wege aus der Kostenfalle? In: Der Kassenarzt, 11, 16–21.

MESTRE-FERRANDIZ, J. (1999): The impact of generic goods in the pharmaceutical industry. In: Health Economics, (8)7, 599–612.

MESTRE-FERRANDIZ, J. (2001): Reference Prices: The Spanish Way. Unitat de Fonaments de l'Anàlisi Econòmica (UAB) and Institut d'Anàlisi Econòmica (CSIC) Working Paper. Internetquelle: http://EconPa pers.repec.org/RePEc:aub:autbar:481.01.

MEYER, B. D. (1995): Natural and quasi-experiments in economics. In: Journal of Business & Economic Statistics, (13)2, 151–161.

MIRALDO, M. (2007): Reference pricing versus co-payment in the pharmaceutical industry: price, quality and market coverage. Centre for Health Economics, University of York Working Paper.

MIRALDO, M. (2009): Reference pricing and firms' pricing strategies. In: Journal of Health Economics, (28)1, 176–197.

MORCK, H./LIEKFELD, H./SCHNEIDER, L. (Hrsg.) (1979): Offizinpharmazie I. Thieme. Stuttgart.

MORGAN, S./CUNNINGHAM, C. (2008): The effect of evidence-based drug coverage policies on pharmaceutical R&D: A case study from British Columbia. In: Healthcare Policy, (3)3, 1–25.

MÜLLER, A. (2011): Apotheker verhandeln über Importquote. Internetquelle: http://www.apotheke-adhoc.de/nachrichten/nachricht-detail/apotheker-verhandeln-ueber-importquote/.

MÜNNICH, F. W. (2000): Innovatorischer Wettbewerb auf dem Arzneimittelmarkt. In: Bausch, J. et al. (Hrsg.): Innovation im Arzneimittelmarkt, 107–129.

MUSSA, M./ROSEN, S. (1978): Monopoly and product quality. In: Journal of Economic Theory, (18)2, 301–317.

NABER, D. (2009): Pharmakotherapie der Schizophrenie. Thieme. Stuttgart.

NEBLING, T. (2012): Strategisches Verhalten bei selektiven Verträgen: Eine interaktionsökonomische Analyse der Austauschbeziehungen zwischen Krankenkassen und Leistungserbringern. Nomos. Baden-Baden.

NEUBAUER, G./REBSCHER, H. (Hrsg.) (2006): Gesundheitsökonomie und Gesundheitspolitik im Spannungsfeld zwischen Wissenschaft und Politikberatung. [Festschrift für Günter Neubauer]. Economica. Heidelberg.

NEYE, H. (2010): Marketing im Gesundheitswesen - Eine Kultur des Misstrauens. Vortrag Marketing Düsseldorf - 6.2.2010. Internetquelle: http://www.kvno.de/downloads/termine/marketing06022010/marke ting06022010_neye.pdf.

NIELSEN (2012): LEH und Drogeriemärkte punkten mit OTC-Produkten. Internetquelle: http://www.nie lsen.com/de/de/insights/presseseite/2012/leh-und-drogeriemaerkte-punkten-mit-otc-produkten.html.

NINK, K./SCHRÖDER, H. (2005): Ökonomische Aspekte des deutschen Arzneimittelmarkts. In: Schwabe, U./Paffrath, D. (Hrsg.): Arzneiverordnungs-Report 2005, 191–246.

NITZ, G. (2008): Leitsubstanzquoten statt Bonus-Malus. In: Abrechnung aktuell (Ärzte), 1, 13.

NITZ, G. (2009): Moderne Arzneimittelsteuerung über Ampeln und Boni - ist das rechtens? In: Abrechnung aktuell (Ärzte), 5, 14.

NOVARTIS AG (2013): Geschäftsbericht 2012. Internetquelle: http://www.novartis.com/downloads/investors/reports/novartis-annual-report-2012-de.pdf.

OBERENDER, P. (Hrsg.) (1984): Marktstruktur und Wettbewerb in der Bundesrepublik Deutschland. Branchenstudien zur deutschen Volkswirtschaft. Vahlen. München.

OBERENDER, P. (1984): Pharmazeutische Industrie. In: Oberender, P. (Hrsg.): Marktstruktur und Wettbewerb in der Bundesrepublik Deutschland. Branchenstudien zur deutschen Volkswirtschaft, 244–310.

OECD (2008): Pharmaceutical pricing policies in a global market. OECD. Paris.

OLSON, M. K. (2004): Are novel drugs more risky for patients than less novel drugs? In: Journal of Health Economics, (23)6, 1135–1158.

OUTTERSON, K. (2005): Nonrival access to pharmaceutical knowledge. Internetquelle: http://www.who.int/intellectualproperty/submissions/en/KevinOutterson3jan.pdf.

OWEN, C. G. et al. (2004): Topical treatments for seasonal allergic conjunctivitis: systematic review and meta-analysis of efficacy and effectiveness. In: British Journal of General Practice, (54)503, 451.

PADHI, C. et al. (2003): The OTC Outlook to 2007: Extending revenue streams and product lifecycles after patent expiry. Business Insights Ltd. London.

PAQUET, R. (2011): Vertragswettbewerb in der GKV und die Rolle der Selektivverträge. Nutzen und Informationsbedarf aus der Patientenperspektive. Friedrich-Ebert-Stiftung. Bonn.

PAVCNIK, N. (2002): Do pharmaceutical prices respond to potential patient out-of-pocket expenses? In: RAND Journal of Economics, (33)3, 469–487.

PEKARSKY, B. (2010): Should financial incentives be used to differentially reward 'me-too'and innovative drugs? In: PharmacoEconomics, (28)1, 1–17.

PFANNKUCHE, M. S./HOFFMANN, F./GLAESKE, G. (2008): Marktentwicklungen und -bedeu-tung von Reimporten in den Jahren 2000 - 2006. In: Gesundheitsökonomie & Qualitätsmanagement, (13)2, 83–91.

PHAGRO (2013): Branchenportrait: Der vollversorgende pharmazeutische Großhandel in Deutschland. Internetquelle: http://www.phagro.de/portal/alias__phagro/lang__de-DE/tabid__6648/default.aspx.

PHARMA24.DE (2007): Zuzahlungsbefreite Arzneimittel nach § 31 Abs. 3 Satz 4 SGB V - Produktstand 15.08.2007. Internetquelle: http://www.pharma24.de/uploads/media/Medikamente-ohne-Zuzahlung-nach-Wirkstoffen-15-8-2007.pdf.

PODNAR, K./MOLJ, B./GOLOB, U. (2007): How reference pricing for pharmaceuticals can increase generic share of market: the Slovenian experience. In: Journal of Public Policy & Marketing, (26)2, 89–101.

PROGENERIKA (2013): Generika und Biosimilars in Deutschland 2012. Internetquelle: http://www.progenerika.de/downloads/10408/Marktdaten2012.

PUIG-JUNOY, J. (2007): The impact of generic reference pricing interventions in the statin market. In: Health Policy, (84)1, 14–29.

PUIG-JUNOY, J. (2010): Impact of European pharmaceutical price regulation on generic price competition. In: PharmacoEconomics, (28)8, 649–663.

RAASCH, C. (2010): Der Patentauslauf von Pharmazeutika als Herausforderung beim Management des Produktlebenszyklus. Gabler Verlag. Wiesbaden.

RÄBIGER, J. (2009): Integrierte Versorgungsformen erfordern neue Kommunikationsstrukturen. In: Roski, R. (Hrsg.): Zielgruppengerechte Gesundheitskommunikation: Akteure - Audience Segmentation - Anwendungsfelder, 169–182.

REEKIE, W. D. (1977): Pricing new pharmaceutical products. Croom Helm. London.

REEKIE, W. D. (1978): Price and quality competition in the United States drug industry. In: Journal of Industrial Economics, (26)3, 223–237.

REGAN, T. L. (2008): Generic entry, price competition, and market segmentation in the prescription drug market. In: International Journal of Industrial Organization, (26)4, 930–948.

REICHELT, H./SELKE, G. W. (1991): Auswirkungen der Arzneimittelfestbeträge. In: Schwabe, U./ Paffrath, D. (Hrsg.): Arzneiverordnungs-Report 1991, 441–461.

REIFFEN, D./WARD, M. R. (2005): Generic drug industry dynamics. In: Review of Economics and Statistics, (87)1, 37–49.

REINERT, R. R. (2007): Resistenz-eine Konsequenz von Non-Compliance? In: päd Praktische Pädiatrie, 13, 188–195.

REISINGER, M. (2004): Three Essays on Oligopoly: Product Bundling, Two-Sided Markets, and Vertical Product Differentiation. Dissertation. LMU München.

REISS, M. (Hrsg.) (2009): Facharztwissen HNO-Heilkunde. Differenzierte Diagnostik und Therapie. Springer. Heidelberg.

REN, Z. J. (2011): Two-Dimension Oligopolistic Product Differentiation and A Multilevel Model of Canadian Prescription Drug Price Dynamics. PhD Thesis. Dalhousie University. Halifax.

RICHTER, R./FURUBOTN, E. G. (1999): Neue Institutionenökonomik. Mohr Siebeck. Tübingen.

ROEDER, N. (Hrsg.) (2009): Gesundheitsökonomie, Gesundheitssystem und öffentliche Gesundheitspflege: Ein praxisorientiertes Kurzlehrbuch. Deutscher Ärzte-Verlag. Köln.

ROSEN, A./BEERMANN, B. (1999): Rating innovative therapeutic benefits of medicines licensed in Sweden 1987-1997. In: International Journal of Pharmaceutical Medicine, (13)3, 123–126.

ROSENBAUM, P. R. (1987): The role of a second control group in an observational study. In: Statistical Science, (2)3, 292–306.

ROSKI, R. (Hrsg.) (2009): Zielgruppengerechte Gesundheitskommunikation: Akteure - Audience Segmentation - Anwendungsfelder. VS Verlag für Sozialwissenschaften. Wiesbaden.

ROTE LISTE SERVICE GMBH (1992-2013): Rote Liste. Frankfurt.

RYCHLIK, R. (2005): Nutzenbewertung von Arzneimitteln - zehn Fallbeispiele. Internetquelle: http://www.bpi.de/fileadmin/media/bpi/Downloads/Internet/Publikationen/Sonstige/BPI%20%20Nutzenbewertung%20von%20Arnzeimitteln-Zehn%20Fallbeispiele.PDF.

SAHA, A. et al. (2006): Generic competition in the US pharmaceutical industry. In: International Journal of the Economics of Business, (13)1, 15–38.

SAUER, F. (2007): Erfolgsfaktoren für das marktorientierte Management patentgeschützter Arzneimittel. Herz. Burgdorf.

SAUERLAND, D. (1999): Zur Notwendigkeit einer anreizorientierten Gesundheitspolitik. In: Zeitschrift für Wirtschaftpolitik, (48)3, 265–294.

SAUERLAND, D. (2001): The German strategy for quality improvement in health care: still to improve. In: Health Policy, (56)2, 127–147.

SAUERLAND, D. (2002): Gesundheitspolitik in Deutschland. Bertelsmann-Stiftung. Gütersloh.

SAUERLAND, D. (2009): The legal framework for health care quality assurance in Germany. In: Health Economics, Policy and Law, (4)1, 79.

SCHEIBLER, F./JANSSEN, C./PFAFF, H. (2003): Shared decision making: ein Überblicksartikel über die internationale Forschungsliteratur. In: Sozial- und Präventivmedizin, (48)1, 11–23.

SCHELLHAASS, H.-M. (1985): Ist der Wettbewerbsprozess in der Pharmaindustrie funktionsfähig?: Referat für d. Saarbrücker Jahrestagung „Ökonomie d. Gesundheitswesens" d. Vereins für Socialpolitik vom 16.-18.9. 1985. Diskussionspapier. Technische Universität. Berlin.

SCHERER, F. M. (1993): Pricing, profits, and technological progress in the pharmaceutical industry. In: Journal of Economic Perspectives, (7)3, 97–115.

SCHERER, F. M. (1996): Commentary on Part Three. In: Helms, R. B. (Hrsg.): Competitive strategies in the pharmaceutical industry, 269–273.

SCHERER, F. M. (2004): The pharmaceutical industry - Prices and progress. In: New England Journal of Medicine, (351)9, 927–932.

SCHERER, F. M./ROSS, D. (1990): Industrial market structure and market performance. Houghton Mifflin. Boston.

SCHILLER, H. (2008): Kollektiv-und Selektivvertrag: Zwei Vertragssysteme im Überblick. In: Bayrisches Ärzteblatt, 2, 82–83.

SCHLINGENSIEPEN, I. (2011): Nordrhein friert Me-too-Liste ein. Internetquelle: http://www.aerztezeit ung.de/politik_gesellschaft/arzneimittelpolitik/article/684104/nordrhein-friert-me-too-liste.html.

SCHMALENSEE, R. (1982): Product Differentiation Advantages of Pioneering Brands. In: American Economic Review, (72)3, 349–365.

SCHMALENSEE, R./WILLIG, R. (Hrsg.) (1989): Handbook of Industrial Organization Volume 1. Elsevier. Amsterdam.

SCHMIDT, H. (Hrsg.) (2007): Pharmakologie und Toxikologie: Für Studium und Praxis. Schattauer. Stuttgart.

SCHNEEWEISS, S. (2007): Reference drug programs: Effectiveness and policy implications. In: Health Policy, (81)1, 17–28.

SCHNEEWEISS, S. et al. (2004): Net health plan savings from reference pricing for angiotensin-converting enzyme inhibitors in elderly British Columbia residents. In: Medical Care, (42)7, 653–660.

SCHNEEWEISS, S./SCHÖFFSKI, O./SELKE, G. W. (1998): What is Germany's experience on reference based drug pricing and the etiology of adverse health outcomes or substitution? In: Health Policy, (44)3, 253–260.

SCHNEEWEISS, S. et al. (2002): Impact of reference-based pricing for angiotensin-converting enzyme inhibitors on drug utilization. In: Canadian Medical Association Journal, (166)6, 737–745.

SCHNEEWEISS, S. et al. (2003): Clinical and economic consequences of reference pricing for dihydropyridine calcium channel blockers&ast. In: Clinical Pharmacology & Therapeutics, (74)4, 388–400.

SCHNEIDER, U. (2002): Beidseitige Informationsasymmetrien in der Arzt-Patient-Beziehung: Implikationen für die GKV. In: Vierteljahrshefte zur Wirtschaftsforschung, (71)4, 447–458.

SCHOBERBERGER, R. et al. (2007): Einfluss der Medikamentenverpackung auf die Compliance bei älteren selbständig lebenden Patienten. In: Wiener medizinische Wochenschrift, (157)11-12, 271–278.

SCHÖFFSKI, O. (Hrsg.) (2008): Pharmabetriebslehre. Springer. Berlin.

SCHÖFFSKI, O./BECKER, B. (2010): Zur Effektivität und Effizienz von Me-too-Listen. Eine exemplarische Untersuchung am Beispiel intranasaler Steroide. In: Monitor Versorgungsforschung, 5, 31.

SCHÖFFSKI, O./SCHULENBURG, J. VON DER (1997): Unintended effects of a cost-containment policy: Results of a natural experiment in Germany. In: Social Science & Medicine, (45)10, 1537–1539.

SCHOLZ, N. (2009): Die Medizindiscounter: Der systematische Ausverkauf der haus- und fachärztlichen Medizin in Deutschland. Neuer Merkur Verlag. München.

SCHREYÖGG, J./BUSSE, R. (2005): Physician Drug Budgets in Germany and Effects on Prescription Behaviour. In: Journal of Pharmaceutical Finance, Economics & Policy, (14)3, 77–95.

SCHRÖDER, H. et al. (2007): Report oder Atlas?: Zur Analyse von Arzneimittelverordnungsdaten. Wissenschaftliches Institut der AOK. Bonn.

SCHRÖDER, H./SELKE, G. W. (1999): Der Arzneimittelmarkt in der Bundesrepublik Deutschland. In: Schwabe, U./Paffrath, D. (Hrsg.): Arzneiverordnungs-Report 1999, 657–683.

SCHRÖDER, H./SELKE, G. W. (2000): Lebenszyklen von Arzneimittelinnovationen. In: Bausch, J. et al. (Hrsg.): Innovation im Arzneimittelmarkt, 219–237.

SCHULENBURG, J. VON DER. (1994): The German health care system at the crossroads. In: Health Economics, (3)5, 301–304.

SCHWABE, U. (2012): Arzneiverordnungen 2011 im Überblick. In: Schwabe, U./Paffrath, D. (Hrsg.): Arzneiverordnungs-Report 2012, 3–42.

SCHWABE, U. (2007): Analogpräparate. In: Schwabe, U./Paffrath, D. (Hrsg.): Arzneiverordnungs-Report 2007, 111–148.

SCHWABE, U./PAFFRATH, D. (Hrsg.) (1991-2012): Arzneiverordnungs-Report. Springer Medizin. Heidelberg.

SCOTT, A. (2000): Economics of General Practice. In: Culyer, A./Newhouse, J. P. (Hrsg.): Handbook of Health Economics: Vol. 1A, 1175–1200.

SCOTT MORTON, F. M. (2000): Barriers to entry, brand advertising, and generic entry in the US pharmaceutical industry. In: International Journal of Industrial Organization, (18)7, 1085–1104.

SERRA-SASTRE V., M. A. (2013): Information and diffusion of new prescription drugs. In: Applied Economics, (45)15, 2049–2057.

SHAKED, A./SUTTON, J. (1982): Relaxing price competition through product differentiation. In: Review of Economic Studies, (49)1, 3–13.

SHANKAR, V./CARPENTER, G. S./KRISHNAMURTHI, L. (1998): Late mover advantage: How innovative late entrants outsell pioneers. In: Journal of Marketing Research, (35)1, 54–70.

SHAPIRO, C. (1983): Optimal pricing of experience goods. In: Bell Journal of Economics, (14)2, 497–507.

SHERIDAN, D./ATTRIDGE, J. (2006): The impact of therapeutic reference pricing on innovation in cardiovascular medicine. In: PharmacoEconomics, (24)2, 35–54.

SHY, O. (1995): Industrial Organization. MIT Press. Cambridge, MA.

SIMOENS, S. (2011): Pricing and reimbursement of orphan drugs: the need for more transparency. In: Orphanet Journal of Rare Diseases, (6)42, 1–8.

SIMOENS, S. et al. (2005): Pharmaceutical policy regarding generic drugs in Belgium. In: PharmacoEconomics, (23)8, 755–766.

SIMOENS, S./COSTER, S. DE (2006): Sustaining generic medicines markets in Europe. In: Journal of Generic Medicines, (3)4, 257–268.

SIMON, M. (2008): Das Gesundheitssystem in Deutschland. Eine Einführung in Struktur und Funktionsweise. Huber. Bern.

SIMONSEN, M./SKIPPER, L./SKIPPER, N. (2010): Price Sensitivity of Demand for Prescription Drugs: Exploiting a Regression Kink Design. University of Aarhus Working Paper.

SINGH, N./VIVES, X. (1984): Price and quantity competition in a differentiated duopoly. In: RAND Journal of Economics, (15)4, 546–554.

SPURLING, G. K. et al. (2010): Information from pharmaceutical companies and the quality, quantity, and cost of physicians' prescribing: a systematic review. In: PLoS medicine, (7)10, 1–22.

STACKELBERG, H. VON (1934): Marktform und Gleichgewicht. Springer. Berlin.

STARGARDT, T. (2010): The impact of reference pricing on switching behaviour and healthcare utilisation: the case of statins in Germany. In: European Journal of Health Economics, (11)3, 267–277.

STARGARDT, T. (2011): Modelling pharmaceutical price changes in Germany: a function of competition and regulation. In: Applied Economics, (43)29, 4515–4526.

STARGARDT, T./SCHREYÖGG, J./BUSSE, R. (2005): Arzneimittelfestbeträge: Gruppenbildung, Preisberechnung mittels Regressionsverfahren und Wirkungen. In: Das Gesundheitswesen, (67)7, 468–477.

STATMAN, M. (1981): The effect of patent expiration on the market position of drugs. In: Managerial and Decision Economics, (2)2, 61–66.

STERN, S./TRAJTENBERG, M. (1998): Empirical implications of physician authority in pharmaceutical decisionmaking. National Bureau of Economic Research. Cambridge, MA.

STIGLER, G. J. (Hrsg.) (1955): Business Concentration and Price Policy. Princeton University Press. Princeton.

STIGLER, G. J. (1955): Introduction to Business Concentration and Price Policy. In: Stigler, G. J. (Hrsg.): Business Concentration and Price Policy, 1–12.

STIGLER, G. J. (1961): The economics of information. In: Journal of Political Economy, (69)3, 213–225.

STOCK, J. H./WATSON, M. W. (2007): Introduction to econometrics. Pearson. Boston.

STONEMAN, P. (2010): Soft innovation: Economics, product aesthetics, and the creative industries. Oxford University Press. Oxford.

SUCKER-SKET, K. (2011): Immer mehr Originalpräparate unter Rabattvertrag. Internetquelle: http://www.deutsche-apotheker-zeitung.de/wirtschaft/news/2011/07/20/immer-mehr-originalpraeparate-unter-rabattvertrag.html.

SUSSEX, J./MARCHANT, N. (Hrsg.) (1999): Risk and Return in the Pharmaceutical Industry. OHE Office of Health Economics. London.

SZYMANSKI, S./VALLETTI, T. (2005): Parallel trade, price discrimination, investment and price caps. In: Economic Policy, (20)44, 705–749.

TELGHEDER, M. (2013): Rabattschlacht statt Wettbewerb. In: Handelsblatt, 15. Mai, 22.

THIEROLF, C. (2008): Kosten und Finanzierung pharmazeutischer Forschung und Entwicklung. In: Schöffski, O. (Hrsg.): Pharmabetriebslehre, 117–128.

THOMAS, M. C./MANN, J./WILLIAMS, S. (1998): The impact of reference pricing on clinical lipid control. In: New Zealand Medical Journal, (111)1071, 292.

UBEDA, A. et al. (2007): Antidepressant utilization in primary care in a Spanish region. In: Social Psychiatry and Psychiatric Epidemiology, (42)3, 181–188.

ULRICH, V./SCHNEIDER, U. (2004): Die Rolle des Patienten im Rahmen der Arzt-Patient-Beziehung. Diskussionspapier. Universität Bayreuth.

ULRICH, V./WILLE, E. (1996): Healthcare Reform and Expenditure on Drugs. In: PharmacoEconomics, (10)Supplement 2, 81–88.

VAD - Verband der Arzneimittelimporteure Deutschlands (2004): Neuer Rahmenvertrag senkt Importquote für Medikamente auf 5 Prozent. Internetquelle: http://vad-news.de/de/presse/pressemitteilun/pm2004april.html.

VANDOROS, S. (2013): Therapeutic Substitution post Patent Expiry: The Case of ACE Inhibitors and Proton Pump Inhibitors. In: Health Economics, doi: 10.1002/hec.2935.

VANDOROS, S./KANAVOS, P. (2013): The generics paradox revisited: empirical evidence from regulated markets. In: Applied Economics, (45)22, 3230–3239.

VELASCO, E. et al. (2009): Einflüsse auf die ärztliche Verschreibung von Antibiotika in Deutschland (EVA-Studie). Robert Koch-Institut. Berlin.

VERNIERS, I./STREMERSCH, S./CROUX, C. (2011): The Global Entry of New Pharmaceuticals: A Joint Investigation of Launch Window and Price. In: International Journal of Reseach in Marketing, (28)4, 295–308.

VFA (2004): Reimporte: Kostendämpfung auf dem Irrweg. Internetquelle: http://www.vfa.de/de/wirtschaft-politik/artikel-wirtschaft-politik/reimporte.html.

VFA (2005): Der Schutz geistigen Eigentums. Patente - Voraussetzung für Innovation. Internetquelle: http://digisrv-1.biblio.etc.tu-bs.de:8080/docportal/servlets/MCRFileNodeServlet/DocPortal_derivate_00002420/schutz_geistigen_eigentums.pdf?hosts=local.

VFA (2010): vfa-Positionspapier: Importförderklausel abschaffen. Internetquelle: www.vfa.de/download/pos-importfoerderklausel-abschaffen.pdf.

VILLA, J. M. (2012): Simplifying the estimation of difference in differences treatment effects with Stata. MPRA Paper. Internetquelle: http://mpra.ub.uni-muenchen.de/43943/1/MPRA_paper_43943.pdf.

VIRABHAK, S./SOHN, W. (2009): The impact of Medicaid's preferred drug lists on physicians' prescribing behaviour. In: Applied Economics, (41)21, 2705–2725.

VIVES, X. (1999): Oligopoly pricing. Old ideas and new tools. MIT Press. Cambridge, MA.

WANG, Y. R./PAULY, M. V. (2005): Spillover effects of restrictive drug formularies: a case study of PacifiCare in California. In: American Journal of Managed Care, (11)1, 24–26.

WANG, Y. R./PAULY, M. V./LIN, Y. A. (2003): Impact of Maine's Medicaid drug formulary change on non-Medicaid markets: spillover effects of a restrictive drug formulary. In: American Journal of Managed Care, (9)10, 686.

WARDELL, W. M./DIRADDO, J. (1980): The measurement of pharmaceutical innovation. In: Journal of Clinical Pharmacology, (20)1, 1–9.

WASEM, J./BRAMLAGE, P. (2008): Defined Daily Doses: Ein Instrument zur Kostensteuerung im Gesundheitswesen? In: Gesundheitsökonomie & Qualitätsmanagement, (13)1, 38–42.

WASTILA, L. J./ULCICKAS, M. E./LASAGNA, L. (1989): The World Health Organization's essential drug list. The significance of me-too and follow-on research. In: Journal of Clinical Research and Drug Development, (3)2, 105–115.

WERNITZ, M. H. PELZ, J. (2011): Gesundheitsökonomie und das deutsche Gesundheitswesen - Ein praxisorientiertes Lehrbuch für Studium und Beruf. Kohlhammer. Stuttgart.

WERTHEIMER, A./LEVY, R./O'CONNOR, T. (2001): Too many drugs? The clinical and economic value of incremental innovations. In: Research in Human Capital and Development, (14), 77–118.

WERTHEIMER, A./SANTELLA, T. (2005): Pharmocoevolution: the benefits of incremental innovation. Internetquelle: http://www.who.int/intellectualproperty/submissions/Pharmacoevolution.pdf.

WESTON, F. (1979): Pricing in the pharmaceutical industry. In: Chien, R. I. (Hrsg.): Issues in Pharmaceutical Economics, 71–95.

WHO (2010): Guidelines for ATC classification and DDD assignment. WHO. Oslo.

WIED-NEBBELING, S. (2004): Preistheorie und Industrieökonomik. Springer. Berlin.

WIGGINS, S. N./MANESS, R. (1994): Price Competition in Pharmaceuticals: The Case of Anti-Infectives. In: Economic Inquiry, (42)2, 247–263.

WILD, F. (2009): Die Verordnungen von Insulinen bei Privatversicherten im Vergleich zu GKV-Versicherten. In: Gesundheitsökonomie & Qualitätsmanagement, (14)4, 200–203.

WILD, L./ FORSTER, L. (2012): AMNOG: pricing reforms in action. Poster presented at ISPOR 15th Annual European Congress, Berlin.

WILKE, T./NEUMANN, K./MEUSCH, D. (Hrsg.) (2009): Arzneimittel-Supply-Chain: Marktsituation, aktuelle Herausforderungen und innovative Konzepte. Nomos. Baden-Baden.

WINKELHAGE, O. (2011): Preisfindung im Arzneimittelbereich. Internetquelle: http://www.winkelpedia.org/uploads//pharmapreis.pdf.

WINKELMANN, R. (2004): Co-payments for prescription drugs and the demand for doctor visits - Evidence from a natural experiment. In: Health Economics, (13)11, 1081–1089.

WOLFF, M. (2010): Folgen der Verwendung unterschiedlicher Mengenkonzepte im deutschen Arzneimittelmarkt. In: Gesundheitsökonomie & Qualitätsmanagement, (15)2, 70–76.

WOOLDRIDGE, J. M. (2002): Econometric analysis of cross section and panel data. MIT Press. Cambridge, MA.

WOOLDRIDGE, J. M. (2003): Introductory econometrics. A modern approach. South-Western College Pub. Cincinnati.

ZAWINELL, A./SCHWABE, U. (2006): Antiallergika. In: Schwabe, U./Paffrath, D. (Hrsg.): Arzneiverordnungs-Report 2006, 222–237.

ZAWINELL, A./SCHWABE, U. (2010): Antiallergika. In: Schwabe, U./Paffrath, D. (Hrsg.): Arzneiverordnungs-Report 2010, 271–290.

ZWEIFEL, P./CRIVELLI, L. (1996): Price regulation of drugs: lessons from Germany. In: Journal of Regulatory Economics, (10)3, 257–273.

Be careful about reading health books. You may die of a misprint.
Mark Twain (1835-1910)

***ibidem*-Verlag**

Melchiorstr. 15

D-70439 Stuttgart

info@ibidem-verlag.de

www.ibidem-verlag.de
www.ibidem.eu
www.edition-noema.de
www.autorenbetreuung.de